KB274004

충북 청원 지역의 언어와 생활

충북 청원 지역의 언어와 생활

지역어 구술 자료 총서 3-2

충북 청원 지역의 언어와 생활

초판 제1쇄 인쇄   2009년 3월 21일
초판 제1쇄 발행   2009년 3월 31일

지 은 이 ‖ 박경래
펴 낸 이 ‖ 국립국어원
펴 낸 곳 ‖ 태학사

　　　　주소 ｜ 경기도 파주시 교하읍 문발리 파주출판도시 498-8
　　　　전화 ｜ (031) 955-7580~2(마케팅부) · 955-7584~90(편집부)
　　　　전송 ｜ (031) 955-0910
　　　　홈페이지 ｜ www.thaehak4.com
　　　　전자우편 ｜ thaehak4@chol.com
　　　　등록 ｜ 제 406-2006-00008호

ⓒ 국립국어원, 2009

값은 뒤표지에 있습니다.

ISBN 978-89-5966-351-4 94710
ISBN 978-89-5966-200-5 (세트)

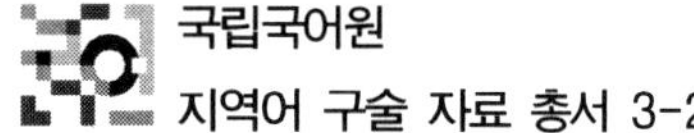
국립국어원
지역어 구술 자료 총서 3-2

충북 청원 지역의 언어와 생활

박경래

태학사

■ 책을 내면서

필자가 방언조사를 처음 했을 때가 1978년이었으니까 올해로 30년이 넘었다. 이렇게 오랜 기간 동안 방언조사를 하면서 느꼈던 점은 묵묵히 고향을 지키며 살아오신 어르신들의 훈훈하고 따뜻한 정과 마음씨였다. 이분들의 너그러움과 넉넉함이 없었다면 지금도 이 일을 하고 있을까? 그리고 고유한 우리말이 가진 감칠맛과 지역어가 보여주는 우리 고유의 문화와 전통의 흔적이 없었다면 지금도 이 일을 하고 있을까? 스스로에 대한 이 두 가지가 질문에 선뜻 '그렇다'고 대답하지 못할 것이다. 처음 들어보면서도 상황과 문맥에 꼭 들어맞는 우리말이 전해주는 짜릿함과 늘 살갑게 대해주시던 어르신들의 아량과 배려가 없었다면 이 책은 세상에 나오지 못했을 것이다.

이 책은 충청북도 청원군 남일면 황청리 78번지에 거주하는 전국순(全菊順) 할머니(2006년 조사 당시 78세, 호적에는 1934년생)와 남편 김용기(金用基) 할아버지(조사 당시 77세)의 구술발화를 녹취하여 전사하고 이를 표준어로 대역한 다음 주석을 단 것이다. 구술 조사는 주제보자인 전국순 할머니를 중심으로 진행되었고, 김용기 할아버지는 건강이 좋지 않아 대화에 이따금 한두 마디 참여하였다. 이 책에 반영된 전국순 할머니의 구술에는 조사 마을의 생활환경과 협동 조직 및 민속 신앙 등 조사 마을에 관련된 이야기를 비롯하여 제보자의 성장 과정, 전통 결혼식, 결혼 생활, 출산과 육아, 회갑잔치, 장례 절차, 제사 등 일생 의례 전반이 담겨져 있고, 논농사, 밭농사와 같은 생업활동과 집짓기, 방과 가구, 부엌 살림, 가옥

구조, 가신과 조상숭배 신앙, 금기 생활 등 거주생활과 관련된 내용들이 담겨 있어 언어뿐만 아니라 이분들의 생활상까지 그대로 반영되어 있다.

이 책에 수록된 구술 발화 자료는 국립국어원에서 2005년부터 매년 실시하고 있는 지역어 조사 사업의 결과물이다. 국립국어원의 지역어 조사 사업은 급격한 사회변화로 소멸 위기에 있는 지역어를 어휘, 음운, 문법의 고유 어형뿐만 아니라 문장과 담화 차원까지 온전히 보전하기 위해 수행하는 것이다. 이 책에 담긴 내용은 2006년도에 조사 한 것 가운데 네 시간 분량이다. 구술 발화 자료는 조사 지역 토박이들이 자연스럽게 구술하는 발음과 내용을 그대로 전사하였다. 그렇기 때문에 전사된 구술 자료를 통하여 조사 지역의 어휘는 물론이고 음운과 문법적인 특징을 이해할 수 있을 뿐만 아니라 담화 연구의 자료로서 요긴하게 이용될 수 있을 것이다.

충북 청원 지역의 조사는 지역어 조사 두 번째 해인 2006년에 실시하여 그 조사 결과를 같은 해에 보고서로 출간하였으나 보고서의 부수가 적어 여러 사람이 이용하기에 어려움이 있었고 오류들도 보여 이를 고쳐야 할 필요가 있었다. 무엇보다 지역어가 가지는 특유의 용법과 의미, 세상에 처음 소개되는 어휘나 형태소 등에 대한 설명이 필요하였다. 이런저런 이유로 2006년도 충북 지역어 조사 보고서에 실린 구술 발화만을 따로 떼어 단행본으로 펴내게 되었다. 이 과정에서 전사와 표준어 대역이 잘못된 부분을 바로잡고 주석과 색인을 추가하였다. 또한 조사 순서대로 편집된 보고서 내용 가운데 내용상 공통되는 부분이 한 자리에 모이도록 편집을 다시 하였다. 이것은 가급적이면 내용상 같은 주제는 한 곳에 모아 같은 목차 아래 묶이게 하기 위한 조처였다. 그러나 하나의 이야기 단락을 이루지 못할 만큼 내용이 적은 경우에는 이야기의 흐름을 깨지 않기 위해 그대로 두었다.

이 책은 충북 청원 지역에 거주하는 두 분의 토박이 제보자가 약 4시간 동안 구술한 내용을 고스란히 담고 있다. 여기에는 조사 지역 주민들의 생활 배경과 생업활동 등 기본적인 삶과 관련된 내용이 포함되어 있고, 일생 의례에 관한 내용과 전통 결혼식과 같은 민속 관련 내용 그리고 제보자의 개인사까지 포함되어 있다. 따라서 이들 내용과 관련된 수많은 토박이 언어 자료들이 그대로 나타나 있다. 이 책에서는 지역어에 대한 표준어 대역과 주석 그리고 색인을 통하여 이런 토박이 언어 자료에 대한 정보를 상세하게 제공하고자 하였다.

이 책은 충북 청원 지역에서 사용되는 어휘를 비롯하여 음운, 문법의 이해뿐만 아니라 이 지역 토박이 화자들의 말하기 방식을 파악하는 데도 유용할 것이다. 더구나 말하기의 방식은 군 단위마다 현격한 차이를 보이는 것이 아니므로 이후 지속될 충북의 다른 지역 구술 자료와 함께 충청북도 방언 전체의 말하기 방식을 이해하는 데에도 유용할 것이다.

이 책은 무엇보다 국립국어원의 의지와 노력에 의해 발간될 수 있었다. 이미 보고서로 발간된 내용을 다시 점검하여 잘못된 부분을 바로잡고, 여기에 주석과 색인 등을 덧붙이는 작업은 애초에 예상했던 것 이상으로 엄청난 시간과 노력을 들여야 했다. 이런 고되고 험난한 작업을 수행하지 않을 수 없도록 독려한 이상규 원장의 채찍질과 지역어 조사 사업의 뒷바라지를 위해 노심초사하면서도 꼼꼼하게 일을 챙긴 박민규, 김덕호 두 선생님의 헌신적인 노력이 없었다면 이 책은 세상에 나오지 못했을 것이다. 특히 지역어 조사에 함께 참여하고 계시는 지역어 조사위원들의 격려와 연대감이 이번 단행본을 내는 데 큰 힘이 되었다.

지역어 조사 사업을 시작한 지 어느덧 5년이 되었다. 그 동안 조사 질문지를 만들고 지역어 조사 사업의 틀을 짜기 위해 함께 고생했던 지역어 조사위원들께 감사드린다. 그러나 누구보다도 이 단행본을 간행하는 데 이바지한 분들은 제보자인 전국순 할머니와 김용기 할아버님이시다. 2006년 조사를 끝내고 나서도 이 단행본을 펴내기 위해 다시 찾아뵙고 궁

금했던 내용이나 미진한 내용을 여쭐 때마다 늘 친절하게 답해 주신 노부부의 아량과 가르침이 없었더라면 이 책은 지금보다 훨씬 어설펐을 것이다. 큰 키에 안경 너머로 보이는 주름을 볼 때마다 마음이 아프다. 여태까지 그랬던 것처럼 앞으로도 늘 건강하시기를 기원한다.

이 책의 언어 자료는 충청북도 청원군 남일면 황청리에서 조사된 것이다. 충청북도 청원군은 청주시를 둘러싸고 있으면서 시군이 통합되지 않은 전국 유일의 군이다.

청원군은 옛 청주목(淸州牧)과 문의현(文義縣)이 합하여 이루어진 곳이다. 1914년 군면 폐합에 의해 청주면, 사주면, 북일면, 북이면, 미원면, 낭성면, 남일면, 남이면, 강서면, 강내면, 강외면, 옥산면, 오창면으로 통합되었다. 1931년에는 청주면이 읍으로 승격되고 1946년에 청주읍이 청주부(府)로 승격되었다가 1949년에 청주시로 개칭됨에 따라 나머지 지역이 청원군으로 되었다. 청주시의 확장이 이루어지면서 1963년에 사주면, 1983년에는 강서면이 청주시로 편입되었다.

청원군의 자연환경은 소백산맥의 지맥이 뻗어내려 대체로 낮은 구릉성 산지들이 솟아 있어 청주분지를 이루고 있으며, 군내에는 넓은 평야가 펼쳐져 있다. 미호천과 그 지류를 중심으로 비옥한 미호평야가 발달했으며, 무심천이 흐르는 가덕면·남일면 지역에도 비교적 넓은 평야가 발달했다. 청원군의 면적은 817.20㎢이고 인구는 143,021명(2007년)이며 교통의 발달에 따라 근교농업과 낙농업이 활발하게 이루어지고 있다.

청원군 남일면은 청주시 동남쪽에 자리 잡고 있으며 청주시와 인접해 있다. 이곳은 구릉 지대여서 야산이 있고 비교적 넓은 평야가 있다. 근교 농법의 좋은 조건을 가지고 있지만 하우스 작물이나 특수작물은 거의 하지 않는 편이고 근래에 축산업을 하는 농가가 한둘 생겨났다. 지금은 청주에서 미원면을 거쳐 보은군으로 통하는 도로가 약 1Km 떨어진 곳으로 지나고 있어 비교적 교통이 좋은 아늑한 마을이다. 예전부터 청주에서 미원면을 거쳐 보은군으로 통하는 도로가 있었지만 도로가 포장되기 전에는 이 도로를 거의 이용하지 않고 마을 뒤편으로 나 있는 산길을 따라 고개를 넘어 청주 장을 보러 다녔다고 한다.

청원군 남일면은 청주와 인접한 면이지만 이곳 황청리는 미원면 쪽에 붙어 있는 전형적인 농촌 마을이다. 마을 바로 뒤편에는 황청 저수지가 있고 황청리 북동쪽에 위치해 있는 한계리 골짜기에도 큰 저수지가 있어 황청리 앞의 넓은 들에 농업용수를 공급한다. 동네 앞에 넓은 들이 있어 주로 논농사를 짓는다. 구릉지이고 밭이 적어 밭작물은 자급을 위한 콩이나 팥, 고추 등을 재배한다.

황청리는 예부터 광산 김씨와 왕씨가 집성촌을 이루고 살던 마을이다. 지금은 다른 성씨들이 들어와 각성바지를 이루고 있지만 아직도 광산 김씨들이 많이 사는 마을이다. 바로 인접한 아랫마을은 문주리인데 고령 신씨들이 집성촌을 이루고 있다. 황청리를 비롯한 인근 마을들이 모두 집성촌을 이루던 곳이라는 점에 언어적으로 비교적 안정되었다고 할 수 있다. 과거에는 이 지역 사람들의 통혼이 주로 청주나 인근 마을과 이루어졌다. 제보자인 전국순 할머니는 같은 마을 출신인 김용기 할아버지와 결혼하였다. 김용기 할아버지는 10여 년 전에 중풍으로 쓰러지셨다가 회복되었지만 말이 어눌하고 몸놀림도 둔한 편이다. 이 때문에 보조 제보자로서의 역할을 하지 못했다. 황청리는 남일면에 속하지만 초등학교는 동네 앞에 있는 문주리로 다니고 중학교는 도로 건너에 있는 가덕중학교로 다니거나 청주로 나가 다녔다. 교통은 동네까지 들어오는 버스가 있지만 자주 오지는 않는다. 걸어서 약 15분 거리에 청주로 다니는 시내버스가 자주 다닌다. 청주까지는 약 30분 정도의 시간이 소요된다.

■ 조사 과정

  국립국어원에서는 2005년부터 각 도별(道別)로 해마다 한 지점씩 지역
어를 조사하고 조사한 자료를 정리하는 전국적인 지역어조사 사업을 시
행하고 있다. 이 사업은 우리 민족의 귀중한 문화유산인 지역어를 조
사·정리하여 민족어의 특성과 다양성을 지켜나가는 데 목적을 두고 있
다. 최근 급변하고 있는 사회 변화에 따라 소멸 위기에 있는 지역어의 고
유어형 자료를 영구보존하고자 하는 것이다. 사업의 첫 해인 2003년에는
지역어 조사용 질문지 작성을 위한 기초 자료를 수집하였고 2004년에는
지역어조사 질문지 초안을 만들어 예비조사를 실시하였다. 본격적인 조
사는 이듬해인 2005년부터 시작되었다. 첫 번째 해인 2005년 조사지역은
충청북도 제천시였고 두 번째 해인 2006년의 조사 지역은 청원군이었다.
이 책은 2006년도 조사 자료 가운데 구술발화의 일부를 정리한 것이다.

  자료의 조사는 청원군 남일면 황청리에서 2006년 4월부터 12월까지 이
루어졌다. 4월에는 예비 답사를 통해 조사 지점을 물색하였고 집중적인
조사는 여름 방학 기간을 이용하여 2006년 7월 5일부터 7월 21일까지 수
행하였다. 이때 조사한 자료 가운데 마이크 사정으로 녹음이 불량한 부분
은 12월 8일 보충 조사를 실시하였다. 현지 조사는 제보자의 집에서 필자
가 직접 수행하였고, 김남정(세명대학교 대학원생)이 함께하여 녹음과 사진
촬영을 보조하였다. 녹음 자료의 정리와 전사는 필자와 김남정이 함께 하
였고 필자가 최종적으로 검토하였다. 이 단행본의 출간을 위한 교정과 주
석 및 찾아보기 작업도 필자가 하였다.

청원 지역어의 자료 제보자는 전국순(全菊順) 할머니(조사 당시 78세, 호적에는 1934년생)와 남편 김용기(金用基) 할아버지(조사 당시 77세)다. 두 분 다 현재 거주하시는 청원군 남일면 황청리에서 출생하여 한 마을에서 결혼하여 지금까지 해로하고 있다.

전국순 할머니는 일제 강점기 때 위안부로 차출되는 것을 피해 열여섯 살에 김용기 할아버지와 결혼하여 지금까지 농사를 지으면서 살고 있다. 두 분 다 출생 이후 지금까지 생활 근거지인 이곳 황청리를 벗어나지 않았다. 학력은 일제 강점기 때 동네에 있는 사립학교에 2년 정도 다닌 것이 전부이고 이 때 한글을 깨우쳤다고 한다. 키가 크시고 허약해 보이지만 몇 시간씩의 조사를 자청할 정도로 건강하였으며 눈과 귀도 좋아 제보자로서 아주 적합하였다. 치아는 일부 틀니를 하고 있었지만 발음과 청취력도 좋아 조사에 전혀 지장이 없었다. 전국순 할머니는 총기가 좋아 조사 질문에 대한 이해도가 빨라 조사자가 무엇을 알고 싶어하는지를 금방 파악하고 알고 계신 내용을 자세히 설명해 주었다.

이 자료집을 위한 구술 발화의 총 전사 시간은 4시간 3분이다. 구술발화 자료의 거의 대부분은 전국순 할머니 것이다. 전국순 할머니는 제보자로서 조사 마을의 환경을 비롯하여 개인사와 일생 의례 전반과 논농사, 밭농사 등의 생업활동, 그리고 출산과 육아, 집짓기, 가구와 부엌 살림, 가신과 조상숭배 신앙, 금기 생활 등 거주생활과 관련된 이야기 전반을 구술하였다.

제보자 전국순

제보자_전국순_할머니(왼쪽)와_우향님_할머니

충북 청원 조사장면

제보자와 필자

황청리 전경

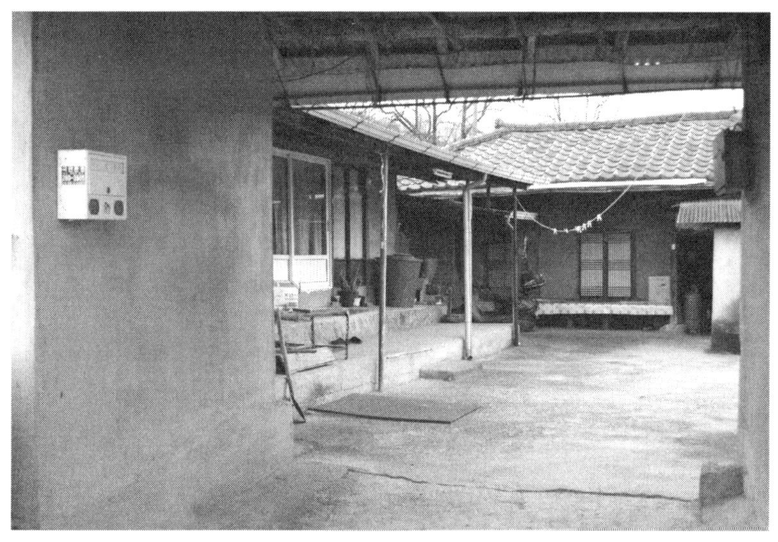

충북 청원 황청리 제보자의 집

전사

제보자의 구술 자료는 SONY DAT D-100 디지털 녹음기를 이용하여 녹음하였다. 녹음된 자료는 GoldWave 프로그램을 이용하여 음성파일(wav 파일)로 변환하였고, 변환한 음성파일은 Transcriber 1.4 프로그램을 이용하여 전사하였다. 전사는 기본적으로 어절 단위로 띄어 쓰고 하나의 문장을 소리 나는 대로 한글로 전사하는 것을 원칙으로 하였으나 한 억양으로 소리 나는 경우 어절보다 큰 단위로 전사한 경우도 있다. 음성 전사는 기본적으로 한글 맞춤법 규정에 따라 어절별로 띄어 쓰는 것을 원칙으로 했지만 음성의 특성상 동화현상이 반영된 것은 띄어 쓰지 않은 경우들도 있다. 가령 '인넝겨(있는 거야), 되넝겨(되는 거야)' '쌀바패서(쌀밥(을) 해서)' 등과 같이 음운현상이 개재되어 있거나 하여 형태소 분석이 쉽지 않은 경우는 음성전사의 띄어쓰기를 하지 않은 경우도 있다. 다만 띄어 써야 한다는 것을 알려주기 위해 음성 전사 결과에 대한 표준어 대역에서는 반드시 띄어 써서 독자들의 이해를 돕고자 하였다. 현대 한글로 적기 어려운 음성은 특수한 문자를 이용하여 표기하기도 하였다. 필요한 경우는 국제음성기호를 이용하여 괄호 속에 발음을 명시하기도 하였다.

이 구술 자료의 초벌 전사는 보조연구원 김남정이 하였다. 초벌 전사한 자료는 보고서 작성 단계에서 필자에 의해 점검이 이루어졌는데 이 단행본을 내면서 필자가 다시 점검하고 교정을 하였다. 초벌 전사하느라 고생한 김남정에게 고마움을 전한다.

청원 지역어에서는 어두 음절 위치에서 단모음 /ㅔ/와 /ㅐ/ 및 /ㅟ/와 /ㅚ/가 구별되기 때문에 이를 구별하여 전사하였다. 단모음과 평행하게 이중모음 /ㅖ/와 /ㅒ/ 및 /ㅞ/와 /ㅙ/도 어두음절 위치에서는 구별하여 전사하는 것을 원칙으로 하였다. 그러나 둘째 음절 위치에서는 /ㅔ/와 /ㅐ/를 /ㅐ/로 표기하였고 분명히 구별하여 발음한 것은 구별하여 적었다.

이중모음은 소리 나는 대로 표기하였다. 충청도 방언의 음성 특징인 이중모음 /ㅕ/가 고모음화한 [yi]는 [으]로 표기하였다. 하나의 형태소가 두 가지 이상의 음성형으로 실현될 때는 각각을 반영하고 주석을 달아 설명하였다. 가령 표준어에서 선행 형태소의 말음에 따라 '-은'과 '-는'으로 실현되는 어말어미가 이 지역에서는 '엉넌 건(읽는 것은)', '인넌 지번(있는 집은)', '인녕 건(있는 것은)', '이녕 거(이는 것)', '상: 기여(산 거야)' '산 생가카면(산 생각하면)', '사릉 기여(산 거야)' 등에서와 같이 어간과 음운론적 환경에 따라 '-넌', '-녕', '-ㅇ', '-ㄴ', '-응', '-은', '-는' 등과 같이 음성적으로 구별되어 실현되는 것을 최대한 반영하여 표기하려 하였다. 모음 '이'에 선행하는 음절 말의 자음이 탈락하면서 비모음으로 발음되는 경우는 '∼'기호를 이용하여 표시하였다. 제보자의 웃음이나 기침 등 비언어적인 행위는 인상적으로 표기하였다. 자동적으로 경음으로 실현되는 환경에서 장음이나 휴지 때문에 평음으로 실현되는 경우에는 '떡::-사:런'이나 '문:-지:두리'와 같이 음절 사이에 하이픈(-)으로 표시하였다. 주석에서 이형태나 쌍형어는 '기여/겨'와 같이 '/'로 표시하였다. 음절 두음 위치에서 발음되는 [ŋ]은 옛이응('ㆁ')으로 표기하였다.

독자의 편의를 위해서 똑같은 주석을 반복하여 달아 놓은 경우도 있다.

본문의 글자체와 전사에 사용된 부호는 다음과 같다.

고딕체	조사자
명조체	제보자
‾	제1 제보자
⁼	제2 제보자
:	장음 표시이며, 길이가 상당히 길 경우 ::처럼 장음 표시를 겹쳐 사용하였다.
*	청취가 불가능한 부분 또는 표준어로의 번역이 불가능한 경우
ǂ	질문지와 주제가 다른 내용

+	색인에서 방언과 대응 표준어에 의미 차이가 있는 경우
++	색인에서 방언에 대응하는 표준어가 없는 경우
/	쌍형어임을 표시하는 경우
~	비모음으로 발음되는 경우
‒	휴지나 장음으로 인해 평음으로 발음되는 음절 경계의 경우
‒	색인에서 방언형 뒤에 휴지 표시
≒	색인에서 대응 표준어가 없는 방언의 의미가 표준어와 비슷한 경우

주석

주석은 각 장마다 미주(尾註)를 달았다. 이 자료를 이용할 독자들에게는 각주(脚註)가 편리하겠지만 책의 편집상 불가피하게 미주로 처리해야 했다. 주석은 가능한 한 친절하게 제공하려 하였다. 새로운 어휘나 이해하기 어려운 어휘와 표현 등에 대하여는 설명과 풀이를 하였고, 형태에 대한 음운론적 해석과 설명을 부가함으로써 해당 방언형에 대한 독자의 이해를 돕도록 하였다. 문법 형태의 경우 그 기능에 대한 설명을 간략하게 부기하기도 하였고, 경우에 따라 같은 지역 또는 충북의 다른 지역에서 사용되는 이형태를 제시하기도 하였다. 어휘에 따라서는 미세한 의미 차이나 문법적인 기능 차이를 설명하기도 하고, 청원 지역이나 충북의 다른 지역에서 이형태의 방언형이 사용될 경우에도 이를 밝혀 놓았다. 독자의 편의를 위해서 동일한 내용이나 비슷한 내용의 주석을 반복하여 제공한 경우도 있다.

표준어대역

전사한 방언 자료에 대하여는 모두 표준어로 대역하여 제시하였다. 원래의 조사 보고서에서는 원칙적으로 문장 단위로 표준어 대역을 붙였으나 여기에서는 문장보다 큰 의미 단락을 기준으로 대역을 붙인 경우도 있다. 표준어 대역을 별도의 쪽에 배치한 것도 조사 보고서와 달라진 점이다. 이는 순전히 독자들이 쉽게 읽을 수 있도록 하여 방언 자료를 이해하는 데 편의를 제공하기 위한 조처였다.

전사한 방언 자료에 대한 표준어 대역은 직역하는 것을 원칙으로 하였다. 문장 중간 중간에 들어간 '어', '저', '그', '저저저', '저기' 등과 같은 군말이나 담화표지 등도 대역 부분에 그대로 반영하려고 노력하였다. 대응 표준어가 없는 어휘의 경우는 방언형을 그대로 표준어 대역에 사용하였다. 전사가 불가능한 발음이나 전사한 방언 표현의 의미가 불확실한 경우에는 전사 부분과 표준어 대역 부분에 *** 기호를 사용하였다.

색인

또한 지역어 자료임을 고려하여 말미에 표준어에 대응하는 방언형의 색인을 첨부하였다. 색인은 표준어형을 제시하고 그에 대응하는 방언형들을 나열하였다. 체언은 방언형을 형태음소적으로 표기하였고, 용언은 예문에 사용된 활용형을 그대로 제시하였다. 화용형에 표기된 음장도 그대로 제시하여 실제 방언형을 알 수 있도록 하였다. 이때 표기와 발음을 구별할 필요가 있는 경우에는 대괄호 속에 음성형을 따로 제시하였다. 표준어를 제시할 수 없는 지역어 특유의 어형에 대하여는 간략한 뜻풀이를 부기하였다.

조사 마을

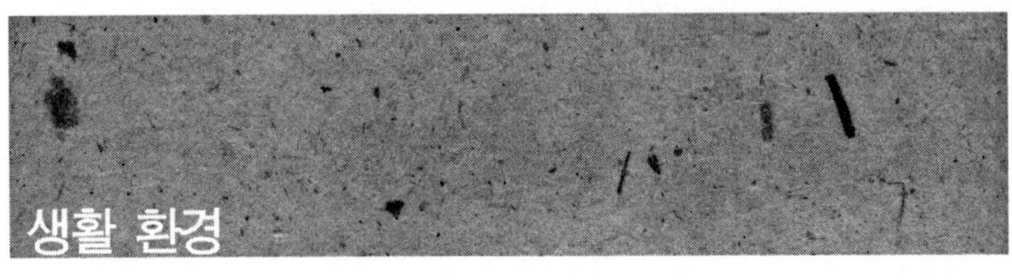

이 동내:가 이장니만태 여쭤보니까 그래두 며뺑년 대따 그러시더라구요.

⌐ 옌:나레는 여기는 광산 낌서방네가 모자리루[1] 사라써찌유, 광산 낌씨네가. 우리가 광산 낌간데, 광산 낌씨가 모자리루 사런는데 지금더른 마::니 떠나구 그래서 각썽바지가[2] 마:너유. 광산 낌씨가 망:쿠 저 부땅꼬리라는[3] 데는 왕씨가 살:구, 고: 알루 요: 알루는 인제 김씨네가 마:니 사러썬넌데 지그먼 점::부 객찌루 떠나구 도러가시구 이래서 메찝 안 사러유, 김씨네가.

요 황청니라구 하능 건 왜 그런 이르미 생겨때요?

⌐ 그건 나두 자시 몰르거써유, 이 동네는 황청:니라구:[4] 해두 동네.

= 예:전서부텀 내려가때는 거 몰:르지 머, 뭐: 때매.

⌐ 동네 요기 이르미 메:: 꾼대여. 멘:: 불리대 이써 이러캐. 요기서 저 부땅꼴서부터 요러캐 내려오며서. 젤: 먼저넌 부땅꼴, 또 쪼끔 내리다는 방구배기[5], 인저 또 쪼끔 요기 와서는 도람말[6], 또 쪼끔 도러가서는 황청, 황칭이, 고기를 인저 황칭이라구 옌나레 불를 때 그르케 불러써유, 예. 그라구 그: 아네는 또 조봉골[7], 또 저짝 끄트머리 이장님덜 지빈넌 데루는 불군디기[8], 또 인저 저 건너 보이넌 데넌 신대[9], 또 한동네 저::기 사네 가면 메 찌비 사런넌대 거기넌 벼재[10], 벼재라구 하구. 그르캐 이르미:: 여:러 군데에:.

거 봐요. 모르능 거 업쓰시자너. 그렁 거…

⌐ 아 그렁 거…. 허허허.

여기 또 산두 이짜너요. 산 이름두…

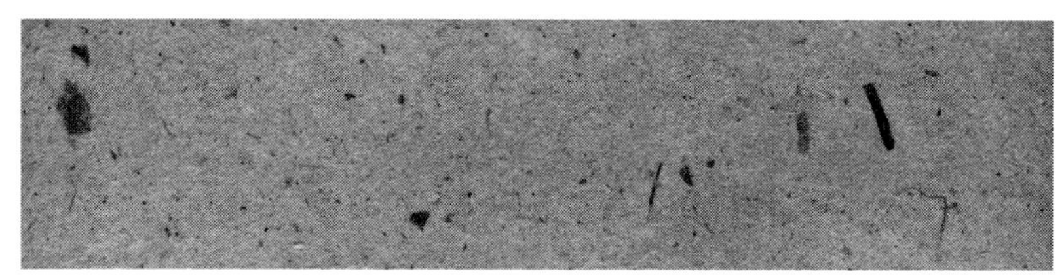

이 동네가 이장님한테 여쭤 보니까 그래도 몇 백 년 됐다고 그러시더라고요.

ㄱ 옛날에는 여기는 광산 김서방네가 못자리로 살았었지요, 광산 김씨네가. 우리가 광산 김간데, 광산 김씨가 못자리로 살았는데 지금은 많이 떠나고 그래서 각성바지가 많아요. 광산 김씨가 많고 저 불당골이라는 데는 왕씨가 살고, 그 아래 요 아래로는 이제 김씨네가 많이 살았었는데 지금은 전부 객지로 떠나고 돌아가시고 이래서 몇 집 안 살아요, 김씨네가.

요 황청리라고 하는 것은 왜 그런 이름이 생겼다고 해요?

ㄱ 그것은 나도 자세히 모르겠어요, 이 동네는 황청리라고 해도 동네.

ㄴ 예전서부터 내려갔다는 것은 모르지 뭐, 무엇 때문에.

ㄱ 동네 여기 이름이 몇 군데야. 몇(군데로) 분리 되어 있어 이렇게. 여기서 저 불당골에서부터 이렇게 내려오면서. 제일 먼저는 불당골, 또 조금 내려서는 방구배기, 이제 또 조금 여기 와서는 도람말, 또 조금 돌아가서는 황청, 황칭이, 거기를 이제 황칭이라고 옛날에 부를 때 그렇게 불렀어요, 예. 그리고 그 안에는 또 좁은골, 또 저쪽 끄트머리 이장님들 집 있는 데로는 불군디기, 또 이제 저 건너 보이는 데는 신대, 또 한 동네 저기 산에 가면 몇 집이 살았는데 거기는 벼재, 벼재라고 하고. 그렇게 이름이 여러 군데예요.

그거 보세요, 모르는 것 없으시잖아. 그런 것…

ㄱ 아 그런 거…. 허허허.

여기 또 산도 있잖아요? 산 이름도…

˚ 예 저:기 너픈 봉 보이넌 데가 왕암산.[11]
= 이짜기 왕암산, 저짜개는 백쪽싸니지.[12]
˚ 아니:, 거기럴 왜 내가 얘기해써, 여 뒤에럴 얘기 해찌. 왕암산 이꾸,
거기 인제 시:루봉이라구[13] 이꾸. 욜러루넌[14] 맹 그양 우리 종산덜, 벼:재,
음달, 인저 저짜그루 가먼 인저 증:꼴,[15] 저기 저 보이넌 대넌 인저 백쪽
싼, 그러캐써유.

저기 머 산이나 이런 대 때무내 생긴 이름 유래가 이써요? 옌나린대 머 이래
서 이르키 이르미 생겨따 머 이런 거.
= 그렁 거는 몰르지유.
˚ 그렁 건 잘 몰르지유, 그렁 건 잘 몰러.

저 위에는 저수지두 이떤대.
˚ 야, 거 방조괴[16], 예, 저수지 이써. 그거넌 머 얼마:: 안 저, 한 제가. 유
기오때[17] 핸나?
= 일쩡 때:[18] 해써.
˚ 일쩡 때 팡 깅가 그게?

방주기라 그래요?
= 어.
˚ 예.

저:수지라구…
˚ 저수지라구두 하구, 옌:나레넌 우리더리 부를 째넌 방주기라구 핸넌
데, 이제 지금더런 저수지라구 그르캐 부르대유.

으음: 예저내는 방주기라구…
˚ 예:, 방주기라구 핸는데, 지그먼 저수지라구 그르카구, 저: 저::기 건너
가먼 인저 뱜:나리라구 거기 인저 이, 약쑴무리라구[19] 거기 이, 이꾸. 옌나
레넌 그 무리 조아써띠야,[20] 약쑤무리. 그랜대 지그믄 인저 써먹찔 아나이
까 그래구. 또 요기 조붕고리라는[21] 데두 샤:민넌 데[22] 거기넌 또 오쌰:미라

˚ 예, 저기 높은 봉 보이는 데가 왕암산.

＝ 이쪽이 왕암산, 저쪽은 백족산이지.

˚ 아니, 거기를 왜 내가 얘기했어, 여기 뒤에를 얘기 했지. 왕암산 있고, 거기 이제 시루봉이라고 있고, 요쪽으로는 그냥 우리 종산들, 벼재, 음달, 이제 저쪽으로 가면 이제 증골, 저기 저 보이는 데는 이제 백죽산, 그렇게 했어요.

저기 뭐 산이나 이런 데 때문에 생긴 이름의 유래가 있어요? 옛날에 뭐 이래서 이렇게 이름이 생겼다 뭐 이런 것.

＝ 그런 것은 모르지요.

˚ 그런 것은 잘 모르지요, 그런 것은 잘 몰라.

저 위에는 저수지도 있던데.

˚ 예, 거기 방죽이, 예, 저수지 있어. xxx 되써유 저기 일제 때. {xxx 되었어요, 저기 일제 때. 그것은 뭐 얼마 안(되었어) 저, 한 지가. 육이오 때 했나?

＝ 일정 때 했어.

˚ 일정 때 판 것인가 그게?

방죽이라 그래요?

＝ 응.

˚ 예.

저수지라고…

˚ 저수지라고도 하고, 옛날에는 우리들이 부를 때는 방죽이라고 했는데, 이제 지금은 저수지라고 그렇게 부르대요.

음, 예전에는 방죽이라고…

˚ 예, 방죽이라고 했는데, 지금은 저수지라고 그렇게 하고, 저 저기 건너가면 이제 뱀나리라고 거기 이제 약숫물이라고 거기 있고. 옛날에는 그 물이 좋았었대, 약숫물이. 그런데 지금은 써먹지를 않으니까 그렇고. 또 여기 좁은골이라고 하는 데도 샘이 있는데 거기는 또 옻샘이라고 이렇게

구[23] 이르캐 바가치샘[24] 종:그망개[25] 이르캐 이써꾸. 낭 그렁 거배끼 몰라, 옌:날 저기넌 잘 몰:러, 어트캐서 여:가 황청니라구 댄:는 이릉 건 몰:러.

그 어떤 때 보먼 머 바위가 인는대 그건 누구, 누구가 어트개 해서 이런 이르미 부터따 머 이렁 거뚜 이떠라구요.

¯ 요기능 그렁 거 움써:. 그냥 저: 위에 올라가먼 그 큰:: 바위[26] 인넌대, 그냥 방구배기라구[27] 그냥 이르마지, 누가 머: 저기해서 이르먼 움써유.

나무:두 이짜너요? 느트나무 킁: 거.

¯ 그쎄 여긴 나무가아:, 머 뺑넌 댄 나무가 이썬는대 인재 벼:서[28] 움써 저찌[29].

비었어요?

¯ 예:. 인저 대꾸 이르캐 인저 절딴나구[30] 그래서 인저 그건 아주 갱::장 이 그냥 이만치 커썬는대 건 움써지구 저 아패 드러오넌 대 그개 인저 서낭나무라구[31] 인저, 거기 옌:나래넌. 거기다가 인저 머 새끼줄[32] 매고 머: 고:사두 지내구 그래찌만 지금더리야 누가 그렁 거 해유, 안 하니깨 머.

저기 저: 쪼근 문주리 2구요?

¯ 아니 요기. 요, 요기 바:루.

요기 바루 미태?

¯ 응, 요고: 우리 동내 드는대, 도로 아패 고 도로까애, 어, 회:관[33] 저태. 예.

= 도로 아패, 도로 아패.

¯ 그 나무두 그 옌나래능 그르캐 새끼쭐[34] 매구 우:애구[35] 그라던 나무유. 거기 머 떡뚜 해다 노쿠.

¯ 그럼, 그럼 거 떠캐다 노쿠 우:애구 머.

이 동내::예:만 어떤 특뻬란 문화재나 특싼무리나 이렁 거 이써요?

¯ 여기능 그렁 건, 농사럴 저두 그냥 제위[36] 바태 그저 콩팥 싱꾸 그렁 거지 뭐:. 하우스[37] 하는 사람두 하나두 움짜너유 이 동내넌. 그렁 거 특싼물 하넌 사라미 하:나두 움써유. 고, 주로 해따넝 개 옌:나래 담배 농사

바가지샘이 조그만한 게 이렇게 있었고. 난 그런 거 밖에 몰라, 옛날 저기는 잘 몰라, 어떻게 해서 여기가 황청리라고 됐는지 이런 것은 몰라.

어떤 때 보면 뭐 바위가 있는데 그건 누구, 누구가 어떻게 해서 이런 이름이 붙었다 뭐 이런 것도 있더라고요.

⌐ 여기는 그런 거 없어. 그냥 저 위에 올라가면 그 큰 바위 있는데, 그냥 방구배기라고 그냥 이름하지, 누가 뭐 저기 해서(붙인) 이름은 없어요.

나무도 있잖아요? 느티나무 큰 것.

⌐ 글쎄 여기는 나무가, 몇 백 년 된 나무가 있었는데 이제 베어서 없어 졌지.

베었어요?

⌐ 예. 이제 자꾸 이렇게 이제 결단나고 그래서 이제 그것은 아주 굉장히 그냥 이만큼 컸었는데 그것은 없어지고 저 앞에 들어오는 데 그게 이제 서낭나무라고 이제, 거기 옛날에는. 거기에다가 이제 뭐 새끼줄 매고 뭐 고사도 지내고 그랬지만 지금들이야 누가 그런 것을 해요, 안 하니까 뭐.

저기 저 문주리 2구요?

⌐ 아니 요기. 요, 요기 바로.

요기 바로 밑에?

⌐ 응, 요것 우리 동네 들어오데, 도로 앞에 그 도로 가에, 응, 회관 곁에. 예.

〓 도로 앞에, 도로 앞에.

⌐ 그 나무도 그 옛날에는 그렇게 새끼줄 매고 위하고 그러던 나무예요. 거기 뭐 떡도 해다 놓고.

⌐ 그럼, 그럼 거기 떡 해다 놓고 위하고 뭐.

이 동네에만 있는 어떤 특별한 문화재나 특산물이나 이런 것 있어요?

⌐ 여기는 그런 것은, 농사를 지어도 그냥 겨우 밭에 그저 콩팥 심고 그런 거지 뭐. (비닐)하우스하는 사람도 하나도 없잖아요 이 동네에는. 그런 것 특산물 하는 사람이 하나도 없어요. 고, 주로 했다는 게 옛날에 담배농사

줌 하구, 고추 농사 줌 하구 그르카지 여기는 아:무 거뚜 그렁 거 머 특쌈
물 하는 사라미 웁넌대, 지그믄 머 요 빨간 재지비[38] 요 아래서 배:, 배럴
마:니 하더라구 배 농사럴.

아, 과:이리요?

⎯ 예.

배나무?

⎯ 예.

문화재 가틍 거는 업써요?

⎯ 그렁 건 난 모르건는대유. 얘:기두 모뜨러바:써.

지금 저기: 옌나래 어릴 때하구 지금하구 비교해 보면요, 이 동내가 어트개
달러저써요? 옌날 똥내하구? 어릴 때. 아주 저 쪼끄말 때 한 열대여서 싸래서
스무 살 때 이 동내하구 지금 보시는 이 동내하구가 어트개 달라저써요?

⎯ 그쎄유, 머라구 마럴 햐[39]. 그르캐, 머 달라지기야 달라저찌. 세워리 달라
저씅깨 달라전넌대, 옌:나래야 머 더:: 그냥, 그때야 더 어렵깨덜 사러꾸 지그
먼 줌 저 다:덜 잘: 살:구 그라자나유. 머 그때는 때꺼리두 웁써서 쩔쩔매구
머, 버리꼬개예 버리 뜨더다가 머 뽀까서 떡뻐리[40] 해머꾸 찐버리[41] 해서
바패 머꾸 이래찌만 지금더른 여르매두 다: 쌀밤 머꾸 그러캐 살자너?

떡뻐리는 머:구, 찐버리는 머요?

⎯ 허허허허, 그개 몰:르시지, 떡뻐리는 버리가 패면 새파랑 걸 뜨더다가
뽀꺼 가지구 빠:서 까불러 가주구 그라먼 그개 떡뻐리구. 찐버리넌: 버리
가 인저 줌 들:릭짜너.

새파랑 거보다 쪼끔 더 되쓸 때.

⎯ 응, 더 대쓸 때 인재 그파닝깨, 때꺼리가 업써닝깨 그걸 뜨더다가 비
벼 가주구서 인저 소태다 쩌 가주구: 너러 말려 가주구 인저 도구탕애다[42]
이르캐 찌어 가주구서 바패 멍는 거유.

그래잉까 덜 영그릉 거…

좀 하고, 고추농사 좀 하고 그렇게 하지 여기는 아무 것도 그런 거 뭐 특산물 하는 사람 없는데, 지금은 뭐 요 빨간 기와집에 요 아래에서 배, 배를 많이 하더라고 배 농사를.

아, 과일요?

－ 예.

배나무?

－ 예.

문화재같은 것은 없어요, 여기는?

－ 그런 건 난 모르겠는데요. 얘기도 못 들어봤어.

지금 저기, 옛날에 어릴 때하고 지금하고 비교해 보면요, 이 동네가 어떻게 달라졌어요? 옛날 동네하고? 어릴 때. 아주 저 조그마할 때 한 열대여섯 살에서 스무 살 때 이 동네하고 지금 보시는 이 동네하고가 어떻게 달라졌어요?

－ 글쎄요, 뭐라고 말을 해. 그렇게, 뭐 달라지기야 달라졌지. 세월이 달라졌으니까 달라졌는데, 옛날에야 뭐 더 그냥, 그때야 더 어렵게들 살았고 지금은 좀 이제 다들 잘 살고 그러잖아요. 뭐 그때는 땟거리도 없어서 쩔쩔 매고 뭐, 보릿고개에 보리 뜯어다가 뭐 볶아서 떡보리 해 먹고 찐보리 해서 밥해 먹고 이랬지만 지금은 여름에도 다 쌀밥 먹고 그렇게 살잖아?

떡보리는 뭐고, 찐보리는 뭐예요?

－ 허허허허, 그게 모르시지, 떡보리는 보리가 패면 새파란 것을 뜯어다가 볶아가지고 빻아서 까불러 가지고 그러면 그게 떡보리고. 찐보리는 보리가 이제 좀 덜 익잖아.

새파란 것보다 조금 더 되었을 때.

－ 응, 더 되었을 때 이제 급하니까, 땟거리가 없으니까 그것을 뜯어다가 비벼 가지고 이제 솥에다 쪄 가지고 널어서 말려 가지고 이제 절구통에다 이렇게 찌어 가지고 밥해 먹는 거예요.

그러니까 덜 여문 것…

― 으아, 쪼끔 인재 들: 돼서 그파먼 그르캐. 그르니까 뭐 이 동내 옌:나래야 머 징그라개 어렵깨 사라찌 머. 일쩡 시대 때 그냥 모 그냥 파:무더 노먼 머 방꾸두꺼지 뜨꾸 와서, 일쩡 시대 때 일본 싸람더리 차저가구 뭐. 아:이구, 옌:나래 나, 여기 면:써기가 유다랭이라느이[43], 저: 가:덕 싸라민대 그이가 면:써긴대 머: 워:따 감춰두 머 모:땅하개 와서 차저가구 그래서 머, 마랄 꺼뚜 웁씨 고상해찌유 머.

= 괘:니 쓸때엄는 소리하구 [xxx].

― 아이, 그전 그릉 거 그르캐 해짜너?

갠차나요, 그런 얘기 해두 이거 아무 전혀 문제…

― 아 일쩡시대 때 다 그르컨능 걸 머.

오히려 그 때 조선 싸람드리 더 나빠다면서요 멀.

― 조선 싸람더리 나빵건: 유기오::[44] 나서지:[45]. 유기오 나서: 조선 인저이, 여기 싸라미래두 빨갱이[46] 물드른 사람더런: 그냥 머: 워디가[47] 수, 수무먼 막: 끄냥 차자내구 머 갱장하개 그르캐찌유. 저이두 저기 우리가 유기오 때 피나늘 앙: 가서, 저이가 부뜰려 갈[48] 뻔해써. 의용구내[49] 부뜰려 간는대 몰::래 수머서루 와 가주구 머 콩바태 가서두 숭:꾸, 우리 드꺼태. 낭 그래두, 그때 놀:래서[50] 이르캐 지금두 가시미 두근거리여. 요기다 땅:꾸럴 파구 인넌대, 저이가 의용군 가따가 인전 내빼 와서 저: 콩바태 워디가 숭꾸 이르캐 핸넌대, 요 아래찌비 헐런넌대 거기 사넌 사람두 가치 간넌대, 그 사라먼 안: 내빼구 저이하구 인저 어떤 저 유숭개비란[51] 사라마구 둘:만 도망을 와서 완넌대. 그 사라미 그냥 그 공… 저:기 뿔갱이드를[52] 데리구 와서, 내… 우리가 저짜그루 대:문까니 이썬넌대, 거기럴 나가너라구 내가 이르캐 나가니깨 그::냥 뿔갱이더리 와서 총얼 디리대구 막 이르카구, 요 땅:꾸래 수먼능개배[53], 땅:꾸래다 대구 막: 총얼 쏘구. 요 그 뒤에 예배당이[54] 이써써요 요기, 저 지비. 거기따가 인저 뿔갱이 사무시럴 차려 노쿠서 그르니 요그서 요리 올러나리니[55] 내가 얼마나 무서

˘ 어, 조금 이제 덜 되어서 급하면 그렇게. 그러니까 뭐 이 동네 옛날에
야 뭐 징그럽게 어렵게 살았지 뭐. 일정 시대 때 그냥 뭐 그냥 파묻어 놓
으면 뭐 방구들까지 뜯고 와서, 일정 시대 때 일본 사람들이 찾아가고 뭐.
아이고, 옛날에 나, 여기 면서기가 유달영이라는 이, 저기 가덕 사람인데
그이가 면서기인데 뭐 어디에다 감춰도 못 당하게 와서 찾아가고 그래서
는 뭐, 말할 것도 없이 고생했지요 뭐.
꠶ 괜히 쓸데없는 소리 하고 [***].
˘ 아이, 그전에 그런 것 그렇게 했잖아?
괜찮아요, 그런 얘기해도. 이거 아무 전혀 문제…
˘ 아 일정시대 때 다 그렇게 했는 걸 뭐.
오히려 그 때 조선 사람들이 더 나빴다면서요 뭘.
˘ 조선 사람들이 나쁜 것은 육이오(6.25) 나서지. 육이오(6.25) 나서 조
선 이제 이, 여기 사람이라도 빨갱이 물든 사람들은 그냥 뭐 어디에 가서
수, 숨으면 막 그냥 찾아내고 뭐 굉장하게 그렇게 했지요. 저이도 저기 우
리가 육이오(6.25) 때 피난을 안 가서, 저이가 잡혀갈 뻔했어. 인민군에 붙
들려 갔는데 몰래 숨어서 와 가지고 뭐 콩밭에 가서도 숨고, 우리 뒤꼍에.
난 그래도, 그때 놀라서 이렇게 지금도 가슴이 두근거려. 요기에다 땅굴
을 파고 있는데, 저이가 인민군 갔다가 이제 내빼 와서 저기 콩밭에 어디
에 가 숨고 이렇게 했는데, 요 아랫집이 헐렸는데 거기 사는 사람도 같이
갔는데, 그 사람은 안 내빼고, 저이하고 이제 어떤 저 유승갑이라는 사람
하고 둘만 내빼서 왔는데. 그 사람이 그냥 그 공… 저기 빨갱이들을 데리
고 와서, 내… 우리가 저쪽으로도 대문간이 있었는데, 거기를 나가느라고
내가 이렇게 나가니까 그냥 빨갱이들이 와서 총을 들이대고 막 이렇게 하
고, 요 땅굴에 숨었는가 봐(숨었는가 보다고), 땅굴에다 대고 막 총을 쏘고.
요기 뒤에 예배당이 있었어 요기에, 저 집에. 거기에다가 이제 빨갱이 사
무실을 차려 놓고서, 그러니 요기서 요리 오르내리니 내가 얼마나 무섭

꺼써. 잠두 몯 짜구 불두 몯 쓰구:.[56] 그때 파뤌 메친날 해방대짜너?

예.

￣ 근… 그:때만[57] 안 대쓰면 우리 시꾸는 다:: 죽는디야. 그란대 마::침 그때 그냥… 아유, 떨, 지금두 떨려서 애기럴 하면 무서워. 그르캐 고상을 하구 사러써유.

그때:는 동내가 지금처럼 이르캐 기와지비나 이렁 건 별루 업써찌요?

￣ 그러먼뉴. 초가지비구 이 자리두 왕굴자리구[58], 흑뻭또리… 흑찌비구[59] 다 그래찌유, 인저. 다시 인저 이 부억:뚜 저러캐래두 흔: 지비래두 뜨더 가주구 인저 개:량하구, 저른 미다지두 하구 이래찌. 이르캐 열:구 단는 무내다가, 뜨:럭뚜[60] 이르캐 우리지븐 너푸구, 엔::나레 옌:나레 이개 진 지빈대, 허허 그냥 요기다가 이르캐 그냥 곤처[61] 가주구 이래 사:능 기지.

그때 이 동내 사람들 살아뜬 사라마:구 지금 사는 사람들하구 사람 수짜두 마니 달라저찌요?

￣ 달:러지구 말구유:. 그저내 살던 사람더런 다: 떠나구: 죽꾸: 그라구 새루 드러온 사람더리: 여기 얼추 반저리 다 댈끼여 아마, 그지? 반저른 안 대두 먀:너유. 여기 드러온 사람더리. 그래서 맬쨍[62] 각썽바지여[63]. 요기넌 김서방내, 저:기넌 왕:서방내, 조 문:터넌[64] 고령 신씨 신서방내, 또 저 개낑이라넌 대넌 조:씨내 이르캐 그냥 무디기루 사러썬넌대… 지그먼…

＝ 문:능 기나 대다패유:.

아이 갠차너요.

￣ 지금더런 머. 아 머 무러본다넌대 그래 어트개 뭘: 갈처 줘[65]?

그걸 물어 보능 거요. 갠차나요. 그거 그렁 거 무러보는 거요, 지금 여기. 어:떤, 어떤 말쓰믈 하셔두 상관업써요. 흐흐흐 걱쩡하지 마셔요.

￣ 아 요기 써 인내:. 그렁거 다: 저기…

여기 머 주민 수하구 성씨 별루 어트개 댄는지 이르캐 무러보구 알:면 말씀해 달라구 대 이써요.

겠어. 잠도 못 자고 불도 못 켜고. 그때 팔월 며칠날 해방 됐잖아?

예.

￣ 그… 그때만 안 됐으면 우리 식구는 다 죽는대. 그런데 마침 그때 그냥… 아이고 떨, 지금도 떨려서 얘기를 하면 무서워. 그렇게 고생을 하고 살았어요.

그때는 동네가 지금처럼 이렇게 기와집이나 이런 것은 별로 없었지요?

￣ 그럼은요. 초가집이고 자리도 왕골자리고, 흙벽돌이… 흙집이고 다 그랬지요, 이제. 다시 이제 이 부엌도 저렇게라도 헌 집이라도 뜯어 가지고 이제 개량하고, 저런 미닫이도 하고 이랬지. 이렇게 열고 닫는 문에다가, 뜨럭도 이렇게 우리 집은 높고, 옛날에 옛날에 이것이 지은 집인데, 허허 그냥 여기에다가 이렇게 그냥 고쳐 가지고 이렇게 사는 거지.

그때 이 동네 사람들 살았던 사람하고, 지금 사는 사람들하고 사람 숫자도 많이 달라졌지요?

￣ 달라지고 말고요. 그전에 살던 사람들은 다 떠나고 죽고 그리고 새로 들어온 사람들이 여기 얼추 반절이 다 될 거야 아마, 그렇지? 반절은 안 되어도 많아요. 여기 들어온 사람들이. 그래서 말짱 각성바지야. 여기는 김씨네, 저기는 왕씨, 조 문터는 고령 신씨 신서방네, 또 저 개낑이라는 데는 조씨네 이렇게 그냥 무더기로 살았었는데… 지금은…

＝ 묻는 것이나 대답해요.

아이 괜찮아요.

￣ 지금은 뭐. 아 뭐 물어본다는데 그래 어떻게 뭘 가르쳐 줘?

그것을 물어보는 거예요. 괜찮아요. 그거, 그런 것을 물어보는 거예요, 지금 여기. 어떤, 어떤 말씀을 하셔도 상관없어요, 하하하 걱정하지 마세요.

￣ 아 여기 써 있네. 그런 거 다 저기…

여기 뭐 주민 수와 성씨 별로 어떻게 되어 있는지 이렇게 물러보고 알면 말씀해 달라고 되어 있어요.

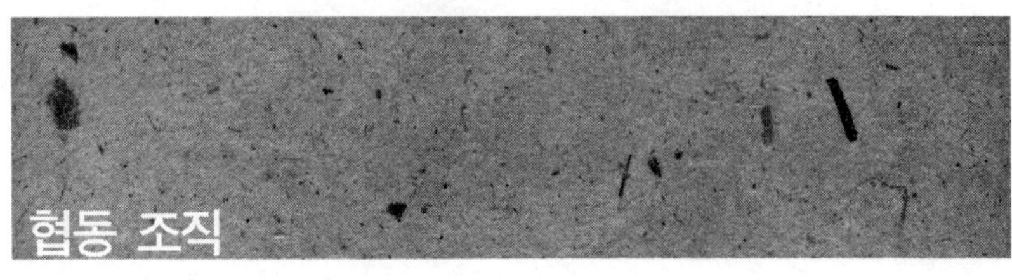

게:두 이짜너요? 게:.

⎺ 게:?

동내 게:두 하자나요?

⎺ 그러므뉴.

여기는 어떤 게:가 이써요, 이 동내는?

⎺ 옌:나래넌 머:: 여기 게, 지금 인녕 건 저기 뭐:지? 동내 깨가 머:지유?

＝ 연방개:[66].

⎺ 음, 옌:날부틈 연방개는 내려오능 기여. 인저 도러가시면 연방개는 인자 행상 가 메:구 인저 초상나면 치루넌대 인저, 아:내두 가지마넌 그래두 연방개는 그걸루 목쩌기구 인녕 거유.

그러면 그개 일쫑애 그, 그 상여께하구 비스탕경가요?

⎺ 그르치유. 그리여.

연방개라 그래요, 그걸?

⎺ 예.

호닌깨 가틍 거는 업써서요, 예저내? 호닌, 누구내 잔치하면 머 또 이르캐 도와주구.

⎺ 그릉 거뚜 하지유. 해:서 인저 가서, 절믄 사람덜찌리두 해: 가주구서 인저 호니날 때먼 가서 일: 봐:주구 가치 가서 다: 그르캐 하구 하지유.

아, 게:두 참 이찌요?

⎺ 으?

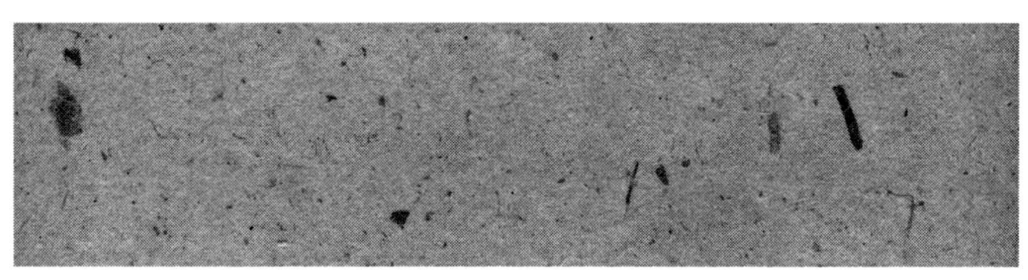

계도 있잖아요? 계.

⁻ 계?

동네 계도 하잖아요?

⁻ 그럼은요.

여기는 어떤 계가 있어요, 이 동네에는?

⁻ 옛날에는 뭐 여기 계, 지금 있는 건 저기 뭐지? 동네 계가 뭐지요?

= 연반계.

⁻ 음, 옛날부터 연반계는 내려오는 거야. 이제 돌아가시면 연반계는 이제 행상 가서 메고 이제 초상나면 치르는데 이제, 안 해도 가지만 그래도 연반계는 그것이 목적이고 있는 거예요.

그러면 그것이 일종의 그, 그 상여계하고 비슷한 것인가요?

⁻ 그렇지요. 그래.

연반계라고 해요, 그걸?

⁻ 예.

혼인계 같은 것은 없었어요, 예전에? 혼인, 누구네 잔치하면 뭐 또 이렇게 도와주고.

⁻ 그런 것도 하지요. 해서 이제 가서, 젊은 사람들끼리도 해 가지고 이제 혼인할 때면 가서 일 봐주고 같이 가서 다 그렇게 하고 하지요.

아, 계도 참 있지요?

⁻ 응?

게:두 이찌요?

⎯ 엔:나래는 게:두 머 그런 게:년 움써찌만. 엔:나랜넌 여기 연:반재라구[67] 남자덜 그런 건만 이써찌 움써찌만 지금 이 글래더리야 머 여자덜찌리두 게: 해서 크닐 치루먼 서루 가 도와주구 이라지만 엔:나랜 그렁 거 움써두: 다: 와서 동내 싸라미 해 줘써.

관 위:루 머 고양이가 지나가먼 안 된다 이렁 거뚜 이써요?

⎯ 그쌔 그렁 건 몰르건내. 그거 뭐 사사떠넌[68] 지비야 그래쓸 티지 머.

과내는: 모찔 안 하능 거라면서요?

⎯ 여기서넌 안 하대유.

그럼 어트개 그거 마초요?

⎯ 그냥 고러캐 만춰지개 대 인내비여. 우뚜껑 열구서루 그냥 이르캐 느쿠서루 그냥 고걸 잘 이르캐 눌루구서넌 싸: 가주구서 됭(단모음 [외])이자너. 머 모시루 박꾸 그르캐 아나내벼. 막때기루 그냥 요르캐 잘 하, 드르가구 나오개끔 해 낟내비여.

저:기 유월 따래 뭐, 유월, 오월 다노나 또는 사월 한식 청명 때두 머 이거, 이건 하먼 안 되구 머 이거는 하지 마라, 머 이렁 거 이써요?

⎯ 몰르거써유. 그렁 건 몰르구:. 한:식.

하지 말라는 거요.

⎯ 하지 말라넝 건 몰르건내:. 에:, 한시기 사뭐리지. 사뭘 한시개 한식 차래는 인저 하넌 사람덜 이꾸.

애기들 나:두 왜 이르캐 지배 모: 뜨러 오개 머 이르캐 해 노차나요?

⎯ 으, 금쭐[69] 매유 금쭐.

그건 어트개 하능 거요?

⎯ 왼:(단모음 [외])산내끼[70] 이르캐 꽈: 가주구서 솔립, 꼬추, 거멍, 숟: 그거 세: 가지럴 이르캐 꼬자 놔유. 솔리번, 솔리파구 아마 거멍하구넌[71] 부정: 탄다구 부정 물리너라구 꼽넌다구 하넝 거 가터유. 그라구 인저 꼬추

계도 있지요?

￣ 옛날에는 계도 뭐 그런 계는 없었지만. 옛날에는 여기 연반계라고 남자들 그런 것만 있었지 없었지만 지금 이 근래에는 뭐 여자들끼리도 계를 해서 큰일 치루면 서로 가 도와주고 이러지만 옛날에는 그런 거 없어도 다 와서 동네 사람이 해줬어.

관 위로 뭐 고양이가 지나가면 안 된다 이런 것도 있어요?

￣ 글쎄 그런 건 모르겠네. 그거 뭐 유난 떠는 집이야 그랬을 테지 뭐.

관에는 못질 안 하는 거라면서요?

￣ 여기서는 안 하던데요.

그럼 어떻게 그것을 맞춰요?

￣ 그냥 그렇게 맞추어지게 되어 있나봐. 위 뚜껑 열고 그냥 이렇게 넣고 그냥 그걸 잘 이렇게 누르고는 싸 가지고 동이잖아. 뭐 못으로 박고 그렇게 안 하나봐. 막대기로 그냥 요렇게 잘 하(게), 들어가고 나오게끔 해 놨나봐.

저기 유월 달에 뭐, 유월, 오월 단오나 또는 사월 한식 청명 때도 뭐 이것, 이것은 하면 안 되고 뭐 이것은 하지 마라 이런 것 있어요?

￣ 모르겠어요. 그런 건 모르고. 한식.

하지 말라는 거요.

￣ 하지 말라는 것은 모르겠네. 에, 한식이 삼월이지. 삼월 한식에 한식 차례는 이제 하는 사람들 있고.

아기들 낳아도 왜 이렇게 집에 못 들어오게 뭐 이렇게 뭐 해 놓잖아요?

￣ 응, 금줄 매요 금줄.

그것은 어떻게 하는 거예요?

￣ 왼새끼를 이렇게 꽈 가지고 솔잎, 고추, 숯 그 세 가지를 이렇게 꽂아 놓아요. 솔잎, 솔잎하고 아마 숯하고는 부정 탄다고, 부정 물리느라고 꽂는다고 하는 거 같아요. 그리고 이제 고추는 이제 아들이라고, 아들 낳았

넌 인저 아더리라구, 아덜 나따구 이러캐 꼼녕 거구. 그르캐서 왼(단모음
[외])산내끼럴 꽈낟, 꽈:서 삽짜개다 이르캐 매:달자너.

　　그러면 어트개 해야 돼요?

　˥ 그러캐 매:다러 논넌다구 그쌔 삽짜개다 그걸. 애기 나따구 하먼 인
재 그 금쭐버틈 꽈:서 매:다러 놔:. 사람 몯 뜨러오개 하너라구, 부정한 사
람 몯 뜨러오개 하너라구. 삼날[72] 머: 한 니래꺼지 몯 뜨러오지유.

　　딸라먼 그럼 어트개 해요?

　˥ 딸라먼 꼬추럴 앙 꼼꾸 인저 솔하고 거멍하구만 꼼녕 건 따리구. 꼬
추럴 이르캐 꼬붕건 아더리구 그런대: 지금 참 그래두 대:개는 또 딸라도
그냥 꼬추 꼼년 집떨 더러 이떠라구, 앙 꼼는 집뚜 이찌마는.

　　그 부정타지 말:라구…

　˥ 네, 그르캐 해서 솔립파구 거멍하구넌 그래 꼼넌대유.

　　또 나무 지배 부정 타지 말라구 하능 거 또 이써요? 그렁 거 말:구 또.

　˥ 나무 지비? 그쌔.

　　부정 타지 말라구 하능 거. 또 어떵 거뜰, 어떨 때 부정 타지 말라구 하능 거.

　˥ 그건 몰:르건는대.

　　그저내는 저: 머여 아치매 일찍 여자드리 남자들 아패두 모: 찌나가개 해따
면서요?

　˥ 그렁개 인저 나무 지비 가지 마:라 인저 남자더라패, 여자는 자:간 일
찌가치 워디 모:뢍내래[73] 해써:. 새:매 물: 이러 나가두 그거뚜 인전 남 보
기 저내 새보개 가따 오던지 그리자느먼 인저 쭘 느깨 가던지 그르캐: 댕
기구 그래찌. 머 이르캐 장애 인저 가넌대두, 청주장 갈라먼 이:리 가자
너, 미태 꼬깨루. 남자덜 지내가넌대 여자가 물뚱이[74] 이구 아패 썩: 껀너
가먼 그날 재:수 웁따구 하구 그래써유. 장:: 조심해찌 머, 장: 조시매써.

　　실재루 재:수가 엄능 거요?

　˥ 하이구 몰르거써유, 그른지. 아니 그른대:, 그릉깨 샤:라미 맘:먹끼 달링

다고 이렇게 꽂는 거고. 그렇게 해서 왼새끼를 꽈 놓았, 꽈서 삽짝에다 이렇게 매달잖아.

그러면 어떻게 해야 돼요?

￣ 그렇게 매달아 놓는다고 글쎄 삽짝에다 그것을. 아기 낳았다고 하면 이제 그 금줄부터 꽈서 매달아 놔. 사람 못 들어오게 하느라고, 부정한 사람 못 들어오게 하느라고. 삼일 뭐 한 이레까지는 못 들어오지요.

딸 낳으면 어떻게 해요?

￣ 딸 낳으면 고추를 안 꽂고 이제 솔잎하고 숯하고만 꽂는 건 딸이고. 고추를 이렇게 꽂은 건 아들이고 그런데 지금 참 그래도 대개는 또 딸 낳 아도 그냥 고추 꽂는 집들이 더러 있더라고, 안 꽂는 집도 있지만.

그 부정 타지 말라고…

￣ 예, 그렇게 해서 솔잎하고 숯하고는 그래서 꽂는대요.

또 남의 집에 부정 타지 말라고 하는 거 또 있어요? 그런 것 말고 또.

￣ 남의 집에? 글쎄.

부정 타지 말라고 하는 것. 또 어떨 때 부정 타지 말라고 하는 거.

￣ 그것은 모르겠는데.

그전에는 저 뭐야 아침에 일찍 여자들이 남자들 앞에도 못 지나가게 했다면 서요.

￣ 그런 게 이제 남의 집에 가지 마라 이제 남자들 앞에, 여자는 좌우간 일찌감치 어디 못 왕래를 했어. 샘에 물 이러 나가도 그것도 이제 남 보 기 전에 새벽에 갔다 오든지 그렇지 않으면 이제 좀 늦게 가든지 그렇게 다니고 그랬지. 뭐 이렇게 장에 이제 가는데도, 청주 장 가려면 이리 가 잖아, 밑에 고개로. 남자들 지나가는데 여자가 물동이 이고 앞에 슥 건너 가면 그날 재수 없다고 하고 그랬어요. 늘 조심했지 뭐, 늘 조심했어.

실제로 재수가 없는 거예요?

￣ 아이고 모르겠어요, 그런지. 아니 그런데, 그러니까 사람이 마음먹기 달린

겨:. 인재 그날 장날 인저 소럴 여그서 옌:나래더른 말짱[75] 집찌비 인저 소 럴 하나씽 메겨 가주구 소럴 팔러 댕기구 그러캐 하니깨. 소장애 가넌대 여자가 드러오먼 그날 꼭 재수가 업띠야. 소럴 그거 전 거트먼 더 박꾸서 두 팔 낀대 누가 드러와서 재:수가 업써서 들: 박꾸두 모:팔구 그냥 끌:구 와따구 이라구 그려. 그러는 소리 드러써, 나두. 또 어:떤 사라믄 드러가 먼, 몰:르구 이러캐 불쑥 드러간넌대 재:수가 이띠야 또 '아무거시넌 드러 완넌대 그날 참 재:수가 이써' 이라는 소리두 드러보구 그래써. 옌:나랜 그런 소릴 더러 드러 봐써유.

그저:내 그: 행여, 행여두 동내 아프루는 모:찌나가개 하지 아나써요?

⌐ 그러머뉴:. 저: 샴:물 이쓰믄 샴:물 더꾸 머 부정 탄다구 그래써유. 모 찌내가개 하구.

그럼 어딜루 가야대요?

⌐ 인재 저:리 도러서 이르캐. 이 아푸루 모까구 저짜그루 뚝빵으루 이 르캐 도러가구 그르캐 하라구. 아, 옌:나래 저 왕서방내 이 아푸루 지내댕 기두 잘 모태써:. 모:찌내댕기개 해서 여기서 김서방내더리. 그래서루 저 산뜽갱이[76] 저 질루 이르캐서 이르케 지내댕겨찌. 타승이라구.

그냥 다니는 거뚜?

⌐ 야, 그냥 다니는대두, 그르캐서 아주 그리 저 장찔 댕기는 지리 이써 써유. 이리 이 아푸로 내위(이중모음 [uj])하구:[77] 그라느라구 이리 모:땡기 구 그르캐 댕겨써.

여기 왕서방덜두 마:니 사러써따면서요?

⌐ 예, 저 우애: 한… 거지반: 여나문 찝: 사러쓸 끼여 아마 옌:나래.

저: 위가 어디요?

⌐ 저:...

거야. 이제 그날 장날 이제 소를 여기서는 옛날에는 모두 집집이 이제 소를 하나씩 길러 가지고 소를 팔러 다니고 그렇게 하니까. 우시장에 가는데 여자가 들어오면 그날 꼭 재수가 없대. 소를 그거 전 같으면 더 받고서도 팔 건데 누가 들어와서 재수가 없어서 덜 받고도 못 팔고 그냥 끌고 왔다고 이러고, 그러는 소리 들었어, 나도. 또 어떤 사람은 들어가면, 모르고 이렇게 불쑥 들어갔는데 재수가 있대 또. ‘아무개는 들어왔는데 드날 참 재수가 있어’ 이러는 소리도 들어보고 그랬어. 옛날에는 그런 소리를 더러 들어 봤어요.

그전에 그 상여, 상여도 동네 앞으로는 못 지나가게 하지 않았어요?

￣ 그럼요. 저 샘물 있으면 샘물 덮고 뭐 부정 탄다고 그랬어요. 못 지나가게 하고.

그럼 어디로 가야 돼요?

￣ 이제 저리 돌아서 이렇게. 이 앞으로 못 가고 저쪽으로 제방으로 이렇게 돌아가고 그렇게 하라고. 아, 옛날에 저 왕서방네는 이 앞으로 지나다니지도 잘 못했어. 못 지나다니게 해서 여기서 김서방네들이. 그래서 저 산등성이 저 길로 이렇게 해서 이렇게 지나다녔지. 타성(他姓)이라고.

그냥 다니는 것도?

￣ 예, 그냥 다니는데도, 그래서 아주 그리로 저 장에 다니는 길이 있었어요. 이리 이 앞으로 내외하고 그러느라고 이리 못 다니고 그렇게 다녔어.

여기에 왕서방들도 많이 살았었다면서요?

￣ 예, 저 위에 한… 거지반 여남은 집 살았을 거야 아마 옛날에.

저 위가 어디예요?

￣ 저...

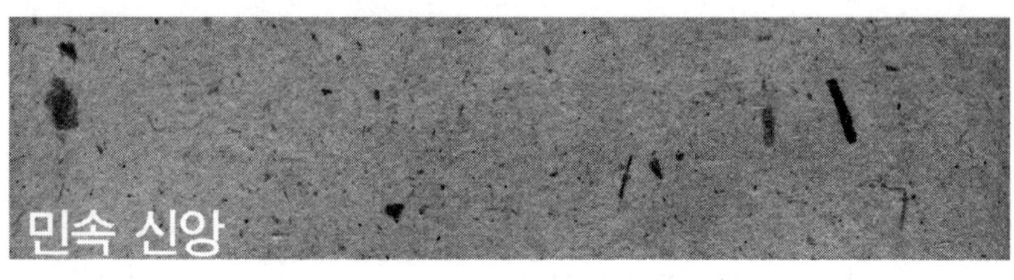

그: 그렁 게 인제 고사?

⁻ 예:.

고:사지낸다구 하지요? 동내 고사지낸다구.

⁻ 예. 고사, 고사 지내능 개. 예, 예.

그건 어티개 하능 건지 줌 알려주세요. 요샌, 요샌 다 업써저짜너요?

⁻ 다: 웁써저써유:. 머: 동:내서, 동:내서 할 때는 갠:별루 자기내가 인저 무슨: 말하자먼 소:워늘 비닝 거지 가서.

⁻ 그르칼 때는 인재 개인별루 가서 하지만, 그렁거 인재 동:내서 해 가주구, 동내서 아주 깨끄타개, 부정 든다구 깨끄타개 해 가주구 가서 인저 산진, 산신제럴 지낸다구 이러캐서 인저: 깨끄타개 해서 디리구[78]. 또 저 벼재라는[79] 대 올러가먼 거기넌 인저 용구리라구[80] 이써유. 바위가[81] 쿵:: 개 인넌데, 용구런 어트개서 용구리 댄넌지넌 몰라두 거기넌 용구리라구 그르캐 이르마는 바위가[82] 이써. 쿵::개.

구:리 뚤려써요?

⁻ 난 드러가 보덜[83] 안 해써유, 무서워서.

구:른 이써요?

⁻ 굴: 쪼끔 읻찌유?

⁼ 이써:.

으음.

⁻ 어?

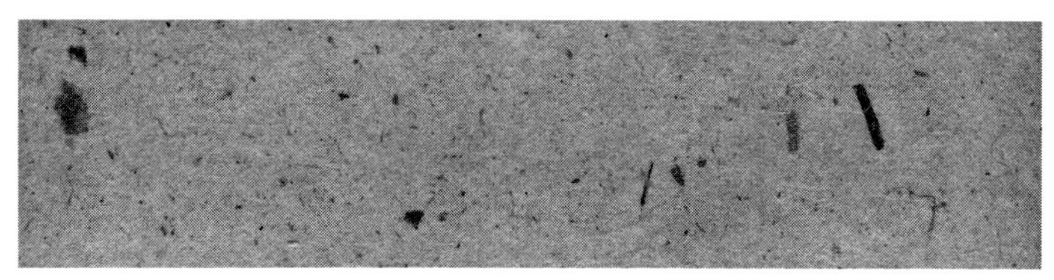

그, 그런 것이 이제 고사?

⁻ 예.

고사 지낸다고 하지요? 동네 고사 지낸다고.

⁻ 예. 고사, 고사 지내는 것이. 예, 예.

그것은 어떻게 하는 것인지 좀 알려주세요. 요즈음, 요즘은 다 없어졌잖아요?

⁻ 다 없어졌어요. 뭐 동네에서, 동네에서 할 때는 개인별로 자기네가 이제 무슨 말하자면 소원을 비는 거지, 가서.

그렇게 할 때는 이제 개인별로 가서 하지만, 그런 것을 이제 동네에서 해 가지고, 동네에서 아주 깨끗하게, 부정 탄다고 깨끗하게 해 가지고 가서 이제 산신, 산신제를 지낸다고 이렇게 해서 이제 깨끗하게 해서 드리고. 또 저 벼재라는 데 올라가면 거기는 이제 용굴이라고 있어요. 바위가 큰 게 있는데, 용굴은 어떻게 해서 용굴이 됐는지는 몰라도 거기는 용굴이라고 그렇게 이름 하는 바위가 있어. 큰 것이.

굴이 뚫렸어요?

⁻ 난 들어가 보질 안 했어요, 무서워서.

굴은 있어요?

⁻ 굴 조금 있지요?

⁼ 있어.

아아.

⁻ 어?

= 이써:. 쪼끔 거기에 이써두 나 드러가 보진 아내써.

⁻ 그래서 거 우:예두[84] 또 저런 느트나무가 이써유, 쿵: 게. 그래가주구서 거:기두 인저 서낭나무라구 거기두 더러 와서 떠캐 노쿠 이라구 인저 불공디리구[85], 다란대[86] 싸람두 와서 인저 거와 하구, 그라는대 요즈믄 머: 그렁 건. 그래두 인저 만:신더리[87] 더러 와서, 이 동내 만:시니 하나 인넌대 청주 가 살거던. 그라넌대 인저 그이더리 와 가주구서 일꺼리 거기서 청주서 마틈 거기 와서, 용:구래 와서두 인저: 푸닥꺼리[88] 하구 가구 거기 인는, 벼:재 가넌대 인는, 그 느티남… 저기 둥구나무애[89] 와서두 인저 뭐: 떠캐 노쿠 새끼줄 매구 하구서 불공디리구 가구 이래유. 그렁 거배끼 웁써 여기넌.

만:시니 뭐예요?

⁻ 예, 만:신덜 하능 기여.

만:시니라구 하능 기 뭐예요? 무당?

⁻ 무:당.

무:당. 여자?

⁻ 예, 여자가.

동내에서 고사지면 어떠캐 해요? 그거 고사지낼라면. 떡뚜 하구 머…

⁻ 그럼 떡뚜 하구… 그 안 지내… 그르캐는 아나구, 거들 때두 이찌마는 동내 껄루 울:딴[90] 하지유, 동내 꼬사넌, 동내 껀.

동내 잘대라구 하능 거지요?

⁻ 그르치유, 동내 인저 야:무 저기 웁씨: 일려늘 펴나나개 너머가 달라구 인저 가서: 하능 거지유.

˭ 있어.

˭ 조금 거기에 있어도 나는 들어가 보지는 않았어. 그래서 그 위에도 또 저런 느티나무가 있어요, 큰 게. 그래 가지고 거기도 이제 서낭나무라고 거기도 더러 와서 떡 해 놓고 이렇게 하고 불공드리고, 다른 곳 사람도 와서 이제 거기 와 하고, 그러는데 요즘은 뭐 그런 건. 그래도 이제 만신들이 더러 와서 이 동네 만신이 하나 있는데 청주 가 살거든. 그러는데 이제 그이들이 와 가지고 일거리 거기서 청주에서 맡으면 거기 와서, 용굴에 와서도 이제 푸닥거리를 하고 가고 거기 있는, 벼재 가는 데 있는, 그 느티나무… 저기 둥구나무에 와서도 이제 뭐 떡을 해 놓고 새끼줄을 매고 하고서 불공드리고 가고 그래요. 그런 것밖에 없어 여기는.

만신이 뭐예요?

˭ 예, 만신들 하는 거야.

만신이라고 하는 게 뭐예요? 무당?

˭ 무당.

무당. 여자?

˭ 예, 여자가.

동네에서 고사 지내면 어떻게 해요, 그것 고사 지내려면. 떡도 하고 뭐…

˭ 그럼 떡도 하고… 그 안 지내… 그렇게는 안 하고, 걷을 때도 있지만 동네 것으로 일단 하지요, 동네 고사는, 동네 것은.

동네 잘되라고 하는 거지요?

˭ 그렇지요, 동네 이제 아무 저기 없이 일년을 편안하게 넘어가 달라고 이제 가서 하는 것이지요.

■ 주석

1) ‘모자리’는 본래 볍씨를 뿌려 모를 기르는 곳을 뜻하는 ‘못자리’의 이 지역
   방언형이다. 못자리를 할 때 모판에 같은 품종의 볍씨를 뿌려 모를 기르면
   모판에 같은 품종의 모가 빼곡하게 들어찬다. 여기에서는 제보자의 시댁 성
   씨인 광산 김씨가 집성촌을 이루고 사는 것을 같은 품종의 모가 빼곡하게
   자란 못자리판에 비유한 말이다.
2) ‘각썽바지’는 ‘각성바지’의 음성형으로 ‘성이 각각 다른 사람’을 뜻한다.
3) ‘부땅꼴’은 ‘불당골’의 이 지역 방언형으로 청원군 남일면 황청리 뒤편에 있
   는 골짜기 마을로 예전에는 ‘왕(王)’씨들이 많이 살았으나 지금은 각성바지
   들이 들어와 산다고 한다. 지금도 다른 성씨에 비해서 왕씨들이 많이 사는
   자연마을이다.
4) 한국지명총람 3(충북편)에 의하면 황청리는 ‘황청(黃淸)=꿀’이 많이 나서 ‘황
   청’ 또는 ‘황청이’라 하였다고 하나 확인할 수 없다. 황청리는 청원군 남일면
   왕암산 동쪽 기슭에 위치한 마을이다. 마을 동쪽으로 상야리에 넓은 들이 있
   고 북북동쪽으로 한계 저수지가 있다.
5) ‘방구배기’는 황청리 남쪽 ‘불당골’ 아래에 있는 자연마을이다. 커다란 바위
   가 박혀 있다고 해서 생긴 이름이라고 한다. ‘방구배기’는 ‘방구+배기’로 분석
   할 수 있다. ‘방구’는 ‘바위’의 충청도 방언형이고 ‘배기’는 ‘박다’에서 파생된
   접미사 ‘박이’의 움라우트형이다. ‘방구배기’는 ‘바위가 박혀 있는 곳’이라는
   뜻에서 유래된 지명이다. 제보자는 이름의 유래는 알지 못하고 있었다. 주)
   27참조.
6) ‘도람말’은 ‘황청리’ 남쪽에 있는 자연마을이다.
7) ‘조봉골’은 황청리 서쪽에 있는 자연마을이다. ‘조붕골’이라고도 한다. ‘좁은
   골짜기’라는 뜻의 ‘좁은골’에서 유래한 것으로 보인다.
8) ‘불군디기’는 황청리와 같은 길로 이어져 있다. 황청리 앞길을 따라 동북쪽
   으로 50m 정도 떨어져 있는 곳에 위치하는 자연마을이다. 황청리와 불군디
   기는 거의 이어져 있다고 해도 좋을 만큼 가까운 거리에 있다.
9) ‘신대’는 황청리 앞쪽(동쪽)으로 내려다보이는 자연마을이다.
10) ‘벼재’는 황청리 북쪽 도람말 위에 있는 고개로 예전에는 황청리에서 청주

로 장을 보러 갈 때 넘어 다녔다고 한다. 주) 79 참조.

11) '왕암산'은 청원군 남일면 문주리와 황청리에서 서쪽으로 남일면 쌍수리와 경계를 이루고 있는 산이다.

12) '백족산'은 청원군 가덕면 상야1리, 한계1리와 낭성면 추장2리와 경계를 이루는 해발 412m의 산이다.

13) '시루봉'은 청원군 남일면 문주리와 황청리에서 서쪽으로 남일면 쌍수리와 경계를 이루고 있는 왕암산의 봉우리 이름이다.

14) '욜러루넌'은 중앙어 '요리로는' 또는 '이쪽으로는' 정도에 대응하는 충청도 방언형이다.

15) '증꼴'은 '증골'의 음성형이다. 황청리 북서쪽으로 약 600m 정도에 있는 골짜기다.

16) '방조괴'는 '방죽이'를 잘못 발음한 것이다. '방죽'은 둑을 둘러막아 만든 커다란 못을 가리키는 말이다. 황청리와 불군디기를 지나 동북쪽으로 약 50m 거리에 있는 저수지를 가리킨다.

17) 제보자는 '유기오'를 '유교'로 들릴 만큼 빠르게 발음하였으나 여기에서는 '유기오'(6.25)로 표기하였다.

18) '일정 때'는 일본이 우리나라를 침략하여 강점하고 정치를 하던 때를 뜻하는 말로 거의 관용적으로 쓰인다.

19) '약쑴물'은 '약숫물'의 음성형으로 '약수+물'로 분석된다. 형태상으로 보면 한자어 '약수'에 우리말 '물'이 결합되어 사이시옷이 쓰인 것이고 의미상으로 보면 '물'을 뜻하는 '수(水)'와 '물'이 중복된 의미중복의 구조로 이루어진 말이다.

20) '조아써띠야'는 중앙어 '좋았었대'에 대응하는 이 지역 방언형이다. '조아써띠야'를 형태소 분석하여 분철 표기하면 '좋았었디야'가 될 것이다. '디야'는 '댜'로도 발음된다. '디야' 또는 '댜'는 중앙어 '다고 해'가 줄어든 '-대'에 대응하는 이 지역 방언형으로 형용사 어간이나 어미 '-으시-', '-었-', '-겠-', '-(으)ㄴ-' 뒤에 붙어 '-다고 하더라' 정도의 뜻으로 쓰인다. 중앙어에서 종결형으로 쓰이는 '해', '패', '래' 등이 이 지역에서는 각각 '[히아/히야/햬]', '[피아/피야/퍠]', '[리아/리야/럐]' 등으로 실현된다는 점에서 중앙어 '해', '패', '래' 등은 '[히아/히야/햬]', '[피아/피야/퍠]', '[리아/리야/럐]'가 모음도치와 축약을 경험한 결과라고 해석할 수 있다. 충청북도에서 중앙어 '해', '패', '래' 등을 '[히아/히야/햬]', '[피아/피야/퍠]', '[리아/리야/럐]' 등으로 발음하는 지역은 청원군과 진천군, 옥천군, 보은군 등 충청남도에 인접한 충북 중부지역이다. 이런 발음은

충청남도 쪽으로 갈수록 심하게 나타난다. cf. 주 53) 참조.

21) '조붕골'은 황청리 서쪽에 있는 자연마을이다. '조봉골'이라고도 한다. 주 7) 참조.

22) '샤민년대'는 '샤미 인년대'를 빠르게 발음한 것이다. '샴은 중앙어 '샘'에 대응하는 충청도 방언형이고 장음으로 실현된다. '샴 외에 '샘', '샘' 등도 쓰이는데 '샴으로 발음하는 지역에서는 중앙어의 종결형 '해', '패', '래' 등이 각각 '[히야/해', '[피야/패', '[리야/래' 등으로 실현된다. 주 38) 참조.

23) '오쌰:미라구'를 형태소 분석하여 분철 표기하면 '옻샴이라구'가 된다. '옻샴을 중앙어로 표기하면 '옻샘'이 된다. 충청도 방언 '옻샘'은 산에서 '옻나무 아래에서 물이 솟아나는 곳'을 뜻하기도 하고 '옻이 오른 사람이 몸을 씻으면 낫는다는 샘'을 뜻하기도 한다. 어떤 지역에서는 이 두 가지 의미가 혼합된 '옻나무 아래에서 솟아나는 물로 몸을 씻으면 옻오른 것이 낫는다는 샘'의 뜻으로 쓰이기도 한다. 이 '옻샘'에서 솟아나는 물로 몸을 씻으면 옻오른 것이 낫는다는 속설이 있다.

24) '바가치샴'은 '바가치+샘'으로 분석할 수 있다. '바가치'는 중앙어 '바가지'의 충청도 방언형이고 '샘'은 중앙어 '샘'의 충청도 방언형이다. 따라서 '바가치샴을 중앙어로 표기하면 '바가지샘'이 되는데 '바가지로 물을 기를 수 있는 샘'이라는 뜻이다. 충청도 방언형으로 '바가치샘' 외에 '바가치샴과 '바가치샘' 또는 '박샘'과 '박샴' 등이 쓰이기도 한다.

25) '종:그망개'는 '조:그망개'를 잘못 발음한 것으로 보인다. 중앙어 '조그만한 것'에 해당하는 충청도 방언형이다.

26) '바위'의 음성형은 [pauj]로 둘째음절 '위'가 하향 이중모음 [uj]로 실현된다.

27) '방구배기'는 '불당골' 아래에 있는 자연마을이다. '방구배기'는 커다란 바위가 박혀 있어서 유래된 지명이라고 한다. 이러한 유래를 고려하면 '방구배기'는 '방구+배기'로 분석할 수 있다. '방구'는 '바위'의 충청도 방언이고 '배기'는 '박다'에서 파생된 접미사 '박이'의 움라우트형이라고 할 수 있다. 주 5) 참조.

28) '벼서'는 '비-어서'의 준말이다. '비-다'는 중앙어 '베-다'에 대응하는 충청도 방언형이다. 충청도 방언에서 어두음절 모음이 장모음 '에'일 때 고모음화 하여 '이'로 실현되는 현상이 있는데 '비:-다'도 중앙어의 '베:-다'가 장모음으로 실현되어 고모음화한 것이다. '벼서'는 '비:+어서 → 비어서 → 벼:서'의 과정을 거친 것이다.

29) '움써저찌'는 이 지역 방언형 '읊어졌지'의 음성형이다. '읊어졌지'는 '읊다'의

활용형이고 '읎다'는 중앙어 '없다'에 대응한다. '없다→ 읎다 → 읎다'의 과정을 거친 것이라고 할 수 있다, 충청도 방언에서 어두 음절이 장모음 '어:'이면 '으:'로 고모음화 하는 현상이 있는데 '없:다'도 '읎:다'로 고모음화한 다음 원순모음화에 의해 '읎:다'가 된 것으로 이해된다,.

30) '절딴나구'는 '절딴나다'의 활용형으로 중앙어 '결딴나다'에 대응하는 이 지역 방언형이다. 충청도 방언에서 '절딴나다'는 '①물건 따위가 망가져서 못 쓰게 되다.(ex. 이앙기가 절딴나서 모를 못 심었다.) ②살림이 거덜나다.(ex. 아버지의 사업 실패로 우리 집은 절딴났다.) ③가족이 죽거나 하여 집안이 망하다.(ex. 삼대 독자인 김서방의 아들이 죽자 김씨네 집안도 절딴이 나고 말았다.) ④어떤 일이 잘못되어 도무지 손을 쓸 수 없는 지경이 되다.(ex. 비료값 오르지 품삯 오르지 안 오르는 것은 쌀값뿐이니 농사는 절딴이여 절딴.)' 등의 의미로 쓰인다.

31) '서낭나무'는 서낭신이 붙어 있다고 하는 나무로 보통은 마을 어귀나 마을 뒤에 있다. 예전에는 이 나무에 금줄을 둘러 쳐 놓고 떡과 돈을 놓아두고 마을이 잘 되라고 기원하는 동네 고사를 지내기도 하였고, 떡과 돈을 놓아두고 가정이 잘 되라고 기원하는 고사를 지내기도 하였다. '서낭나무'는 '서낭+나무'로 분석할 수 있다. '서낭'은 중앙어의 '성황(城隍)'에 대응하는데 '서낭'의 원말이 '성황'인지는 확인하기 어렵다. 오히려 '서낭'이 서낭신이 붙어 있는 나무를 뜻한다는 점에서 '서낭'의 '낭'이 나무를 뜻하는 제주도 방언 '낭'과 관련이 있지 않을까 한다.

32) 부정한 것의 침범이나 접근을 막기 위하여 문이나 길 어귀에 건너질러 매거나 서낭과 같이 신성한 대상물에 매는 새끼줄을 금줄이라고 하는데 이 때 쓰이는 새끼줄은 왼쪽 방향으로 꼰 왼새끼를 쓴다. '새끼쭐'로 발음하는 경우는 사이시옷을 넣어 '새낏줄'로 표기해야 할 것이다. ≪표준국어대사전≫에는 '새끼줄'로 표기되어 있다.

33) '회:관'의 첫째음절 모음 '외'는 단모음 [ö]로 실현된다.

34) '새끼쭐'이 ≪표준국어대사전≫에는 '새끼줄'로 표기되어 있다. '새끼쭐'로 발음하는 경우는 사이시옷을 넣어 '새낏줄'로 표기해야 할 것이다. 부정한 것의 침범이나 접근을 막거나 신성한 대상물에 매는 새끼줄을 금줄이라고 하는데 이 때 쓰는 새끼줄은 왼새끼를 꼰다.

35) '우애구'는 중앙어 '위하다'에 대응하는 이 지역 방언 '우해다'의 활용형 '우해구'의 음성형이다. '우해다'는 어떤 사물이나 사람을 받들어 섬기고 소중히

여긴다는 뜻으로 쓰인다. 이 지역 방언에서 '우해다'는 '우해구, 우해지, 우해여, 우해서, 우해게' 등으로 활용한다.

36) '제위'는 중앙어 '겨우'에 대응하는 이 지역 방언형이다. '제위'는 [cewi]로 발음된다. 충청도 방언에서 '제위' 외에 '제우'나 '지우'도 쓰인다.

37) '하우스'는 '비닐하우스'를 뜻한다. '하우스 하는 집'은 비닐하우스에 농작물을 재배하여 농사를 짓는 집이라는 뜻으로 쓰였다.

38) '재지비'는 '재집-이'의 음성형이다. '재집'은 '기와집'이 구개음화와 축약에 의해 이루어진 말로 이해된다. 충청도 방언에서 '기와'를 '지와'라고 하기도 하고 '개와'라고 하기도 한다.

39) '햐는 중앙어 '해'에 대응하는 이 지역 방언형이다. '햐는 '히야'나 '히야로 발음되기도 한다. 중앙어의 종결형에서 모음 '애'로 끝나는 '대', '패', '래', '깨', '매', '돼' 등이 이 지역에서는 각각 '[디아/디야/댜], '[피아/피야/퍄], '[리아/리야/랴], '[끼아/끼야/꺄], '[미아/미야/먀], '[디아/디야/댜][뵤] 등으로 실현된다는 점에서 중앙어 '대', '패', '래', '깨', '매', '돼' 등은 '[디아/디야/댜], '[피아/피야/퍄], '[리아/리야/랴], '[끼아/끼야/꺄], '[미아/미야/먀], '[디아/디야/댜/뵤] 가 모음도치와 축약을 경험한 결과라고 해석할 수 있다. 충청북도에서 중앙어 '대', '패', '래', '깨', '매', '돼' 등을 '[디아/디야/댜], '[피아/피야/퍄], '[리아/리야/랴], '[끼아/끼야/꺄], '[미아/미야/먀], '[디아/디야/댜/뵤' 등으로 발음하는 지역은 청원군과 진천군, 옥천군, 보은군 등 충청남도에 인접한 충북 중부지역이다. 이런 발음은 충청남도로 갈수록 심하게 나타난다. cf. 주 22) 참조.

40) 예전에 일제 강점기 때와 해방 이후 70년대 초까지는 생활이 어렵고 가난하여 봄이 되면 식량이 떨어져 먹을 것이 귀했는데 이때를 보릿고개라고 하였다. 봄에 식량이 떨어져 땟거리가 없을 때 아직 덜 여물어 새파란 보리를 뜯어다가 솥에 넣고 볶은 다음 절구에 넣어 찧는다. 찧은 보리를 키로 까불러 보리 껍질을 날려 버리고 남은 알갱이를 먹는데 이것을 '떡보리'라고 한다.

41) 예전에 일제 강점기 때와 해방 이후 70년대 초까지는 생활이 어렵고 가난하여 봄이 되면 식량이 떨어져 먹을 것이 귀했는데 이때를 보릿고개라고 하였다. 봄에 식량이 떨어져 땟거리가 없을 때 아직 덜 익은 보리 이삭을 베어다가 비벼서 보리에 붙어 있는 수염을 없애고 낟알을 떨어낸 다음 이것을 솥에 넣고 찐다. 이렇게 찐 보리를 햇볕에 널어 말려서 절구에 찌어 껍질을 벗겨내고 보리알로 밥을 해 먹는데 이렇게 해 먹는 보리를 '찐보리'라고 한다.

42) '도구탕'은 중앙어 '절구' 또는 '절구통'에 대응하는 이 지역 방언형 '도구통'

을 잘못 발음한 것으로 보인다. 충청도 방언에서는 '도구통'이 중앙어의 '절구통'만을 가리키는 의미로도 쓰이고 중앙어의 '절구통'과 '절굿공이'를 아우르는 '절구'의 의미로도 쓰인다. '도구통'이 '절구'의 뜻으로 쓰일 때는 절굿공이와 절구통을 아울러 가리키고 '절구통'의 뜻으로 쓰일 때는 곡식 따위를 넣고 절굿공이로 빻거나 찧을 수 있게 통나무나 돌, 쇠 따위를 속이 우묵하게 판 것만을 가리킨다. 따라서 '고추까루 빠캐 도구통 줌 빌리 와.(고춧가루를 빻게 절구 좀 빌려 와.)'나 '쌀루 해:서 도구통애다 찌:먼 디야.(쌀로 해서 절구통에다 찧으면 돼.)'와 같이 쓰이면 '절구통'과 '절굿공이'를 아울러 일컫는 '절구'를 빌려오라는 말이고, '밀 타작 하게 도구통 줌 빌리 와.(밀 타작 하게 절구통 좀 빌려 와.)'와 같이 쓰이면 절굿공이는 빼고 절구통만 빌려 오라는 말이 된다. 보통은 '도구통에 빻는다'와 같이 쓰이고 '도구에 빻는다'는 잘 쓰이지 않는다. 충청도 방언에서는 '도구통' 외에 '절구통'과 '절구'도 쓰인다. '도구통'이 중앙어 '절구통'의 의미로 쓰일 때는 중앙어 '절굿공이'에 대응하는 충청도 방언형으로 '도굿대'나 '도구탱이'가 쓰인다. 그런데 충청도 방언에서 '절구통'이나 '절구'가 각각 중앙어 '절구통'과 '절구'의 의미로 쓰이면 중앙어 '절굿공이'에 대응하는 충청도 방언형으로 '절굿대'가 쓰인다. 충청도 방언의 '절구'는 일반적으로 '절구통'과 '절굿공이'를 포괄하는 의미로 쓰인다.

43) '유다랭이라느이'는 '유다랑이라는 이'의 음성형이다. '유다랑'은 사람 이름인데 '유달영'을 이렇게 발음한 것이다. 제보자의 말에 의하면 이 사람은 이 지역의 조사 마을인 낭성면 황청리 마을과 인접해 있는 가덕면 출신인데 낭성면사무소 직원으로 있으면서 일제 앞잡이 노릇을 철저히 하여 주민들을 괴롭힌 대표적인 인물이라고 한다.

44) '유기오'는 '육이오(6.25)'의 음성형으로 실제 발음은 '유교'에 가깝게 들릴 정도로 빠르게 발음한다.

45) '나서지'는 '나다'의 활용형으로 여기에서는 '나다', '발발하다'의 의미로 쓰였다.

46) 이 지역에서 '빨갱이'는 '공산주의에 물든 사람'의 뜻으로 쓰이기도 하고 예문에서와 같이 '공산주의'의 뜻으로 쓰이기도 한다.

47) '워디'는 중앙어 '어디'에 대응하는 이 지역 방언형이다. 이 지역에서는 '어디, 어떻게, 언제' 등의 모음 '어'가 '워디, 워떻게, 원제' 등과 같이 '워'로 실현되기도 한다. 중앙어의 '어디, 어떻게, 언제' 등이 '워디, 워떻게, 원제' 등으로 실현되는 현상은 충청남도와 전라도에서 주로 관찰되는 것인데 충청북도의

일부 지역에서도 관찰된다. 충청북도 지역에서는 청원군과 진천군, 옥천군, 보은군 등 충청남도나 전라북도와 인접한 지역에서 주로 관찰된다. 청원군의 경우 서쪽 지역인 강외면과 부강면 등 충남과 인접한 지역으로 갈수록 이런 현상이 두드러지게 나타나고 충남과 인접한 옥천군 지역에서도 이러한 현상이 관찰된다. 필자가 초등학생이던 1960년대 말에는 청주와 청원 지역에서 토박이 어른들은 물론이고 또래 친구들에게서도 이런 발음을 가끔 들을 수 있었으나 지금은 노년층을 제외하고는 거의 듣기 어렵다.

48) '부뜰려 갈'은 '붙들려 갈'의 음성형이다. '붙들려 가다'는 중앙어의 '잡혀가다'에 대응한다. 이 지역에서는 '붙들다'가 '손으로 움키고 놓지 않다'의 뜻과 '붙들어 손에 넣다' 또는 '도망가지 못하게 손으로 꼭 쥐다'의 뜻으로 쓰여 중앙어의 '붙들다' 외에 '잡다'의 뜻으로도 쓰인다. 충청도 방언의 '붙들리다'는 중앙어의 '붙들리다' 외에 '잡히다'의 뜻으로도 쓰인다.

49) '의용군'은 본래 국가나 사회가 위급할 때 그 위급으로부터 국가나 사회를 구하기 위하여 민간인으로 조직된 군대 또는 그런 군대의 군인을 이르는 말이다. 예문에서는 '인민군'의 뜻으로 쓰였다. 구술자가 '의용군'과 '인민군'을 잘 구별하지 못해서 생긴 오류로 보인다. '인민군'으로 징집할 때 '의용군'이라는 말을 썼기 때문으로 보인다.

50) 충청도 방언에서는 중앙어 '놀라다'의 뜻으로 '놀래다'가 쓰이고 중앙어의 '놀래다'에 대응하는 충청도 방언으로는 '놀래키다'가 쓰인다.

51) '유숭개비란'은 '유승갑이라는'의 충청도 방언형이다. '유승갑+이란'으로 분석된다. '유숭갑'은 사람 이름으로 '유승갑'의 음성형이다.

52) '뿔갱이'는 '빨갱이'의 이지역 방언형이다. '빨갱이'는 이념적인 개념으로 '공산주의자'를 가리키는 말이지만 여기에서는 공산주의자라기보다 공산주의자들에게 동조하는 사람 또는 공산주의자들 편에 서 있는 사람 정도의 의미로 쓰였다.

53) '수먼능개배'는 중앙어의 '숨었는가 봐' 정도로 바꾸어 쓸 수 있다. 이렇게 보면 '수먼능개배'는 '숨었는개 배'로 분석할 수 있을 것이다. 그런데 같은 충청도 방언에서도 '수먼능개배' 외에 '수먼능개비여'가 쓰이고 이와 같은 유형의 방언형으로 '멍능개비여, 가능개비여' 등이 쓰인다는 점에서 '수먼능개배'를 '숨었는개 배'로 보는 것은 합당해보이지 않는다. 왜냐하면 충청도 방언형 '수먼능개비여'와 '멍능개비여', '가능개비여'는 각각 '숨었는개 비여'와 '먹는개 비여', '가는개 비여'로 보아야 하는데 이는 '비여'가 보조용언의 활용형이

라는 것을 뜻하기 때문이다. '비여'를 보조용언의 활용형으로 보면 '비여'는 '비+어'로 분석할 수 있고 어간을 고려한 기본형은 '비다'가 될 것인데 충청도 방언에서 어떤 행동을 시험 삼아 함을 나타내는 보조동사로는 '부다'가 쓰인다. 따라서 충청도 방언의 '수머능개비여'와 '멍능개비여', '가능개비여'는 이승재(1982)에서와 같이 각각 '숨었는 갑이여'와 '먹는 갑이여', '가는 갑이여'와 같이 의존명사 '갑'을 설정하는 것이 합리적일 것이다. '개비여'를 '갑이여'의 움라우트형으로 보면 예문의 '수머능개배'는 '숨었는 갑이어→숨었는 갭이어→숨었는 개벼→숨었는 개배'의 과정을 거친 것으로 볼 수 있기 때문이다.

54) '예배당(禮拜堂)'은 '교회(敎會)'를 일컫는 예전 말이다.

55) '올러나리니'는 중앙어의 '오르내리니'에 해당하는 이 지역 방언형이다. '올러나리다'는 '올러+나리다'로 분석할 수 있다. '올러나리니'는 '오르다'의 활용형 '올러'와 중앙어 '내리다'에 대응하는 이 지역 방언형 '나리다'의 활용형 '나리니'가 결합된 합성어다.

56) '쓰구'는 '쓰다'의 활용형으로 중앙어 '켜고'에 대응한다. 중앙어의 불을 '켜다'가 이 방언에서는 불을 '쓰다'로 나타난다. '쓰다'는 중세국어의 'ᅘᅧ다'에 소급하며 '쓰구, 쓰지, 써'와 같이 활용한다. 'ᅘᅧ다'의 'ㆅ'은 훈민정음 제자해에 '전탁(全濁)'으로 명기되어 있고 'ㅎ'이 엉긴 소리라고 설명되어 있다. 훈민정음에 설명된 '엉긴 소리'의 의미를 정확히는 알기 어려우나 'ㅎ'을 강하게 발음하는 소리, 즉 'ㅎ'의 된소리로 이해할 수 있을 것이다. 15세기에 각자 병서(ㄲ, ㄸ, ㅆ, ㅃ, ㅉ, ㆅ)는 1465년에 간행된 『원각경언해(圓覺經諺解)』에서 전면적으로 폐지되어 'ᅘᅧ다'가 '혀다'로 표기되던 것이 16세기 말까지 계속되었다. 'ㆅ'은 근대국어 시기에 'ㅅㅎ'을 거쳐 'ㅆ'으로 변화하기도 하였고(ᅘᅧᆯ물〉썰물) 'ㅋ'으로 변화하기도 하였다(니르ᅘᅧ다〉니르켜다〉일으키다). 따라서 'ㆅ'이 'ㆅ〉ㅅㅎ〉ㅆ'의 변화 과정을 겪은 것은 'ᅘᅧ다'가 '쓰다'로 변화했고, 'ㆅ'이 'ㆅ〉ㅋ'의 변화 과정을 겪은 것은 'ᅘᅧ다'가 '켜다'로 나타나게 된 것이다. 현대국어에서는 '켜다' 형태를 표준어로 삼고 있지만 충청도 방언에서는 '쓰다' 형태가 쓰이고 있는데 이는 'ㆅ'의 음운 변화와 관련이 있는 것이다.

57) '그때'는 '해방 당시'의 뜻으로 쓰였다.

58) '왕굴자리'는 중앙어의 '왕골자리'에 대응된다. '왕굴'은 중앙어 '왕골'에 해당하는 사초과의 한해살이 풀이다. 줄기의 단면이 삼각형으로 질기고 강하여 돗자리나 방석 따위를 만드는 데 쓴다. '왕골자리'는 이 왕골을 넓고 두껍게 쪼개서 엮어 만든 자리로 발이 굵다. 예전에는 방바닥에 장판을 하는 대신

흔히 이것을 깔았다. '왕골자리'를 '왕골기직'이라고도 한다. 이에 비해 왕골 줄기를 얇고 좁게 쪼개서 발이 가늘고 촘촘하게 엮어 만든 자리는 '돗자리'라고 한다. 돗자리는 흔히 제사를 지내거나 혼례청 등 의식을 행할 때 제사상이나 혼례청 앞에 깔아 사용하였다.

59) '흙집'은 벽이나 방바닥을 흙으로 발라 지은 집을 뜻한다. '흙집'은 기둥이나 중인방 대들보 서까래 등과 같이 집의 골격을 이루는 뼈대는 나무로 하고 외벽이나 방과 방 사이의 벽은 외를 얽어 앞뒤로 흙을 발라 바람을 막았고, 방바닥은 방고래 위로 구들장을 놓고 그 위에 흙을 바른 다음 마르면 자리를 깔았다. '흙벽돌집'은 집의 골격을 이루는 뼈대는 나무를 재료로 하지만 벽은 흙으로 만든 흙벽돌을 쌓아 지은 집을 가리킨다.

60) '뜨럭'은 '뜰+억'으로 분석할 수 있을 것으로 보인다. 충청도 방언의 '뜨럭'은 중앙어의 '뜰'과는 의미가 다르다. ≪표준국어대사전≫에는 '뜰'을 집 안의 앞 뒤나 좌우로 가까이 딸려 있는 빈터로 화초나 나무를 가꾸기도 하고, 푸성귀 따위를 심기도 한다고 풀이되어 있다. 그러나 충청도 방언의 '뜨럭'은 방에 들어가는 문 앞에 마당보다 좀 높이 편평하게 다진 흙바닥을 뜻하는 중앙어 '토방'에 가깝다. 여기에 쪽마루를 놓기도 한다. 또는 마루나 쪽마루를 놓은 앞쪽의 마당보다 좀 높이 편평하게 다진 흙바닥을 가리키기도 한다. 여기에 신을 벗어놓고 마루로 오르거나 마루가 없는 경우 바로 방으로 들어갈 수 있게 지은 집도 있다. 충청도에서는 지역에 따라 '뜨럭'이라고도 하고 '봉당' 이라고도 한다. 뜨럭이 마당보다 높은 경우 낙숫물은 뜨럭 바깥쪽 마당으로 떨어지게 되어 있다. 참고로 중앙어에는 '봉당'이 안방과 건넌방 사이의 마루를 놓을 자리에 마루를 놓지 아니하고 흙바닥 그대로 둔 곳을 의미한다.

61) '곤쳐'는 중앙어 '고쳐'에 해당한다. '곤쳐'는 중앙어 '고치다'에 대응하는 충청도 방언형 '곤치다'의 활용형 이다. '곤치다'는 '고치다'에 'ㄴ'첨가가 일어난 것이다.

62) '맬짱'은 중앙어 '말짱'에 대응하는 충청도 방언형이다. 중앙어에서 '말짱'은 부정의 뜻을 나타내는 서술어와 함께 쓰여 '속속들이 모두'의 뜻으로 쓰이는 데 비해 여기서의 '맬짱'은 '하나하나 모두'의 뜻으로 쓰여 부정의 뜻은 없어 보인다.

63) '각성바지'는 동네에 성씨가 각각 다른 여러 사람을 일컫는 말이다. 예전에는 제보자가 살던 마을이 광산 김씨와 왕씨의 집성촌이었으나 지금은 여러 성씨가 들어와 살고 있는데 이것을 각성바지가 들어와 산다고 한다.

64) '문터'는 황청리로 올라가는 입구에 있는 마을로 고령 신씨 집성촌이다.

65) '갈처 줘'는 중앙어 '가르쳐 줘'에 대응된다. '갈처'는 중앙어 '가르쳐'의 준말이다.

66) '연방계'는 중앙어 '연반계'의 이 지역 방언 음성형이다. 경제적인 도움을 주고 받거나 친목을 도모하기 위하여 만든 협동조직인 계의 하나로 초상 때 드는 비용이나 인력을 서로 도와주거나 친목을 도모하기 위하여 모은 '상포계'와 같은 성격의 계다. 초상이 나면 술이나 쌀 등을 내어 도와주거나 상여를 메거나 산역(山役)을 하여 장례를 도와준다.

67) '연반재'는 '연반계'가 구개음화한 어형이다. '연반계'는 계원 가족의 장례에 필요한 비용을 지급할 목적으로 하는 계를 말한다. 연반계는 주로 동네 사람들끼리 한다.

68) '사사'는 주로 '떨다'와 호응하여 쓰이는 말로 '보통보다 두드러지게 다른 언행'을 뜻한다. '사사 떨다'는 '보통보다 두드러지게 유난스런 행동을 하다'의 뜻이다.

69) '금쭐'은 '금줄'의 음성형이다. '금줄'은 부정한 것의 침범이나 접근을 막기 위하여 문이나 길 어귀에 건너질러 매거나 신성한 대상물에 둘러치는 새끼 줄을 가리킨다. 새끼줄은 왼쪽으로 꼰 왼새끼를 쓴다. 아이를 낳았을 때, 장을 담글 때, 잡병을 쫓고자 할 때, 신성 영역을 나타내고자 할 때 등에 왼새끼로 금줄을 친다. 이 줄을 쳐 놓은 안쪽으로는 부정을 탄다고 하여 사람이 함부로 드나들어서는 안 된다. 예문의 '금줄'은 아이를 낳았을 때 대문 앞이나 사립문 앞에 쳐 놓는 것으로 왼쪽으로 꼰 새끼로 줄을 치고 아들을 낳으면 고추와 숯 그리고 생솔가지를 꽂아 놓고 딸을 낳으면 숯과 생솔가지를 꽂아 놓는다. '고추'가 아들을 상징하기 때문이다. 그런데 딸을 낳아도 고추를 꽂아 놓는 경우도 있다.

70) '왼산내끼'는 '왼새끼'에 대응하는 충청도 방언형이다.

71) '거멍'은 중앙어 '숯'에 대응하는 충청도 방언이다. 충청도 방언에서 '거멍'은 '숯'의 의미로도 쓰이고 '숯이나 그을음 따위의 검은 빛깔'의 의미로도 쓰인다.

72) '삼날'은 '아이를 낳은 후 사흘 동안' 또는 '아이를 낳은지 사흘째 되는 날'을 뜻하는 말이다.

73) '모댱내래'는 '모댱내럴'을 잘못 발음한 것으로 보인다. '모댱내럴'은 '못 왕래를'의 음성형이다. '못 왕래를 했다'는 말은 '왕래를 못했다'고 해야 올바른 표현이다.

74) '물뚱이'는 '물동이'의 음성형 '[물똥이]'라고 발음해야 할 것을 잘못 발음한 것으로 보인다.

75) '말짱'은 중앙어 '모두'에 대응하는 충청도 방언형이다. 중앙어에서는 '말짱'이 부정의 뜻을 나타내는 서술어와 함께 쓰어 '속속들이 모두'의 뜻으로 쓰이지만 충청도 방언에서는 예문에서와 같이 긍정의 뜻을 나타내는 서술어와도 쓰인다. '말짱 소용없다' '말짱 다 갔어'와 같이 쓰인다. 충청도 방언에서 '말짱' 외에 '말깡, 맬깡, 맬짱' 등도 쓰인다.

76) '산뚱갱이'는 산의 등줄기를 뜻하는 중앙어 '산등성이'에 대응하는 충청도 방언형이다.

77) '내위'는 중앙어 '내외(內外)'에 대응하는 충청도 방언이다. '내외'는 본래 '남의 남녀 사이에 서로 얼굴을 마주 대하지 않고 피함'을 뜻하는 말이었는데 여기에서는 의미가 확대되어 '남남 간에 서로 피함'의 뜻으로 쓰였다. 예문에서의 '내위하구'는 윗마을에 사는 왕씨들이 김씨들이 사는 동네인 황청리 앞으로 다니는 것을 피했다는 뜻으로 쓰인 것이다.

78) '디리구'는 중앙어 '드리다'에 대응하는 이 지역 방언형 '디리다'의 활용형이다. 여기에서는 '치성을 드리다'의 뜻으로 쓰인 것으로 해석할 수 있다.

79) '벼재'는 황청리 북쪽에 있는 고개 이름이다. 예전에 도로가 발달하지 않고 차가 없을 때는 황청리에서 청주로 장을 보러 갈 때 이 고개를 넘어 다녔다고 한다. cf. 주 10) 참조.

80) '용굴'은 황청리 북쪽에 있는 고개 '벼재' 근처에 있는 동굴 이름이다.

81) '바위'의 둘째음절 '위'가 하향 이중모음 [uj]로 실현된다. 따라서 '바위'는 [pauj]로 발음된다.

82) '바위'는 [pauj]로 발음된다. cf. 주 36), 주 81) 참조.

83) '-덜'은 중앙어 '-지' 또는 '-지를'에 대응한다. 중앙어에서 '-지를'은 '-지+를'로 분석되며 '-지'보다 강조하는 의미가 있다. 이 지역 방언 '-덜'은 중앙어에서 용언의 어간이나 어미 '-으시-' 뒤에 붙어 그 움직임이나 상태를 부정하거나 금지하려 할 때 쓰이는 연결 어미 '-지' 또는 이것의 강조형 '-지를'에 대응한다. 이 어미가 쓰이면 주로 '않다', '못하다', '말다' 따위가 뒤따른다.

84) '우:예'는 중앙어 '위(上)'에 조사 '-에'가 결합된 '위에'에 대응한다. 중앙어의 '위(上)'을 뜻하는 이 지역 방언은 '우'로 '우-루, 우-예가, 우-예넌, 우-럴/우-예럴'과 같이 쓰인다. 이 지역 방언에서 '우:예'는 '위에([uj-el) → 위예([ujel) → 우:예(u-jel)'의 과정을 거친 것으로 이해된다.

85) 여기에서의 ‘불공’은 부처 앞에 공양을 드리는 일을 뜻하는 것이 아니라 서
낭신에게 지성으로 비는 것을 뜻한다. 이 지역에는 오래된 느티나무나 소나
무, 큰 바위, 동굴 등 미개한 사회에서 신성하다고 인정하는 사물이나 장소
에 초자연적인 힘이 있다고 믿고 그런 신성한 대상을 받들고 소중히 여기는
민간 생활과 결부된 일종의 민간신앙이 1970년대까지 있었다고 한다. 새마
을운동으로 이런 민간신앙이 대부분 없어졌다고 한다. 여기에서의 ‘불공’은
이런 민간신앙의 하나로 서낭나무에 치성을 드리는 것을 뜻한다. ‘불공’이 본
래는 부처 앞에 공양을 드리는 것을 뜻했으나 민간신앙에서 치성을 드리는
일에까지 의미가 확대되어 쓰이는 것이라고 할 수 있다.

86) ‘다란대’는 ‘다른대’라고 해야 할 것을 잘못 발음한 것이다.

87) 중앙어에서의 ‘만신’은 ‘무녀(巫女)’ 또는 ‘무당’을 높여 이르는 말로 귀신을
섬겨 길흉을 점치고 굿을 하는 것을 업으로 하는 여자를 뜻하는 말인데 이
지역 방언에서는 높이는 뜻이 없는 것으로 보인다.

88) ‘푸닥꺼리’는 ‘푸닥거리’의 음성형으로 무당이 하는 굿을 이르는 말이다. 떡
과 과일 등 간단하게 음식을 차려 놓고 부정을 쫓거나 살을 풀기 위해 무당
이 경을 읽고 춤을 추며 귀신에게 인간의 길흉화복을 조절하여 달라고 비는
의식이다.

89) ‘둥구나무’는 본래 주로 마을 어귀나 마을 가운데 집 근처에 있는 크고 오래
된 정자나무를 뜻하는 말이다. 여기에서는 마을 초입에 있는 오래되고 큰 느
티나무를 ‘둥구나무’라고 한다.

90) ‘울:딴’은 ‘일단(一旦)’을 잘못 발음한 것이다.

일생 의례

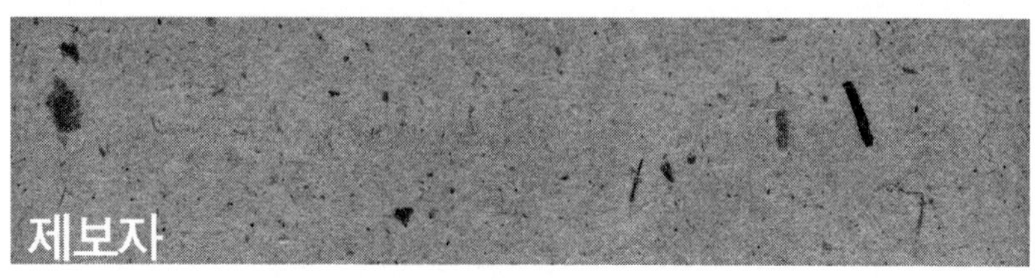

할머니 연세가 어느 정도 되셔써요?

⁻ 칠씹 팔쌔유.

예?

⁻ 칠씹 팔.

어이구: 그르캐 암 보이는대?

⁻ 아하이구, 얼구리 이르캐 쭈구러드런는대.[1]

그러면 무슨 띠예요?

⁻ 뱀:띠.

뱀:띠:. 할머니 저기: 함짜는 어티개 돼요?

⁻ 전국순.

그:: 하꾜는 어트개 다니셔써요?

⁻ 학꾜넌 안 다니구: 여기 사립패꾜라구 옌나레 여기 쪼꿈 이써써유.

동내에?

⁻ 예, 저 여기 가문태예 큰:: 느트나무가 메뺑년 무근 느트나무가 이썬넌데 지금 조:기 사슴 메기는[2] 고 안채가, 고:가[3] 학꾜여써써. 그래서 그 사리파꾜예 일 이, 이 이탱갸: 다녀써유. 그래서 제위(이중모음 '위'[uy])[4] 궁문[5] 뜰붕겨[6] 그냥.

아, 근대 잘 하시는대? 그래서 제가 인제, 여기는: 이걸 다: 대다패달라능 게 아니구 여기 괄련된 검만 알려 주시면 돼요:.

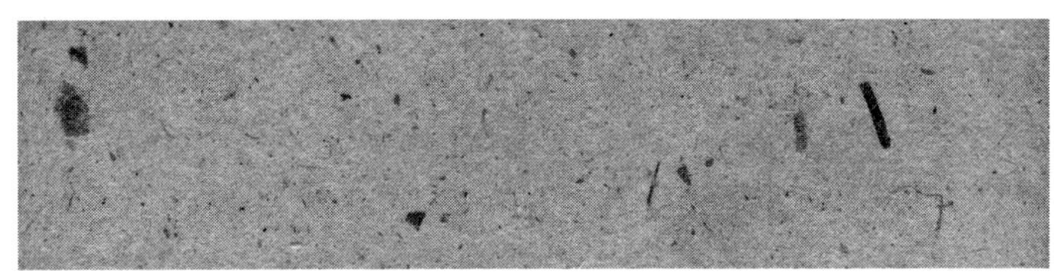

할머니 연세가 어느 정도 되셨어요?

－ 칠십 팔세요.

예?

－ 칠십 팔.

어이구 그렇게 안 보이는데.

－ 아이고, 얼굴이 이렇게 쭈그러들었는데.

그러면 무슨 띠예요?

－ 뱀띠.

뱀띠. 그 할머니 저기 함자는 어떻게 돼요?

－ 전국순.

그 학교는 어떻게 다니셨어요?

－ 학교는 안 다니고 여기 사립학교라고 옛날에 여기 조금 있었어요.

동네에?

－ 예, 저 여기 가운데 큰 느티나무가 몇 백 년 묵은 느티나무가 있었는데 지금 저기 사슴 기르는 그 안채가, 거기가 학교였었어. 그래서 그 사립학교에 일 이, 이 이태인가 다녔어요. 그래서 겨우 국문 뗀 거야 그냥.

아, 그런데 잘 하시는데? 그래서 제가 이제, 여기는 이것을 다 대답해 달라는 것이 아니고, 여기에 관련된 것만 알려주시면 돼요.

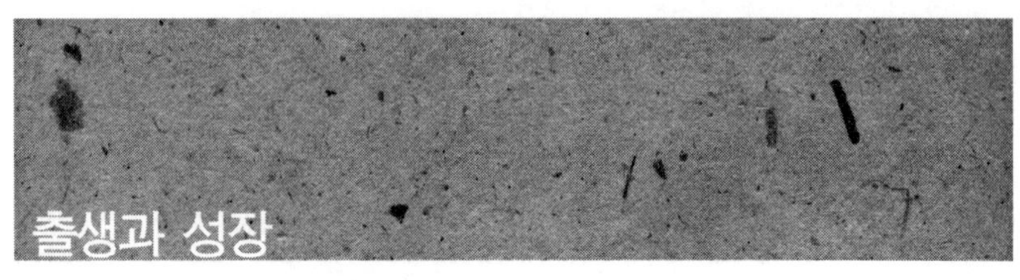

할머니는 인재 태어나서 지금까지 이르캐 여기서 사라오셔짜나요?

⁻ 예.

어려쓸 때부터 지금까지 이러:캐 사라오싱 거 함 번 대략 함 번 얘기해 줘 보셔요. 어트개 사션는지.

⁻ 어트개 사런나?

예, 대:략.

⁻ 허허허, 그걸 메라구 얘기럴 햐⁻ 그래, 허허허.

할머님은 저:기 여기서 태어나셔때니까 부모님두 고향이 여기시겐내요?

⁻ 야:, 야:.

부모님두 또 여기서 농사 지:시구요?

⁻ 야:. 우린 조짜개⁸⁾ 사라써, 조짜개 사란넌대.

형제는 멷 뿌니셔요?

⁻ 그른 얘기두 하능 거유, 야?

허허허, 거 머 어때요, 면 명인지.

= 형제지간?

⁻ 응?

= 형제지간?

형제가 멷 뿌니신지.

= 삼형제:.

⁻ 아:니, 나 얘기하능 거 나:, 어트개 사런나:.

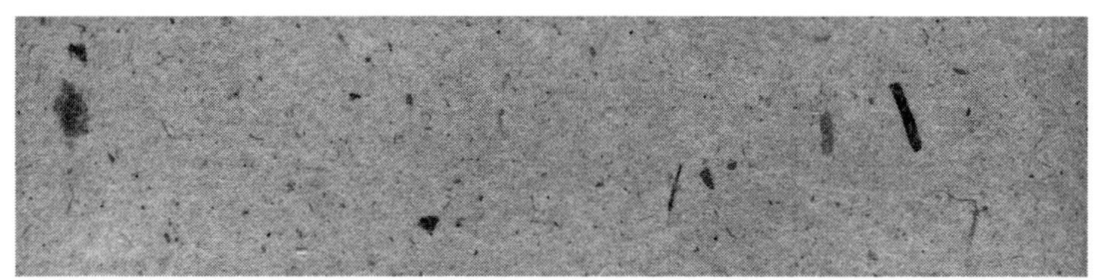

할머니는 태어나서 지금까지 이렇게 여기서 살아오셨잖아요?

⁻ 예.

어렸을 때부터 지금까지 이렇게 살아오신 것을 한 번 대략 한 번 얘기해 줘
보세요. 어떻게 사셨는지.

⁻ 어떻게 살았나?

예, 대략.

⁻ 허허허, 그걸 뭐라고 얘기를 해 그래, 허허허.

할머님은 저기 여기서 태어나셨다고 하니까 부모님도 고향이 여기시겠네요?

⁻ 예, 예.

부모님도 또 여기서 농사 지으시고요?

⁻ 예. 우리는 저쪽에 살았어, 저쪽에 살았는데.

형제는 몇 분이셔요?

⁻ 그런 얘기도 하는 거요, 예?

허허허, 그 뭐 어때요, 몇 명인지.

= 형제지간?

⁻ 응?

= 형제지간?

형제가 몇 분이신지.

= 삼형제.

⁻ 아니, 나 얘기 하는 거야 나, 어떻게 살았나.

= 그럼 거기선…

⁻ 나넌: 저:짜개서[9] 사런넌대, 나:, 우리 어무니가[10] 나 하나 나쿠 도러가
서써유. 그래서 나넌 하나구, 또 어머니 으:더[11] 가주구 인저 사: 남매 나
쿠 그래서 살:구.

그럼 다: 해서 오: 남매내요?

⁻ 야.

요새는 애들두 하나 아니면 두리라.

⁻ 옌::나리니깨.

옌:나래두, 그래두 마:능개 조응 거 가태요.

⁻ 그러므뉴, 지금두 마:능개 조:아유. 지금두 마:느야 조치, 그 왜 하나
나 둘:라 가주구 그래, 마:냐개 거 하나 낭 개 잘모때먼 헌니라니여, 저 테
레비애 보면? 지금두 마:니 나야 조치. 우리: 지비넌[12] 여기넌, 허… 형제
분 뿌니유, 여기넌 우리넌.

이른, 이른여덜::비라 그러셔찌요?

⁻ 예.

뱀:띠?

⁻ 예.

뱀:띠시고.

˝ 그러면 거기서는…

˲ 나는 저쪽에서 살았는데, 나, 우리 어머니가 나 하나 낳고 돌아가셨어요. 그래서 나는 하나고, 또 어머니 얻어 가지고 이제 사 남매 낳고 그래서 살고.

그럼 다 해서 오 남매네요?

˲ 예.

요새는 애들도 하나 아니면 둘이라.

˲ 옛날이니까.

옛날에도, 그래도 많은 게 좋은 것 같아요.

˲ 그럼은요, 지금도 많은 게 좋아요. 지금도 많아야 좋지, 그 왜 하나나 둘 낳아 가지고 그래, 만일에 그 하나 낳은 것이 잘못되면 헛일 아니야, 저 텔레비전에 보면? 지금도 많이 낳아야 좋지. 우리 집에는 여기는, 허… 형제분뿐이에요, 여기는 우리는.

일흔, 일흔여덟이라 그러셨죠?

˲ 예.

뱀띠?

˲ 예.

뱀띠시고.

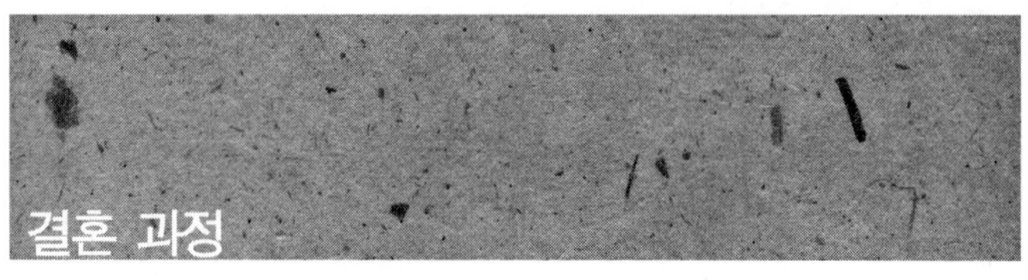

하라버지는 어트개 만나셔써요?

＝ 동내지가닌대[13] 머 만:내기는 머…

그냥 맨날 와따 가따 하다가 다 아셔써요?

ㅡ 아:니여:. 저이더런: 여기 살:다가: 이부걸 쪼끔 가 살다 와써유. 그래서 고, 유기오 나기 전 해에 완넌대, 유기오 나서 왜 막: 샥:씨덜[14] 공출루[15] 뽀바 가써유, 그때. 이북 싸람, 막 데리가써, 그냥. 그래서루, 머라구 하능 겨, 일번 가서 그거 무순 저기해 할머니덜 그르캐 하… 그런 데 막 데리가써.

＝ 위안부루.

으: 위안부.

ㅡ 으 응, 그르캐 해서 그냥 우리 할머니가 참 나 그르캐 인저 어렵깨 키운 손녀따리니깨: 거기 뽀펴 가깨배:, 저이가 장녀내 나와쓰먼 오래 인저 예릴고빈대 나는 예리서시구. 그냥 급:파개 이르캐 호니널 시킹 기여. 뭐: 어려서 남부꾸루워서 옌:나래 머 누구 머 으:내럴[16] 히야[17], 머럴 히야. 그 허허허허 으런더리 그르캐 해서 그냥 시지벌 보내찌.

조선시대 때두 마:니 그래써요. 중구구루 마니 또 자바 가 가주구 그래서 일찍 겨로나는 풍스비 생겨써요.

ㅡ 예, 그래서 갑짜기 그냥 시지벌 오구. 뭐라러, 어른내 가튼대 시지벌 와찌.

그럼 어른드리 그냥…, 중, 그 중매라구 해야 되나요?

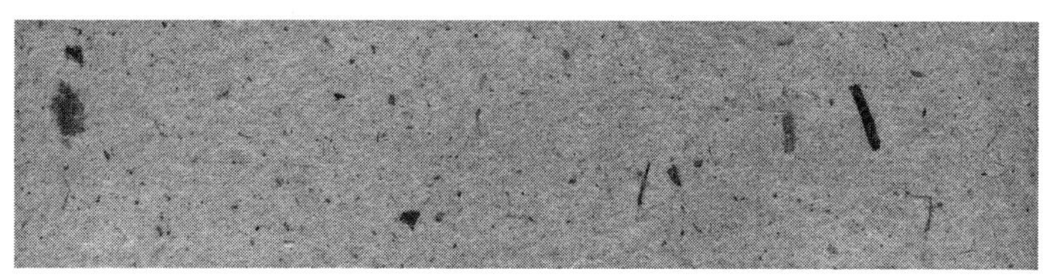

할아버지는 어떻게 만나셨어요?

ᆖ 동네지간인데 뭐 만나기는 뭐…

그냥 매일 왔다 갔다 하다가 다 아셨어요?

ᆖ 아니야. 저이들은 여기 살다가 이북엘 조금 가 살다가 왔어요. 그래서 고, 육이오(6.25) 나기 전 해에 왔는데, 육이오 나서 왜 막 색시들을 공출로 뽑아 갔어요, 그때. 이북 사람, 막 데려갔어, 그냥. 그래서, 뭐라고 하는 거야, 일본 가서 그거 무슨 저기 할머니들 그렇게 하… 그런 데 막 데려갔어.

ᆖ 위안부로.

아, 위안부.

ᆖ 으 응, 그렇게 해서 그냥 우리 할머니가 참 나 그렇게 이제 어렵게 키운 손녀딸이니까 거기에 뽑혀 갈까봐, 저이가 작년에 나왔으면 올해 이제 열일곱인데 나는 열여섯이고. 그냥 급하게 이렇게 혼인을 시킨 거야. 뭐 어려서 남부끄러워서 옛날에 뭐 누구 연애를 해, 뭐를 해. 그 허허허허 어른들이 그렇게 해서 그냥 시집을 보냈지.

조선시대 때도 많이 그랬어요. 중국으로 많이 또 잡아 가서 그래서 일찍 결혼하는 풍습이 생겼어요.

ᆖ 예, 그래서 갑자기 그냥 시집을 오고. 뭘 알아, 어린애 같은데 시집을 왔지.

그럼 어른들이 그냥…, 중, 그것을 중매라고 해야 되나요?

 그리치유, 그리여.

그럼 머 야콘두 하:구 사:주두 보내구 이렁 거 다 하션나요?

 사:주는 다 보내찌유:. 머 옌:나래야 머, 야코나구 머 햐. 그냥 사:주[18] 조:이 글씨 써서 보내먼 대능 기구 <u>흐흐흐</u> 그르캐찌.

궁합뚜 보구 그러자나요?

 궁하비구[19] 머구 그냥 갑짜기 하는대 뭐 그렁거 따:질 쌔가 이써유, 허허허. 아 그래두 보기야 바찌. 그린대 그냥 머 밤:띠하구[20] 저이넌 용:띠여. 한 살 더 머거서. 그라닝깨 그냥 갠찬타구 그라드라구, 나 드르먼 으런더리 그르캐 말씀 하시더라구유.

˗ 그렇지요, 그래.

그럼 뭐 약혼도 하고 사주도 보내고 이런 거 다 하셨나요?

˗ 사주는 다 보냈지요. 뭐 옛날에야 뭐, 약혼하고 뭐 해. 그냥 사주 종이 글씨 써서 보내면 되는 것이고 흐흐흐 그렇게 했지.

궁합도 보고 그러잖아요?

˗ 궁합이고 뭐고 그냥 갑자기 하는데 뭐 그런 것을 따질 사이가 있어요, 허허허. 아 그래도 보기야 봤지. 그런데 그냥 뭐 뱀띠하고 저이는 용띠야. 한 살 더 먹어서. 그러니까 그냥 괜찮다고 그러더라고, 나 들으면 어른들이 그렇게 말씀 하시더라고요.

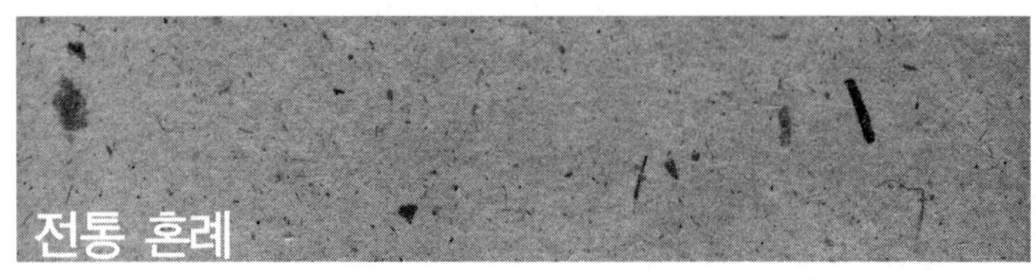

그럼 또 이제 겨론하자너요?

˭ 예.

겨론하면 또 예:물두 줌비하:구 거 살림사리두 좀 장만해야 대자나요?

˭ 그… 그 옌:나래닝 그렁 거 업써써. 부자더런 그르캐 해써두, 그냥 그르캐 갑짜기 오넌 사람더런 그냥 이불롱[21] 해 가주구 시짐만 오면 되능 겨. 머: 패:물, 반지 해 주구 머 그렁 거 움써써유. 모, 모:태 오는 사라믄 그냥 머 이르캐 이씨 여그 지비서 해: 가주 가서 이르캐 싸: 데려오구 몸떵이만.

그럼 이불하:구, 농, 옌날 농은 또 쪼끄마자나요?

˭ 나넌 그렁 거뚜 모태 가주 와써유. 갑:짜기 머, 그르캐 저기: 시지벌 오개 된넌대 모:, 머:럴 해 와.

그러먼 그 겨론시근 어트개 하셔써요?

˭ 예… 예, 구:시기루, 인저 우리집 저짜기니께 그리 장:개 와: 가주구. 거그서 인저 예:식, 이르캐 쪽뚜리[22] 쓰구 원사밉꾸[23] 인저, 그르캐 하구 인저 거그서 하루 지내 가주구 인저 이리 와찌유.

고, 고거 자세히 함 번 좀 얘기해 줘 보세요. 저는 하:두 쪼끄말 때 구식 겨로늘 바: 가주구 기엉 나능 개 며깨 어:꺼든뇨?

˭ 머라구 얘기럴 햐:.

그래잉까 그 순서를 차례차례 이르캐 머 어트개 차려 노쿠 어떠캐 해 가주구 어떤 뭘: 차려 노쿠 어트개 어트개 하는지. 보니까 머 그저내 보니까 이르캐 상 가틍 거 큼:: 거 노쿠 그러던대.

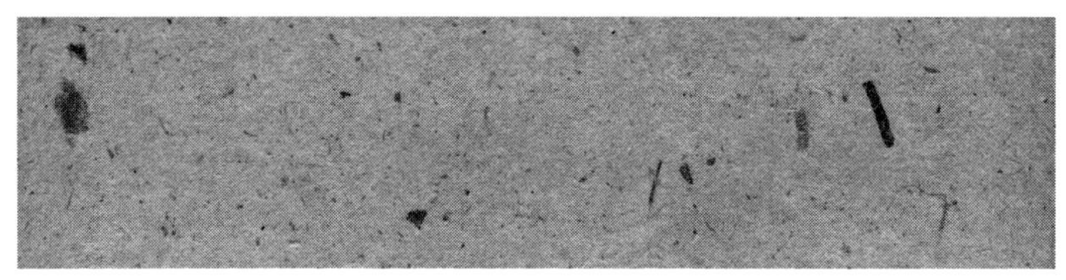

그럼 또 이제 결혼하잖아요.

‾ 예.

결혼하면 또 예물도 준비하고 살림살이도 좀 장만해야 되잖아요?

‾ 그… 그 옛날에는 그런 것 없었어. 부자들은 그렇게 했어도, 그냥 그렇게 갑자기 오는 사람들은 그냥 이불 농 해 가지고 시집만 오면 되는 거야. 뭐 패물, 반지 해 주고 뭐 그런 거 없었어요. 못, 못해 오는 사람은 그냥 뭐 이렇게 있게 여기 집에서 해 가지고 가서 이렇게 싸 데려오고 몸뚱이만.

그럼 이불하고, 농, 옛날 농은 또 조그맣잖아요?

‾ 나는 그런 것도 못해 가지고 왔어요. 갑자기 뭐, 그렇게 저기 시집을 오게 됐는데 뭐, 뭐를 해 와.

그러면 그 결혼식은 어떻게 하셨어요?

‾ 예… 예, 구식으로, 이제 우리집 저쪽이니까 그리 장가 와 가지고. 거기서 이제 예식, 이렇게 족두리 쓰고 원삼 입고 이제, 그렇게 하고 이제 거기서 하루 지내 가지고 이제 이리 왔죠.

그거 자세히 한 번 좀 얘기해줘 보세요. 저는 너무 조그만 할 때 그 구식 결혼을 봐 가지고 기억나는 게 몇 개 없거든요.

‾ 뭐라고 얘기를 해.

그러니까 그 순서를 차례차례 이렇게 뭐 어떻게 차려 놓고 어떻게 해서 어떤 뭘 차려 놓고 어떻게 어떻게 하는지. 보니까 뭐 그전에 보니까 상 같은 것 큰 거 놓고 그러던데.

─ 예:. 인저 치:알[24] 치구, 마당 가문태다가. 이런 상, 왜 노풍 거 옌:나래 지쌍[25] 이짜너? 그렁 거 다리 노풍 거 노쿠, 콩팥 떠다 노쿠. 인저: 다기여 닥:, 양쪼개서 인저 이르캐 다걸, 저쪼개서두[26] 이르캐 부짭꾸 인저 이쪼개서두 이르캐 부짜꾸서 섣뜨라구. 그르카구서 인저 실랑은 저짜개[27] 스구 새다근 인재 이짜개[28] 서서. 인제 이르캐 새다근[29] 이르캐 큰절루 하구 인제 남자더런 이러:캐 절하구, 그르캐 해서 예: 하구서넌 인저 다건[30] 이르캐 날려 보내더라고요.

닥 함 마리요? 두 마리요?

─ 두: 마리.

두 마리. 양쪼개.

─ 양쪼개 하낙씩. 인저 그래서 다른 사람더리 인재 잔 갇따가 이러캐서 인저 나한태 왇따 인저 실랑한태 갇따 그르캐 하더라구유 허허허.

그 때 다근 어떤 다글 써요?

─ 그냥 이런 닥:, 보통 토종딱:.

다긴대두 그: 저…

─ 아무 다기나 장딱[31] 암딱[32] 이르캐 쓰능 기여, 빨:가쿠 조응 거 장딱, 암딱 이르캐.

한 한…

─ 한 쌍, 어. 그래서 인저 하구서넌 이러캐 날려 보내더라구요.

콩파슨 왜 노치요?

─ 그쌔 모르거써유. 난두[33] 그렁 건 몰:르구 그냥 옌:나래넌 그르캐:서 콩판 느쿠.[34] 또 그라면 인저 그거뚜 찹쌀:하구 이르캐서 시지볼 때 농 아내다 싸 느: 가주구 와 가주구서 그걸루 또 사밀날[35] 바벌 해 머그먼 부:자 댄다구, 그래서 싸 가주구서 시지볼 때 싸 오구.

그때 오슨, 오시나 머 이렁 거는 어트개 이버요?

─ 빨간 다홍치마 하구 초록 쪼고리, 그르캐 이꾸. 시지깔 때는 그르캐

￢ 예. 이제 차일 치고, 마당 가운데다가. 이런 상, 왜 높은 거 옛날에 제
사상 있잖아? 그런 거 다리 높은 것 놓고, 콩팥 떠다 놓고. 이제 닭이야
닭, 양쪽에서 이제 이렇게 닭을, 저쪽에서도 이렇게 붙잡고 이제 이쪽에
서도 이렇게 붙잡고서 서 있더라고. 그렇게 하고 이제 신랑은 저쪽에 서
고 새댁은 이제 이쪽에 서서. 이제 이렇게 새댁은 이렇게 큰절로 하고 이
제 남자들은 이렇게 절하고, 그렇게 해서 예를 하고서는 이제 닭은 이렇
게 날려 보내더라고요.

닭 한 마리예요? 두 마리예요?

￢ 두 마리.

두 마리. 양쪽에.

￢ 양쪽에 하나씩. 이제 그래서 다른 사람들이 이제 잔을 가지고 이렇게
해서 이제 나한테 (잔이)왔다가 이제 신랑한테 (잔이)갔다가 그렇게 하더
라고요 허허허.

그 때 닭은 어떤 닭을 써요?

￢ 그냥 이런 닭, 보통 토종닭.

닭인데도 그 저…

￢ 아무 닭이나 장닭 암닭 이렇게 쓰는 거야, 빨갛고 좋은 거 장닭, 암닭
이렇게.

한 한…

￢ 한 쌍, 어. 그래서 이제 하고서는 이렇게 날려 보내더라고요.

콩팥은 왜 놓지요?

￢ 글쎄 모르겠어요. 나도 그런 것은 모르고 그냥 옛날에는 그렇게 해서
콩팥 놓고. 또 그러면 이제 그것도 찹쌀하고 이렇게 해서 시집올 때 농
안에다 싸 넣어 가지고 와 가지고 그걸로 또 삼일날 밥을 해 먹으면 부자
가 된다고, 그래서 싸 가지고서 시집올 때 싸 오고.

그때 옷은, 옷이나 뭐 이런 건 어떻게 입어요?

￢ 빨간 다홍치마하고 초록 저고리, 그렇게 입고. 시집갈 때는 그렇게

이피더라구유.

　머리예두 저…

￣ 비나[36] 찔르구. 예, 이르캐 쪽뚜리 쓰구 비나 찔르구, 원:사밉꾸. 남자 더런 거 왜 요 머리애 이르캐 쓰넝 거 이짜너? 그거 쓰구 인저 남자두 원 사밉꾸[37].

　원사미 그 거태 임는 거지요?

￣ 예, 예.

　실:두 머 청실 홍실…

￣ 야:, 그렁 거뚜 하구 예.

　그거는 어떨 때 쓰는 거요?

￣ 워떨 때 쓰능 개 아니라 그건 인저 당 모가지두 걸:구 이르캐 거러 논 능 겨, 그르캐서 예:시칼 때. 그르카구 인저 사:주딴자[38] 보낼 째두 인저, 이르캐서 이 사:주딴자를 이르캐 저버서 수수깽이루[39] 요:러캐 해 가주구, 그 인재 색씰루 이르캐 가머 가주구 보내구.

　전 함 번두 몹 빠써요.

￣ 몹 뽀시찌, 지금 누가 그렁 걸 햐?

　그:: 누애두 키워짜나요?

￣ 예, 누애두 처써유[40].

　그걸루다가두 머 시:리나 오깜 만들구 그래써요?

￣ 그르캐두 하지유, 누애 이르캐 해 가주구서 실: 빼 가주구서[41] 명주 짜구: 그라는대 그렁 건 우리는 모:타구, 그냥 누애만 치구 모카 농사 지 어 가주구 무:명만 짜 바써 나는, 무:명. 꼬추 매는 이르케 모카 타다가 인 저 수수땡이루[42] 요로:캐 요러캐 꼬추럴[43] 마라 가지구서 명:[44] 자: 가주구 서, 나:러서[45] 인저 매:[46] 가주구 베:틀 노쿠 베 짜 가주구. 그건, 그건 짜 바써두 명주:넌 안 짜서, 누애넌 마이 처써두 그냥 갇따 바치:기만[47] 해써.

　총기 조으시네요. 아까 이장님 말쓰미 그렁 거 여쭤보면 잘할 거라 그러시 입히더라고요.

  머리에도 저기…

  ⎯ 비녀 찌르고. 예, 이렇게 족두리 쓰고 비녀 찌르고, 원삼 입고. 남자들은 그 왜 요 머리에 이렇게 쓰는 거 있잖아? 그거 쓰고 이제 남자도 원삼 입고.

  원삼이 그 겉에 입는 거지요?

  ⎯ 예, 예.

  실도 뭐 청실 홍실…

  ⎯ 예, 그런 것도 하고 예.

  그것은 어떨 때 쓰는 거예요?

  ⎯ 어떨 때 쓰는 게 아니라 그건 이제 닭 모가지에도 걸고 이렇게 걸어 놓는 거야, 그렇게 해서 예식할 때. 그렇게 하고 이제 사주단자 보낼 때도 이제, 이렇게 해서 이 사주단자를 이렇게 접어서 수수깡으로 요렇게 해 가지고, 그 이제 색실로 이렇게 감아 가지고 보내고.

  전 한 번도 못 봤어요.

  ⎯ 못 보셨지, 지금 누가 그런 것을 해?

  누에도 키웠잖아요?

  ⎯ 예, 누에도 쳤어요.

  그것으로도 뭐 실이나 옷감 만들고 그랬어요?

  그렇게도 하지요, 누에 이렇게 해 가지고 실 빼 가지고, 명주 짜고 그러는데 그런 건 우리는 못하고, 그냥 누에만 치고 목화농사 지어 가지고 무명만 짜 봤어 나는, 무명. 고추매는 이렇게 목화 타다가 이제 수수깡으로 요렇게 요렇게 고추를 말아 가지고 명을 자아 가지고서, 날아서 이제 매어 가지고 베틀을 놓고 베를 짜 가지고. 그것은, 그것은 짜 봤어도 명주는 안 짰어, 누에는 많이 쳤어도 그냥 갖다 바치기만 했어.

  총기 좋으시네요. 아까 이장님 말씀이 그런 거 여쭤보면 잘하실 거라고 그러던대.

　¯ 아이구:, 총기가 뭐가 조아유, 다: 이저버려서.

　= 괘:니: 이장님 말댑뻔[18] 하기가 줌 저기하니깨 그래찌::.

　아니예요. 지금, 지금 말씀하시는 거 보니까 아주 총기 좋으시내요. 그:: 겨론하구 나서 사흘잉가 이따가 또 가지요?

　¯ 예, 근친.

　근친이라 그래요?

　¯ 예.

　신행은 뭐구, 근친은 뭐요?

　¯ 신행은[19] 인저 새다글[50] 이르캐 데려오능 개 신행해 오녕 거구.

　그래잉까 장가들구 나서.

　¯ 어, 새닥 데려오능 개 신행해 오구. 옏:나래 어떠니더런 인저 장가만 들구서넌 또 그 따지넌 니더런 인저, 뭘: 봐:서 인저 샥:씨럴[51] 좀 더 뒤:따 데려오면 조:타 이라면 인저, 뒤:따가 인저 데려오면 그개 신행해 오능 기구. 인저 근:친[52] 가넝 건 인저, 시집 왇따가 인저 친정애 다니러 첩뻔 가능 개 근:친 가서, 머 채반 해 가주 갇따가 인저 고기서두 또 채반 해 가주구 오구 그라자너?

　그거 대개 미치를 이따 가요?

　¯ 대중웁써유, 그건.

　적땅할 때 바:서? 그 인제 그: 예시글 하자너요, 그럼 예식 끋나구 나서 지반어:른드란태 절하구 인사하구 머 그러자나요?

　¯ 그거넌 인저 저기지, 인저 시집 와 가지구서 새대기[53] 인재 여기 와:가주구서 친정애서 여기 와: 가주구 인저, 시어먼님 시아번님한태 인저 피박 띠리구[54]. 지금두 예:시카구서 그 다른 방애 가서루 쪽또리 쓰구 원사밉꾸 하구서 피박떠럴 디리자너, 그라면 인저 밤: 대추 이렁 거 이르캐 노쿠서넌 새닥 절하면 인저 거기다 이르캐 던저 주더라고. 그라면서 아덜

시던데.

˚ 아이고, 총기가 뭐가 좋아요, 다 잊어버려서.

˚ 괜히 이장님 말 답변 하기가 좀 저기하니까 그랬지.

아니에요. 지금, 지금 말씀하시는 거 보니까 총기 좋으시네요. 그 결혼하고 나서 사흘인가 있다가 또 가지요?

˚ 예, 근친.

근친이라고 해요?

˚ 예.

신행은 뭐고, 근친은 뭐예요?

˚ 신행은 이제 새댁을 이렇게 데려오는 게 신행해 오는 거고.

그러니까 장가들고 나서

˚ 어, 새댁 데려오는 게, 신행해 오고. 옛날에 어떤 이들은 이제 장가만 들고서는 또 그 따지는 이들은 이제, 뭘 보고 이제 색시를 좀 더 두었다가 데려오면 좋다 이러면 이제, 두었다가 이제 데려오면 그게 신행해 오는 거고. 이제 근친 가는 거 이제, 시집 왔다가 이제 친정에 다니러 첫 번째 가는 게 근친 가는 거, 뭐 채반 해 가지고 갔다가 이제 거기서도 또 채반 해 가지고 오고 그러잖아?

그것 대개 며칠 있다가 가요?

˚ 대중없어요, 그것은.

적당할 때 봐서? 그 이제 예식을 하잖아요, 그러면 예식 끝나고 나서 집안 어른들한테 절하고 인사하고 뭐 그러잖아요.

˚ 그거는 이제 저기지, 이제 시집 와 가지고 새댁이 이제 여기 와 가지고 친정에서 여그 와 가지고 이제, 시어머님 시아버님한테 이제 폐백 드리고. 지금도 예식 하고 그 다른 방에 가서 족두리 쓰고 원삼 입고 하고서 폐백들 드리잖아, 그러면 이제 밤 대추 이런 거 이렇게 놓고서 새댁 절 하면 이제 거기에다 이렇게 던져 주더라고. 그러면서 아들 많이 낳으

마:니 나:라구 <u>ㅎㅎㅎㅎㅎ</u>.

　밤: 대추 던저 주능 개 그개 아들 마니 나라구 하능 거예요?

　＂ 그런 무:찌두 안는 얘기 쓸 대 엄는 얘기 참…

　￣ 아 그렁 거 정넌다넌대 그럼 뭘: 갈처 줘⁵⁵⁾.

예, 그걸 제가 다: 무러바야 대능 건대 미리 지금 말쓰믈 잘: 해 주시능 거예요.

　￣ 어이 가유, 회과네나.

　＂ 아이구 아퍼 모까개써.

　￣ 위:디가 아퍼?

　＂ 사:방 아퍼서.

그러:면 그: 페배근 그럼 인제 저기: 그: 신행을 와서 드리능 거내요?

　￣ 예.

그러며는 겨론 예시기 끈나구 천날빠믄

　￣ 거기서

신부 찌배서 하능 건가요?

　￣ 예. 댕일 오는 사람두 이찌만, 제대루 하는 사람더런 다 거그서… 데레다가 여그서 인저: 예시카넌 사람더런 시대개 와서 하넌 사람더런 그냥 하구::, 인저: 그리 장가럴 인저 실랑이 와 가주구⁵⁶⁾ 삭씨 찌부루 와 가주구 천날빠믈 거그서 차리구서 인저 이리 신행해 오넝 거지.

　그거 그 천날빰:: 얘기를 줌 함 번 해 보세요. 머 할머니 얘기두 조쿠 남 얘기두 조쿠. 그 재미이따 그래던대.

　＂ 야:이 그 때는 나:이두 어리구 그래서:, 그래썬능 걸 뭐.

　￣ 아유, 나:이가 어려서 남:부꾸러워서 나넌 저일 처다두 몹: 뽀구:⁵⁷⁾ 그래썬닝 걸 머, 인재 그라먼 실랑이 인저 비나 빼구⁵⁸⁾, 쪽또리 베끼구, 옫 뻬끼구, 거돈만 인저 이러캐. 그르키 그이 친날⁵⁹⁾, 천날빠매는 그르캐 하닝 거래유⁶⁰⁾, 실랑이 그르캐, 인저 색씨 인저 술: 상 차려다 노쿠 인저 그거 먹꾸서 인저 그르키 하닝 거리야⁶¹⁾ 하하. 그때 우리넌 머 나:이가 어리구 남부

라고 <u>ㅎㅎㅎㅎㅎㅎ</u>.

밤 대추 던져 주는 것이 그것이 아들 많이 낳으라고 하는 거예요?

˝ 그런 묻지도 않는 얘기 쓸 데 없는 얘기 참…

˝ 아 그런 거 적는다는데 그럼 뭘 가르쳐 줘.

예, 그걸 제가 다 물어봐야 되는 건데 미리 지금 말씀 잘 해 주시는 거예요.

˝ 어이 가요, 회관에나.

˝ 아이고 아파 못 가겠어.

˝ 어디가 아파?

˝ 사방 아파서.

그러면 그 폐백은 그럼 이제 저기 신행을 와서 드리는 거네요?

˝ 예.

그러면은 결혼 예식이 끝나고 첫날밤은

˝ 거기서

신부 집에서 하는 건가요?

˝ 예. 당일 오는 사람도 있지만, 제대로 하는 사람들은 다 거기서… 데려다가 여기서 이제 예식하는 사람들은 시댁에 와서 하는 사람들은 그냥 하고, 이제 그리 장가를 이제 신랑이 와 가지고 색시 집으로 와 가지고 첫날밤을 거기서 차리고서 이제 이리 신행해 오는 거야.

그것 그 첫날밤 얘기를 좀 한번 해보세요, 할머니 얘기도 좋고 남 얘기도 좋고. 그게 재미있다고 그러던데.

˝ 아이 그 때는 나이도 어리고 그래서, 그랬었는 걸 뭐.

˝ 아유, 나이가 어려서 남부끄러워서 나는 저이 쳐다도 못 보고 그랬었는 걸 뭐, 이제 그러면 신랑이 이제 비녀 빼고, 족두리 벗기고, 옷 벗기고, 겉옷만 이제 이렇게. 그렇게 그이 첫날, 첫날밤에는 그렇게 하는 거래, 신랑이 그렇게, 이제 색시 이제 술상 차려다 놓고 이제 그것 먹고서 이제 그렇게 하는 거래 하하. 그때 우리는 뭐 나이가 어리고 남부끄럽고 내가

꾸럽꾸 내가 그래 가주, 내가 그때 수끼가 업써서 실랑 똑빠루 처다두 몹
뽀구, 남부꾸러워서 머, 지구녀기 어디냐구[62] 하구 수머썬넝 걸 머, 허허허.

 쪼끔 인제 좀 연세 좀 드러서 나이 드러서 남들 하능 거뚜 보셔쓰 꺼 아니요
또. 남들 하능 건 그 어트캐, 그 장난두 마:니 친다구 그러던대.

 ˉ 아:, 인저 천날빰 차릴라면 막: 까서 이르캐, 이런 무니 아니니깨, 옌:
나랜 왜 열:구 단넌 무니니깨.[63] 가서 막 뭉꾸녕얼 침 발러서 송꾸라구루
뜨꾸서[64], 그거 디다보구 그라느라구 허허허, 날리가 나개 벅써거리지. 홰
과내 가 봐유, 저녁 짭쑤리야.

 그래, 그래면서 제가 어디서 드른 얘긴대 겨우랜대 무를 떠다 나따가 바까태
서 하:두 잠 모짜개 해 가꾸 무를 확 찌언저따 그래든대요, 겨우래. 그른 얘기
두 드러써요.

 ˉ 아:우: 그라구 머, 실랑 자양[65] 가면 실랑 다룬다구[66] 막 끄냥 동내 청
년더리 꺼꿀루 매달구 막 발빠당얼 방맹이루 막 때리구:. 실랑 다룬다구
갱:장하지유 머, 옌:나래야. 옌:나래 시지본 사라미, 실랑이 머 아주 아퍼
서 머, 막 저 또랑으루 끌구두 가구 그래유. 그르캐 해.

 그건 왜 그래요?

 ˉ 그르캐 실랑 다룬다구 옌:나래더런 그르캐 해써, 그여. 장개 드른 사
라미 처가찌비 오기만 하면 그냥 막 청년드리, 옌:나랜 동내마다 청년더
리 마:너짜너?

 많았지요.

 ˉ 어:, 그라닝깨 망[67] 끌:구 댕기구 머 그냥, 갱::장이 고상한다구. 츠:메
시, 인저 장:개 가따 철 근:친[68] 가 가주구서넌.

 그 어디 무서워서 처가찝 가개써요?

 ˉ 그리유:, 그려, 단다나개[69] 하구 가야 디야[70]. 근대 우리는 동내구 그라
닝깨 머, 엄청이[71] 그렁 거뚜 움:써꾸:. 우리 지비 또 머 내가 맏따리구 그
라니깨 머 누구, 처남더리 이써야 그래두 그르카자너?[72] 그란대 내가 맏따

그래 가지고, 내가 그때 숫기가 없어서 신랑 똑바로 쳐다 보지도 못하고, 남부끄러워서 뭐, 쥐구멍이 어디냐고 하고 숨었었는 걸 뭐 허허허.

조금 이제 좀 연세가 좀 들어서 나이가 들어서 남들 하는 것도 보셨을 것 아니에요 또. 남들 하는 것은 그 어떻게, 그 장난도 많이 친다고 그러던데.

˗ 아, 이제 첫날밤 차리려면 막 가서 이렇게, 이런 문이 아니니까, 옛날에 왜 열고 닫는 문이니까. 가서 막 문구멍을 침 발라서 손가락으로 뚫고서, 그거 들여다보고 그러느라고 허허허, 난리가 나게 법석거리지. 회관에 가 봐요, 저녁 잡수래.

그래, 그러면서 제가 어디에서 들은 얘긴데 겨울인데 물을 떠다 놓았다가 바깥에서 하도 잠을 못 자게 해서 물을 확 끼얹었다고 그러던데요, 겨울에. 그런 얘기도 들었어요.

˗ 아유 그리고 뭐, 신랑이 재행 가면 신랑 달구친다고 막 그냥 동네 청년들이 거꾸로 매달고 막 발바닥을 방망이로 막 때리고. 신랑 달구친다고 굉장하지요 뭐, 옛날에는. 옛날에 시집 온 사람이, 신랑이 뭐 아주 아파서 (힘들고 고생해도) 뭐, 막 저 도랑으로 끌고도 가고 그래요. 그렇게 해.

그건 왜 그래요?

˗ 그렇게 신랑 달구친다고 옛날에는 그렇게 했어, 기어이. 장가 든 사람이 처갓집에 오기만 하면 그냥 막 청년들이, 옛날에는 동네마다 청년들이 많았잖아?

많았지요.

˗ 어, 그러니까 막 끌고 다니고 뭐 그냥, 굉장히 고생한다고. 처음에 시, 이제 장가갔다가 첫 근친 가 가지고는.

그 어디 무서워서 처갓집 가겠어요?

˗ 그래요, 그래, 단단하게 하고 가야 돼. 그런데 우리는 동네고 그러니까 뭐, 엄청나게 그런 것도 없었고. 우리 집이 또 뭐 내가 맏딸이고 그러니까 뭐 누구, 처남들이 있어야 그래도 그렇게 하잖아? 그런데 내가 맏딸

리구 머, 동생두 어리구 그라니깨 그르캐두 아내써, 우리넌.

　발빠닥 때리구 그런다면서요?

　˥ 예, 발빠닥 그새: 꺼꿀루 매다라 노쿠:, 발빠닥 때리구 그라면 머 인저
그 청년더리 그라매 하:라는 대루 실랑이 다 해:야 햐:, 머래두.

　뭘:로 때려요?

　˥ 그새:, 방맹이럴 가지구 때리더라니깨:.

　빨래빵맹이? 다디미빵맹이?

　˥ 해해해, 다디민빵맹이루두 때리구 빨래빵맹이루두 때리구 머. 명지[73],
엔:나래더런 실랑덜 명지 바지조고리 이버짜너? 그래 가주구 그냥, 전, 저
아패 또랑 이써, 그리 그냥 막 끌구 가면 그 명지 바지조고리가 막 무리
텨서 제: 절꾸, 하이구 엔:나래더런 득셔써써유.[74] 지금더런 참 신사저그
루 하지만.

　요새두 시만 사람드른 또 그르캐 한대요.

　˥ 지금두?

　예.

　˥ 몰라 지금더런…

　요새는 따, 좀 다르게 한대는대.

이고 뭐, 동생도 어리고 그러니까 그렇게도 안 했어, 우리는.

　발바닥 때리고 그런다면서요?

　¯ 예, 발바닥 글쎄 거꾸로 매달아 놓고, 발바닥 때리고 그러면 뭐 이제 그 청년들이 그러면서 하라는 대로 신랑이 다 해야 해, 뭐라도.

　뭘로 때려요?

　¯ 글쎄, 방망이를 가지고 때리더라니까.

　빨랫방망이? 다듬잇방망이?

　¯ 해해해, 다듬잇방망이로도 때리고 빨랫방망이로도 때리고 뭐. 명주, 옛날는 신랑들 명주 바지저고리 입었잖아? 그래 가지고 그냥, 젓, 저 앞에 도랑 있어, 그리로 그냥 막 끌고 가면 그 명주 바지저고리가 막 물이 튀어서 다 젖고, 아이고 옛날에는 드세었었어요. 지금은 참 신사적으로 하지만.

　요새도 심한 사람들은 그렇게 한대요.

　¯ 지금도?

　예.

　¯ 몰라 지금은…

　요새는 좀 다, 다르게 한다는데.

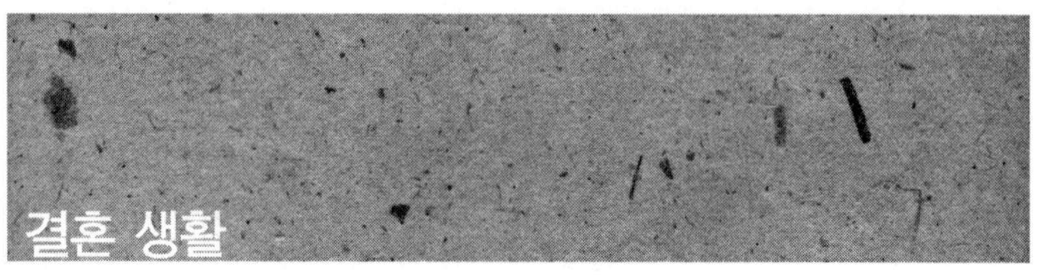

그리구서 처음 겨로내서 시논, 시논살리믄 어트개 시자캐써요?

ˉ 그냥 나넌 요기 시지봐서::, 예레서싸래 와: 가주구 냥[75] 이 지비서[76] 여::태 사능 기여. 여그서 여태.

그럼 여기서 한 칠씸 년 육씸 년 사란내요. 육씸 년 이상.

ˉ 육씸 년 더 사러찌, 칠씹팔 쎄니깨.

그러면 여기 시집 오셔쓸 때는 여기 지배 살림사리두 이꾸 다: 그래서 그거 쓰시구 그러셔써요?

ˉ 야, 그래유. 난 그때::, 아유:, 할머니가 키우구 인저 아부지는 또 왜 일쩡시대 때 보국때[77] 가시구 그라자너? 징용,[78] 보국때가 아니라 징용이 라 그래써. 으 그래서 일본 가 기시구 그라는대, 삼춘만 기시구 그라는대 그냥 할머니가 해서 나넌 혼수도 아:무 거뚜 모태 가주 와써유. 그냥 쪼 끄만 농 하나애 이불 한 채 해: 가주 와서. 옌:나래닝 그렁 검만 해: 가찌 머, 지금마냥 머, 그런 머 별거 다: 사 가주구 그르캐 앙 가써, 옌:나래더 런 그냥 머 농:하구 이부라구 자래오넌 니덜두 그거 해 오지. 그래서 머 여그 와서 다: 일두 배워찌 머, 명:[79] 잔넝[80] 거뚜 여 와서 시어무니한태 배우구:, 베[81] 짜넝 거뚜 여그 와서 배워서 베 짜구:.

자, 자녀가 며뿌니예요?

ˉ 아덜만 세시어유, 아덜만 셋.

지금 어디 사:세요?

ˉ 하나넌, 저: 큰아더런 처뤈, 지겁꾸니니여.

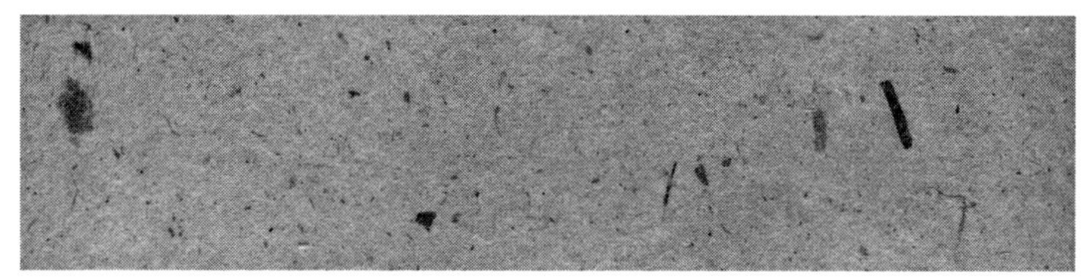

그리고서 처음 결혼해서 신혼, 신혼살림은 어떻게 시작하셨어요?

▔ 그냥 나는 여기 시집와서, 열여섯 살에 와 가지고 그냥 이 집에서 여태 사는 거야. 여기서 여태.

그럼 여기서 한 70년, 60년 살았네요. 육십년 이상.

▔ 육십년 더 살았지, 칠십팔 세니까.

그러면 여기 시집 오셨을 때는 여기 집에 살림살이도 있고 다 그래서 그거 쓰시고 그러셨어요?

▔ 예, 그래요. 난 그때, 어휴, 할머니가 키우고 이제 아버지는 또 왜 일정시대 때 보국대 가시고 그러잖아? 징용, 보국대가 아니라 징용이라 그랬어. 응 그래서 일본 가 계시고 그런데, 삼촌만 계시고 그러는데 그냥 할머니가 해서 나는 혼수도 아무 것도 못해 가지고 왔어요. 그냥 조그만 농 하나에 이불 한 채 해 가지고 와서. 옛날에는 그런 것만 해 갔지 뭐, 지금처럼 뭐, 그릇 뭐 별거 다 사 가지고 그렇게 안 갔어, 옛날에는 그냥 뭐 농하고 이불하고 잘 해 오는 이들도 그거 해 오지. 그래서 뭐 여기 와서 다 일도 배웠지 뭐, 명 잣는 것도 여기 와서 시어머니한테 배우고, 베 짜는 것도 여기 와서 배워서 베 짜고.

자, 자녀가 몇 분이에요?

▔ 아들만 셋이에요, 아들만 셋.

지금 어디 사세요?

▔ 하나는, 저 큰아들은 철원, 직업군인이야.

강원도.

- 둘째는 청주서 저기 샤씨 하넝 거 그거 공장하구. 망내닝 공주, 야꾹카다 잘 안 댄다구 지그먼 또 나무 야꾸개 가 이띠야.

약쌍가 보내요?

- 예. 지그믄 약꾹뚜 대영 약꾹 아니구선 안 댄대유. 예, 그르캐야 대지, 그냥 해서넌 안 댄디야.

그: 할머니 여기 인재 이르캐 시지봐서요: 혹씨 그 시어머니나 머 시집싸리라 그르자너요, 보통. 그렁 건 어트개 하셔써요? 어떤 사라믄 좀 심하게, 힘들게 한 사람두 이꾸: 아주 쉽깨 한 사람두 이꾸.

- 그리여, 그른대 나넌: 예레서싸래 시지봐쓰니 머, 할머니 미태서 애기마냥 그냥 참 어무니 앙 게시구 그라잉깨 그르캐 크다가 와서 아::무 거뚜 할 찌를 몰라써. 근대 우리 어먼니미, 우리 어먼니미 저: 최씬대 좀 남자승:꺼기여, 우리 어먼님 승:지리. 그래 가지구 승:지리 그르시니깨 그냥 화:가 나시먼 머 누가 이꺼나 말거나 그냥 확::확:: 해 부치서, 화: 풀리두룩. 그르캐두:, 시집싸리야 내가 이:럴 모타니깨 쪼끔 남더리 시집싸리 해따 구라지만, 나닝 그래두 그르캐 생가 아니야. 우리 어머니는 그래두 참 저기하신 냥바니라 구라지. 다런 사람더런 보면 차카::다구 해서 시집싸리 안 한다구 하넌 이넌 보면, 나와서 그냥 메누리 숭얼 갱::쟁이 보더라구. 아이구 우리 메누리넌 워떠쿠 저떠쿠[82] 그러타구 모쓴다 그라는대. 우리 어먼니믄 지:비서 그냥: 그르캐 그냥, 옌:나래 사람더리 마라자면 저 할머니넌 왕방울루 숟 까신다구[83] 막 이르캐 햐. 그르캐 승:지른 괄가두[81], 머 나가서 일::쩔 머 우리 메누리 머머 모타구 워띠쿠[85] 그러타 쏘리넌 한::마디 안 하셔. 그래서 나넌 우리 어무니는 훌륭하신 부니라구 생가캐유, 야. 자시칸태 잘 모타이깨 걱쩡은[86] 하시대. 나가서 남 든넌대 내 자시기 워쩌타구[87] 숭언 안 보니깨 훌륭하신 분 아니여? 예. 그래 어무니는 억씨다구 남더런 그래두 나는 그래두 우리 어무니가 더: 저 차카니보다 우리

강원도.

˝ 둘째는 청주에서 저기 창틀 만드는 것 그것 공장을 운영하고. 막내는 공주, 약국 하다가 잘 안 된다고 지금은 또 남의 약국에 가 있대.

약사인가 봐요?

˝ 예. 지금은 약국도 대형 약국 아니고는 안 된대요. 예, 그렇게 해야 되지, 그냥 해서는 안 된대.

그 할머니 여기 이제 이렇게 시집 와서요, 혹시 그 시어머니나 뭐 이렇게 시집살이라고 하잖아요, 보통. 그런 것은 어떻게 하셨어요? 어떤 사람은 좀 심하게, 힘들게 한 사람도 있고 쉽게 한 사람도 있고.

˝ 그래, 그런데 나는 열여섯 살에 시집 왔으니 뭐, 할머니 밑에서 아기처럼 그냥 참 어머니 안 계시고 그러니까 그렇게 크다가 와서 아무 것도 할 줄을 몰랐어. 그런데 우리 어머님이, 우리 어머님이 저 최씨인데 좀 남자 성격이야, 우리 어머님 성질이. 그래 가지고 성질이 그러시니까 그냥 화가 나시면 뭐 누가 있거나 말거나 그냥 확확 해 부치셔, 화 풀리도록. 그렇게 해도, 시집살이야 내가 일을 못 하니까 조금 남들이 시집살이 했다고 하지만, 나는 그래도 그렇게 생각 안 해. 우리 어머니는 그래도 참 저기하신 양반이라고 그러지. 다른 사람들은 보면 착하다고 해서 시집살이 안 한다고 하는 이는 보면, 나와서 그냥 며느리 흉을 굉장히 보더라고. 아이고 우리 며느리는 이렇고 저렇고 그렇다고 못 쓴다고 그러는데. 우리 어머님은 집에서는 그냥 그렇게 그냥, 옛날에 사람들이 말하자면 저 할머니는 왕방울로 솥 가신다고 막 이렇게 해. 그렇게 성질이 괄괄해도, 뭐 나가서 일절 뭐 우리 며느리 뭐 뭐 못하고 어떻고 그렇다 소리는 한 마디 안 하셔. 그래서 나는 우리 어머님은 훌륭하신 분이라고 생각해요, 예. 자식한테 잘 못하니까 걱정은 하시더라고. 나가서 남 듣는데 내 자식이 어떻다고 흉을 안 보니까 훌륭하신 분 아니야? 예. 그래 어머님은 억세다고 남들은 그래도 나는 그래도 우리 어머니가 더 저 착한 이보다 우리 어머

어무니가 더 훌륭하신 부니라구 그러캐 생가캬.

　시집싸리두 인재 옌날 싸람들 시집싸리하구 또 요새 사람들 시집싸리두 이짜너요. 어트개 차이가 이써요?

￣ 요새는 머 시어머니가 시집싸리럴 한다구덜 하니깨 모르거써요:. 난: 머. 시집싸릴 하넌 지 어짠지 메누리 시:드더써두 머 다: 일변 장가 드러서 즈:덜 직짱 따러 나가니깨: 머 메누리하구 언짜너해 볼 꺼뚜 우:꾸:. 그냥 남더리 자:르더띠야, 우리 메눌랜[88] 신:따 차카개 자:르더띠야. 그래서 시집싸리 하능 건 몰라 나:. 메누리한태 시집싸리 하닝 거뚜 몰르구: 나가두 메누리한태 시른 소리 아나구 그라니깨: 그렁 건 몰르거써. 남들 얘기 드르먼 메누리가 머 시어머이 메누리한태 시어머이 가신다 구라는데 그렁건 난 몰:르구 사러서 몰:르거써유. 내가 저꺼 바쓰야 알지, 그르차너?

　남드:른 어떠타 그래요. 딴 사람드른. 딴 사람들두 왜 다른 할머니드리 이짜너요? 그 할머니드리 시집싸리할 때하구 지금 신싱 며느리드를, 하구 비교해 보면 어떠타 그래요.

￣ 그쌔 머 그쌔 옌:나래는 다 그르개[89] 시집싸리하구 사러써:. 누구나 물론 하구, 우린 저기 할 때넌:. 그치만 지금더리야 메누리 누가 그르캐 시집싸리 시키두 안 하구, 저르캐 회:과내[90] 와서 모여서 얘기하는 소리 드러 봐두: 대:개 메누리가 시집싸리 시킨다구 하능 거 거터.

　어떤 시그루 시킨대요?

￣ 인저 뭐:: 그릉깨[91] 자기한태 잘 아난다넌 이거지 머:, 그차너?

　옌날 가트먼 머 밥뚜 해다 드리구 머 다: 핸는대.

￣ 지그먼 머 다: 따루따루 이르캐 사르니깨:, 자식떠라구 한태 안 사르니깨[92], 여 회:과내 인넌 노인내덜두 다:: 자식뜨라구 안 사러 다:.

　마:믄 펴날찌두 모르지요 머. 저, 저기 자시기나 손자들 눈치 암 보구.

￣ 예:, 그리태유. 근대: 저: 한씨우리 인넌 사라미 하나가, 한씨낸대 한씨내 종종애서[93] 도:니 나와띠야. 그래 가주구 머 아더리 지벌 산다구 자기내

니가 더 훌륭하신 분이라고 그렇게 생각해.

시집살이도 이제 옛날 사람들 시집살이하고 또 요즘 사람들 시집살이도 있잖아요. 어떻게 차이가 있어요?

˗ 요사이는 뭐 시어머니가 시집살이를 한다고들 하니까 모르겠어요. 나는 뭐. 시집살이를 하는지 어쩌는지 며느리 셋 얻었어도 뭐 다 일변 장가 들어서 저희들 직장 따라서 나가니까 뭐 며느리하고 언짢아해 볼 것도 없고. 그냥 남들이 잘 얻었대, 우리 며느리들은 셋 다 착하게 잘 얻었대. 그래서 시집살이 하는 것은 몰라, 나. 며느리한테 시집살이 하는 것도 모르고 내가 며느리한테 싫은 소리 안 하고 그러니까 그런 것은 모르겠어. 남들 얘기 들으면 며느리가 뭐 시어머니 며느리한테 시어머니 가신다고 그러는데 난 모르고 살아서 모르겠어요. 내가 겪어 봤어야 알지, 그렇잖아?

남들은 어떻다고 해요. 다른 사람들은. 다른 사람들도 왜 다른 할머니들이 있잖아요? 그 할머니들이 시집살이할 때하고 지금 신식 며느리들을, 하고 비교해 보면 어떻다고 해요.

˗ 글쎄 뭐 글쎄 옛날에는 다 그렇게 시집살이 하고 살았어. 누구나 물론 하고, 우리 저기 할 때는. 그렇지만 지금들이야 며느리 누가 그렇게 시집살이 시키지도 안 하고, 저렇게 회관에 와서 모여서 얘기하는 소리 들어봐도 대개 며느리가 시집살이 시킨다고 하는 거 같아.

어떤 식으로 시킨대요?

˗ 이제 뭐 그러니까 자기한테 잘 안 한다는 이거지 뭐, 그렇잖아?

옛날 같으면 뭐 밥도 해다 드리고 뭐 다 했는데.

˗ 지금은 뭐 다 따로따로 이렇게 사니까, 자식들하고 한테 안 사니까, 여기 회관에 있는 노인네들도 다 자식들하고 안 살아 다.

마음은 편할 지도 모르지요 뭐. 저, 저기 자식이나 손자들 눈치 안 보고.

˗ 예, 그렇대요. 근데 저 한시울에 있는 사람이 하나가, 한씨네인데 한씨네 종중에서 돈이 나왔대. 그래 가지고 뭐 아들이 집을 산다고 자기네

지벌 파러 가주 와서 보태서 사 가주구 하냥[94] 살자 구래서 가더니 메딸두 모:쌀구 오더라구, 따루 나와. 지금더런 다 각깍 이르캐 사넝 개 편히야.

저기 절믄 사람들 사:는 방버파구::⋯

─ 틀리자너[95]. 어, 우리내 사능 거하구 틀리자너.

손자들 이꾸 그른대 가들 공부하는대 방:해댄다 그래구.

─ 야, 그르캐 해서루[96].

혼자: 지배 이쓰면 얼마나 심심해요. 그러면 또 테래비전 보먼 공부하는대 시끄러깨 테래비 본다구두, 그개 시집싸리개찌요 머.

─ 그리여 머 시어머이한태 머 잘 모태 가주서 시집싸리가 아니라 그개 시집싸리여.

서루 괘:니 눈치보이니까 차라리 혼자 와 가주구 여기 와서 내 맘대루 하능 개 펴나구.

─ 그라구 아빠트 거튼대 가따 노머넌, 메누리가 지금 싸람더런 지배 아니짜너:. 그라니깨 나가면⋯

그럼 함경도 청진 갇, 가셔따 오셔따구요?

─ 몰:라. 행:경돈지[97] 워:딘지 그냥 청진이라[98] 쏘리만 드러서 그때 머 어려쓸 때라. 그르키 애:기만 드러써유. 그라구 우리 할머니가 광산 김 서방내[99], 우리넌 승이 전간대: 우리 할머니넌 광산 낌 서방내 딴니미여. 그래서 여: 우리 시어먼님하구 그냥 한 저기 지반간 아녀? 그라니깨 머 어림 시름[100] 웁씨 그냥 그르캐 사르셔써 머. 사돈 가내 머 저기 머 틀개거틍[101] 거 이렁 건 웁써써유. 그냥 서루 이르캐.

시댁 식꾸들하구두 머 특뼈리 문재 업쓰셔써요?

─ 예, 예, 예. 뭐: 동기가니 마:느야지, 우리 어무님두 재위[102] 아덜 삼형잰대: 하난 의용군 가서 소식 웁써유, 지금꺼지. 어 둘째가. 형하구 하냥 간넌대 형언 그러캐 수머서 오구 하나넌 모:돼써. 그래서 소시굽꾸. 형재라 머 한동내서 그냥 이르캐 장가드러 가주구 사넝걸 머 여태. 고 이:장

집을 팔아 가지고 와서 보태서 사 가지고 함께 살자 그래서 가더니 몇 달
도 못 살고 오더라고, 따로 나와. 지금은 다 각각 이렇게 사는 것이 편해.

젊은 사람들 사는 방법하고…

ˉ 다르잖아. 어, 우리네 사는 것하고 다르잖아.

손자들 있고 그런데 걔들 공부하는데 방해된다고 그러고.

ˉ 예, 그렇게 해서.

혼자 집에 있으면 얼마나 심심해요. 그러면 또 텔레비전 보면 공부하는 데
시끄럽게 텔레비전 본다고도, 그게 시집살이겠지요 뭐.

ˉ 그래 뭐 시어머니한테 뭐 잘못해 가지고 시집살이가 아니라 그게 시
집살이야.

서로 괜히 눈치 보이니까 차라리 혼자 와 가지고 여기 와서 내 맘대로 하는
게 편하고.

ˉ 그리고 아파트 같은 데 갖다 놓으면, 며느리가 지금 사람들은 집에
안 있잖아. 그러니까 나가면…

그럼 함경도 청진 갔, 가셨다 오셨다고요?

ˉ 몰라. 함경도인지 어딘지 그냥 청진이란 소리만 들어서 그때 뭐 어렸
을 때라. 그렇게 얘기만 들었어요. 그리고 우리 할머니가 광산 김 서방네,
우리는 성이 전가인데 우리 할머니는 광산 김 서방네 따님이야. 그래서
여기 우리 시어머님하고 그냥 한 저기 집안 간 아니야? 그러니까 뭐 어려
움 싫음 없이 그냥 그렇게 사셨어 뭐. 사돈 간에 뭐 저기 뭐 틀개 같은 것
이런 것은 없었어요. 그냥 서로 이렇게.

시댁 식구들하고도 뭐 특별히 문제 없으셨어요?

ˉ 예, 예, 예. 뭐 동기간이 많아야지, 우리 어머님도 겨우 아들 삼형제인
데 하나는 의용군 가서 소식이 없어요, 지금까지. 어 둘째가. 형하고 함께
갔는데 형은 그렇게 숨어서 오고 하나는 못 왔어. 그래서 소식 없고. 형
제라서 뭐 한 동네에서 그냥 이렇게 장가들어 가지고 사는 것을 뭐 여태.

덜 집 쩌태가 바로 우리 시동생내 지비유. 그래서 머 그냥 머 별 저기 움써 그냥 우리넌 그냥 순펴나개 사라가유.

그거뚜 보기시지요 머.

￣ 야. 그리여, 머 우리 시동생이 형수라먼 껌뻐카구[103] 머 어려서 시지 봐써두 그냥 누이마냥[104] 츠:매 장가들기 저내 이르캐서.

요즘 절믄 사람드리 시집싸리를 한다구 생가캐요? 요즘 절믄 사람드리.

￣ 요즘 절믄 사람더리 무슨 시집싸릴 하거써유. 몰르거써, 난 그렁 거. 이 동내넌 머 절믄 사람덜 시집싸리하구 이라넌 사람 움써. 자기내 자유로 사넝 걸, 뭘: 시집싸리럴 햐.

며느리:, 며느니미 세:시자나요?

￣ 예.

며느님드리 어트개 자주 이르캐,

￣ 예.

오시나요? 여기, 여기 청주: 둘째는 자주 오겐내요?

￣ 둘째가 더: 자주 모:돼유, 바뿌다구. 허허허허.

이:리 마나서.

￣ 그 샤시 하러 댕기닝깨:[105] 어 실랑이 가먼 풍꾼 하나라두 들: 살라구 지:가 따라 댕기구 그래서.

그 이:리 만, 늘: 이찌요?

￣ 더 자주 모:도구, 공주 인는 아는 인재 주일랄 노:넌 날 오구:. 또 강안 도 인넌 아더런 인저 처뭐닌대 전방 아녀, 거기? 너머 멀리 이쓰니깨 일려내 그저 생일 때 오고: 추성 명절 슬:[106] 명저래 오고: 지:사 때 오고: 이러 캐나 오지 머: 그냥 저:놔만 자주 해유. 비와도 하고 그저 어때도 하고, 장:[107] 즈:[108] 아부지가 저러캐 시언차느니깨: 그개 걱쩡이 되:서[109] 그냥:.

여:러 해 편차느싱가바요? 한 심년 되셔따 그러내.

￣ 야. 한 심년 저내 내추렬루 다: 도러가신다구 해썬넌대, 어티개 그려

그 이장들 집 곁이 바로 우리 시동생네 집이에요. 그래서 뭐 그냥 뭐 별 저기 없이 그냥 우리는 그냥 순편하게 살아가요.

그것도 복이시지요 뭐.

⎯ 예. 그래요 참 뭐 우리 시동생이 형수라면 껌뻑하고 그래서 시집 와서도 그냥 누이처럼 처음에 장가들기 전에 이렇게 해서.

요즘 젊은 사람들이 시집살이를 한다고 생각하세요? 요즘 젊은 사람들이?

⎯ 요즘 젊은 사람들이 무슨 시집살이를 하겠어요. 모르겠어, 난 그런 것. 이 동네는 뭐 젊은 사람들 시집살이하고 이러는 사람 없어. 자기네 자유로 사는 걸, 뭘 시집살이를 해.

며느리, 며느님이 셋이잖아요?

⎯ 예.

며느님들이 어떻게 자주 이렇게,

⎯ 예.

오시나요? 여기, 여기 청주 둘째는 자주 오겠네요?

⎯ 둘째가 더 자주 못 와요, 바쁘다고. 허허허허.

일이 많아서.

⎯ 그 창틀 하러 다니니까. 어 신랑이 가면 품팔이꾼 하나라도 덜 사려고 자기가 따라 다니고 그래서.

그 일이 많(지요), 늘 있지요?

⎯ 더 자주 못 오고, 공주 있는 애는 이제 주일날 노는 날 오고. 또 강원도 있는 아들은 이제 철원인데 전방 아니야, 거기? 너무 멀리 있으니까 일 년에 그저 생일 때 오고, 추석 명절 설 명절에 오고, 제사 때 오고 이렇게나 오지 뭐 그냥 전화만 자주 해요. 비가 와도 (전화)하고 그저 어때도 (전화)하고, 항상 자기 아버지가 저리 시원찮으니까 그게 걱정이 되어서 그냥.

여러 해 편찮으신가 봐요? 한 십년 되셨다고 그러네.

⎯ 예. 십 년 전에 뇌출혈로 다 돌아가신다고 했었는데, 어떻게 그래도

도 참 안 도러가시구 사러나서: 그질루 저러캐 션차년대 또 장년::네 바라미[110] 또 함 번 이러써써유. 그래 가주구서 아주 한 쪼근 이르캐 팔다리 거러 댕겨두 시미 움써[111] 저범질두 잘 모타구 그랴, 지금. 그래 이:럴 통 모타자너.

아이 머 인재 연세두 드션는대 무슨 이를 하시개써요. 시엄:시엄 놀면서 해야지. 절머셔쓸 때 마이 해짜너요?

⁻ 마니마니 하셔찌유, 농사만 지꾸 사러쓰닝깨.

참 안 돌아가시고 살아나서 그 길로 저렇게 시원찮은데 또 작년에 바람이 또 한 번 일었었어요. 그래 가지고서 아주 한 쪽은 이렇게 팔 다리 걸어 다녀도 힘이 없어서 젓가락질을 잘못하고 그래, 지금. 그래서 일을 통 못 하잖아.

아이 뭐 이제 연세도 드셨는데 무슨 일을 하시겠어요. 쉬엄쉬엄 놀면서 해야지. 젊으셨을 때 많이 했잖아요?

― 많이많이 하셨지요, 농사만 짓고 살았으니까.

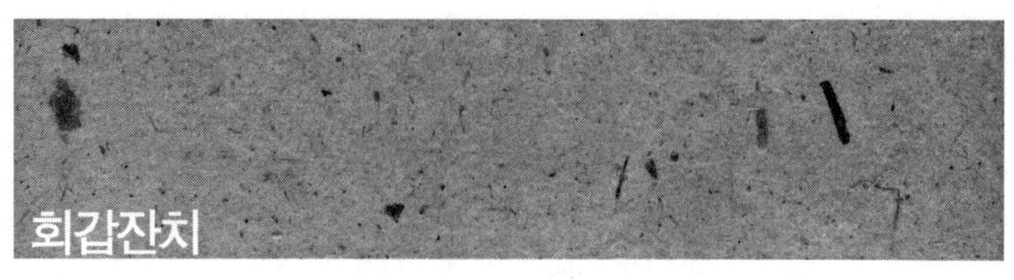

할머니두 저기 회갑짠치 하셔찌요?

￣ 나넌, 하라버지만 하구.

가치 하셔써요?

￣ 아니, 한 살 래가 자거.[112] 그 이드맨대, 내 생이른 스:딸 수무이튼나린대. 우리 어먼니미 동지딸: 보름날 도러가셔써. 예레쎈나래 참 저기 열리렌날 도러가셔써. 그래서 예레쎈나리 지:사여. 그러잉깨 워트개[113] 초상쌍재,[114] 엔:나래넌 상재 소복카구 해:짜너. 그른대 워티개[115] 초상쌍재가 항:갑짠치럴 할 쑤가 이써. 그래서 나는 모:태써유. 그래서 난 그 대시내 애:더리 저: 동나마 외:구걸[116] 보내줘서: 그래 구경 가따 와써 그냥, 항:갑짠치 아나구.

그개 더 나짜나요?

￣ 예. 에해, 구경 잘 하구 와써 허, 그리여 허허허 그리여.

그거 끈나구 으더멍능 거보다 생전 모까볼 때 함 번 가보능 거뚜 조차너요.

￣ 그리유, 조아. 지금두 그때가 한 심 년 너머써두 그때 가따 온 생개기나. 그때 또.

동나마 어디: 가셔써요, 태국?

￣ 야. 아흐래: 일쩡으루 가따 완넌대, 말래지아 싱:가폴 그런대 아흐래 똥안 다녀와써유.

언:재 또 가보시게써요? 그거 가기 쉽찌 아너요. 절믄 사람들두…

￣ 인저 모:까유, 인저 모까, 예.

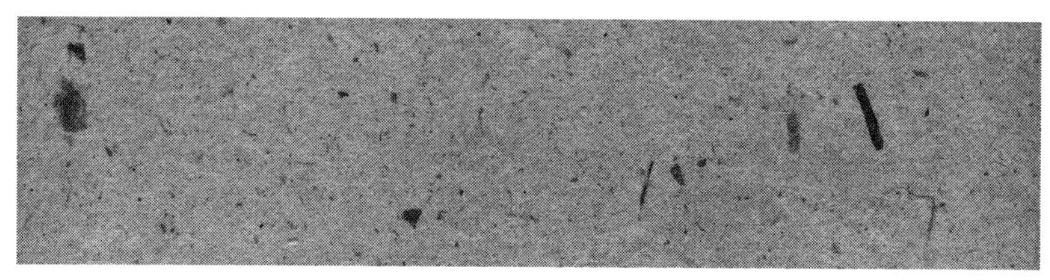

할머니도 저기 회갑잔치 하셨지요?

‑ 나는, 할아버지만 하고.

같이 하셨어요?

‑ 아니, 한 살 내가 적어. 그 이듬해인데, 내 생일은 섣달 스무 이튿날인데. 우리 어머님이 동짓달 보름날 돌아가셨어. 열엿샛날이 참 저기 열이렛날 돌아가셨어. 그래서 열엿샛날이 제사야.

그러니까 어떻게 초상상제, 옛날에는 상제 소복하고 했잖아. 그런데 어떻게 초상상제가 환갑잔치를 할 수가 있어. 그래서 나는 못 했어요. 그래서 난 그 대신에 애들이 저 동남아 외국을 보내줘서 그래서 구경 갔다 왔어 그냥, 환갑잔치 안 하고.

그게 더 낫지 않아요?

‑ 예. 허허 구경 잘 하고 왔어 허, 그래 허허허 그래.

그것 끝나고 얻어먹는 것보다 평생 못 가볼 데 한 번 가보는 것도 좋잖아요?

‑ 그래요, 좋아 지금도 그때가 한 십 년 넘었어도 그때 갔다 온 생각이나. 그때 또.

동남아 어디 가셨어요, 태국?

‑ 예. 아흐레 일정으로 갔다 왔는데, 말레이시아 싱가포르 그런 데 아흐레 동안 다녀왔어요.

언제 또 가보시겠어요? 가기 쉽지 않아요. 젊은 사람들도…

‑ 이제 못 가요, 이제 못 가, 예.

저두 거기 모:까바써요.

⎺ 모까, 참: 거기년 가니깨 깨끄타구 말래지아능 가니깨 교통숭경두 웁떠라구, 그때 가두.

하라버지 회갑, 회갑짠치는 어트개 하셔써요?

⎺ 지비서[117] 해써유, 지배서.

지배서 그 어떠캐 하능 거요? 그, 그 준비하구 머 이르캐 잔치하능 거뚜 다 절차가 이짜나요?

⎺ 야:, 이르캐 인저 상, 골::고루 음식캐 가주구 이르캐 상 고여 노코,[118] 인저 자손더리 절하구, 인저 손님덜 초대해 가주구서 먹꾸 노능 거지유, 해:전.[119]

잔치 때는 음시글 머를 해요, 주로?

⎺ 다: 하넝 겨, 머: 떡카고 고기하구 적[120] 뿌치구 머, 과:일 사구 머: 항:갑짠치 할라먼 다: 해유. 지:사 지내넝 거마냥 다:: 해서 노코 상애다 이러캐 차려 노쿠, 엔:나래넌 이:러캐 노푸개 고여 놔, 한 자 상언 큰::상.[121] 주물쌍언[122] 인재 요만치 고이넝 거. 그르캐서 인재, 작: 그거 고일라먼 지비서: 메::치럴 고이야 해유. 잗:거틍 거, 호두거틍 거 고일라먼 머 그거.

그 어트개 고여요, 그 짜긍 거를.

⎺ 고여유, 그려두. 고이는 선수더리 일써. 고여. 다:: 이르캐 그냥 고이자너, 이르캐.

글씨두 쓰드라구요.

⎺ 예, 이러캐서 이망큼 고여 가주구서 죽:: 노쿠서 인저 자손더리 저라지.

그 때 손님들 초대하자너요? 그 손님들한태는 어떤 음시글 조요?

⎺ 그때 인저 떠꾹카넌 지번: 그런 잔치 음석,[123] 저 안주 쩝씨 내: 가구서 인저 대:지 자꾸 이래 가주구서 인재 해 가주구. 떠:꾹카넌 지번: 떡꾸구루 하구:, 인저 국쑤잔치[124] 하넌 지번:, 주로 보며는 국쑤잔치 하구: 갸:래넌 떡꾹카구, 그러캐.

저도 거기 못 가봤어요.

⎺ 못 가, 참 거기는 가니까 깨끗하고 말레이시아는 가니까 교통순경도 없더라고, 그때 가도.

할아버지 회갑 회갑잔치는 어떻게 하셨어요?

⎺ 집에서 했어요, 집에서.

집에서 그 어떻게 하는 거예요? 그, 그 준비하고 뭐 이렇게 잔치하는 것도 다 절차가 있잖아요.

⎺ 예, 이렇게 이제 상, 골고루 음식 해 가지고 이렇게 상 괴어 놓고, 이제 자손들이 절하고, 이제 손님들 초대해 가지고서 먹고 노는 것이지요, 종일토록.

잔치 때는 음식을 뭘 해요, 주로?

⎺ 다 하는 거야, 뭐 떡 하고 고기 하고 적 부치고 뭐, 과일 사고 뭐 환갑 잔치 하려면 다 해요. 제사 지내는 것처럼 다 해다 놓고 상에다 이렇게 차려 놓고, 옛날에는 이렇게 높게 고여 놔, 한 자 상은 큰 상. 주물상은 이제 요만큼 고이는 것. 그렇게 해서 이제, 작(은) 그거 고이려면 집에서 며칠을 고여야 해요. 잣 같은 것, 호두 같은 것 고이려면 뭐 그거.

그 어떻게 고여요, 그 작은 것을?

⎺ 고여요, 그래도. 고이는 선수들이 있어. 고여. 다 이렇게 그냥 고이잖아, 이렇게.

글씨도 쓰더라고요.

⎺ 예, 이렇게 해서 이만큼 고여 가지고서 죽 놓고 이제 자손들이 절 하지.

그 때 손님들 초대하잖아요? 그 손님들한테는 어떤 음식을 줘요?

⎺ 그때 이제 떡국 하는 집은 그런 잔치 음식, 저 안주 접시 내 가고서 이제 돼지 잡고 이렇게 해 가지고 이제 해 가지고. 떡국 하는 집은 떡국 으로 하고, 이제 국수잔치 하는 집은, 주로 봄에는 국수잔치 하고, 가을에 는 떡국 하고, 그렇게.

겨론, 겨론식 때두 음식…

－ 그르치유, 잔치하지유. 겨론식 때두 인저 국쑤 해서 쌀머 내구, 손님덜.

그 머 오래: 사르라구 국쑤 준다면서요?

－ 헤헤헤, 그르태유.

회갑 쌍애 차리는: 거뜨른, 음식뜨른 머요. 아까 잩: 호도 머 이렁 거.

－ 과:일 점:부여. 능금[125] 배: 밤: 대추 꼬깜 다:유. 머 인저, 떡뚜 머 이지가지[126] 다:하지 머. 인절미 머 편떡,[127] 펴넌 머 틀루 편틀[128] 이짜너. 막때기루 짜 가주구 이르캐 고이닝 거, 편:. 멀 별거 다 해야, 약짜[129] 머. 자간 멍닝 건 다:햔:, 자라넌 댄 다: 해 놔:유.

그르캐 해: 가주구 잔치가 끈나먼 그거 멍나요?

－ 예. 허러서, 야, 시꾸더리 시꾸더런 멍닝 개 아니라. 인저 그거 허러 가주구서 잔치해서 손님상애 대접파능 겨, 마: 가주구.

진갑 때는 어트개 해요, 진갑 때?

－ 징:갑 때넌 그냥 식꾸찌리 이르캐 밥패서 먹찌유 머.

황:갑 다음 해가 징갑이지요?

－ 예 예, 다으매가.

그러머는 저기: 칠쑨 때는요? 고히라 그래지요?

－ 칠쑨잔치두 하넌대 우린 안: 해써유, 칠쑨잔치. 우리짐느이가[130] 그때 막 병이 나서 모:태써유.

인재 사라미: 나이가 마나서 인재 죽짜나요?

－ 네.

그러면 인재 장녜를 치뤄야 대자나요?

－ 야.

사라미 주그먼: 장내 치르는 또 절차가 이짜너요?

－ 아이구 왜 이르캐 저:놔가 자:꾸 와. 여보세유? 암 머거, 암 멍넝다 그래유, 치우라 구래유.

결혼, 결혼식 때도 음식…

ⁿ 그렇지요, 잔치하지요. 결혼식 때도 이제 국수해서 삶아 내고, 손님들.

그 뭐 오래 살라고 국수 준다면서요?

ⁿ 헤헤헤, 그렇대요.

회갑상에 차리는 것들은, 음식들은 뭐예요? 아까 잣 호두 뭐 이런 거.

ⁿ 과일 전부야. 사과 배 밤 대추 꽂감 다예요. 뭐 이제, 떡도 뭐 이것저
것 다 하지 뭐. 인절미 뭐 편떡, 편은 뭐 틀로 편틀 있잖아. 막대기로 짜
가지고 이렇게 고이는 거, 편. 뭐 별거 다 해, 약과 뭐. 좌우간 먹는 것은
다 해, 잘 하는 데는 다 해 놓아요.

그렇게 해 가지고 잔치가 끝나면 그것을 먹나요?

ⁿ 예. 헐어서, 예, 식구들이 식구들 먹는 게 아니라. 이제 그거 헐어 가
지고 잔치해서 손님상에 대접 하는 거야, 모아 가지고.

진갑 때는 어떻게 해요, 진갑 때?

ⁿ 진갑 때는 그냥 식구들끼리 이렇게 밥해서 먹지요 뭐.

환갑 다음 해가 진갑이지요?

ⁿ 예 예, 다음해가.

그러면 저기 칠순 때는요? 고희라고 그러지요?

ⁿ 칠순잔치도 하는데 우리는 안 했어요, 칠순잔치. 우리집에 있는 이가
그때 막 병이 나서 못 했어요.

이제 사람이 나이가 많아서 이제 죽잖아요?

ⁿ 예.

그러면 이제 장례를 치러야 되잖아요?

ⁿ 예.

사람이 죽으면 장례 치르는 또 절차가 있잖아요.

ⁿ 아이고 왜 이렇게 전화가 자꾸 와. 여보세요? 안 먹어, 안 먹는다고
그래요, 치우라고 그래요.

진지 드시러 가셔야 대능가 부내?

ㅡ 아이 아, 아 암 머거두 대유. 바쁜대 얼렁 얘기하시구 가야지 대꾸[131]
오시먼 디야?

그러면 그거는 그르쿠…, 제가 저:기… 가마이 이써요, 지금 또 안 드신다구
그래 가주구…

ㅡ 아:녀 갠차녀::.

다서씨 밤 바깨 안 댄내요.

ㅡ 예 그르니깨 그쌔 이따 머거두 되니깨 갠차너유. 상 치우라 구라능
거 내가. 여:러시 인넌대 괘:니 상 놔:두구 이쓰깨배.

제가 그러면 따루: 저: 보신탕 조아하셔요?

ㅡ 아:이구 시러유.

아니 아니.

ㅡ 암 머거, 나.

그거 드실 쭐 아러?

ㅡ 암 머거 암 머거, 암 머거유. 몸: 머거. 이가 아퍼서 머 먹뚜 모탸 나.
머 이 아프먼 그 물릉 거 머그먼…

ㅡ 아:니유, 암 머거유. 괘니 그른 소리는 하시지 마러유.

저 이릉거 이르캐 도와 드리면…

ㅡ 그쌔 시러 나는. 암 머거유 암 머거.

할아버지 모시구 가서 한 잔… 그래야지 제가 어더 먹찌요.

ㅡ 아이구 그런 소린 하시지 마, 왜 그거 뭐 그거 대답파는대 무순 그렁
거럴 그라셔.

여기 보니까 저, 저: 입꾸애 잘하는 집 이떤대요.

ㅡ 아이구 그렁 건 신경 쓰시지 말구 그르캐 햐. 하시닝 거 아니여.

아니 제가 메칠 와서 무러볼라 그래잉까 그러치 머.

ㅡ 아 뭘: 대꾸 할 애:기가 이씨야 해: 디리지.

진지 드시러 가셔야 되는가 보네요?

￣ 아니 아, 아 안 먹어도 돼요. 바쁜데 얼른 얘기하시고 가야지 자꾸 오시면 돼?

그러면 그것은 그렇고…, 제가 저기… 가만히 있어요, 지금 또 안 드신다고 그래 가지고…

￣ 아니야 괜찮아.

다섯 시 반밖에 안 됐네요.

￣ 예 그러니까 글쎄 이따가 먹어도 되니까 괜찮아요. 상 치우라고 그러는 거야 내가. 여럿이 있는데 괜히 상 놔두고 있을까봐.

제가 그러면 따로 저 보신탕 좋아하셔요?

￣ 아이고 싫어요.

아니 아니.

￣ 안 먹어, 나.

그거 드실 줄 알아요?

￣ 안 먹어 안 먹어, 안 먹어요. 못 먹어. 이가 아파서 뭐 먹지도 못해 나.

뭐 이 아프면 그 무른 것 먹으면…

￣ 아니요, 안 먹어요. 괜히 그런 소리는 하시지 말아요.

저 이런 것 이렇게 도와 드리면…

￣ 글쎄 싫어 나는. 안 먹어요 안 먹어.

할아버지 모시고 가서 한 잔… 그래야지 제가 얻어 먹지요.

￣ 아이고 그런 소리는 하시지 마, 왜 그거 뭐 그거 대답 하는데 무슨 그런 것을 그려셔.

여기 보니까 저 입구에 잘 하는 집 있던데요.

￣ 아이고 그런 것은 신경 쓰시지 말고 그렇게 해. 하시는 것 아니야.

아니 제가 며칠 와서 물어보려 그러니까 그렇지 뭐.

￣ 아 뭘 자꾸 할 얘기가 있어야 해 드리지.

자꾸 이르캐 다 자꾸 하자너요.

‑ 인재 움:짜너[132], 다 해짜너.

왜요 인제…

자꾸 이렇게 다 자꾸 하잖아요.

⎺ 이제 없잖아, 다 했잖아.

왜요 이제…

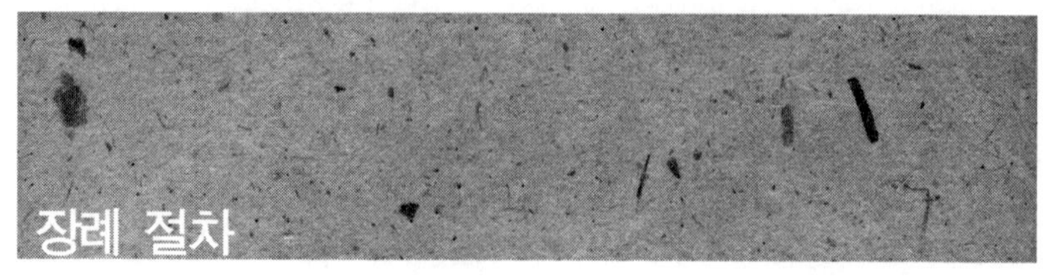

아, 인재 저 주거, 주거쓸 때 어트개 하는지 또 무러바야지요.

⁻ 주거, 주거쓸 때 그쎄:: 우리는: 저기 우리 아번님 우리 어먼님 도러가
셔서. 얼릉 내가 얘기 다 해 디리께. 도러가셔서 여그서 장사 지내써. 지
금더리닝깨 병워내 가지 누가 병워내 가써? 그저내야 병워내 가면 객싸
라구덜[133] 해찌.

그르치요.

⁻ 음:. 그래서 요그서 인저 장사: 모:시구서 사밀마내 장사 지내구 인저,
날짜 봐:서 인저 또 그나리 인저 멸망이리[134] 단넌다던지 하면 모:까구서
오:일마내 하자너. 오:일마내 해:서 장사 지내구 인저 장사 모시구서 인저
구연[135] 해 노차너. 그래서 인저 엔:나래넌 삼녀널 꼭: 끄냥 밥 떠다 노코
그냥 알 초하루 보루무루 인저 고카구. 그랜는대 우리넌, 인저 그때부트
먼 또 개명이[136] 되:서 우리 아번님 도러가셔서 일련생바끼[137] 아내써, 일
련. 일련만 인저 구연 해 노쿠서 인저 거기 아침 저녁 인저 밥 떠다 노코.
초하루 보루무루는 인저 짐:,[138] 조기 인저 모두 지:사 지내능 거맨[139] 차려
노쿠 인저 점부 건 쓰구 인저 상온 닙꾸[140] 이르카구서 고카구 그르카능
거여.

요새는 일련하는 사람들 업짜나요?

⁻ 인재 그래, 응?

요새는 일련…

⁻ 지그믄 일려는 구만두구 하루두 안 해유. 우리 어먼님 도러가셔서넌

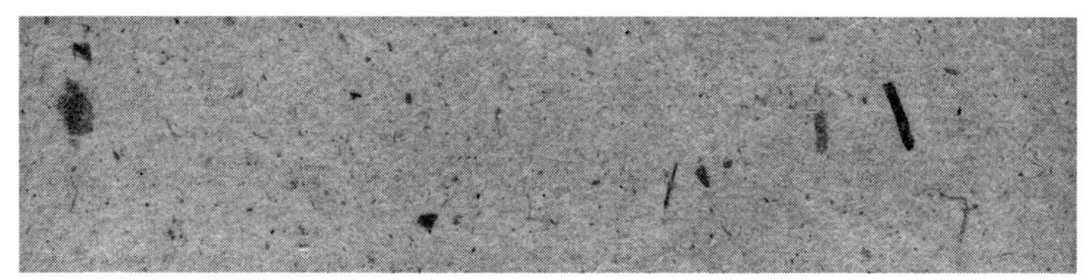

아, 이제 저 죽었, 죽었을 때 어떻게 하는 지도 물어봐야지요.

‑ 죽어, 죽었을 때 글쎄 우리는 저기 우리 아버님 우리 어머님 돌아가
셔서. 얼른 내가 얘기 다 해 드릴게. 돌아가셔서 여기서 장사 지냈어. 지
금이니까 병원에 가지 누가 병원에 갔어? 그 전에야 병원에 가면 객사라
고들 했지.

그렇지요.

‑ 응. 그래서 여기서 이제 장사를 모시고서 삼일 만에 장사 지내고 이
제, 날짜 봐 가지고서 이제 또 그 날이 이제 멸망일이 닿는다든지 하면
못 가고서 오일 만에 하잖아. 오일 만에 해서 장사 지내고 이제 장사 모
시고서 이제 궤연 해 놓잖아. 그래서 이제 옛날에는 삼년을 꼭 그냥 밥
떠다 놓고 그냥 아(침) 초하루 보름으로 이제 곡하고 그랬는데 우리는, 이
제 그때부터는 또 개명이 되어서 우리 아버님 돌아가셔서 일 년 상밖에
안 했어, 일 년. 일 년만 이제 궤연 해 놓고서 이제 거기 아침 저녁 이제
밥 떠다 놓고. 초하루 보름으로는 이제 김, 조기 이제 제사 지내는 것처
럼 차려 놓고 이제 전부 건 쓰고 이제 상복 입고 이렇게 하고서 곡 하고
그렇게 하는 거야.

요새는 일 년 하는 사람들 없잖아요?

‑ 이제 그래서, 응?

요새는 일 년…

‑ 지금은 일 년은 그만 두고 하루도 안 해요. 우리 어머님 돌아가셔서는

안: 해써유. 우리가 인저 우리 아번님 도러가시구서 저래럴 우리가 극:찌니 다녀써써, 저기 저 백쑥쩌래럴.[141] 그랟넌대. 저래럴 메씸녀널 댕겨 봐두 어째 당:채 별무신통 거떠라구 마:매. 그래서루[142] 교회루 나가써 교회. 그래서루 우리 어먼님 도러가서서는 머 일려니구 머 그렁 거뚜 웁써써, 안 해써. 그냥 민넌시그루다 그냥 예배디리구 장:네 모시구 이러캐 해:찌.

교회:로 하면 더 간따나개 하지요?

⎺ 예.

그, 사라:미 인재 이르캐 죽짜나요?

⎺ 응.

그러면 머, 초종? 스판다 그래지요? 염습?

⎺ 예.

소:렴, 대:렴 머 이러자나요? 그거 그건 어트캐 하능 걸…

⎺ 그렁 건 몰:르구, 소렴 대려믄 난 몰:르구:. 염습 짭쑬 때넌[143] 인저: 수:이 해 느차너, 수:이.

예.

⎺ 깨:끄타개 인저 씨꾸서루 수이온[144] 이피구 인저, 그라구 인저 이불 인저 요 인저 이렁 거 깔:구서, 수:이 해 늘 째 그렁 거뚜 다: 이짜너요? 그래서 싸 가주구서넌 일곰 매끼[145] 이르캐 무꺼 가지구서 과내 너 가주구서 인저, 머 아램모개 게:시구 평풍 처 노쿠 이러캐 이따가 인저 나가넌 날 나가지유.

여르매는 안 조캐써요?

⎺ 여르메, 예, 그려.

성복, 성보칸다 그래나요? 멀: 성보칸다 그래요?

⎺ 성보카넌, 성고칸다,[146] 그거 생가기 안 나내 나두, 성곡카능 개.

저:기 저 그래잉까 염습 잡수끼 저내 온: 입능 게 다르든대요, 그지요?

⎺ 야, 야.

안 했어요. 우리가 이제 우리 아버님 돌아가시고서 절에 극진히 다녔었어, 저기 저 백족사에. 그랬는데. 절에 몇 십 년을 다녀 봐도 어째 당최 별무신통 같더라고 마음에. 그래서 교회로 나갔어, 교회. 그래서 우리 어머님 돌아가셔서는 뭐 일 년이고 뭐 그런 것도 없었어, 안 했어. 그냥 믿는 식으로 그냥 예배드리고 장례 모시고 이렇게 했지.

교회로 하면 더 간단하게 하지요?

˗ 예.

그, 사람이 이제 이렇게 죽잖아요?

˗ 예.

그러면 뭐 초종? 습한다고 그러지요? 염습?

˗ 예.

소렴, 대렴 뭐 이러잖아요? 그것 그것은 어떻게 하는 것을…

˗ 그런 건 모르고, 소렴 대렴은 난 모르고. 염습 잡수실 때는 이제 수의 해 넣잖아, 수의.

예.

˗ 깨끗하게 이제 씻고서 수의 입히고 이제, 그리고 이제 이불 이제 요 이제 이런 것 깔고서, 수의 해 넣을 때 그런 것도 다 있잖아요? 그래서 싸 가지고서 일곱 매듭 이렇게 묶어 가지고서 관에 넣어 가지고 이제, 뭐 아랫목에 계시고 병풍 쳐 놓고 이렇게 있다가 이제 나가는 날 나가지요.

여름에는 안 좋겠어요?

˗ 여름에는, 예, 그래.

성복, 성복한다고 하나요? 뭘 성복한다고 그래요?

˗ 성복하는, 성복한다, 그게 생각이 안 나네 나도, 성복하는 게.

저기 저 그러니까 염습 잡숫기 전에 옷 입는 게 다르던데요, 그렇지요?

˗ 예, 예.

염습 잡쑤꾸 나서 이붕거 하구 고 저내가 다르자너요?

⎺ 그저네넌 두루매기만 이르키 인저 하나 어깨애다 메:구서 이르캐 오꺼름, 한:쪽 어깨넌 안 닙꾸 한쭝만, 한짝 팔만 껴:서 이르캐 두루매기 입짜너?

그르개, 상주덜[147] 얘기하넝 거 아니유?

⎺ 그르카구 이따가 인재 염:십[148] 잡쑤꾸 나먼 인재 제대루 임능 기여, 바루, 인저 상오설. 엔:나래더런 삼베루[149] 다: 해 이버짜너? 그르가구 건 쓰구 인저 테두리[150] 이르캐 지부루 동아바[151] 꽈:서 여자덜 이러캐 테두리 하구 상:온 닙꾸[152] 그르카넝 거지유.[153]

그러먼 인재 그러캐 해 노면 또 남드리 와 가주구 또 조상한다 그러나요, 문상한다 그러나요?

⎺ 예, 예, 예 조상. 인저 그럴 때넌 인저 아들래더리, 여자더런 아난꾸 아덜래만 조기 안저 가주구서 인저 상재 오면 인재 상재덜 손니멀 반넝 거지. 인재 이러캐 서루 인사하구 절 하구, 음: 잡쑤끼[154] 저내는 인저 저럴 아나닝 거구 인재 음: 잡쑤꾸 나먼 저럴 하넝 거지.

누구하구 어뜨캐.

⎺ 상재찌리, 상재를 보구.

그래잉까 염 잡쑤기 저내는 문상 온 사람하구 상재하구 저를 안 하구….

⎺ 으:

염 잡수꾸 나면 저를 하구.

⎺ 으 음, 저럴 하구. 그냥 이러캐 인사만 하지 저런 안 하는 거.

그러면 그: 염, 염 잡수끼 저내는 오뚜 인재 한쭝만 걸치구 이꾸, 절두 안 하구.

⎺ 으 으, 예 예, 예. 그냥 이르캐 서루 인사만 하구 허리만 구피구 그르카구서는 인저.

그리구 인재 그: 날짜가 되면 사느루 갈 꺼 아니에요?

⎺ 예.

염습 잡숫고 나서 입은 것 하고 그 전이 다르잖아요?

⁻ 그전에는 두루마기만 이렇게, 이제 하나 어깨에다 메고서 이렇게 옷고름, 한쪽 어깨에는 안 입고 한쪽만, 한쪽 팔만 끼어서 이렇게 두루마기 입잖아?

그러게, 상주들 얘기하는 거 아니에요?

⁻ 그렇게 하고 있다가 이제 염습 잡숫고 나면 이제 제대로 입는 거야, 바로, 이제 상복을. 옛날에는 삼베로 다 해 입었잖아? 그렇게 하고 건 쓰고 이제 테두리 이렇게 짚으로 동아줄 꽈서 여자들 이렇게 테두리 하고 상복 입고, 그렇게 하는 것이지요.

그러면 이제 그렇게 해 놓으면 또 남들이 와서 또 조상한다고 그러나요, 문상 한다고 하나요?

⁻ 예, 예, 예 조상. 이제 그럴 때는 이제 아들들이, 여자들은 안 앉고 아들들만 저기 앉아 가지고 이제 상주(에게) 오면 이제 상제들 손님을 받는 거지. 이제 이렇게 서로 인사하고 절 하고, 염습 잡숫기 전에는 이제 절을 안 하는 것이고 이제 염습 잡숫고 나면 절을 하는 거지.

누구하고 어떻게.

⁻ 상제끼리, 상제를 보고.

그러니까 염 잡숫기 전에는 그 문상 온 사람하고 상주하고 절을 안 하고….

⁻ 응.

염 잡숫고 나면 절을 하고.

⁻ 응 응, 절을 하고. 그냥 이렇게 인사만 하지, 절은 안 하는 거야.

그러면 그 염, 염 잡숫기 전에는 옷도 이제 한쪽만 걸치고 있고, 절도 안 하고.

⁻ 응 응, 예 예, 예. 그냥 이렇게 서로 인사만 하고 허리만 굽히고 그렇게 하고서는 이제.

그리고 인제 그 날짜가 되면 산으로 갈 것 아니에요?

⁻ 예.

고건 또 어떠캐 해요, 절차가?

⌐ 뭐: 사내루 인전, 마당애 인전 내:다가 인재 행여[155] 가따 노쿠 그리 모셔 노쿠서넌 인저 바른재[156] 지내자너, 안 민넌 사람더런? 또 차려 노코, 행여 아패다 음석 차려 노코: 거기서 또 지:사 지내요. 고카구 인저 이러캐 절하구 인저 지반내덜[157] 모:두 거기서 다: 절덜 하구, 이러카구 인저 치우구서 행여가 떠나능 겨.

그걸 무슨 재:라구 한다구요?

⌐ 바른재.

바른제.

⌐ 응, 바른재.

그 가다가 인재, 가다가두 중가내 또 쉬어서 또 저라구 막 그러자나요?

⌐ 돈: 내라 구라능 겨, 그건. 무순 절차가 이써 하넝 개 아니라, 인저 미:구 가는 행여군더리[158] 돈 뜨더 낼라구. 다리가 이써두 저 시:구: 또랑이 이써두 시:구: 고개티가[159] 이써두 시:구:. 인저 돈 좀 나올 만한 지번 더 시, 그러캐 장나널 치구:, 인저 헹편 어려워서 돈 마니 몬 나올 찌번 그냥 간따나개 하구 가구:. 그건 그냥 장나나능 겨, 저기더리.[160] 그라구 인저 도러가셔서 인저 줌 돈: 좀 이꼬: 한 사람더런 인저 대떠리 한다구[161] 인저 바매:, 신채[162] 방애 이쓸 때 인재 마당애서 빈: 들태럴[163] 메:구서넌 인저 오호딸랑[164] 하면서, 그거뚜 인저 돈: 울구느라구[165] 그라능 겨어:. 그르카믄 또 도:늘 놔:야 햐. 상주더리 저럴 하고 도:널 놔:야 햐, 거 가.

아, 그 전날 쩌녀개?

⌐ 음. 그르캐 인저 그거 인재 장난 하너라구 하능 겨, 무슨 머 버비 이써 하능 개 아니구, 절차가 이써 하능 개 아니구 그냥 그러캐 해서 장난 하너라고.

그러면 그 때: 그: 행여 메는 사라믄 면 명이나 해요?

⌐ 열뚜 군정이라구[166] 하넌대 메싸라미 메:는지 자시: 몰르건내:. 열:뚤두

그것은 또 어떻게 해요, 절차가?

─ 뭐 산으로 이제, 마당에 이제 내다가 이제 상여 갖다 놓고 그리 모셔 놓고서는 이제 발인제 지내잖아, 안 믿는 사람들은? 또 차려 놓고, 상여 앞에다 음식 차려 놓고 거기서 또 제사 지내요. 곡 하고 이제 이렇게 절 하고 이제 집안 식구들 모두 거기서 다 절들 하고, 이렇게 하고 이제 치우고 상여가 떠나는 거야.

그걸 무슨 제라고 한다고요?

─ 발인제.

발인제.

─ 응, 발인제.

그 가다가 이제, 가다가도 중간에 또 쉬어서 또 절하고 막 그러잖아요?

─ 돈 내라고 그러는 거야, 그것은. 무슨 절차가 있어서 하는 게 아니라, 이제 메고 가는 상여꾼들이 돈 뜯어내려고. 다리가 있어도 저 쉬고 도랑이 있어도 쉬고 고개티가 있어도 쉬고. 이제 돈 좀 나올 만한 집은 더 쉬(고), 그렇게 장난을 치고, 이제 형편 어려워서 돈 많이 못 나올 집은 그냥 간단하게 하고 가고. 그건 그냥 장난 하는 거야, 저기들이. 그리고 이제 돌아가셔서서 이제 좀 돈 좀 있고 한 사람들은 이제 대떨이 한다고 이제 밤에, 시체가 방에 있을 때 이제 마당에서 빈 들테를 메고서는 이제 오호 딸랑 하면서, 그것도 이제 돈 우리느라고 그러는 거야. 그렇게 하면 또 돈을 놔야 해. 상주들이 절을 하고 돈을 놔야 해, 거기 가서.

아, 그 전날 저녁에?

─ 응. 그렇게 이제 그거 이제 장난 하느라고 하는 거야, 무슨 뭐 법이 있어서 하는 것이 아니고, 절차가 있어서 하는 것이 아니고 그냥 그렇게 해서 장난 하느라고.

그러면 그때 상여 메는 사람은 몇 명이나 해요?

─ 열두 군정이라고 하는데 몇 사람이 메는 지 자세히 모르겠네. 열둘도

메:구, 여덜두 메:구, 양쪽 이르캐 서서 메:니께 대개 열뚤 며:. 부자더런 인저 다:: 그르캐 행여 미는 이덜두 인저 등거리마냥[167] 인저 광:모그루 해서 이피구 하년 사람두 이꾸 인저. 또 저기하년 사람더런 그냥두 하구.

그 아패서 종 딸랑딸랑 하면서 아패 하는 사람 이짜나요? 그걸 머라 그래요, 그런 사라믈?

￼ 야, 야. 하::두 그걸 아내서 몰르건내. 선소리 메긴다구 해능 겨[168], 선소리, 선소리꾸니여.[169]

선소리 메기는 사람.

￼ 어:. 선소리꾸니여.

선서리꾼?

￼ 야, 그르카는 사람.

요:령?

￼ 요량, 요량재비.

요:량재비?

￼ 예 요량재비가 선소리 메기능 겨.

그 머:라구 해요? 그럴 때?

￼ 아 인저 자기 의견대루 하더라구유. 머 저승찌리 멀다더니 머 대문바끼 저승이라구 하구 머. 그르캐 저르캐 그렁: 걸 하드라구.

그걸 이르캐 드러보먼 참: 구성지구 줌 이르캐 그:…

￼ 음. 그래서 거 모, 목쏘리 조은 사람더리 하자녀, 대개. 잘하는 사람더리, 선소리 메기년 사람더리.

동내애 한 사람씩 이찌요, 그렁 거 하는 사라미?

￼ 예, 옌:나래더런 중인더리[170] 핸넌대 지그먼 머 그개 머 다:: 저기 아녀. 옌:나래더런 중인더런 시:배두 방에 드러와 아:나구 저 뜨렁[171] 미태서 하더라구유. 그르캐써 옌나래더런.

소:상 대:상이라능 게 머에요?

메고, 여덟도 메고, 양쪽 이렇게 서서 메니까 대개 열둘이 메어. 부자들은
이제 다 그렇게 상여 메는 이들도 이제 등거리처럼 이제 광목으로 해서
입히고 하는 사람도 있고 이제. 또 저기하는 사람들은 그냥도 하고.

그 앞에서 종 딸랑딸랑 하면서 앞에 하는 사람 있잖아요? 그것을 뭐라고 해
요, 그런 사람을?

￣ 예, 예. 하도 그것을 안 해서 모르겠네. 선소리 메긴다고 하는 거야,
선소리, 선소리꾼이야.

선소리 메기는 사람.

￣ 어. 선소리꾼이야.

선소리꾼?

￣ 예, 그렇게 하는 사람.

요령?

￣ 요령, 요령잡이.

요령잡이?

￣ 예 요령잡이가 선소리 메기는 거야.

뭐라고 해요? 그럴 때?

￣ 아 이제 자기 의견대로 하더라고요. 뭐 저승길이 멀다더니 뭐 대문
밖이 저승이라고 하고 뭐. 그렇게 저렇게 그런 것을 하더라고.

그것을 이렇게 들어보면 참 구성지고 좀 이렇게 그…

￣ 응. 그래서 거 목, 목소리 좋은 사람들이 하잖아, 대개. 잘하는 사람
들이, 선소리 메기는 사람들이.

동네에 한 사람씩 있지요, 그런 거 하는 사람이?

￣ 예, 옛날에는 중인들이 했는데 지금은 뭐 그게 뭐 다 저기 아냐. 옛날
에는 중인들은 세배도 방에 들어와 안 하고 저 뜰 밑에서 하더라고요. 그
렇게 했어, 옛날에는.

소상, 대상이라는 게 뭐예요?

˚ 소상 대상언, 저 일런 하넝 건 소상이라구 하구, 삼년상 가틍 건 대상이라구 하구.

일런 하구 그:, 그 다매 그, 끄치능 거요, 아니면 일런째를 소상이라 그러구.

˚ 예, 일런 인저 지:사 지내면 소상,[172] 대상은 인재 삼년, 이태 하느면[173] 삼녀니라구 하능 겨. 인저 도러가시구 함 번 도러와서 인재 그해 하구, 그 이드매 하면 인저, 도러가시던 해꺼지 삼녀나니여? 으 그라니깨.

그래 가주구 인재 그:, 사라미 주구면 다른 사람들한태 알려야 대자너요?

˚ 예.

어트개 알려요?

˚ 부:고라구 하구, 부:서라구[174] 하지. 인저 글씨 써 가주구 봉토애다 써 가주 바거 가주구 인저 봉토 해서, 옌:나래넌 다:: 사람더리 가주구 댕기매[175] 돌려짜너 부고짱얼.[176] 근대 지금더런 머 누가 그르캐 햐? 그냥 저:놔 하구 그르카지[177] 다. 옌:나래는 머: 아주 저 사람 한 도러가시구 나먼 머 청년더리 죽: 나서찌, 그거 돌루러[178] 댕기너라구 동내마도[179] 다 돌루너라구.

그러면 인재 사람드리 그: 머라 그래, 조문 온다 그래요 조상 온다 그래요?

˚ 예, 예. 조상 온다구두 하구 조문 온다구두 하구, 그르캐 해유.

어떻게 해요, 오면.

˚ 오면 그째 와서 인재 여 와서 그르캐 저기 하능 기여. 서루 인재 인사 하능 기여, 조문 오면. 조문 간다구 하자너 사람더리. 그르카먼 인재.

상주한테만 인사하는 거예요?

˚ 야, 그르카능 거여 상주한태만.[180] 인저 상주한태만 하구: 또 가까운지 반더런 인저 방애 드러와서 인저 하구:. 다른 사람드리야 인저 다: 한대서[181] 먼저 상주만 보고 가넝 거지.

그래서 인재 아까 가치 그: 과늘 내:서어: 행여에 메:구 가자너요?

˚ 예.

행여를 메:구 가먼 인재 사느루 가자너요?

˚ 소상 대상은, 저 일 년 하는 것은 소상이라고 하고, 삼년상 같은 것은 대상이라고 하고.

일 년 하고 그 다음에 그치는 거예요, 아니면 일 년째를 소상이라고 그러고.

˚ 예, 일 년 이제 제사 지내면 소상, 대상은 이제 삼 년, 이태 지나면 삼 년이라고 하는 거야. 이제 돌아가시고 한 번 돌아와서 이제 그 해 하고, 그 이듬해 하면 이제, 돌아가던 해까지 삼년 아니야? 응 그러니까.

그래 가지고 이제 그, 사람이 죽으면 다른 사람들한테 알려야 되잖아요.

˚ 예.

어떻게 알려요?

˚ 부고라고 하고, 부서라고 하지. 이제 글씨 써 가지고 봉투에다 써 가지고 박아 가지고 이제 봉투에 넣어서, 옛날에는 다 사람들이 가지고 다니며 돌렸잖아 부고장을. 그런데 지금은 뭐 누가 그렇게 해? 그냥 전화하고 그렇게 하지 다. 옛날에는 뭐 아주 저 사람 하나 돌아가시고 나면 뭐 청년들이 죽 나섰지, 그거 돌리러 다니느라고 동네마다 다 돌리느라고.

그러면 이제 사람들이 그 뭐라고 해(요), 조문 온다고 해요, 조상 온다고 해요?

˚ 예, 예. 조상 온다고도 하고 조문 온다고도 하고, 그렇게 해요.

어떻게 하는 거예요?

˚ 오면 글쎄 와서 이제 여기 와서 그렇게 저기 하는 거야. 서로 이제 인사 하는 거야, 조문 오면. 조문 가다고 하잖아 사람들이. 그렇게 하면 이제.

상제한테만 인사하는 거예요?

˚ 그렇게 하는 거야 상제한테만. 이제 상제한테만 하고 또 가까운 집안들은 이제 방에 들어와서 이제 하고. 다른 사람들이야 이제 다 바깥에서 먼저 상제만 보고 가는 거지.

그래서 이제 아까같이 그 관을 내서 상여에 메고 가잖아요?

˚ 예.

상여를 메고 가면 이제 산으로 가잖아요?

- 예.

그럼 거기 파 놔:짜너요?

- 예.

그건 머:라 그래요?

- 광:중 진녕 거.[182]

광:중 진는다 그래요?

- 어 어.

거기다가 또 보니까 과늘 느쿠 나서 또 머 이르캐 절차가 이때요?

- 그러먼뉴, 인저 저기 온, 온, 온나무 온나무. 그거 인저 쪼개 가주구서 이르캐 족:: 거기다 노쿠서 인저 그 뭐 이르캐 머여 만:산가[183] 그거 해: 가 주 강 거 덕꾸서 인저 거기다 이르캐. 과널 빼:넌 사람두 이꾸 안 뺄 꽈는 비쌍 걸루 한 사라먼 인저 그냥 이르캐 느쿠 또 관 나뿡 걸루 해 간 사라믄 인저 빼구. 이르캐 돌:루 하머넌 인저 거 도라내다 느쿠.[184]

과늘, 행여에 그 메구 간 과늘 이 광중에다 는능 걸 머라 그래요? 그걸 하:관 한다 그래나요?

- 예:.

하:관하구 나서 덥꾸 흑뚜 부꾸 그르자나요?

- 예, 인저 상주더리 질:투한다구[185] 하나 원[186] 그르캐 하능 거여 그건. 상주더리 인재 맏쌍주서부텀 인재 서너 번씩 이르캐 떠 느:차너? 그러카 능 거여.

그건 머 한다구 한다구요?

- 아휴 질투라가[187] 뭐, 나두 뱅뱅 도르두 이저버려써유. 질투라구 하덩 가 원. 머:여 자관. 이저버려써. 생가기 안나. 상투하, 상토한, 상토한, 상 아니여 질투 아녀, 상통가 향통가[188] 그려. 상토한다 구라지 아마.

그르캐 해서 흐글 쪼끔 뿌리구 나서 그 다매 인재 흐글 채우자나요?

- 예.

‑ 예.

그러면 거기 파 놨잖아요?

‑ 예.

그것은 뭐라고 해요?

‑ 광중 짓는 거.

광중 짓는다고 그래요?

‑ 응 응.

거기다가 또 보니까 관을 넣고 나서 또 뭐 이렇게 절차가 있대요?

‑ 그럼은요, 이제 저기 옻, 옻, 옻나무 옻나무. 그거 이제 쪼개 가지고서 이렇게 죽 거기에 놓고서 이제 그 뭐 이렇게 뭐야 만산가 그거 해 가지고 간 거 덮고서 이제 거기다 이렇게. 관을 빼는 사람도 있고 안 뺄 관 비싼 것으로 한 사람은 이제 그냥 이렇게 넣고 또 관 나쁜 것으로 해 간 사람은 이제 빼고. 이렇게 돌로 하면 이제 그 돌 안에다 넣고.

관을, 상여에 메고 간 관을 이 광중에다 넣는 것을 뭐라고 해요? 그것을 하관한다고 그러나요?

‑ 예.

하관하고 나서 덮고 흙도 붓고 그러잖아요?

‑ 예, 이제 상제들이 취토한다고 하나 원 그렇게 하는 거야 그것은. 상주들이 이제 맏상제부터 이제 서너 번씩 이렇게 떠 넣잖아? 그렇게 하는 거야.

그것은 무엇 한다고 그런다고요?

‑ 아유 취토라던가 뭐, 나도 뱅뱅 돌아도 잊어 버렸어요, 취토라고 하던가 원. 뭐야 좌우간. 잊어 버렸어. 생각이 안나. 취토한, 취토한, 취토한, 취 아니야 질투 아니야, 취톤가, 취토인가 그래. 취토한다 그러지 아마.

그렇게 해서 흙을 조금 뿌리고 나서 그 다음에 이제 흙을 채우잖아요?

‑ 예.

그러구 밥:찌요?

― 예.

그걸 머:라 그래요? 발브면서 또 머라구 머라구 하자너요, 뺑뺑 돌:면서?

― 예. 차이구[189] 생가기 안나. 달, 다지미, 달기호? 달기호넌[190] 드르갈 때 그라넝 거 거터요. 드르갈, 모실 때.

광중으루 모:실 때?

― 음 음, 그래구. 그건 지재미호[191] 하덩가, 지재미호라구 하덩가 원 그르캐 할 끼여. 지지미호랑가[192] 하덩가 원, 그르캐 할끼여.

그래서 이르캐 발루 발:꾸 땅을 다지능 거지요?

― 예.

한 그 한 둬: 번 다지자나요, 그러캐? 그 때두 머 저기 또 봉투 내구 그르자 나요?

― 야, 봉투 내:야지요.

그리구 나먼 인재 흐글 수부:카개…

― 야, 그르카구 떼 이피능 기여. 수부:카개 싸쿠서넌 인재 떼 이피능 기여.

그 때 머:라구 하는지 아라요, 그 이르키 발불 때?

― 그쌔: 지지미호라구 하덩가:: 뭐라구 햐. 하넌대 난 잘 몰르거써.

그리구 나서 고 떼 이피구 나먼 인재 고 이리 끈나짜너요, 고거는:. 그럼 거 기서 또 저라구 인재 또…

― 어 봉분지[193] 인저 봉분지, 봉분지 지낸다구 하능 겨. 거기두 인저 다 차려 노쿠서 인저 또 지사 지내능 거여, 봉분지.

그리고 밟지요?

‑ 예.

그것을 뭐라고 해요? 밟으면서 또 뭐라고 뭐라고 하잖아요, 뱅뱅 돌면서?

‑ 예. 아이고 생각이 안나. 달, 다짐이, 달구질? 달기호는 들어갈 때 그러는 것 같아요. 들어갈, 모실 때.

광중으로 모실 때?

‑ 응 응, 그리고. 그건 지재미호 하던가, 지재미호라고 하던가 원 그렇게 할 거야. 지재미호라고 하던가 원, 그렇게 할 거야.

그래서 이렇게 발로 밟고 땅을 다지는 거지요?

‑ 예.

한 그 한 두어 번 다지잖아요, 그렇게? 그 때도 뭐 저기 또 봉투 내고 그러잖아요?

‑ 예, 봉투 내야지요.

그리고 나면 크고 수북하게…

‑ 예, 그렇게 하고 떼 입히는 거야. 수북하게 쌓고서는 이제 떼 입히는 거야.

그 때 뭐라고 하는지 알아요, 그 이렇게 밟을 때?

‑ 글쎄, 지재미호라고 하던가 뭐라고 해. 하는데 난 잘 모르겠어.

그리고 나서 그 때 입히고 나면 이제 그 일이 끝나잖아요, 그것은. 그러면 거기서 또 절하고 이제 또…

‑ 어 봉분제 이제 봉분제, 봉분제 지낸다고 하는 거야. 거기도 이제 다 차려 놓고서 이제 또 제사 지내는 거야, 봉분제(가).

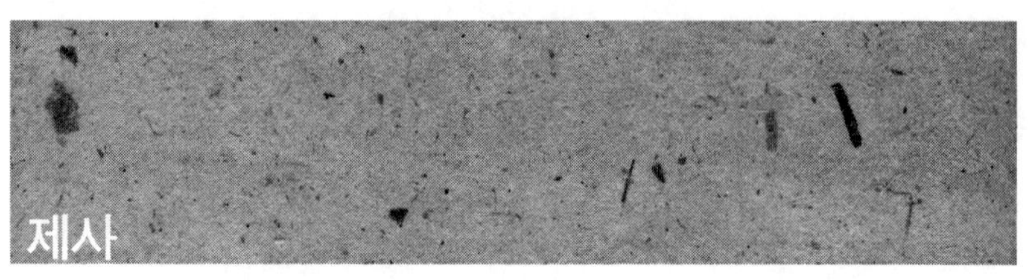

　그 보통 때 그냥 그 우리가 지사 지낸다구 하능 거 하구는 다릉 거지요, 그르니까? 보통 때는 그: 사라미 주구면 그 다음해 고 때 도라와서 지:사 지내능 거.

　￣ 야, 인저 우리 할머니가 인재 동지딸 열리랜날 도러가신, 예레쌘날 열리랜날 도러가셔써. 그라믄 인재 예레쌘, 여 열리랜날 도러가셔쓰면 엘, 열이랜날루 지내능 게 아니라, 여레쌘날루 산: 날루. 사셔떤 날루 지내능 거유. 도러가신 나럴 지내능 게 아니라.

　그걸 머라 그래요, 그걸?

　￣ 그건 몰라. 그냥 지:사[194] 지내능 기여. 응, 지:사 지낸다구 하지.

　기, 기지사?

　￣ 어, 어, 긴 인제 기지사지. 그르캐 삼년상 아니구 그냥 지내는 지사는 기지사라구 하드라구유.

　아아, 그래잉까 삼년상을 나구 나:서 그 다으매 지내능 거는.

　￣ 기지사.[195]

　기지사. 기지사는 어디까지 지내요, 보통.

　￣ 대중웁써요. 바루 지내는니 하라부지 할머니꺼지만 지내넌 사람두 이꾸 고조할머이 고조하라부지꺼지만 지내구. 옌:나래넌 뭐: 증:조 고조꺼지 다: 지내짜너. 지그믕 그러캐 고조꺼지넌 지사 안 지내내배[196] 시야루[197] 시양으루 올러가구 그라지.

　시향은 언재 해요?

　￣ 시양은 인저 날 바더서 시월 따래. 시월 따래 지내능 건 인재 시사 지

보통 때 그냥 우리가 제사 지낸다고 하는 것과는 다른 것이지요, 그러니까?
보통 때는 사람이 죽으면 그 다음해 그 때가 돌아올 때 제사 지내는 것.

￣ 예, 이제 우리 할머니가 이제 동짓달 열이렛날 돌아가셨(어), 열엿샛
날 열이렛날 돌아가셨어. 그러면 이제 열엿새, 여 열이렛날 돌아가셨으면
열, 열이렛날로 지내는 것이 아니라, 열엿샛날로 산 날로. 사셨던 날로 지
내는 거예요. 돌아가신 날로 지내는 게 아니라.

그것을 뭐라고 해요, 그것을?

￣ 그건 몰라. 그냥 제사 지내는 거야. 응, 제사 지낸다고 하지.

기, 기제사?

￣ 어, 어, 기 이제 기제사지. 그렇게 삼년상 아니고 그냥 지내는 제사는
기제사라고 하더라고요.

아아, 그러니까 삼년상을 나고 나서 그 다음에 지내는 것은.

￣ 기제사.

기제사. 기제사는 어디까지 지내요?

￣ 대중없어요. 바로 지내는 이 할아버지 할머니까지만 지내는 사람도
있고, 고조할머니 고조할아버지까지만 지내고. 옛날에는 뭐 증조 고조까
지 다 지냈잖아. 지금은 그렇게 고조까지는 제사 안 지내나봐. 시향으로
시향으로 올라가고 그러지.

시향은 언제 해요?

￣ 시향은 이제 날 받아서 시월 달에. 시월 달에 지내는 것 이제 시사 지

내넝 거구, 사멀 따래 지내능 건 인저 한식차래 하넝 거고.

　설:랄두 하자너요?

　￣ 설라른 인저 지비서 하지유. 추성날두 지비서 하구.

　그건 머:라 그래요?

　￣ 그냥: 명절지:사[198] 지낸다구 그라드라구유. 추성 명저래 지사 지내구,
설: 명저래 지사 지내구 그란다구.

　한식 때 저:기 산소애두 가구 그래자너요?

　￣ 그거 인저 한식차래 하넌 니는 따루::여. 다 하능 개 아니여. 집찜마
다 다 하능 개 아니라 인저 어트기 인저 자소니:: 움:따거나 인저 오래된
조상이라거나 인저 어트기 하먼 한식차래루 그르캐 하더라구유. 그냥 이
르개[199] 자손 인는: 조상더런 한식차래루 안 하더라구.

　기지사는 어떤, 어떠캐 해요? 그 절차가 어트개 대요?

　￣ 기지사두 이른 또까터유, 그냥. 그러므뉴 다: 해야지. 떠카고 부치개
부치고 과:일 사고 머:. 다: 또까치 그르캐 하넝 거유. 짐: 자반[200] 그거 사
구, 조기 또 명태루 이르케 포:[201] 하구.

　그거 이르캐 올려놀 때두 그 올려논는 머 방시기 이따 그러던대.

　￣ 그러문뉴, 남자분더리 인저 다: 이르캐 지:쌍 가따 노쿠서 인저 거기
따가. 과:이런 젤: 아피로 오고 인저 저건 그 뒤(단모음 '위')루 가고, 인저
채:소 또 고사리나물 이렁건 또 고리[202] 하구 인저 떠건 또 고:[203] 위(단모음
'위')루[204] 노쿠. 인전 논넝 거뚜 머 워:디루넌[205] 뭐 포럴 노쿠 어디루넌 인
저 머 다릉걸 노코 이르캐 논넝 개 따루 이떠라구유. 젤:[206] 뒤(단모음 '위')애
넌 인저 밥 국, 탕:꾹 인저 이거 노코, 잔때[207] 노코.

　그리구 나서는 또 절두 하자너요?

　￣ 그럼, 절하지. 절하고 인저 자손더리 잔 부꾸[208] 절하구 그라지.

　거기다가 머 써 부치구 그렁 거뚜 해요?

　￣ 야. 안 하는 집뚜 이찌만 또 인저 그 저기 인저 그 냥반, 도라가신 냥반

내는 것이고, 삼월 달에 지내는 거 이제 한식차례 하는 것이고.

설날도 하잖아요?

˗ 설날은 이제 집에서 하지요. 추석날도 집에서 하고.

그것은 뭐라고 해요?

˗ 그냥 명절차례 지낸다고 그러더라고요. 추석 명절에 차례 지내고, 설 명절에 차례 지내고 그런다고.

한식 때 저기 산소에도 가고 그러잖아요?

˗ 그거 이제 한식차례 하는 이는 따로야. 다 하는 게 아니야. 집집마다 다 하는 게 아니라, 이제 어떻게 이제 자손이 없다거나 이제 오래된 조상이라거나 이제 어떻게 하면 한식차례로 그렇게 하더라고요. 그냥 이렇게 자손 있는 조상들은 한식차례로 안 하더라고.

기제사는 어떤, 어떻게 해요? 그 절차가 어떻게 돼요?

˗ 기제사도 일은 똑같아요, 그냥. 그럼요 다 해야지. 떡 하고 부침개 부치고 과일 사고 뭐. 다 똑같이 그렇게 하는 거예요. 김과 자반 그것 사고, 조기 또 명태도 이렇게 포 하고.

그것 이렇게 올려놓을 때도 그 올려놓는 뭐 방식이 있다고 그러던대요.

˗ 그럼요, 남자분들이 이제 다 이렇게 제사상 가져다 놓고서 이제 거기에다가. 과일은 제일 앞으로 오고 이제 적은 그 뒤로 가고, 이제 채소 또 고사리나물 이런 것은 또 그리로 하고 이제 떡은 또 그 위로 놓고. 이제 놓는 것도 뭐 어디로는 뭐 포를 놓고 어디로는 이제 뭐 다른 것을 놓고 이렇게 놓는 게 따로 있더라고요. 제일 뒤에는 이제 밥 국, 탕국 이제 이거 놓고, 잔대 놓고.

그리고 나서는 또 절도 하잖아요?

˗ 그럼, 절하지. 절하고 이제 자손들이 잔 붓고 절하고 그러지.

거기다가 뭐 써 붙이고 그런 것도 해요?

˗ 예. 안 하는 집도 있지만 또 이제 그 저기 이제 그 양반, 돌아가신 양반

명패.

그걸 머라 그래요? 멀: 쓴다 그래자너요, 이르캐?

ㅡ 으 그려, 몰라 나 응, 이저버려써.

지:방?

ㅡ 지:방 지:방, 생가기 이르캐 안 나. 어 지:방, 예 지:방이여. 더 잘 아르시내.[209] 나 이저버려서 생가기 안 나.

그 지방을 안 쓰는 사라믄: 또 이르캐 나무에다가 머 새깅 거 이짜나요?

ㅡ 그르캐 해 노쿠 하넌 이덜두 이떠라구유.

그거는 머:라 그래요?

ㅡ 그거뚜 그거 부칭 거 인재 줘:따가[210] 또 내다 노쿠 하넝 거지.

지방하구 그거 저 신, 신쭈, 신쭈라 그래덩가 신주? 신주단지 모시듯 한다능게 머요?

ㅡ 신주딴지넌 그개 아니여. 신주딴지넌[211] 보믄 그저내 보믄 우리내넌 우리능 그렁 건 안 해 봐서 몰르넌대 다런 집 뽀먼 장:꽝애다가[212] 무슨 단:지애다가 해꼭썩카먼 그거: 해서 느쿠서넌 더퍼 노쿠 그개 신주딴지라구 우:해더라구유. 인저 베 때 대먼 베 너쿠 버리 때 대먼 버리 너쿠 이르캐 가러[213] 가주 너: 가주구서는 그르캐 노쿠 그란대 우리는 친정애서구 여그 와서두 그렁 건 안 해 바써.

머 잘살개 해 달라구.

ㅡ 그르치요 뭐구 다:, 으: 그르치.

보살펴 달라고 그러는 것이지요? 그러며는 지:사 지내능 거는 그저내 마니 보셔깬내요, 절므셔쓸 때?

ㅡ 예, 사문[214] 지사 지내찌유. 우리 인재 교회 나가머서부트먼[215] 인저 안 차려 노쿠 그냥 음서근[216] 머글라구 동기간더라고[217] 머글라구 해두 그냥 인재 지산나리문 음서근 장마내두 예:배만 디리구. 또 인저 차려 논넌 집떠런 또 차려 노코, 그냥 대충 차려 노쿠, 그냥 그전마냥 그르캐 착: 골고루

명패.

그것을 뭐라고 해요? 뭘 쓴다고 하잖아요, 이렇게?

- 응 그래, 몰라 나 잊어버렸어.

지방?

- 지방 지방, 생각이 이렇게 안 나. 어 지방, 예 지방이야. 더 잘 아시네,
나 잊어 버려서 생각이 안 나.

그 지방을 안 쓰는 사람은 또 이렇게 나무에다가 뭐 새긴 것 있잖아요?

- 그렇게 해 놓고 하는 이들도 있더라고요.

그것은 뭐라고 해요?

- 그것도 그거 붙인 거 이제 됐다가 또 내다 놓고 하는 것이지.

지방하고 그거 저, 신, 신주, 신주라고 그러던가 신주? 신주단지 모시듯 한
다는 게 뭐예요?

- 신줏단지는 그게 아니야. 신줏단지는 보면 그전에 보면 우리네는 우
리는 그런 것은 안 해 봐서 모르는데 다른 집 보면 장독대에다 무슨 단지
에다 햇곡식 하면 그것 해서 넣고서는 덮어 놓고 그게 신줏단지라고 위
하더라고요. 이제 벼 때 되면 벼 넣고 보리 때 되면 보리 넣고 이렇게 바
꿔 넣어 가지고서는 그렇게 놓고 그러는데 우리는 친정에서고 여기 와서
도 그런 것은 안 해 봤어.

뭐 잘살게 해 달라고.

- 그렇지요 뭐고 다, 응 그렇지.

보살펴 달라고 그러는 것이지요? 그러면 제사 지내는 것은 그전에 많이 보
셨겠네요, 젊으셨을 때?

- 예, 사뭇 제사 지냈지요. 우리 이제 교회 나가면서부터는 이제 안 차
려 놓고 그냥 음식은 먹으려고 동기간들하고 먹으려고 해도 그냥 이제
제삿날이면 음식은 장만해도 예배만 드리고. 또 이제 차려 놓는 집들은
또 차려 놓고, 그냥 대충 차려 놓고, 그냥 그전처럼 그렇게 골고루 요렇게

요로캐[218] 논는 식때루 논능 개 아니라 음석캉 거니께 그냥 상애다 차려 노쿠 예:배드리는 집뚜 이꾸:.

끈나먼 머그먼 대니까요.

⎺ 야 야. 그냥 자손덜, 산: 자손덜 머글라구 하지 조상니미 와서 그걸 먹꾸 가?

그거 제:사, 지사 지낼 때 머 초헌, 아헌 머 종헌 이런 말두 써요? 처:매 자 놀리는 사람 두 번째 올리는 사람 머 이러자나요?

⎺ 그렁 건 난 잘 몰:르건내.

첨자칸다구두 그러자나요?

⎺ 저기지: 인저.

술 따러서.

⎺ 음. 누가 인저 다른 사라미 해: 가주구 인저 마지가 가따 이르캐 노코 츠:매 순서대루 이르캐.

철쌍한다 그러구. 음보카구…

⎺ 어:, 그건 인재 치우… 음복카구, 음복카넝 건 지사 지내구 인저 술 머꾸 음복카구서[219] 철쌍하넝 건 다 치우넝 거구.

상 차려 놔떵 거.

⎺ 어 야, 그거 다: 치우넝 거.

제산: 그 지사 지낼 때 그 음시근 누가: 준비해요?

⎺ 아이구 운:재 머 부:캐서[220] 인넌 사람더리 하지 머, 여자더리.

그래잉깐 뭐 며느리나 뭐.

⎺ 그르치요.

이런 사람드리.

⎺ 예.

거기는 아까 얘기 하셔뜽 거처럼 머 이거쩌거 골고루 다 준비해야 돼갠내요?

⎺ 다: 하지유.

놓는 식대로 놓는 게 아니라 음식 한 거니까 그냥 상에다 차려 놓고 예배 드리는 집도 있고.

끝나면 먹으면 되니까요.

￣ 예 예. 그냥 자손들, 산 자손들 먹으려고 하지 조상님이 와서 그걸 먹고 가?

그것 제사 지낼 때 뭐 초헌 아헌 뭐 종헌 이런 말도 써요? 처음에 잔 올리는 사람, 두번 째 올리는 사람 뭐 이러잖아요?

￣ 그런 것은 난 잘 모르겠네.

첨작한다고도 하잖아요?

￣ 저기지 이제.

술 따라서.

￣ 응. 누가 이제 다른 사람이 해 가지고 이제 맏이가 가져다 이렇게 놓고 그 처음에 순서대로 이렇게.

철상 한다고 하고, 음복하고…

￣ 어, 그건 이제 치우… 음복하고, 음복하는 것은 제사 지내고 이제 술을 먹고 음복하고서 철상하는 것은 다 치우는 거.

상 차려 놨던 거.

￣ 응 예, 그거 다 치우는 것.

제사 지낼 때 그 음식은 누가 준비해요?

￣ 아이고 이제 뭐 부엌에 있는 사람들이 하지 뭐, 여자들이.

그러니까 뭐 며느리나 뭐.

￣ 그렇지요.

이런 사람들이.

￣ 예.

거기는 아까 얘기 하셨던 것처럼 뭐 이것저것 다 골고루 준비해야 되겠네요?

￣ 다 하지요.

생선두 해요?

‑ 예?

생선.

‑ 생선?

생선.

‑ 생선?

예.

‑ 어:.

생서는 뭐 줌비해요?

‑ 생서넌 쓰넌니더런 쓰구 안 쓰, 여기는: 저 아랜녁떠런[221] 생선 쓴다덩 구문 여기더런 조기만 써 조기. 조기만 쓰지 생선, 다른 생서는 안 써유.

떠까틍 거 놓구.

‑ 다, 실과, 나물. 고사리나 무수나물:[222] 인저 무슨 도라지나 머 다렁 거 이르캐서 그라구 탕:꾹 끄리구.

생선도 해요?

￣ 예?

생선.

￣ 생선?

생선.

￣ 생선?

예.

￣ 응.

생선은 뭐 준비해요?

￣ 생선은 쓰는 이들은 쓰고 안 쓰(는), 여기는 저 아랫녘 사람들은 생선 쓴다던구먼 여기는 조기만 써 조기. 조기만 쓰지 생선, 다른 생선은 안 써요.

떡 같은 거 놓고?

￣ 다, 실과 나물. 고사리나 무나물 이제 무슨 도라지나 뭐 다른 거 이렇게 해서 그리고 탕국 끓이고.

1) 중앙어에서는 '쭈그러들다'가 '살이 빠져서 살갗에 주름이 잡혀 쭈글쭈글해
   지다'의 뜻으로도 쓰이고 '어떤 물체가 눌리거나 우그러져서 부피가 몹시 작
   아지다'의 뜻으로도 쓰이는데 충청도 방언에서는 주로 후자의 뜻으로 쓰인
   다. 충청도 방언에서는 '어떤 물체가 눌리거나 우그러져서 부피가 몹시 작아
   지다'의 뜻으로 '쭈그러들다' 외에 '찌그러들다'도 쓰인다. '어떤 물체를 누르
   거나 우그려 부피를 작아지게 하다'의 뜻으로 쓰이는 중앙어 '쭈그러뜨리다'
   에 대응하는 충청도 방언으로는 '쭈글티리다'와 '찌글티리다' 그리고 '찌불티
   리다'가 쓰인다.
2) 예문의 '메기다'는 '먹이다'가 움라우트된 '멕이다'의 음성형으로 '기르다'의
   뜻으로 쓰였다. 충청도 방언에서는 가축을 '기르다'의 뜻으로 '멕이다'가 주로
   쓰여 '소를 기르다, 돼지를 기르다, 사슴을 기르다' 등이 '소 멕이다, 돼지 멕
   이다, 사슴 멕이다'와 같이 쓰인다.
3) '고'는 중앙어에서 '듣는 이에게 가까운 곳을 가리키는 지시 대명사'인 '고기'
   에 대응하는 충청도 방언으로 '고'와 함께 '고기'도 쓰이는데 '고'는 장모음으
   로 발음된다. 중앙어에서, 말하는 이에게 가까운 곳을 가리키는 지시 대명사
   '요기'에 대응하는 충청도 방언으로는 '요'와 '요기'가 쓰이고, 듣는 이와 말하
   는 이에게서 먼 곳을 가리키는 지시 대명사 '조기'에 대응하는 충청도 방언
   으로 '조'와 '조기'가 쓰인다. '요'와 '조'도 장음으로 발음된다. 또한 중앙어 '여
   기, 거기, 저기'에 대응하는 충청도 방언형은 각각 '여기, 거기, 저기'와 '여,
   거, 저'가 있는데 '여, 거, 저'는 '요, 고, 조'와 마찬가지로 장음으로 발음된다.
4) '제위'는 중앙어 '겨우'에 해당하는 이 지역 방언형으로 충청도에서는 흔히
   '제우'나 '지우' 또는 '게우'로 실현된다. 청원 지역 제보자는 '제위'의 둘째 음
   절을 하향 이중모음 '[uy]'로 발음하였다.
5) '궁문'은 '국문(國文)'의 음성형이다. '한문' 또는 '영문'에 대응하는 우리글이
   라는 뜻으로 '한글'로 바꾸어 쓸 수 있다.
6) '뚧다'는 '뚫다'의 충청도 방언형인데 여기에서는 '이해하다' 또는 '읽고 쓸 수
   있다' '독해하다' 정도의 의미로 쓰였다. 따라서 '국문 뚧었다'는 국문인 한글
   을 읽고 쓸 수 있는 정도가 되었다는 뜻이다.

7) ‘햐는 중앙어 ‘해’에 대응하는 이지역 방언형으로 ‘히야로도 발음된다. 이 방언에서는 ‘매+어→매, 개+어→개, 하+아→해, 패+어→패, 되+어→돼’ 등에서와 같이 일음절 어간에 ‘해’할 자리에 쓰여 어떤 사실을 서술하거나 물음, 명령, 청유를 나타내는 종결 어미 ‘-아/어’가 결합된 다음 축약되어 종결형의 모음이 ‘ㅐ’가 되면 그 종결형 위치의 모음 ‘ㅐ’는 각각 ‘먀, 갸, 햐, 퍄, 됴ᄻ와 같이 이중모음 ‘ㅑ’ 또는 ‘미야, 기야, 히야, 피야, 되야와 같이 실현되는 특징이 있다. 일종의 음운도치 현상이라고 보아야 할 것이다. 이러한 현상은 충청북도 청원군과 진천군, 옥천군, 보은군 등 주로 충남에 인접해 있는 충북 중부 지역에서 관찰된다. 충청남도 지역과 경기도 일부 지역에서도 이러한 현상이 관찰되는 것으로 알려져 있다.

8) ‘조짝’은 중앙어 ‘저쪽’에 대응하는 이 지역 방언형이다. 충청도 방언에서 ‘조짝’ 외에 ‘저짝’과 ‘저쪽’도 쓰인다. ‘조짝’은 충청도 방언에서 ‘저짝’과 거의 같은 의미로 사용되지만 ‘저짝’보다는 범위가 좁고 덜 먼 곳을 가리키는 느낌이 있다. ‘조짝’과 짝을 이루는 이 지역 방언형으로 ‘요짝’이 있다. ‘요짝’은 이 지역 방언형으로 쓰이는 ‘이짝’과 거의 같은 의미로 쓰이지만 ‘이짝’보다 범위가 좁고 더 가까운 곳을 가리키는 느낌이 있다. ‘이짝’ 외에 ‘이쪽’도 쓰인다. 충청도 방언에서 ‘조짝’과 ‘저짝’ 및 ‘요짝’은 토착형이고 ‘이쪽’과 ‘저쪽’은 근래에 유입된 어형으로 이해된다.

9) ‘저짝’은 중앙어 ‘저쪽’과 대응하는 이 지역 방언이다. 이 지역에서 ‘저짝’ 외에 ‘조짝’과 ‘저쪽’도 쓰인다. 충청도 방언에서 ‘저짝’과 ‘조짝’은 거의 같은 의미로 사용되지만 ‘저짝’이 ‘조짝’보다 범위가 더 넓고 먼 곳을 가리키는 느낌이 있다. ‘저짝’과 ‘저쪽’은 의미상 차이가 거의 없다. ‘저짝’과 짝을 이루는 이 지역 방언형으로 ‘이짝’이 있다. ‘이짝’ 외에 이 지역 방언형으로 ‘요짝’과 ‘이쪽’이 쓰인다. ‘이짝’은 ‘요짝’에 비해 약간 더 넓고 더 먼 곳을 가리키는 느낌이 있다. ‘이짝’과 ‘이쪽’은 의미상 차이가 거의 없다. 충청도 방언에서 ‘조짝’과 ‘저짝’ 및 ‘요짝’은 토착형이고 ‘이쪽’과 ‘저쪽’은 근래에 유입된 어형으로 이해된다.

10) ‘어무니’는 중앙어 ‘어머니’에 대응하는 이 지역 방언형이다. 이 지역 방언형으로는 ‘어무니’ 외에 ‘어머이’와 ‘어머니’도 쓰인다.

11) 충청도 방언의 ‘은다’는 중앙어 ‘얻다’에 대응된다. ‘은다’는 ‘얻:다’의 첫째음절 모음이 고모음화한 것이다. 충청도 방언에서 첫째음절의 모음이 ‘어’이고 장모음이면 고모음화 하여 ‘으로 실현되는 현상이 있는데 ‘은다도 ‘얻:다〉은:

다의 과정을 거친 것이다. '얻:다'는 충청도 방언에서 중앙어와 마찬가지로 새 사람을 집안에 들일 때 '은다'를 쓴다. 이 때의 '은다'는 '사위, 며느리, 자식, 남편, 아내 등을 맞다'의 의미로 쓰인다. 예문에서는 새어머니를 맞았다는 의미로 쓰였다.

12) '지비넌'은 '집이넌'의 음성형으로 중앙어 '집에는'에 대응하는 이 지역 방언형이다. 충청북도 방언에서 처격조사 '-에'나 단체를 나타내는 명사 뒤에 붙어 앞말이 주어임을 나타내는 격 조사 '-에서'가 선행체언 '집'과 함께 쓰이면 '-이'나 '-이서'로 실현되기도 한다.

13) '동네지간'은 두 집이 이웃해 있으면 '이웃지간'이라고 하는 것과 마찬가지로 두 집이 '한동네'에 사는 사람이라는 뜻으로 쓰였다.

14) '샥씨'는 중앙어 '색시'에 대응하는 '샥시'의 음성형으로 예문에서는 아직 결혼하지 아니한 젊은 여자를 뜻하는 말로 쓰였다. 충청도 방언에서는 '샥시' 외에 '색시'도 아직 결혼하지 않은 젊은 여자를 뜻하는 말로 쓰인다. 그런데 '샥시'와 '색시'가 갓 결혼한 여자나 젊은 아내를 가리키거나 부를 때도 쓰인다.

15) '공출'은 국민이 국가의 수요에 따라 농업 생산물이나 기물 따위를 의무적으로 정부에 내어 놓는 것을 뜻한다. 예문에서는 6.25 직후 젊은 처녀들을 공출로 뽑아갔다고 했는데 이는 제보자가 일제 말기에 젊은 여자들을 위안부로 데려간 것을 착각하여 말한 것으로 보인다. 제보자가 1929년생이고 열일곱 살에 결혼을 했다고 하므로 제보자가 결혼하던 해는 해방되던 해(1945년)가 되기 때문이다.

16) '으:내'는 '연애(戀愛)'의 이 지역 방언형이다. 충청도 방언에서 어두 음절의 이중모음 '여'가 장모음으로 실현되면 고모음화 하여 '으:'로 실현되는 특징이 있는데 '연애'도 이런 예 가운데 하나다. 은:적(연적; 硯滴), 으:치(여치), 음:(염; 殮), 을:때(열쇠) 등도 같은 유형이다.

17) '히야'는 중앙어 '해'에 대응하는 이 지역 방언형으로 '햐'로도 발음된다. 이 방언에서는 '매+어→매, 개+어→개, 하+아→해, 패+어→패, 되+어→돼' 등에서와 같이, '해'할 자리에 쓰여 어떤 사실을 서술하거나 물음, 명령, 청유를 나타내는 종결 어미 '-아/어'가 일음절 어간에 결합된 다음 축약되어 종결형의 모음이 'ㅐ'가 되면 그 종결형 위치의 모음 'ㅐ'는 각각 '미야, 기야, 히야, 피야, 되야'와 같이 두음절로 실현되거나 '먀, 갸, 햐, 퍄, 돠'와 같이 이중모음 'ㅑ'와 같이 실현되는 특징이 있다. 통시적으로 볼 때 이는 일종의 음운도치 현상의 결과가 반영된 것이라고 할 수 있다. 요즈음에는 과거(약 30~40년

전)보다 이렇게 발음되는 현상이 약화되어 고령의 노년층에서만 관찰되고 있다. 이러한 현상은 충청북도 청원군과 진천군, 옥천군, 보은군 등 주로 충남에 인접해 있는 충북 중부 지역에서 관찰된다. 충청남도 지역과 경기도 일부 지역에서도 이러한 현상이 관찰되는 것으로 알려져 있다.

18) '사주(四柱)'는 사람이 태어난 연월일시의 네 간지(干支)를 일컫는다. 이에 근거하여 사람의 길흉화복을 알아보는 점을 치는 것을 '사주를 본다'고 한다.

19) '궁합(宮合)'은 혼인할 남녀의 사주를 오행에 맞추어 보아 부부로서 좋고 나쁜지를 알아보는 일을 뜻하고 이렇게 점을 치는 것을 '궁합이 맞는지 본다'고 한다.

20) '뱜띠'는 중앙어 '뱀띠'에 대응하는 이지역 방언형이다. 중앙어의 '뱀, 샘, 색시'를 이 지역에서는 '뱜, 샴, 샥시' 또는 '비얌, 시얌, 시약시'라고 한다. 중앙어에서 '매다, 새다, 개다'의 어간에 어미 '-어'가 연결된 종결형은 각각 '매, 새, 개'로 실현되는데 청원 지역에서는 '먀, 샤, 갸'나 '미야, 시야, 기야'로 실현되는 것과 맥을 같이 하는 것이라고 할 수 있다.

21) '이불롱'은 '이불농'의 음성형이다. '이불농'은 '이불과 농'이라는 뜻으로 쓰일 수도 있고 '이불을 넣는 농'이라는 뜻으로도 쓰일 수 있다. 여기에서는 '이불과 농'의 의미로 쓰였다.

22) '쪽뚜리'는 중앙어 '족두리'의 이 지역 방언형이다.

23) '원삼(圓衫)'은 부녀 예복의 하나로 흔히 비단이나 명주로 지으며 연두색 길에 자주색 깃과 색동 소매를 달고 옆을 튼 것으로 홑옷과 겹옷 두 가지가 있다. 주로 신부나 궁중의 내명부들이 입었다. 본래는 궁중에서 내명부들이 입는 옷인데 결혼식 날은 평민인 신부에게 특별히 입을 수 있도록 했다고 한다. 신랑이 입는 사모관대도 본래는 예전에 벼슬아치들이 쓰던 모자와 관복인데 결혼식 날은 벼슬이 없는 평민인 신랑에게 입을 수 있도록 특별히 허락했다고 전한다.

24) '치알'은 중앙어 '차일(遮日)'의 이 지역 방언형으로 햇볕을 가리기 위하여 치는 포장이나 천막을 가리킨다. 주로 잔칫날이나 장삿날 마당 가운데 친다.

25) '지쌍'은 중앙어 '제사상'의 준말인 '젯상'의 방언형 '짓상'의 음성형이다. 여기에서는 초례를 지낼 때 베풀어 놓는 큰 상인 '초례상'의 뜻으로 쓰였다. 신랑 신부가 전통적으로 치르는 혼례식에 쓰던 상을 '초례상'이라고 하는데 여기에서는 이것을 잘 몰라서 '제사상'을 뜻하는 이 지역 방언형 '짓상'을 쓴 것으로 보인다. 제보자가 '짓상'이라고 한 것은 죽은 사람의 영궤(靈几)와 그에

딸린 모든 것을 차려 놓는 곳을 가리키는 궤연(几筵)을 연상하여 말한 것으로 보인다.

26) 충청도 방언에서 '저쪽' 외에 '조짝'과 '저짝'도 쓰인다. '저쪽'과 '저짝'은 의미상 차이가 거의 없다. 다만 '조짝'은 '저짝'이나 '저쪽'에 비해 범위가 좁고 덜 먼 곳을 가리키는 느낌이 있다. '저쪽'과 짝을 이루는 이 지역 방언형으로 '이쪽'과 '이짝'이 쓰이고 '조짝'과 짝을 이루는 이 지역 방언형으로 '요짝'이 쓰인다. '이쪽'과 '이짝'은 의미상 차이가 거의 없다. 다만 '요짝'은 이 지역 방언형으로 쓰이는 '이짝'과 '이쪽'에 비해 범위가 좁고 더 가까운 곳을 가리키는 느낌이 있다. 충청도 방언에서 '조짝'과 '저짝' 및 '요짝'은 토착형이고 '이쪽'과 '저쪽'은 근래에 유입된 어형으로 이해된다.

27) '저짝'은 중앙어 '저쪽'에 대응하는 이 지역 방언형이다. 주 26) 참조.

28) '이짝'은 중앙어 '이쪽'에 대응하는 이 지역 방언형이다.

29) '새닥'은 '새색시'를 뜻하는 중앙어 '새댁'에 대응하는 이 지역 방언형이다. 충청도 방언에서 '새닥' 외에 '새새닥'이라고도 한다. '새새닥'은 갓 결혼한 여자를 가리키는데 비해 '새닥'은 갓 결혼한 여자에게도 쓰이고 결혼한 지가 꽤 지난 여자에게도 쓰인다는 점에서 차이가 있다.

30) '다건'은 중앙어 '닭-은'의 방언 음성형이다. 이 방언에서는 중앙어의 '닭'이 재구조화되어 '닥'으로 실현된다.

31) '장딱'은 중앙어 '수탉'에 대응하는 이 지역 방언 음성형으로 '장닥'으로 표기할 수 있다. '장닥'은 중앙어의 '수탉'을 뜻하는 '장닭'이 재구조화한 것이다.

32) '암딱'은 중앙어 '암탉'에 대응하는 이 지역 방언 음성형으로 '암닥'으로 표기할 수 있다. '암닥'은 '암탉'이 재구조화한 것이다.

33) '난두'는 중앙어 '나도'에 대응하는 이 지역 방언형이다. '나도'에 'ㄴ'이 첨가된 형태라고 할 수 있다. 중앙어 '너도'에 대응하는 이 지역 방언형은 '넌두'가 쓰인다. '나'와 '너'에 중앙어 '-도'에 해당하는 특수조사 '-두'가 연결될 때만 'ㄴ'이 첨가되어 '난두, 넌두'와 같이 쓰이고 3인칭 대명사 '가(걔), 자(쟤)'에는 '-두'가 연결되어도 'ㄴ' 첨가 현상이 일어나지 않고 '가두, 자두'와 같이 실현된다.

34) '느쿠'는 '늫다'의 활용형 '늫구'의 음성형인데 중앙어 '놓다'의 활용형 '놓구'의 음성형인 '노쿠'로 발음해야 할 것을 잘못 발음한 것이다.

35) 여기에서의 '삼일날'은 시집온 지 사흘째 되는 날이라는 뜻이다.

36) '비나'는 여자의 쪽 찐 머리가 풀어지지 않도록 꽂는 장신구를 뜻하는 중앙

어 '비녀'에 대응하는 이 지역 방언형이다. '비냐'는 예문에서와 같이 주로 '찔르다(지르다)'나 '꽂다'와 함께 쓰인다.

37) 남자들이 결혼식 때 입는 옷은 '원삼(圓衫)'이라고 하지 않고 '사모관대(紗帽冠帶)'라고 하는데 제보자가 이 말이 기억이 나지 않아서 한 말로 보인다.

38) '사주딴자'는 중앙어 '사주단자'에 대응하는 이 지역 방언 음성형이다. '사주단자'는 혼인이 정해진 뒤에 신랑 집에서 신부 집으로 신랑의 사주를 적어서 보내는 종이를 말한다. 제보자의 설명에 의하면 사주단자를 보낼 때는 수수깡으로 고정시키고 오색실로 감아서 보내는데 색실을 감는 형식이 따로 있다고 한다.

39) '수수깽이'는 중앙어 '수수깡'에 대응하는 이 지역 방언형이다.

40) '누에'는 '기른다'고도 하고 '친다'고도 하는데 충청도에서는 주로 '친다'고 한다.

41) 누에를 쳐서 고치를 따면 누에고치에서 실을 뽑는데 이렇게 하는 것을 '명 잣는다' 또는 '명주실 잣는다'고 한다.

42) '수수땡이'는 중앙어 '수수깡'에 대응하는 이 지역 방언형이다.

43) '꼬추'는 실을 뽑으려고 만들어 놓은 일종의 솜 타래로 중앙어 '고치'에 대응하는 충청도 방언이다. 하얗게 핀 목화송이를 따다가 씨아로 틀어서 씨를 뺀 목화솜을 활줄로 튀기어 얇게 탄 것을 한 뼘 정도 되는 수수깡에 동그랗게 만 다음 수수깡을 빼면 가운데 구멍이 뚫린 조그만 솜 타래가 된다. 이것의 한쪽 끝을 잡아 당겨 물레에 걸어 실을 자을 수 있도록 만들어 놓은 것을 '고추'라고 한다.

44) 여기에서의 '명'은 '무명실'을 의미한다.

45) '나러'는 '날다'의 활용형이다. '날다'는 베를 짤 수 있도록 무명실 따위를 베틀에 길게 늘여서 가지런히 실을 배열하는 것을 뜻한다.

46) '매'는 '매다'의 활용형이다. '매다'는 옷감을 짜기 위하여 베틀에 날아 놓은 날실에 풀을 먹이고 고루 다듬고 말려서 감는 것을 뜻한다.

47) 예전에는 누에를 쳐서 누에고치를 따면 누에고치를 면사무소나 농협에서 사들였다. 이렇게 관공서나 농협에서 민간으로부터 물건을 사들일 때 농산물이나 누에고치 따위를 가져다 파는 것을 '바친다'고 한다. '뉘꼬추 바치루 간다(누에고치 바치러 간다), 뉘꼬추 바치구 왔다(누에고치 바치고 왔다), 베 오십 가마이럴 바쳤다(벼 쉰 가마니를 바쳤다)'와 같이 쓰인다.

48) '말댑변'은 '말'과 '답변'이 결합된 합성어로 분석된다. '댑변'은 '답변'의 움라우트형이다. '말댑변'은 물음에 대하여 말로 밝혀 대답하거나 그런 대답을 뜻

하는 이 지역 방언형이다.

49) 중앙어에서의 '신행'은 혼인할 때 신부가 신랑 집으로 가거나 신랑이 신부 집으로 가는 것을 뜻하지만 이 지역에서는 신랑이 신부 집에 가서 신부를 신랑 집으로 데려오는 것을 뜻한다. 신랑이 신부 집에 가서 신부를 데려오는 것을 '신행 해 온다'고 한다. 신부를 신랑 집으로 데려오는 신행 시기는 따로 정해진 것이 없고 사정에 따라 일찍 데려올 수도 있고 얼마간 있다가 데려올 수도 있다고 한다.

50) '새닥'은 중앙어의 '새댁'에 대응하는 이 지역 방언형이다. 이 지역에서는 '새닥' 외에 '새댁'도 쓰이는데 주로 갓 결혼한 여자나 결혼한 지 얼마 안 된 여자를 부르거나 가리킬 때 쓰이는 것이 보통인데 때로는 아이가 딸린 여자를 부르거나 가리킬 때도 쓰인다. 이 지역에서는 '새닥'을 '샥씨' 또는 '새새닥, 새새댁'이라고도 한다. '새새닥'이나 '새새댁'이라고 할 때는 갓 결혼했거나 결혼한 지 얼마 안 된 여자만을 가리키고 결혼하여 아이가 딸린 여자에게는 쓰이지 않는다.

51) '샥씨'는 중앙어 '색시'에 대응하는 이 지역 방언 음성형으로 '샥시'로 표기할 수 있다. '샥시'는 갓 결혼한 여자를 가리키기도 하고 아직 결혼하지 않은 젊은 여자를 가리키기도 한다. 결혼 여부를 분간하기 어려운 젊은 여자를 부르거나 가리킬 때도 '샥시'라고 한다.

52) 충청도 방언에서, '근친'은 출가한 딸이 시집갔다가 처음으로 친정에 가는 것을 뜻한다. '근친 간다'고 하면 출가한 딸이 처음으로 친정에 간다는 뜻이다. 근래에는 대개 혼례식을 마치고 시집에 있다가 사흘이 지난 다음에 친정 부모를 뵙기 위해 가는 것이 충청도에서의 일반적인 풍습이나 예전에는 시집가고 적당한 때 시부모가 친정에 다녀오라고 하면 그 때 근친을 갔다고 한다. 근친 갈 때는 엿이나 떡으로 채반을 해 가지고 간다. 중앙어에서는 새 색시가 친정에 근친한 뒤 시집에 올 때 해 오는 것을 '채반'이라고 하는데 충청도에서는 친정에 근친 갈 때 해 가지고 가는 음식도 '채반'이라고 하고 친정에서 시집에 올 때 해 오는 음식도 '채반'이라고 한다. 채반은 껍질을 벗긴 싸릿개비나 버들가지 따위의 오리를 결어서 춤이 있게 아래 위 두 짝으로 만든다. 위의 것은 뚜껑으로 덮을 수 있도록 만든다. 이 지역에서는 이런 그릇을 '도방구리'라고 한다.

53) '새댁'은 중앙어 '새댁'에 대응하는 이 지역 방언이다. 중앙어에서와 마찬가지로 갓 결혼한 여자를 뜻하기도 하지만 이 지역에서는 결혼 한 지 어느 정

도 된 여자를 뜻하기도 하여 아이가 딸린 여자를 부르거나 가리킬 때도 '새
댁'이라고 한다. 이 지역에서는 '새댁'보다 '새닥'이라는 말을 더 많이 쓴다.
'새댁'은 표준어의 영향으로 근래에 쓰이기 시작한 것으로 보인다. 이 지역에
서는 갓 결혼한 여자를 뜻하는 말로 '삭시'와 '새새닥' 또는 '새새댁'이 쓰이기
도 하는데 의미 영역에서 약간의 차이를 보인다. '삭시'는 갓 결혼한 여자를
뜻하기도 하지만 결혼하지 않은 젊은 여자를 뜻하기도 하고 결혼 여부가 불
분명한 젊은 여자를 뜻하기도 한다. 이에 비해 '새새닥'이나 '새새댁'은 갓 결
혼한 여자만을 뜻한다. '새새댁'은 '새댁'과 마찬가지로 중앙어의 영향으로
'새새닥'이나 '새닥'에 비해 나중에 쓰이기 시작한 것으로 보인다.

54) '피박'은 중앙어 '폐백'에 대응하는 이 지역 방언형이다. 중앙어에서는 '폐백'
이 ①신부가 처음으로 시부모를 뵐 때 큰절을 하고 올리는 물건으로 주로
대추나 포 따위를 이르거나 ②혼인 전에 신랑이 신부 집에 보내는 예물을
뜻한다. 그런데 이 지역에서의 '피박'은 신랑과 신부가 혼례식을 마치고 처음
으로 신랑집 어른들에게 큰 절을 하면서 상견례를 하는 것을 가리킨다. 이
지역에서는 신부 집에서 혼례식을 마치고 신랑이 신부 집에 가서 신부를 데
려 오는 것을 '신행해 온다'고 한다. 이렇게 신부가 결혼 후 처음으로 신랑
집에 와서 신랑집 어른들에게 큰 절을 하면서 인사를 드리는 것을 '피박 디
린다(폐백 드린다)'고 한다. 신랑과 신부가 신랑집 어른들에게 큰 절을 올리
면 신랑집에서 미리 준비해 두었던 밤이나 대추를 신랑집 어른들이 신부의
치맛자락에 던져주면서 '아들 많이 낳아라!'고 한다. 이 지역 화자들은 신부
에게 밤과 대추를 던져주는 것이 아들을 많이 나으라는, 즉 다산(多産)을 기
원하는 풍습으로 여기고 있다. 이 지역에서는 이 때 신부에게 던져주는 밤이
나 대추를 치마로 받았다가 첫날밤에 신랑과 함께 나누어 먹거나 술안주를
하기도 한다. 요즈음에는 신랑 신부가 신랑집 어른들에게 큰 절을 올리면 밤
이나 대추를 던져주는 외에 용돈을 주기도 한다. 신랑 신부가 이 때 받은 밤
이나 대추는 신혼여행 갈 때 가져가서 먹기도 하고 이 때 받은 용돈은 신혼
여행 경비에 보태 쓰기도 한다. '디리구'는 중앙어 '드리고'에 대응하는 이 지
역 방언형으로 '드리다'의 움라우트형으로 이해된다.

55) '갈처'는 '갈치다'의 활용형으로 중앙어 '가르치다'에 대응하는 이 지역 방언
형이다. 충청도에서 '갈치다'는 예문에서와 같이 '가르치다(敎)'의 의미로도
쓰이고 '으른한태 송꾸라그루 갈치능 거 아니여.(어른한테 손가락으로 가리
키는 것이 아니야.)'에서와 같이 '가리키다(指)'의 의미로도 쓰인다. 화자에

따라서는 '갈키다'를 중앙어 '가르치다'의 의미로도 쓰고 '가리키다'의 의미로도 쓴다. 충청도에서는 대체로 하나의 어형을 두 가지 의미로 쓰는 것이 일반적이다.

56) '장가를 온다'는 말은 혼례식을 치르고 신랑이 신부를 맞이하러 신부 집으로 온다는 뜻이다. 같은 내용을 '장가 간다'고도 하는데 이 말은 혼례식을 치르고 신랑이 신부를 맞이하러 신부 집으로 간다는 뜻이다. 똑같은 내용을 신부 측에서 말할 때는 '장가온다'고 하고, 신랑 측에서 말할 때는 '장가간다'고 한다. 둘다 신랑이 신행을 해야 하는데 신행을 하려면 신부 집에 가서 신부를 맞이하여 신랑 집으로 데려와야 한다. 이렇게 신행할 때 신부 측에서 보면 신랑이 오는 것이고 신랑 측에서 보면 신랑이 가는 것이기 때문에 '장가온다'와 '장가간다'가 다 쓰일 수 있는 것이다.

57) '처다두 몹 뽀구'는 중앙어의 '못 쳐다보고'에 대응하는 이 지역 방언 음성형이다. 중앙어에서는 본동사와 보조동사가 쓰일 때 부정문 형식으로 바꾸면 부정부사 '못'이나 '안'이 본동사 앞에 놓이는 데 이 방언에서도 이런 형식의 부정형이 일반적이다. 그러나 예문에서와 같이 본동사에 시도조차 해보지 못했음을 강조하는 어미 '-도'가 오면 부정 부사 '못'이나 '안'이 본동사와 보조동사 사이에 오기도 한다. 이러한 부정 형태는 함경도 방언에서 주로 쓰는 것으로 알려져 있다. 연변 지역의 함경도 방언에서는 '먹어 못 봤소?'나 '먹어 아이 봤소?' 또는 '가 못 봤어'나 '가 아이 봤어'에서와 같이 '못' 부정형과 '안' 부정형의 구성에서 부정 부사 '못'이나 '안'이 언제나 본동사와 보조동사 사이에 놓인다.

58) '비나 빼구'에서 '비나'는 중앙어 '비녀'에 대응하는 이 지역 방언형으로 동사 '빼구'와 공기하는 목적어다. '비나'와 함께 쓰이는 서술어는 예문에서와 같이 '빼다'와 '빼다'에 대립하는 '찌르다'나 '꼽다'가 쓰인다. '꼽다'는 중앙어 '꽂다'에 대응하는 이 지역 방언형이다. '찌르다'와 '꼽다'는 비녀를 여자의 쪽진 머리에 찔러 넣어 쪽진 머리가 풀어지지 않게 하거나 흘러내리지 않게 하는 것을 뜻한다.

59) '친날'은 '첫날'의 음성형 '천날'이라고 발음해야 할 것을 잘못 발음한 것이다.

60) '하능 거래유'는 중앙어 '하는 것이래요'의 이 지역 방언 음성형이다. 이 지역에서는 '-(이)래요'가 중앙어에서와 마찬가지로 받침 없는 동사 어간 또는 '르'받침 동사 어간 또는 '이다'나 '아니다'의 어간이나 어미 '-으시 ', '-더', '-으리' 뒤에 붙어 해요할 자리에서 구어체로 쓰여 앞말이 직접 인용되는 말임

을 뜻하고 그렇게 규정하거나 이름 지어 부른다는 뜻으로 쓰인다. '-래요'는 '-라고 해요'가 줄어든 말로 항상 간접화법의 평서문으로 쓰인다. 그러나 충북 북부 지역인 제천이나 단양 지역에서는 이 '-(이)래요'가 '저가 그 절터래요.(저기가 그 절터라고 해요.)'와 같은 간접화법의 평서문에서뿐만 아니라 '여가 우리집이래요.(여기가 우리 집입니다).', '여가 시청 앞이래요?(여기가 시청앞입니까?)', '그거 곡 갖다 노래요.(그것을 꼭 가져다 놓으십시오.)'에서와 같이 각각 직접화법의 평서문과 의문문 심지어는 명령문(청유문)에도 쓰이는 특징을 보인다.

61) '하넝 거리야'는 중앙어 '하는 거래'에 대응하는 이 지역 방언 음성형이다. '-(이)래요'가 이 지역에서 해요할 자리에 구어체로 쓰이는 간접화법으로 '-라고 해요'의 준말로 이해되는데 비해 '-리야'는 '-랴'로도 실현되며 해할 자리에 구어체로 쓰이는 간접화법의 '-라고 해'의 준말로 이해된다. 해체와 해요체 간에 형태상의 차이를 보이는 것은 역사적인 변천 과정이 다르기 때문으로 보인다. 이 문제에 대하여는 좀 더 면밀한 검토가 요망된다.

62) '지구녀기 어디냐'는 중앙어 '쥐구멍이 어디냐'로 바꿀 수 있다. 무슨 일을 잘못하여 몸 둘 바를 모르거나 남부끄러워서 어찌할 바를 모르는 경우를 비유적으로 이르는 관용구다.

63) '열구 단넌 문'은 '열고 닫는 문' 즉 '여닫이'를 뜻한다. 대부분의 여닫이는 바둑판처럼 가로세로를 일정한 간격으로 직각이 되게 만든 격자무늬로 되어 있고 여기에 창호지를 붙였다.

64) '뜨꾸서'는 중앙어 '뚫다'에 대응하는 이 지역 방언형 '뜳다'의 활용형이다. 충청도 방언으로 '뜳다' 외에 '뚧다'도 쓰인다. 각각 '뜳다([뜹따]), 뜳구([뜨꾸/뜹꾸]), 뜳지([뜹찌]), 뜳어서([뜰버서]), 뜳우니깨([뜰부니깨])'와 '뚧다([뚭따]), 뚧구([뚜꾸/뚭꾸]), 뚧지([뚭찌]), 뚧어서([뚤버서]), 뚧우니깨([뚤부니깨])'로 활용한다.

65) '자양은 중앙어 '재행(再行)'에 대응하는 충청도 방언이다. '자양은 항상 '가다'와 호응한다. 혼인한 뒤에 신랑이 처음으로 처가에 가는 것을 '자양이라고 한다.

66) '다루다'는 중앙어 '달구치다'에 대응하는 이 지역 방언이다. 중앙어 '달구치다'의 뜻으로 쓰이는 '다루다'는 '무엇을 알아내거나 어떤 일을 재촉하여 달성하려고 꼼짝 못하게 몰아치다'의 뜻으로 쓰인다. 신랑을 다루는(달구치는) 방법은 다음과 같다. 신랑이 색시 집이 있는 동네로 자양(재행;再行)을 가면

동네 청년들이 미리 정해 놓은 집 사랑방이나 대청 등으로 초대를 한다. 신랑이 초대에 응해 가면 동네 청년들이 신랑을 붙들고 미리 준비해 놓은 지게꼬리로 신랑의 발목을 묶은 다음 대들보나 천장 서까래 등에 거꾸로 매단다. 동네 청년들이 빨랫방망이나 다듬잇방망이로 거꾸로 매달린 신랑의 발바닥을 때리면서 자기들이 원하는 만큼의 술을 내올 수 있느냐고 묻는다. 신랑이 내올 수 있다고 대답하고 술을 내오면 다음에는 술안주로 무엇을 내올 수 있느냐고 묻거나 떡을 내올 수 있느냐고 묻는 등 동네 청년들이 원하는 것을 요구하면서 신랑의 발바닥을 때리며 재촉한다. 신랑이 대답을 하지 않거나 원하는 것을 내오지 않으면 거꾸로 매달린 채 심한 곤욕을 치르기도 한다고 한다. 심한 경우는 새 옷이 다 젖고 흙투성이가 되도록 신랑을 도랑으로 끌고 다니기도 한다. 충청도에서는 신랑을 다루는 이유를 대개 두 가지로 설명한다. 하나는 동네 청년들이 자기네 동네 처녀를 데려갔다는 벌을 주기 위한 것이라고 해석하는 것이고, 다른 하나는 신랑을 다루어(달구쳐서) 색시 집에서 먹을 음식을 얻어내거나 하룻밤 놀기 위해 가용할 돈을 얻어내기 위한 것이라고 한다. 둘 다 장난으로 하는 것이고 대강 정해진 각본에 의해 하는 것인데 실제로 겪어본 경험을 이야기하는 충청도 제보자들에 의하면 장난으로 보기에는 지나치다는 견해가 지배적이었다.

67) '망'은 '막'을 잘못 발음한 것이다.

68) '근친'은 '자양(재행;再行)'을 잘못 말한 것으로 보인다. 충청도에서 '자양'은 혼인한 뒤에 신랑이 처음으로 처가에 가는 것을 뜻하고 '근친'은 시집간 딸이 처음으로 친정에 가는 것을 뜻하기 때문이다. 물론 근친 갈 때 대개 신랑이 함께 가고 그 때 신랑을 다루게(달구치게) 된다.

69) '단다나게'는 '단단하게'의 음성형이고 기본형은 '단단하다'다. 여기에서는 '단단하다'가 '어떤 일에 대하여 야무지고 강하게 대비하다' 정도의 뜻으로 쓰였다.

70) '디야'는 중앙어 '돼'에 대응하는 이 지역 방언형이다. '디야'는 중앙어 '다고 해'가 줄어든 '-대'의 이 지역 방언형과 형태상으로 같다. 따라서 중앙어 '가야 돼'도 예문에서와 같이 '가야 디야'로 실현되고 '먹는다고 해'가 줄어든 중앙어 '먹는대'도 '먹는디야(멍는디야)'로 실현된다. 이는 중앙어의 종결형에서 모음 '애'로 끝나는 '대', '패', '래', '깨', '매' 등이 이 지역에서는 각각 '[디야]', '[피야]', '[리야]', '[끼야]', '[미야]' 등으로 실현되는 것과 궤를 같이 한다. 그러나 이 지역에서는 화자에 따라서 중앙어 '돼'에 대해 '뒤야'나 '됴야'로도

발음한다. 이렇게 발음하는 지역은 청원군과 진천군, 옥천군, 보은군 등 충청남도에 인접한 충북 중부 지역이다. 이런 발음은 충청남도로 갈수록 심하게 나타난다.

71) '엄청이'는 중앙어 '엄청나게'에 대응하는 이 지역 방언형이다. '엄청이'는 '양이나 정도가 아주 지나치게'를 뜻하는 부사 '엄청'에 접미사 '-이'가 붙어 다시 부사 '엄청이'가 된 것이다.

72) '그르카자녀'는 중앙어 '그렇게 하잖아'에 대응하는 이 지역 방언형 '그릏게 하잖어'가 줄어든 '그륵 하잖어'의 음성형이다.

73) '명지'는 중앙어 '명주(明紬)'에 대응하는 이 지역 방언형으로 누에고치에서 뽑은 가늘고 고운 명주실로 무늬 없이 짠 천, 즉 비단을 뜻한다. '명지실'은 누에고치에서 뽑아낸 가늘고 고운 실을 뜻한다.

74) '득셔써써유'는 중앙어 '드세었었어요'에 대응하는 이 지역 방언형이고 기본형은 '득시다'다. '득시다, 득시구, 득시지, 득시니, 득셔' 등으로 활용한다.

75) '냥은 '그냥'을 잘못 발음한 것이다.

76) '지비서'는 중앙어 '집에서'에 대응하는 이 지역 방언형이다. 충청도 방언에서 '집'에 앞말의 행동이 이루어지고 있는 처소의 부사어임을 나타내는 '-에서'가 결합되면 '집에서→집이서'와 같이 '-에서'가 '이서'로 실현된다.

77) '보국대'는 일제 강점기에, 우리나라 사람을 강제 노동에 동원하기 위하여 군대에 갈 수 없는 사람들을 동원하여 만든 노무대를 가리킨다.

78) '징용'은 일제 강점기에 일제가 우리 국민을 강제로 동원하여 군대에 편입시키거나 노무자로 배치하여 일정한 업무에 종사시키는 '강제 징용'을 일컫는 말이다. 일제 강점기 때의 징용은 주로 일본으로 강제 동원한 것을 가리킨다.

79) '명'은 중앙어 '무명'에 대응하는 충청도 방언형이다. 중앙어에서의 '무명'은 무명실로 짠 피륙을 뜻하지만 충청도 방언에서는 예문에서와 같이 '명 잣는다'의 구성으로 쓰이면 '명'이 '무명실'의 의미를 갖는다. 예문의 '명 잣는다'는 물레로 목화솜을 말아놓은 '꼬추(고추)'에서 실을 뽑아낸다는 뜻으로 쓰였다. 충청도 방언에서 '명' 외에 '미영'이 쓰이기도 하는데 '명'이라고 할 때는 장모음으로 실현된다. 충청도 방언에서 '미영'은 '미영 잣는다'에서와 같이 물레로 목화솜에서 뽑아내는 실의 뜻으로 쓰이기도 하고 '미영으루 옷얼 해 입었어.(무명으로 옷을 해 입었어.)'와 같이 무명실로 짠 피륙의 뜻으로 쓰이기도 한다.

중앙어 '무명'은 '목면'(木棉)의 중국식 발음에서 유래한 것이고 이것의 충청도 방언형이 '미영'이라고 할 수 있다. '목면(木棉)'은 예전에 중국에서 '목화'의 의미로도 쓰이던 말인데 지금은 면화(棉花)라고 한다. 우리나라에서는 이것을 '목화(木花)'라고 한다. 충청도 방언에서는 '목화-명/미영-명/미영'이 '식물/목화송이/목화솜-무명실-무명천'의 의미로 쓰이지만 중앙어에서는 '목화-무명실-무명'으로 대응되어 쓰인다. 이에 비해 전남방언은 '미영-미영실-미영베'처럼 '식물-무명실-무명베'가 형태적인 유연성을 가지는 것으로 알려져 있다.(이기갑;2007;100 참조).

80) 충청도 방언에서 '잣다'가 '명' 또는 '미영'과 함께 쓰이면 '명'이나 '미영'은 '무명실'의 뜻이 된다. 그러나 '미영'이 '미영으루 오설 해 입었어.(무명으로 옷을 해 입었어.)'와 같이 쓰이면 '무명실로 짠 피륙'의 뜻이 된다.

81) 충청도 방언의 '베'는 중앙어에서와 마찬가지로 삼실, 무명실, 명주실 따위로 짠 피륙을 통틀어 일컫는다.

82) '워떠쿠'는 의견, 성질, 형편, 상태 따위가 어찌 되어 있다는 뜻을 가진 중앙어 '어떻다'의 활용형 '어떻고'에 대응하는 '워떻구'의 음성형이다. '워떻구' 외에 '워떻구'도 쓰인다. 중앙어 '어떻다고'에 대응하는 이 지역 방언형으로는 '워떻다구' 외에 '워쩧다구'도 쓰인다. 이 지역에서는 '어디, 어떻게, 언제, 어디에, 어떨 때' 등이 '워디, 워떻게/워트개/워티개, 원제, 워따, 워떨 때' 등으로 실현되기도 한다. 충북 청원군 가운데서도 서쪽 지역인 강외면과 부강면 등 충남과 인접한 지역으로 갈수록 이런 현상이 두드러지게 나타나고 충남과 인접한 옥천군 지역에서도 이러한 현상이 관찰된다. 필자가 초등학생이던 1960년대 말에는 청주와 청원 지역에서 토박이 어른들은 물론이고 또래 친구들에게서도 이런 발음을 자주 들었으나 지금은 노년층을 제외하고는 거의 듣기 어렵다.

'워떻구 저떻구'는 의미상 중앙어의 '이러쿵저러쿵'에 대응하는 이 지역 방언형 '워떻구 저떻구'의 음성형이다. 충청도에서는 '워떻구 저떻구' 외에 '어떻구 저떻구'도 쓰인다. '워떻구 저떻구'는 '워떠하구 저떠하구'의 준말로 '이러하다는 둥 저러하다는 둥 말을 늘어놓는 모양을 이르는 말이다.

83) '왕방울루 솥 까신다'는 중앙어 속담 '왕방울로 솥 가시듯'에 대응하는 말로 쇠로 만든 솥을 왕방울로 가실 때처럼 크고 요란스러운 소리를 비유적으로 이르는 말이다. 이와 비슷한 속담으로 '왕방울로 퉁노구 가시는 소리'가 있다.

84) '괄가두'는 '괄아두'를 잘못 발음한 것으로 보인다. 충청도에서도 '성미가 진

득하지 못하고 거세고 팔팔하다'의 뜻으로 '괄다'와 '괄괄하다'가 쓰인다. '괄괄하다'는 '괄다'보다 더 급하고 거세며 팔팔한 성미를 나타낼 때 쓰인다. '괄다'는 '괄다, 괄지, 괄구, 괄어서' 등과 같이 활용한다.

85) '워띠쿠'는 중앙어 '어떻고'에 대응하는 이 지역 방언 '워띃구'의 음성형이다. '워띃구' 외에 '워떻구'도 이 지역 방언형으로 쓰이는데 '워띃구'가 '워떻구'보다 더 고형이다.

86) '걱쩡'은 '걱정'의 음성형이다. 예문에서의 '걱정 하다'는 '아랫사람의 잘못을 꾸짖는다'는 뜻으로 쓰였다.

87) '워쩌타구'는 중앙어 '어떻다고'에 대응하는 이 지역 방언형 '워쩧다구'의 음성형이다. '워쩧다구' 외에 '워띃다구, 워떻다구'도 중앙어 '어떻다고'의 뜻으로 쓰이는데 어원적으로 보면 각각 '워쩌하다구, 워띠하다구, 워떠하다구'의 준말로 이해된다.

88) '메눌랜'은 '메누리내는'이 줄어서 된 '메눌낸'의 음성형으로 이해된다. '메누리내는→메눌내는→메눌낸'의 과정을 거쳐 '메눌낸'이 유음화하여 '메눌랜'으로 된 것이다. '메눌랜'의 원말 '메누리내는'의 '-내'는 사람을 지칭하는 대다수의 명사 뒤에 붙어서 '그 사람이 속한 무리'라는 뜻을 더하는 중앙어 접미사 '-네'에 대응한다. 예문의 '메눌랜'은 '며느리들은'의 뜻으로 쓰인 것이다. '노인내덜이'의 '-내'도 '그 사람이 속한 무리'라는 뜻을 더하는 접미사로 쓰이는데 이때는 항상 복수를 나타내는 '-덜'이 함께 쓰인다.

89) '그르개'는 중앙어 '그렇게'에 대응하는 이 지역 방언형 '그릏개'를 잘못 발음한 것으로 보인다.

90) 예문에서의 '회관'은 황청리 '마을회관'을 가리킨다. 중앙어에서의 '회관(會館)'은 집회나 회의 따위를 목적으로 지은 건물을 뜻하지만 '마을회관'의 뜻으로 쓰이는 '회관'은 집회나 회의뿐만 아니라 마을 사람들이 모여서 놀거나 소일하는 장소의 의미도 포함되어 있다. '마을회관'이 마을 사람들의 집회나 회의 장소로 이용되는 빈도는 적고 소일을 위한 장소로 이용하는 빈도가 훨씬 높다.

91) '그릏깨'는 '그르닝깨'의 준말로 중앙어 '그러니까'에 대응하는 이 지역 방언형이다.

92) '사르니깨'는 중앙어 '살다'의 활용형 '사니까'에 대응하는 이 지역 방언형이다. 중앙어에서는 앞말이 뒷말의 원인이나 근거, 전제 따위가 됨을 나타내는 연결 어미 '-으니'나 '-으니까'가 '르'을 제외한 받침 있는 용언의 어간이나 어

미 '-었-', '-겠' 뒤에 붙어 쓰이는데 비해 충청도 방언에서는 예문에서와 같이 '르' 받침 뒤에서도 쓰인다는 특징을 보인다.

93) '종종'은 성(姓)이 같고 본(本)이 같은 한 겨레붙이의 문중을 뜻하는 중앙어 '종중'에 대응하는 이 지역 방언형이다.

94) '하냥'은 '서로 더불어' 또는 '둘 이상의 사람이나 사물이 함께'의 뜻으로 쓰이는 중앙어 '함께' 또는 '같이'에 대응하는 이 지역 방언형이다. '하냥 살다(함께 살다), 하냥 가자(함께/같이 가자), 오라버이하구 하냥 가(오라버니와 함께 가)'와 같이 쓰인다.

95) '틀리자너'는 '틀리다'의 활용형이다. '틀리다'는 '틀리다, 틀리구, 틀리지, 틀리니깨/틀리닝깨, 틀리서/틀려서'와 같이 활용한다. '틀리자너'는 '틀리지 않아'의 준말인 '틀리잖아'의 음성형이다. 충청도 방언의 '틀리다'는 예문의 '우리내 사는 거하구 틀리자너(우리네 사는 것과 다르잖아)'에서와 같이 중앙어의 '다르다'의 뜻으로도 쓰이고, '니 마리 틀리써(네 말이 틀렸어)'에서와 같이 중앙어의 '틀리다'의 뜻으로도 쓰인다. 충청도 방언에서는 '다르다'를 쓸 자리에 '틀리다'를 쓰는 경우가 많다. '틀리다'가 '다르다'의 의미 영역에까지 확장되어 쓰이는 것이라고 할 수 있다.

96) '-서루'는 용언의 어간 뒤에 붙어서 이유나 근거를 나타내는 연결 어미로 중앙어의 '-(어)서'에 대응하는 충청도 방언형이다.

97) '행경도'는 '함경도'의 이 지역 방언 음성형이다. '함경도'가 '함경도→햄경도→행경도'와 같이 각각 움라우트와 자음동화의 과정을 거친 것으로 이해된다.

98) '청진'은 함경북도의 지명이다.

99) '서방'은 '김 서방, 이 서방과 같이 성 뒤에 붙여 그 성을 가진 사람을 이르는 말이다. 충청도 방언형으로 '서방' 외에 '스방'이 쓰이기도 한다. 이렇게 성 뒤에 '서방'을 붙여 그 성을 가진 사람을 가리키거나 부르면 평칭으로도 쓰이고 다소 낮추는 뜻으로도 쓰인다. 따라서 '하 서방 나하구 버섯 따루 같이 갈리여?(하 서방 나하고 버섯 따러 같이 갈래?)' 하면 평칭이 되지만 '김 서방이 좀 갔다 오게' 하면 머슴이나 하인에게 하는 말투로 들린다. 또한 장모가 시집간 딸에게 '김 서방 잘 있니?'하고 물었다면 이때는 '사위'의 뜻으로 쓰이고 낮추는 의미는 없다. 충청도에서는 '서방'을 성에 붙여 사위나 매제, 아래 동서 등을 직접 이르는 말로는 잘 쓰이지 않는다. 그러나 예문에서와 같이 성 뒤에 '서방'을 붙이고 여기에 '그 사람이 속한 무리'라는 뜻을 더하는 접미사 '-내'를 붙여 '김 서방내, 이 서방내'와 같이 쓰면 '김씨 성을 가진 사람

의 집안, 이씨 성을 가진 사람의 집안'을 뜻하는 평칭으로 쓰인다. 중앙어에서 '서방'이 벼슬이 없는 사람의 성 뒤에 붙여 그 사람을 이르는 말이었다는 점을 고려하면 충청도 방언에서는 그 쓰임이 확대되어 의미영역이 더 넓어졌다고 할 수 있다. 충청도 방언에서 성을 붙이지 않고 '서방님'이라고 하면 결혼한 남편의 남동생, 즉 결혼한 시동생을 가리키거나 부를 때 쓰인다. 결혼하지 않은 시동생을 가리키거나 부를 때는 중앙어의 '도련님'에 대응하는 '디린님', '데린님' 등이 쓰인다.

100) '어림시룸'은 '어리움'과 '싫움'이 결합된 '어리움싫음'의 축약형으로 파악된다. '어림'은 중앙어 '어렵다'에 대응하는 충청도 방언형 '어립다'의 명사형 '어리움'의 축약형 '어림'과 '싫다'의 명사형 '싫움'의 음성형 '시룸'이 결합된 합성어로 이해된다. '어림시룸 없이', '어림시룸 없으니깨', '어림시룸 없어서' 등과 같이 주로 '없다'와 호응하여 쓰인다는 제약이 있다. '어림시룸'의 의미는 용례에서 보듯이 '어렵다'와 '싫다'의 의미가 결합된 '어려움과 싫음'으로 파악된다. 따라서 예문의 '어림시룸 없이 살았다'는 이웃 간에 서로 '어려워하는 것도 없고 싫어하는 것도 없이 살았다'는 것을 의미한다.

101) 《표준국어대사전》에 의하면 중앙어에서의 '틀개'는 '무엇을 틀기 위한 물건' 또는 '남의 일을 훼방하는 것을 비유적으로 이를 때 쓰이는 말로 쓰인다. 중앙어에서 '무엇을 틀기 위한 물건'으로서의 '틀개'는 장구나 북 같은 물건을 만들 때 끈을 팽팽하게 하기 위해 줄을 비트는 도구를 의미하지만 예문에서의 '틀개'는 '두 사람이나 두 집안 간의 사이가 서로 벌어져 틀어짐'을 뜻하는 말로 쓰였다. 예컨대, '그전에는 사이가 좋더니 지금은 틀개가 났잖어'에서와 같이 주로 '나다'와 호응하여 '예전에는 사이가 좋았는데 지금은 서로 사이가 틀어져 있다'는 뜻으로 쓰인다. 이는 도구로서의 틀개가 제 위치에 있지 않고 틀어져서 느슨해지게 되었을 때 쓰이는 표현에 비유하여 쓰인 것으로 보인다.

102) '재위'는 중앙어 '겨우'에 대응하는 이 지역 방언형이다. 충청도 방언에서는 주로 '제우'나 '지우' 또는 '제위'로 실현되는데 '제위'나 '재위'의 둘째음절 '위'는 이중모음 [uj]로 발음된다.

103) '껌뻑하다'는 형태상으로 볼 때 '껌뻑+하다'로 분석할 수 있다. '껌뻑'은 상대방의 말이나 태도에 대하여 거역하거나 대꾸함이 없이 무조건 따르고 복종하는 표정이나 태도를 나타내는 어근이고 '-하다'는 의성 의태어 뒤에 붙어 동사나 형용사를 만드는 접미사다. '껌뻑하다'는 '상대방의 말이나 태도에 대

하여 거역하거나 대꾸함이 없이 무조건 따르고 복종하는 표정이나 태도 따
위를 짓거나 나타내다'의 뜻으로 쓰이는 충청도 방언이다.

104) 중앙어에서의 '누이'는 같은 부모에게서 태어난 사이거나 일가친척 가운데
항렬이 같은 사이에서 남자가 여자 형제를 이르는 말이다. 흔히 나이가 아래
인 여자를 이르는 말이지만 이 지역에서는 나이가 위인 여자를 이른다. 나이
가 아래인 여자는 '누이동생/누이동상' 또는 '여동생/여동상'이라는 말을 주로
쓴다.

105) '댕기다'는 중앙어 '다니다'에 대응하는 이 지역 방언형이다. 중앙어의 '다니
다'는 15세기 국어 '돋니다'가 '돋니다 〉 돈니다 〉 드니다'의 과정을 거쳐 이루
어진 것으로 설명되지만 이 지역 방언형 '댕기다'는 '당기다'나 '단기다'가 각
각 움라우트나 자음동화를 거쳐 실현된 것으로 볼 수 있을 것이다. '댕기다'
는 '댕기다, 댕기구, 댕기지, 댕기니깨/댕기닝깨, 댕겨'와 같이 활용한다.

106) '슬:'은 중앙어 '설'의 이 지역 방언형이다. 충청도 방언에서는 첫째음절 위치
의 모음이 '어'이고 장모음이면 '으:'로 고모음화 하여 '으'로 실현되는 것이
일반적인 현상이다. 예를 들면 예문의 '슬:'을 비롯하여 '들:(덜), 그:지(거지),
늘:(널板), 그:머리(거머리), 즌:기(전기), 슫:딸(섣달), 그:들다(거들다), 즛:다
(젓다), 스:룹다(서럽다), 은:다(얻다), 드:룹다(더럽다), 슨:보다(선보다), 근:내
다(건너다)' 등이 '어:〉으:'의 과정을 거쳤다고 할 수 있다. 이 지역 방언에는
어두음절 위치의 장모음 '어:'의 '으:' 고모음화에 병행하여 어두음절의 모음
'여'가 장모음일 때 고모음화 하여 '으:'로 실현되는 경향도 있다. '은:애(연:
애), 응:감(영:감), 은:적(연:적硯滴), 으:치(여치)' 등이 이와 같은 현상을 보
이는 예들이다.

107) '장'은 '언제나 늘' 또는 '계속하여 줄곧'을 뜻하는 부사로 북한 지역에서 쓰
이는 말로 알려져 있는데 충청도 지역에서도 폭넓게 쓰인다. 예문의 '장'은
'계속하여 줄곧'의 의미로 쓰였다. 충청도 지역에서 '언제나 늘' 또는 '언제나
항상'의 뜻으로는 '우리 집에만 오면 장 놀다 갔어'나 '우리 집에 오면 장 하
룻밤 자구 갔어' 등과 같이 쓰인다.

108) '즈:'는 중앙어에서 앞에서 이미 말하였거나 나온 바 있는 사람들을 도로 가
리키는 삼인칭 대명사 '저희' 또는 '자기'에 대응하는 이 지역 방언 음성형이
다. '즈:는 '저희〉저의〉즈의〉즈:'의 과정을 거친 것으로 이해된다. 충청도 방
언에서는 지역에 따라 '즈:'뿐만 아니라 '즈의'와 '지:'도 쓰인다. 그런데 복수
를 나타낼 때는 '즈'에 복수를 나타내는 접미사 '-덜'을 결합한 '즈덜'이 쓰이

거나 장모음의 ‘즈:’가 그대로 복수로 쓰인다. 장모음의 ‘즈:’가 복수를 나타낼 때는 이미 앞에서 언급한 바 있는 사람이 복수일 때 가능하여 ‘즈:가 그랬다구 다 같이 가서 빌구 왔다’와 같이 쓰인다.

109) ‘되서’의 첫째음절 모음 ‘외’는 단모음 [ö]로 실현된다.

110) 중앙어에서의 ‘바람’은 ‘중추 신경 계통에서 일어나는 현기증, 졸도, 경련 따위의 병증을 통틀어 이르는 말’을 뜻하거나 ‘풍사(風邪)를 받아 생기는 병을 통틀어 이르는 말로 쓰이는데 충청도 지역에서는 두 번째 의미로 쓰이는 것이 보통이다. 흔히 ‘바람’을 ‘중풍’과 같은 뜻으로 쓰기도 한다. ‘바람’은 주로 ‘맞다’와 호응하여 ‘바람을 맞았다’와 같이 쓰이지만 예문과 같이 ‘바람이 일었다’로 쓰이기도 한다. ‘바람이 일었다’고 하면 ‘풍증이 생겼다’나 ‘풍증이 일었다’는 뜻이 된다. 흔히 충청도 지역에서는 뇌혈관의 장애로 갑자기 정신을 잃고 넘어져서 구안괘사, 반신불수, 언어 장애 따위의 후유증을 남기는 병을 통틀어 ‘중풍’이라고도 하고 ‘바람’이라고도 한다. 현대의학에서 뇌의 동맥이 터져서 뇌 속에 혈액이 넘쳐 흐르는 상태를 뜻하는 ‘뇌일혈’ 또는 ‘뇌출혈’도 ‘중풍’ 또는 ‘바람’이라고 한다. ‘뇌일혈’은 고혈압이 그 주된 원인으로, 출혈이 되면 갑자기 의식을 잃고 쓰러져 코를 골며 자는 것 같다가 그대로 죽는 수가 많으며, 의식이 회복되더라도 손발이나 얼굴의 마비, 언어 장애와 같은 후유증이 있는데 이런 증상을 보이는 경우 충청도에서는 ‘바람 맞었다’, ‘바람이 일었다’고 하거나 ‘풍 맞었다’, ‘풍 들렸다’고 한다.

111) ‘움써’는 중앙어의 ‘없다’에 대응하는 충청도 방언으로 ‘읎다([움때]), 읎구([움꾸]), 읎지([움찌]), 읎으닝깨([움쓰닝깨]), 읎어([움써])’와 같이 활용한다. 충청도 방언에서 지역에 따라 ‘없다’와 ‘읎다’도 쓰인다. ‘없다’는 ‘없다([엄때]), 없구([엄꾸]), 없지([엄찌]), 없으닝깨([엄쓰닝깨]), 없어([엄써])’와 같이 활용하고 ‘읎다’는 ‘읎다, 읎지, 읎구, 읎으닝깨, 읎어’와 같이 활용한다.

112) ‘자거’는 ‘작다’의 활용형 ‘작어’의 음성형이다. 충청도에서는 ‘작다’가 ‘작다(小)의 뜻으로도 쓰이고 ‘적다(少)’의 뜻으로도 쓰인다. 예문에서는 ‘적다(少)’의 뜻으로 쓰였다. 충청도 방언형 ‘즉다’는 어두음절 모음 ‘어’가 장모음으로 실현될 때 고모음화한 결과인데 ‘밥이 즉어서 또 했다’와 같이 ‘적다(少)’의 뜻으로 쓰이기도 하고 ‘키가 즉어서 맨 앞에 앉었다’와 같이 ‘작다(小)’의 뜻으로도 쓰인다. ‘작다(小)’의 뜻으로 쓰이든 ‘적다(少)’의 뜻으로 쓰이든 충청도 방언에서는 ‘작다’보다 ‘즉다’가 더 일반적으로 쓰인다.

113) ‘워트개’는 중앙어 ‘어떻게’에 대응하는 이 지역 방언형이다. ‘워트개’ 외에

'워티개'와 '워티기', '워떻개'도 이 지역 방언형으로 쓰인다. 이 지역에서는 '어디, 언제, 어디에, 어떨 때' 등이 '워디, 원제, 워따, 워떨 때' 등으로 실현되기도 한다. 충북 청원군 가운데서도 서쪽 지역인 강외면과 부강면 등 충남과 인접한 지역으로 갈수록 이런 현상이 두드러지게 나타나고 충남과 인접한 옥천군 지역에서도 이러한 현상이 관찰된다.

114) '초상쌍재'는 '초상상제'의 음성형이다. '초상'은 '사람이 죽어서 장사 지낼 때까지의 일'을 뜻하고 '상제'는 '부모나 조부모가 세상을 떠나서 거상 중에 있는 사람'을 뜻하므로 예문의 '초상쌍재'는 '초상을 당하여 상중에 있는 상제'를 의미한다.

115) '워티개'는 중앙어 '어떻게'에 대응하는 이 지역 방언형이다. '워티개' 외에 '워트개'와 '워티기', '워떻개'도 이 지역 방언형으로 쓰인다.

116) '외국(外國)'의 첫째음절 모음 '외'는 '[ö]'로 발음된다.

117) '지비서'는 중앙어 '집에서'에 대응하는 이 지역 방언 음성형이다. 충청도 방언의 처격조사로는 '-이'와 '-애'가 쓰인다. 이들은 중앙어의 처격조사 '-에'에 대응한다. 처격조사 '-이'와 '-애'에 '-서'가 결합된 '-이서'와 '-애서'는 앞말이 행동이 이루어지고 있는 처소의 부사어임을 나타내는 격 조사로 중앙어의 '-에서'에 대응한다. '-이서'는 이 지역의 전통적인 방언형이고 '-애서'는 근래에 중앙어 '-에서'의 여향으로 쓰이는 조사로 보인다.

118) '상 고여 놓구'는 '상에 음식을 괴어 놓고'의 뜻으로 쓰인 것이다. 환갑상을 차릴 때 상 위에 밤이나 대추 사과, 배, 과자 등을 접시에 켜켜이 쌓아 올리는데 이렇게 음식을 쌓아 올리는 것을 '고인다'고 한다.

119) '해전'은 '하루종일'의 뜻으로 쓰이는 이 지역 방언형이다.

120) '적'은 밀가루를 물에 되직하게 반죽하여 김치나 파 또는 부추 등을 잘게 썰거나 다져 넣고 번철이나 솥뚜껑에 기름을 두르고 둥글고 넓적하게 부쳐서 만든 음식을 통틀어 이르는 말이다. 충청도에서는 지역에 따라 '적' 외에 '부치개' 또는 '부치기'라고도 하고 '누름적'이라고도 한다. 번철이나 솥뚜껑에 기름을 두르고 둥글고 넓적하게 부쳐서 만든 음식 가운데 찹쌀가루, 수숫가루 따위를 반죽하여 지진 것은 '부꾸미' 또는 '부끼미'라고 한다. '부꾸미' 또는 '부끼미'에 팥소를 넣기도 한다. 이와는 달리 다진 고기나 생선 따위에 달걀을 입혀 동글납작하게 만들어 기름에 지진 음식을 '전'이라고 하고 생선을 얇게 저민 위에 달걀을 입혀 기름에 지진 음식은 '포'라고 한다. '포' 가운데 명태 살을 저민 위에 달걀을 입혀 기름에 지진 것은 '명태포'라고 한다.

121) ‘큰상’은 잔치 때 주인공을 대접하기 위하여 특별히 많은 음식으로 크게 차리는 상으로 괴어 놓은 음식의 높이가 한 자 이상 되는 것을 가리킨다. 이렇게 크게 차린 상을 ‘한 자 상’이라고도 하고 ‘큰상’이라고도 한다.

122) 중앙어의 ‘주물상’은 귀한 손님을 대접할 때, 간단하게 차려서 먼저 내오는 음식상을 가리키는데 충청도 방언에서 쓰이는 주물상은 환갑잔치 때 큰상을 차리는 것과 마찬가지로 환갑이 된 주인공을 위해 떡이나 과일, 부침개 등 음식을 고루 장만하여 괴기는 하지만 괴어 놓은 음식의 높이가 큰상만큼 높지 않게 차린 상을 가리킨다.

123) 충청도 방언에서 ‘음석’은 고형이고 ‘음식’은 중앙어의 영향을 받은 신형이다.

124) ‘국쑤잔치’는 ‘국수잔치’의 음성형이다. ‘국수잔치’는 잔치 때 주 음식이 국수라는 뜻이다.

125) ‘능금’은 본래 사과와 비슷하지만 사과보다 작고 붉은색 과일을 뜻하는 것이었으나 요즈음은 ‘사과’의 의미로도 쓰인다. 충청도 지역의 노년층 화자들은 ‘능금’을 ‘능금’의 뜻으로도 쓰고 ‘사과’의 뜻으로도 쓰지만 ‘사과’는 ‘사과’의 의미로만 쓴다. 요즈음에는 ‘능금’을 보기 어렵기 때문에 ‘능금’이 ‘사과’의 의미로도 쓰이는 것이라고 할 수 있다. ‘능금’의 의미 영역이 넓어진 것이라고 할 수 있으나 젊은 층에서는 쓰이지 않는다는 점에서 사어화하고 있다고 할 수 있다.

126) ‘이지가지’는 ‘이런저런 여러 가지’ 또는 ‘이것저것 여러 가지’를 뜻하는 중앙어 ‘가지가지’에 대응하는 충청도 방언형이다.

127) ‘편떡’은 ‘편’과 ‘떡’의 합성어다. ‘편’이 ≪표준국어대사전≫에는 ‘떡’을 점잖게 이르는 말 또는 ‘절편’이라고 풀이되어 있다. ‘편떡’은 ‘떡’의 의미가 중복된 말이라고 할 수 있다. 그런데 충청도에서는 떡쌀과 떡쌀 사이에 고물을 넣어 넓적하게 켜켜이 찐 떡을 ‘켜떡’이라고 하고, 이 켜떡을 네모지게 썰어 편틀에 올려놓은 떡을 ‘편떡’이라고 한다. ‘켜떡’은 떡을 어떻게 쪘느냐에 따라 붙여진 이름이고 ‘편떡’은 넓적넓적한 떡을 일정한 모양과 크기로 편틀에 올려놓아 붙여진 이름으로 보인다. ‘편떡’은 떡쌀과 떡쌀 사이에 고물을 두어 켜켜이 찐 떡을 잔치 상이나 회갑 상 또는 소상, 대상과 같이 큰일을 치를 때 편틀에 올려놓는 넓적넓적한 떡을 가리킨다.

128) ‘편틀’은 잔치나 장례, 제사 등과 같은 큰일에 쓸 편떡을 괼 때 떡 밑에 받치는 굽이 높은 네모 모양의 나무 그릇을 가리킨다. 나무로 네 귀를 맞추어 편떡을 괼 수 있도록 틀로 짠 것을 ‘편틀’이라고 한다.

129) '약과'는 밀가루 반죽을 떡판에 박거나 손으로 모양을 낸 다음 기름에 튀겨 꿀이나 조청을 발라 만든 일종의 과자로 속까지 진한 암갈색 빛이 난다.

130) '우리짐느이'는 '우리집 있느이'가 줄어든 '우리집느이'의 음성형이다. 중앙어 '우리집에 있는 이' 정도에 대응하는 이 지역 방언형으로 여기에서는 화자가 자기의 '남편'을 가리키는 말로 쓰였다. 충청도 방언에서는 '우리집느이'보다는 '우리집 있느이([우리집 인느이])'나 '우리집이 있느이([우리지비 인느이])'가 일반적으로 쓰인다.

131) '대꾸'는 '여러 번 반복하거나 끊임없이 계속하여'의 뜻으로 쓰이는 충청도 방언형으로 중앙어 '자꾸'에 대응한다.

132) '움짜너'는 중앙어 '없잖아'에 대응하는 이 지역 방언 '읎잖어'의 음성형이다. '움짜너'의 기본형은 '읎다'로 '읎지([움찌]), 읎구([움꾸]), 읎으니깨([움쓰니깨]), 읎어([움써])'와 같이 활용한다.

133) '객사(客死)'는 집을 나가서 객지에서 죽는 것을 뜻한다.

134) '멸망일'은 액이 끼어 무슨 일을 도모하면 재앙이 온다는 날을 말한다. 충청도에서 '멸망일'과 같은 뜻으로 '중상일'이라는 말도 쓰이는데 상가에서 장례를 치르려고 하는 날 '중상일'이 끼면 장사를 지내는 집에 재앙이 온다고 해서 그 날은 장사를 안 지내는 풍습이 있다.

135) '구연'은 중앙어 '궤연(几筵)'에 대응하는 충청도 방언형이다.

136) '개명(開明)'은 '지혜가 계발되고 문화가 발달함'을 뜻하는 말로 주로 '되다'와 호응하여 쓰인다.

137) '일련생'은 중앙어 '일 년 상'에 대응하는 말로 '[일련상]'이라고 발음해야 할 것을 잘못 발음한 것이다.

138) '짐'은 중앙어 '김(海苔)'이 구개음화한 어형이다. 충청도 방언에서는 '김(蒸氣)'도 구개음화한 '짐'으로 나타나며 둘 다 장모음으로 실현된다.

139) '지내능 거맨'은 '지내능 거마냥'이라고 해야 할 것을 잘못 발음한 것으로 보인다.

140) '상온 닙꾸'는 중앙어 '상복 입고'에 대응하는 충청도 방언 음성형으로 한글 맞춤법에 따라 표기하면 '상웃 입구'가 된다. '상웃(喪-)'은 중앙어의 '상복(喪服)'에 대응한다.

141) '백쑥절'은 '백족사(白足寺)'를 가리킨다. '[백쪽쩔](백족절)'이라고 발음해야 하는데 '백숙절'로 잘못 알고 발음한 것이다. '백족사'는 청원군 가덕면 상야1리, 한계1리와 낭성면 추정2리에 걸쳐 있는 해발 412m의 백족산에 있는 절

이름이다.

142) '그래서루'는 중앙어 '그래서'에 대응하는 충청도 방언형으로 '그리 해서루'가 축약된 것으로 파악된다. 중앙어에서는 끝 음절의 모음이 'ㅏ, ㅗ'가 아닌 용언의 어간 뒤에 붙어서 이유나 근거를 나타내는 연결 어미로 '-(아/어)서'가 쓰이는데 충청도 방언에서는 용언 어간 뒤에 붙어서 이유나 근거를 나타내는 어미로 '-서' 외에 '숨어서루, 가서루, 해서루, 씻구서루, 벼서루, (홈을) 파서루' 등에서와 같이 '-서루'도 쓰인다.

143) 충청도에서는 죽은 사람의 몸을 깨끗이 씻은 뒤에 수의를 입히고 염포(시체를 묶는 베)로 묶는 것을 산 사람의 처지에서 말할 때 '염습 한다'나 '염십 한다' 또는 '염 한다'고 하고, 죽은 사람의 처지에서 말할 때는 '염습 잡숫는다' 또는 '염십 잡숫는다'고 한다. '잡숫다'는 본래 궁중에서 '옷을 입는다'는 뜻으로 쓰이던 말인데 특별히 사자(死者)에게 수의를 입힐 때 이 말을 쓴다.

144) '수이옫'은 '수의옷'의 음성형이다. '수이옷'은 '수이+옷'으로 분석된다. '수이옷'은 중앙어 '수의'에 대응하는 충청도 방언형으로, 염습할 때 시체에 입히는 옷을 뜻하는 '수이(壽衣)'에 다시 '옷'이 결합된 형태다.

145) '매끼'는 수량을 나타내는 말 뒤에 쓰여 곡식 섬이나 곡식 단 따위를 묶은 마디의 수를 세는 단위나 그렇게 묶을 수 있는 끈을 뜻한다. 시체를 묶을 때는 보통 일곱 마디가 되도록 묶는데 묶은 마디가 홀쳐지지 않도록 하기 위해 동여매지 않는다고 한다. 곡식 섬이나 곡식 단을 묶는 '매끼'는 짚이나 새끼로 홀쳐지지 않게 묶을 수 있도록 해 놓은 끈을 뜻한다.

146) '성고칸다'는 '성곡한다'의 음성형이다. '성곡한다'는 '성복한다'고 해야 하는데 정확한 단어를 몰라서 이렇게 발음한 것으로 보인다.

147) 충청도의 일반 가정에서는 '상주(喪主)'와 '상재(喪制)'를 구별하지 않고 사용하는 것이 보통이다. 본래 '상주(喪主)'는 주(主)가 되는 상제(喪制)를 뜻하고 '상제(喪制)'는 조부모나 부모가 돌아가셔서 거상 중에 있는 사람을 모두 가리키는 말인데 충청도에서는 '상주'와 '상제'를 구별하지 않고 '상주'라고만 하거나 '상재'라고만 하는 것이 보통이다. 상주와 상제를 구별하지 않고 '상주'라고만 할 때는 중앙어 '상주(喪主)'의 뜻으로 '맏상주'라는 말을 쓰고, 상주와 상제를 구별하지 않고 '상재'라고만 할 때는 중앙어 '상주(喪主)'의 뜻으로 '맏상재'라는 말을 쓴다.

148) '염십'은 중앙어 '염습'에 해당하는 충청도 방언형인데 주로 '잡숫다'와 호응하여 쓰인다. '잡숫다'는 본래 궁중에서 '옷을 입는다'는 뜻으로 쓰이던 말인

데 특별히 사자(死者)에게 수의를 입힐 때도 이 말을 쓴다. 충청도 방언에서는 '염습' 외에 '염습'과 '염' 또는 '음습', '음습', '음'이 쓰이기도 하는데 이들 방언형과 '잡숫다'가 호응하여 쓰이면 '사자(死者)'의 처지에서 이르는 말이고 '하다'와 호응하여 쓰이면 산 사람의 처지에서 이르는 말이다.

149) '삼베'는 삼실로 짠 천을 가리킨다. 충청도에서 '베'라고 하면 일반적으로 '삼베'를 가리키지만 '베'가 '짜다'와 호응하여 쓰이면 '삼베, 명주, 모시' 등을 통틀어 가리키는 말로 쓰인다. 따라서 '베 짠다'고 하면 '삼베 짠다', '명주 짠다', '모시 짠다'의 뜻으로도 쓰이지만 특별히 구별하여 말할 때는 '삼베 짠다', '명주베 짠다', '모시베 짠다'와 같이 '베' 앞에 천의 이름을 붙여 사용하기도 한다.

150) '테두리'는 짚으로 왼새끼를 굵게 꽈서 머리에 두를 수 있을 만큼 잘라서 안상제나 바깥상제의 머리에 두르는 것을 가리킨다. 이것을 무엇이라고 하는지 몰라서 '테두리'라고 한 것이다. 바깥상제는 굴건을 한 위에 이것을 두른다.

151) '동아바'는 중앙어 '동아줄'에 대응하는 충청도 방언으로 '동아+바'로 분석할 수 있다. '동아'는 본래 줄기가 굵은 박과의 한 해살이 풀을 뜻하고 '바'는 삼이나 짚으로 세 가닥을 지어 굵다랗게 꼰 줄을 뜻하는 것이었는데 합성어가 되면서 '굵고 튼튼하게 꼰 줄'을 뜻하는 '동아줄'의 의미로 전이된 것이다. 제보자는 '동아바'와 '동아줄'을 같은 의미로 쓰기도 한다.

　참고로 ≪표준국어대사전≫에는 삼이나 짚으로 세 가닥을 지어 굵다랗게 드린 줄을 '참바'라고 풀이하고 있으나 청원 지역을 비롯한 충북 지역에서는 삼으로 드린 튼튼한 줄만을 '참바'라고 하고 짚으로 드린 줄은 그냥 '바'라고 한다. 충청도 방언에서 '짚으로 굵게 꼰 것'만을 '동아바'라고 하고, '삼으로 가늘고 질기게 꼰 것'은 '참바'라고 한다. 이때의 '참바'는 '삼으로 꼬아 질긴 것'의 의미가 내포되어 있다. 지역이나 화자에 따라서 '삼으로 굵게 꼰 것'을 '참바'라고 하기도 한다. 굵게 꼰 것은 어린아기의 팔뚝 굵기 이상을 뜻한다.

152) '상온 닙꾸'는 '상옷 입고'에 해당하는 이 지역 방언 음성형이다. '상옷(喪-)'은 중앙어 '상복(喪服)'에 대응하는 충청도 방언이다. 충청도 방언에서는 '상옷'의 뜻으로 '상복'도 쓰이는데 둘 다 중앙어 '상복(喪服)'에 대응된다.

153) '그르카능 거지유'는 중앙어 '그렇게 하는 것이지요'에 대응하는 충청도 방언 음성형이다. '그르카능 거'는 '그릏게 하는 거'의 축약형이다.

154) '음 잡숫는다'는 '음습 잡숫는다'나 '염습 잡숫는다' 또는 '음십 잡숫는다'나 '염십 잡숫는다'로도 쓰인다. 충청도 방언에서는 중앙어의 '염(殮)'에 대응하는 말로 '음'이 쓰인다. '음'은 어두음절의 장모음 '어'가 '으'로 고모음화 하는

것과 평행하게 장모음 '여'가 고모음화 하여 '으:'로 실현된 것이다. '음'은 죽은 사람의 몸을 씻긴 뒤에 수의(壽衣)를 입히고 염포로 묶는 것을 뜻하는 말이다. '잡숫다'는 본래 궁중에서 '옷을 입는다'는 뜻으로 쓰이던 말인데 특별히 사자(死者)에게 수의를 입힐 때도 이 말을 쓴다. 충청도 방언에서 '염십'이나 '염습', 또는 '염' 외에 '음십', '음습', '음'이 쓰이기도 하는데 이들 방언형과 '잡숫다'가 호응하여 쓰이면 '사자(死者)'의 처지에서 이르는 말이고 '하다'와 호응하여 쓰이면 산 사람의 처지에서 이르는 말이다.

155) '행여'는 중앙어 '상여'에 대응하는 충청도 방언이다. 충청도 방언형으로 '행여' 외에 '상여'와 '생여' 등도 쓰인다.

156) '바른재'는 '상여가 집에서 떠나기 바로 전에 상여 앞에 차려 놓고 지내는 제사'를 뜻하는 중앙어 '발인제(發靷祭)'에 대응하는 이 지역 방언 음성형이다.

157) '지반내덜'은 '집안내덜'의 음성형으로 '집안 식구들'의 뜻으로 쓰이는 충청도 방언이다.

158) '행여군'은 중앙어의 '상두꾼'에 대응하는 이 지역 방언형이다. 충청도에서는 '행여꾼' 외에 '상여꾼'이라고 하기도 한다.

159) '고개티'는 '고개+티'로 분석할 수 있다. '고개'와 '티'는 둘 다 '산이나 언덕을 넘어 다니도록 길이 나 있는 비탈진 곳'을 뜻하는 말인데 일반적으로 '고개'보다 '티'가 더 작은 의미를 나타낸다.

160) '저기더리'는 '상두꾼들이'의 뜻으로 쓰인 말이다. 하고 싶은 말이 얼른 생각이 나지 않을 때 쓰는 말인데 얼른 생각나지 않는 말의 뜻이 복수이기 때문에 복수 접미사 '-덜'이 쓰인 것이다. 얼른 생각나지 않는 말이 단수일 때는 '저기가' 정도로 쓰인다.

161) '대떠리'는 한글맞춤법 규정에서 어원을 밝힐 수 없는 경우라고 보아 소리 나는 대로 표기해야 할 것이다. '대떠리'는 상가(喪家)에서 장사 지내기 전날 밤에 요령잡이와 상두꾼들이 들태를 메고 마당을 돌면서 노는 것을 가리킨다. 청원 지역에서는 상여의 윗부분에 해당하는 덮개를 조립하지 않은 상여의 틀을 '들태'라고 한다. '들태'는 상여의 틀이라고 할 수 있다. 대떠리는 주로 부잣집에서 하는데 상여막(喪輿幕)에서 상여를 가져다가 마당에서 상여의 틀만을 조립하고 덮개에 해당하는 윗부분은 조립하지 않는다. 상여의 틀에 해당하는 들태 위에 칠성판을 놓고 틀의 앞부분 가운데에 사람이 서서 중심을 잡을 수 있도록 지게꼬리나 새끼줄을 매어 놓는다. 이렇게 조립된 들태 위에 요령잡이가 끈을 잡고 올라서면 상두꾼들이 이것을 메고 요령잡이

의 선소리에 맞추어 마당을 돈다. 요령잡이가 들태 위에 서서 선소리를 메기
고 종을 딸랑딸랑 치면 상두꾼들이 선소리를 받아 '오-호- 어-하' 하면서 발
을 맞춰 마당을 천천히 돈다. 이렇게 하면서 다음날 상여를 메고 가기 위한
연습을 하며 발을 맞춘다. 이 때 상제들이 음식과 술을 준비했다가 상두꾼들
을 대접하기도 하고 돈 봉투를 마련했다가 주기도 하는데 장삿날 전날 밤에
상두꾼들이 이렇게 노는 일을 이 지역에서는 '대떠리' 또는 '대뜨리'라고 하
고 이렇게 하는 것을 '대떠리 한다' 또는 '대뜨리 한다'고 한다. 상여의 덮개
를 조립하지 않은 상여의 틀을 청원 지역에서는 '들태'라고 하는데 충북 괴
산 지역에서는 '대체'라고 한다. 제천 지역에서는 이것을 '신개바탕'이라고도
하는데 '신개'는 강원도나 평안도 방언에서 '가마'의 뜻으로 쓰이기도 한다.
신개바탕은 가마를 뜻하는 '신개'에서 유래한 것으로 보인다. '신개바탕'은 본
래 가마의 덮개를 얹지 않은 뼈대가 되는 틀을 가리키는 것인데 제천 지역
에서는 뚜껑을 얹지 않은 상여를 가리킬 때도 쓰이는 것으로 보인다. 즉 상
여의 덮개를 얹지 않은 틀과 덮개를 얹지 않은 가마의 틀이 모양이나 기능
면에서 비슷하기 때문에 혼용하는 것으로 보인다. 청원 지역에서 '대떠리'나
'대뜨리'라고 하는 것을 괴산 지역에서는 '대돋움'이라고 하고 그렇게 하는
것을 '대돋움 한다'고 한다.

162) '신채'는 중앙어 '신체'와 '시체'에 대응하는 말로 쓰이지만 죽은 지 얼마 되
지 않아 아직 장사지내지 않은 사람에 대하여는 주로 '신채'를 쓰고 죽은 지
오래 되었거나 동물에 대하여는 주로 '시체'를 쓴다.

163) '들태'는 상여의 덮개를 떼어내고 남은 틀을 뜻하는 이 지역 방언형이다. 충
북 괴산 지역에서는 '대체'라고 하고 충북 제천 지역에서는 '신개바탕'이라고
도 한다. 주 161) 참조.

164) '오호딸랑'은 상두꾼들이 상여를 메고 갈 때 요령잡이가 앞에서 길을 인도
하면서 선소리를 메길 때 요령을 흔들면 딸랑딸랑 소리가 나는데 이때 선소
리를 받는 상두꾼들이 '오:-호:-어:-하' 하면서 제창을 한다. '오호딸랑'은 이렇
게 상두꾼들이 요령잡이의 선소리를 받아 제창하는 소리의 일부인 '오호'와
딸랑거리는 요령소리를 아울러 이르는 말이다. 충청도에서 '오호딸랑 했어'
라고 하면 누군가 죽어서 장사지냈다는 말로 쓰인다.

165) '울구다'는 중앙어 '우리다'에 대응하는 충청도 방언형으로 상대방을 협박하
거나 꾀거나 하여 돈이나 음식 또는 물품 등을 내놓게 하여 취한다는 뜻으
로 쓰는 말이다. 충청도 방언의 '울구다'는 중앙어의 '우려내다'의 의미로도

쓰인다. 이때의 '울구다'는 '도토리나 씀바귀 등을 액체에 담가 맛이나 빛깔 따위의 성질이 액체 속으로 빠져나오게 하다'의 뜻으로 쓴다. '씀바구럴 물에 담궈서 씨구운 물얼 울궜다'와 같이 쓰인다.

166) '열두 군정'은 열두 명의 상두꾼을 의미하는 말이다. '군정'은 본래 군적(軍籍)에 있는 지방의 장정으로 16세 이상 60세 미만의 정남(丁男)으로, 국가나 관아의 명령으로 병역이나 노역(勞役)에 종사하는 사람을 일컫는 말이었는데 이것이 상여를 메는 장정을 뜻하는 말에 전용되어 쓰인 것으로 보인다. 예문에서의 '열두 군정'은 상여를 메는 사람이 열두 명의 장정이라는 뜻으로 한쪽에 여섯 명씩이다. 상여는 메는 사람이 많으면 상여 틀(이 지역에서는 '들태'라고 함)의 앞에서 뒤로 양쪽에 광목으로 매어놓은 어깨끈 사이에 가로 막대(이 지역에서는 이것을 '연초대'라고 함)를 하나씩 질러서 양쪽에 각각 한 명씩 두 명이 더 들어서서 멜 수 있게 한다. 상여를 메는 사람이 적으면 여덟 명이 메기도 하고 예문에서와 같이 열두 명이 메기도 하고 열 명이 메기도 한다. 상두꾼의 수는 짝수로 하며 가파르거나 먼 곳을 갈 때는 여럿이 메어 힘이 덜 들게 하기도 하고 중간에 사람을 바꾸어 메기도 한다.

167) '등거리'는 등만 덮을 정도로 만들어 걸쳐 입을 수 있게 한 옷이다. 베나 무명으로 깃이 없고 소매가 짧거나 없게 만든 홑옷이다. '-마냥'은 중앙어 '-처럼'이나 '-같이'에 대응하는 충청도 방언형이다.

168) '해능 겨'는 중앙어 '하는 거야'에 대응하는 충청도 방언 음성형이다. 충청도에서는 중앙어의 '하다'에 대해 '해다가, 해구, 해지, 해는, 해니께, 했어, 해'와 같이 활용하기도 하고 '하다가, 하구, 하지, 하는, 하니께, 했어, 해'와 같이 활용하기도 하는데 전자가 더 보수적인 어형이다. '능 겨'는 '-는 겨'가 역행동화한 것으로 중앙어 '-는 거야'에 대응하는 충청도 방언형이다. '-는 겨'의 '겨'는 '기+어'로 이해된다. '기'는 중앙어의 의존명사 '것'에 대응하는 충청도 방언형인데 여기에 서술접미사 '-이-'가 결합하면 '기구, 기지, 기니께, 겨'와 같이 쓰인다.

169) '선소리꾼'은 선소리를 메기는 사람이라는 뜻인데 여기서는 상여가 나갈 때 앞에서 상여를 인도하는 '요령잡이'를 일컫는다. 제보자가 '요령잡이'라는 말이 얼른 생각이 나지 않아서 요령잡이가 선소리를 메기는 것에 유추하여 선소리꾼이라고 한 것이다. 상여가 나갈 때 상여 앞에서 요령을 흔들면서 선소리를 메기는 사람을 이 지역에서는 '요량잡이'라고 한다. '선소리'는 상여가 나갈 때나 달구질할 때, 논매기할 때, 타작할 때 등 힘든 일을 할 때 손발을

맞추거나 힘든 것을 덜기 위해 선소리꾼이 메기는 소리를 말한다. 선소리꾼이 선소리를 메기면 나머지 사람들이 이 선소리를 받아 상여 메는 소리, 달구질 하는 소리, 논매는 소리, 타작하는 소리 등의 후렴을 한다. 일종의 노동요라고 할 수 있다.

170) 조선시대의 '중인'은 양반과 평민의 중간에 있던 신분 계급으로 세습적인 기술직이나 사무직에 종사하던 사람들이었다. 15세기부터 형성되어 조선 후기에는 하나의 독립된 신분층을 이루었다. 기술관 및 향리, 서리, 토관, 군교(軍校), 역리(驛吏) 등 경외(京外) 아전과 양반에서 격하된 서얼 등이 여기에 해당되었다. 그런데 예문에서 말하는 '중인'은 조선시대의 중인보다 아래의 신분 계급으로 상민(常民) 이하의 사람을 뜻한다. 지체가 낮아 동네의 여러 가지 자질구레한 일을 맡아 하는 사람을 가리킨다.

171) '뜨렁'은 '뜨럭'의 음성형이다. '뜨럭'의 말음 'ㄱ'이 후행하는 자음 'ㅁ'에 동화되어 'ㅇ'으로 발음된 것이 '뜨렁'이다. '뜨럭'은 중앙어 '토방'에 대응하는 충청도 방언이다. 충청도 방언의 '뜨럭'은 방에 들어가는 문 앞에 좀 높이 편평하게 다진 흙바닥을 가리킨다. 여기에 쪽마루를 놓기도 하고 신을 벗어 놓거나 섬돌을 놓기도 한다. '뜨럭'이 좁아 쪽마루를 놓을 수 없을 때는 방 문 앞에 좀 높은 섬돌을 놓아 밟고 올라서서 방으로 들어갈 수 있게 하였다. 충청도에서는 이곳을 '봉당'이라고도 한다.

172) 중앙어에서는 '소상'이 '사람이 죽은 지 1년 만에 지내는 제사'를 가리키는데 충청도 방언에서의 '소상'은 '사람이 죽고 장례를 치른 후 삭망(朔望;초하루와 보름)에 궤연(几筵)에 음식을 올리다가 1년이 되는 날에 지내는 제사'를 가리켰다. 그러나 요즈음은 삭망에는 음식을 올리지 않고 사람이 죽으면 제사만 지내는데 죽은 지 1년 만에 지내는 제사를 '소상'이라고 한다.
　　충청도에서는 상가(喪家)에서 아침저녁으로 궤연에 올리는 음식과 장례를 치르고 나서 탈상할 때까지 삭망 때 궤연에 음식을 올리는 것을 포함하여 '상식(上食) 올린다'고 하고 그런 음식을 '상식(上食)'이라고 한다. 이에 비해 중앙어에서의 '상식(上食)'은 '상가(喪家)에서 아침저녁으로 궤연 앞에 올리는 음식'을 가리킨다. 충청도에서는 '궤연(几筵)'을 '고연'이라고 하기도 하고 '상청' 또는 '지청'이나 '제청'이라고 하기도 한다. '고연'은 '궤연'의 방언형이다. 궤연은 '상청'이라고도 하고 '지청, 제청'이라고도 하는데 '상청(喪廳)'은 궤연을 속되게 이르는 말이고 '지청'과 '제청'은 제사를 지내기 위해 마련하는 '祭廳'에서 유래한 것으로 보인다. '상청'과 '지청, 제청'은 화자들이 '궤연'을 몰라서 비슷한 형태의 '상청'과 '제청'을 '궤연'의 뜻으로 쓰는 것으로 이해된다.

173) '하느먼'은 '하먼'을 발못 발음한 것이다. '하먼'은 중앙어 '하면'에 대응한다.

174) '부서(訃書)'는 사람의 죽음을 알리는 글이라는 뜻의 '부고(訃告)'와 같은 뜻으로 쓰였다.

175) 청원 지역에서 '-매'는 두 가지 이상의 움직임이나 사태 따위가 동시에 겸하여 있음을 나타내는 연결 어미로 중앙어의 '-면서'에 대응한다. 어간 말음절에 받침이 없는 경우에는 '-매'로 나타나고 어간 말음절에 받침이 있는 경우에는 '-으매'로 나타난다. 이 지역을 포함한 충청도 지역에서는 '-매' 외에 같은 의미로 '-머서'와 '-먼서'가 쓰이기도 한다. 중앙어의 '-면서'에 대응하는 충청도 방언형으로 '-머서'와 '-먼서' 외에 '-민서'가 쓰이기도 한다.

176) '부고짱'은 '부고장(訃告狀)'의 음성형으로 사람의 죽음을 알리는 글을 적은 문서라는 뜻이다.

177) '그르카지'는 중앙어의 '그렇게 하지'에 대응하는 이 지역 방언형 '그릏게 하지'의 축약형으로 이해된다.

178) '돌루러'는 중앙어 '돌리다'의 활용형 '돌리러'에 대응하는 충청도 방언형이다. '돌루다'는 '돌루구, 돌루지, 돌루니, 돌루러, 돌루너라구' 등과 같이 활용한다.

179) '-마도'는 중앙어 '-마다'에 대응하는 이 지역 방언형이다. '-마도' 외에 충청도 방언형으로 '마둥'과 '마두'가 많이 쓰인다. 근래에는 표준어의 영향으로 젊은 사람들은 '-마다'를 많이 쓴다.

180) 충청도 방언에서는 '상주'와 '상제'를 잘 구별하지 않고 '상주'라고만 하든지 '상제'라고만 하는 경우가 대부분이다. 예문에서의 '상주'는 '상주'를 포함하는 '상제'의 의미로 쓰였다. 주 147) 참조.

181) '한대'는 중앙어의 '한데'에 대응하는 말로 집채 바깥을 가리킨다.

182) '광중'은 주로 '짓다'나 '파다'와 호응하여 쓰이는데 여기에서는 '짓다'와 함께 쓰였다. '광중 짓다'는 이 지역에서 관용구처럼 쓰이는 말로 '시체를 넣은 관을 묻을 수 있도록 관 모양의 크기로 땅을 판다'는 뜻이다.

183) 여기에서는 '만사(輓詞/挽詞)'가 죽은 이를 슬퍼하는 글을 비단이나 종이에 적어 기(旗)처럼 만든 것을 가리키는 '만장(輓章/挽章)'의 뜻으로 쓰였다.

184) 여기에서 '돌로 한 것'은 '석관(石棺)'을 가리킨다.

185) '질투'는 '취토'의 잘못이다. 중앙어에서는 '취토(取土)'가 '장사를 지낼 때에 무덤 속에 놓기 위하여 길한 방위에서 흙을 떠 오는 일이나 그 흙'을 가리키

는 말로 쓰이지만 충청도에서는 '장사를 지낼 때 광중에 하관을 해서 관을 고정시킨 다음 관을 흙으로 묻기 전에 상주를 비롯하여 상제들이 차례로 상복의 앞자락에 부드럽고 고운 흙을 떠서 관의 네 귀퉁이 부분에 한 줌씩 던지는 일'을 가리킨다. 이 때 '취토! 취토!, 취토! 취토!' 하고 네 번을 외치면서 흙을 한 손으로 한 줌씩 던진다. ≪표준국어대사전≫에는 '취토'가 관(棺)을 괴기 위하여 무덤의 구덩이 네 귀에 조금씩 놓아 하관(下官) 뒤에 바를 뽑기 쉽게 하기 위한 것이라고 설명되어 있다.

186) '원'은 화자가 어떤 말을 하면서 그 말의 진위에 대해 확신을 하지 못할 때 하는 군말이라고 할 수 있다.

187) '-라가'는 '-라나'를 잘못 발음한 것이다.

188) '상투, 상토, 향토'는 모두 '성토'의 잘못이다. '성토'는 본래 장사지낼 때 관을 묻고 그 위에 흙을 쌓아 올려 봉분하는 것을 가리키는 말인데 제보자가 '취토'와 '성토'가 무엇인지 잘 모르고 그 용어도 헷갈려 쓴 것으로 보인다.

189) '차이구'는 '아이구'를 발못 발음한 것이다.

190) '달기호'는 장사 지낼 때 광중에 관을 넣고 흙을 판판하게 채운 다음 상두꾼들이나 동네 사람들이 땅을 다지기 위해 돌아가면서 밟는 것을 가리키는 말이다. 이렇게 하는 것을 충청도에서는 '달기호' 또는 '달구질'이라고 한다. 관의 머리 부분을 중심으로 선소리꾼을 따라 돌면서 선소리꾼의 사설에 맞추어 여럿이 함께 동시에 발을 내디디면서 흙을 다진다. 선소리하는 사람에 따라 메기는 사설이 다양한데 가령 '북쪽에는 백두산이요'하고 선소리를 메기면 달기호꾼들이 이를 받아 '에:-헤:- 다알:-고' 하면서 다 같이 받고 다시 선소리꾼이 '남쪽에는 한라산인데' 하고 메기면 다시 받아서 '에:-헤:- 다알:-고' 한다. 계속해서 선소리꾼이 '우리가 가는 저기 저산은' 하면 '에:-헤:- 다알:-고' 하고 '누구나 가는 북망산일세' 하면서 계속 이어간다. 계속해서 '우리 맏상제 어디 가셨나' '에:-헤:- 다알:-고' '맏상제가 보고 싶으니' '에:-헤:- 다알:-고' '빨리 와서 절을 하시오' '에:-헤:- 다알:-고' '맏메누리(맏며느리)는 또 어디 갔나' '에:-헤:- 다알:-고' '어서 와요 어서 와요' '에:-헤:- 다알:-고' 하면서 계속해서 사설을 이어간다. 이렇게 선소리꾼과 달구질하는 사람들이 구슬프게 사설을 이어가면서 망자와 관계가 있는 상제나 친척들을 하나씩 불러내어 망자와 마지막 작별 인사를 하게 하면 대개 돈 봉투를 내고 예를 표한다. 이렇게 달구질을 해서 땅이 다져지면 다시 흙을 쌓아 올리고 또 달구질을 한다. 이렇게 서너 번의 달구질을 더 한 다음 흙을 쌓아 올린 위에 떼를 입힌다.

달구질을 할 때 받은 돈은 장례를 치른 후에 상두꾼 등 산역을 한 일꾼들이 모여 술을 마시거나 하며 피로를 풀고 논다. ≪표준국어대사전≫에는 '달구질'에 대하여 '달구로 집터나 땅을 단단히 다지는 일'이라고 설명하고 있다. 집터를 다질 때는 달구나 커다란 맷돌 또는 둥글넓적한 돌을 여러 가닥의 밧줄로 묶어 여럿이 밧줄을 하나씩 잡고 잡아당겨 높이 들었다가 놓으면서 다지기도 한다.

191) 집을 짓기 위해 집터를 다지는 일을 '지재미질' 또는 '지지미질'이라고 하며 '지재미호'나 '지지미호'는 집을 짓기 위해 집터나 땅을 단단히 다지는 일을 할 때 내는 후렴구다. 지재미질(지지미질)을 할 때 선소리꾼이 사설을 메기면 지재미질(지지미질)하는 일꾼들이 받는 후렴구가 '지재미호(지지미호)'인데 제보자가 '달구질'과 '지재미질(지지미질)'을 구별하지 못하고 달구질할 때 받는 후렴구인 '달기호'라고 말한 것이다. 집터를 다질 때는 집터나 땅을 다지는 도구인 달구나 커다란 맷돌 또는 둥글넓적한 돌을 여러 가닥의 밧줄로 묶어 여럿이 밧줄을 하나씩 잡고 잡아당겨 높이 들었다가 놓으면서 다진다. 이 때 선소리꾼이 선소리를 메기면 달구질하는 사람들이 받아서 '에:-해:- 지재미호:-' 또는 '에:-해:- 지지미호:-' 하고 후렴구를 외친다. 이렇게 반복하면서 땅을 다지는 일을 '집터다지기' '지재미질'이라고 한다. 집터를 다질 때나 땅을 다질 때는 선소리꾼이 좋은 사설만을 메긴다. 충청도 방언에서는 '지재미호'나 '지지미호' 외에 '지대미호'라고 하기도 한다.

192) '-랑가'는 중앙어의 '-라고'에 대응하는 이 지역 방언형 '-라구'를 잘못 발음한 것이다.

193) '봉분지'는 중앙어의 '봉분제(封墳祭)'에 대응하는 이 지역 방언형이다. '봉분지'는 시체를 다 묻고 나서 그 자리에서 무덤 앞에서 지내는 제사를 가리킨다.

194) '지:사'는 중앙어 '제사(祭祀)'에 대응하는 이지역 방언형이다. 충정도에서는 어두음절 모음이 '에'이고 장모음으로 실현되면 '제:사→지:사, 세:게→시:게, 메:다→미:다' 등과 같이 고모음으로 실현되는 경향이 있다.

195) ≪표준국어대사전≫에는 '기제사'를 '해마다 사람이 죽은 날에 지내는 제사'라고 뜻풀이하고 있으나 이 지역에서는 해마다 사람이 죽은 전날, 즉 살아 있었던 날 지내는 제사를 뜻하는 말로 쓰인다.

196) '지내내배'는 '지내나 보네'에 해당하는 이 지역 방언형이다.

197) '시야루'는 '시양으루'를 잘못 발음한 것이다. '시양'은 중앙어로 '시향(時享)', '시사(時祀)' 또는 '시제(時祭)'라고도 하며 음력 10월에 5대 이상의 조상 무덤

에 지내는 제사를 가리킨다. '시향'이나 '시사' 또는 '시제'는 '지낸다'고 하고 한식 차례 등은 '한다'고 하거나 '지낸다'고 한다.

198) '명절 지사'는 추석이나 설 등 명절에 지내는 차례를 가리키는 말이다. 이 지역에서는 '지사'와 '차례'를 구별하지 않고 둘 다 '지사'라고 하는 경우가 많다.

199) '이르개'는 '이르캐'를 잘못 발음한 것이다.

200) 여기에서의 '자반'은 '소금에 절인 고등어' 즉 '자반고등어'를 가리킨다.

201) 중앙어에서의 '포'는 얇게 저미어서 양념을 하여 말린 고기인 '포육(脯肉)'을 뜻하지만 여기에서의 '포'는 명태를 얇게 저민 것을 가리킨다. '명태 포를 뜬다', '명태를 사다가 포를 뜬다'와 같이 쓴다. 충청도 지역에서는 명태 살을 얇게 저민 다음 부침개가루나 달걀에 묻혀 기름에 부쳐 먹는다. 참고로 충청도 지역에서는 '명태'를 '물명태'와 '마른명태'로 구분한다. '물명태'는 '생태'라고도 하는데 바다에서 잡아 올린 명태를 얼리거나 말리지 않은 것을 가리키고 '마른명태'는 '물명태'를 말린 것으로 흔히 '부개'라고 부른다. '부개'는 중앙어의 '북어'에 대응하는 이 지역 방언형이다. 다른 수식어가 없이 '명태'라고만 하면 주로 '마른명태'를 가리키는 말로 쓰인다. '물명태'를 얼린 것을 '동태'라고 한다. 명태 새끼를 말린 것은 '노가리'라고 하는데 주로 술안주로 먹거나 간장에 졸여 반찬으로 만들어 먹기도 한다. 명태를 겨울에 말렸다 녹였다 하여 속살이 노란 것을 '황태'라고 한다. 마른명태 스무 마리를 묶은 것을 '명태 한축' 또는 '부개 한 축'이라고 한다. 중앙어에서는 북어를 세는 단위로, 북어 스무 마리 묶은 것을 '북어 한 떼'라고 한다.

202) '고리'는 '고 곳으로' 또는 '고쪽으로'의 뜻을 가진 중앙어 '고리'와 같은 이 지역 방언형이다. '고리'는 '그리'로도 쓰이는데 '고리'가 '그리'보다 가리키는 범위가 더 좁고 제한되어 쓰이는 말이다. '고리'는 '요리, 조리, 고리'와 같이 양성모음들끼리 짝을 이루고 '그리'는 '이리, 그리, 저리'와 같이 중성모음이나 음성모음과 짝을 이루어 쓰인다.

203) '고'는 중앙어 '그'에 대응하는 이 지역 방언형이다. 중앙어에서는 듣는 이에게 가까이 있거나 듣는 이가 생각하고 있는 대상을 가리킬 때 쓰는 말이지만 이 지역에서는 중앙어와 같은 뜻 외에 앞에서 이미 이야기한 대상을 가리키거나 앞에서 이야기한 대상과 가까이 있는 대상이나 장소를 가리키는 뜻으로도 쓰인다. 예문에서는 후자의 뜻으로 쓰였다.

204) 여기에서의 '위'는 상의 '뒤쪽'을 가리키는 말로 쓴 것이다.

205) '워디'는 중앙어 '어디'에 대응하는 이 지역 방언형이다. 이 지역에서는 '어

디, 어떻게, 언제' 등의 모음 '어'가 '워디, 워떻게, 원제' 등과 같이 '워'로 실현
되기도 한다. 중앙어의 '어디, 어떻게, 언제' 등이 '워디, 워떻게, 원제' 등으로
실현되는 현상은 충청남도와 전라도에서 주로 관찰되는데 충청북도의 일부
지역에서도 관찰된다. 충북 지역에서는 청원군과 진천군, 옥천군, 보은군 등
충청남도나 전라북도와 인접한 지역에서 주로 관찰된다. 청원군의 경우 서
쪽 지역인 강외면과 부강면 등 충남과 인접한 지역으로 갈수록 이런 현상이
두드러지게 나타나고 충남과 인접한 옥천군 지역에서도 이러한 현상이 관찰
된다. 필자가 초등학생이던 1960년대 말에는 청주와 청원 지역에서 토박이
어른들은 물론이고 또래 친구들에게서도 이런 발음을 자주 들었으나 지금은
노년층을 제외하고는 거의 듣기 어렵다.

206) '젤:'은 '제일'의 축약형이다.

207) '잔때(盞臺)'는 '잔대'의 음성형이다. '잔대'의 글자 그대로의 의미는 술잔을
받치는 데 쓰는 도구지만 여기에서는 '잔(盞)'의 의미로 쓰였다.

208) '잔 부꾸'는 중앙어 '잔 붓고'에 대응하는 이 지역 방언형 '잔 붓구'의 음성형
이다. 문자상으로만 보면 '잔을 붓고'의 뜻이 되는데 의미상으로는 '잔에 술
을 따르고'가 된다. 이 지역을 비롯한 충청도 방언에서 '잔 붓는다'나 '잔을
붓는다' 또는 '술잔을 붓는다'고 하면 '잔에 술을 따른다'는 뜻으로 쓰인다.

209) '아르시내'는 중앙어 '아시네'의 이 지역 방언형이다. 충청도 방언에서 말음
이 'ㄹ'인 일음절 어간에 존칭의 선어말어미 '-시-'가 결합되면 어간 말음 'ㄹ'
을 탈락시키는 것이 일반적인데 제보자의 경우는 어간 말음이 'ㄹ' 이외의
자음으로 끝나는 어간과 결합하는 '-으시-'가 결합된 것이다. 따라서 '아르시
내'를 형태소 분석하면 '알-으시-내'가 된다.

210) '줘:따가'는 '두었다가'의 축약형 '뒀다가'의 음성형 '둬:따가'를 잘못 발음한
것이다.

211) '신주딴지'는 '신줏단지'의 음성형이다. 중앙어의 '신줏단지'는 신주를 모시는
오지항아리를 가리키는 말로 보통은 장손의 집안에서 오지항아리나 대바구
니 따위에 조상의 이름을 써 넣고 안방의 시렁 위에 모셔 두고 위한다. 그런
데 충청도에서는 예문에서와 같이 해마다 햇곡식이 나면 제일 먼저 거둔 좋
은 곡식을 장광(장독대)에 있는 단지에 넣고 뚜껑을 덮은 다음 다음해 햇곡
식이 날 때까지 잘 모셔두는데 그것을 '신줏단지'라고 한다. 곡식 신과 조상
에 대한 감사의 표시이고 한 해의 농사가 풍년들기를 기원하는 일종의 샤머
니즘이라고 할 수 있다.

경상도와 전라도에서는 이런 단지를 '세존단지'라고도 하는데 농신(農神)에
게 바치는 뜻으로 가을에 제일 먼저 거둔 햇곡식을 넣어두고 모시는 단지를
가리킨다. 이것을 지역에 따라 '부릿단지, 부릿독, 부릿섬, 시좃단지, 제석단
지, 할매단지'라고도 한다.

212) '장꽝'은 '장독대'에 대응하는 충청도 방언이다. '장꽝'의 '꽝'과 '미나리꽝'의
'꽝'은 기원적으로 어원이 같은 것으로 보인다.

213) '가러'는 '갈다'의 충청도 방언 활용형 '갈어'의 음성형이다. '갈어'는 중앙어
'갈다'의 활용형 '갈아'에 대응하는 이 지역 방언형이다. 충청도에서는 '살다,
잡다, 쫍다(좁다)' 등과 같이 양성모음으로 끝나는 일음절 어간에도 '살어, 잡
어, 쫍어'에서와 같이 주로 음성모음 계열의 어미가 연결되는 특징이 있는데
'갈어'도 그런 예 가운데 하나다. 예문의 '갈어'는 '갈다'의 활용형으로 '바꾸
다, 교체하다'의 의미로 쓰였다. '갈다'는 이 외에도 '교환하다' '사주다'의 뜻
으로도 쓰인다. '양말얼 갈어 줬다' '화장품얼 갈어 줬다'고 하면 돈 또는 쌀
이나 보리쌀 등을 주고 양말로 바꾸거나 화장품으로 바꾸었다는 뜻이 된다.
또한 중앙어에서 '갈다'가 '어떤 직책에 있는 사람을 다른 사람으로 바꾸다'
의 뜻으로도 쓰이는데 충청도 방언에서도 같은 뜻으로 쓰인다. 이 '갈다'의
피동형 '갈리다'가 쓰이면 '어떤 직책에 있는 사람이 다른 사람으로 바뀌다'
의 뜻으로 쓰인다. 충청도 방언에서 흔히 '교장 선생님이 갈리갔다'와 같이
'갈리가다'가 쓰이는데 이때는 '전근하다' 또는 '전근 가다'의 의미가 된다.

214) 중앙어에서 '사뭇'은 '내내 끝까지'의 뜻으로 쓰이는데 충청도 방언에서는
'내내 끝까지'의 뜻 외에 '작년부터 사뭇 여기서 일했어.' '사뭇 기다리고 있다
가 금방 갔어.'에서와 같이 '계속해서' 또는 '계속해서 지금까지'의 뜻으로도
쓰인다. '사뭇'과 같은 뜻으로 쓰이는 충청도 방언으로 '상구'가 있다. '상구'
는 중앙어 '계속' 또는 '줄곧' 정도에 대응하는 의미를 가지는 충청도 방언형
이다. 충청도에서는 '상구'가 '어느 시점부터 말하는 시점까지 계속' 또는 '어
느 시점부터 말하는 시점까지 줄곧'의 뜻으로 쓰인다. 충청도 방언에서 '상
구' 외에 '상굿' 또는 '상그'도 같은 뜻으로 쓰인다.

215) '-부트먼'은 중앙어 '-부터는'에 대응하는 이 지역 방언형이다. '-부트먼' 외에
'-부터넌'도 같은 의미로 쓰인다. 형태소 분석을 하면 '-부트먼'은 '-부틈+언'이
되고 '-부터넌'은 '-부터+넌'이 될 것이다.

216) '음석'은 중앙어 '음식'에 대응하는 이 지역 방언형이다.

217) '동기간'이 중앙어에서는 '형제 자매 간'을 가리키는 말이지만 충청도 방언

에서는 성과 본이 같은 혈연관계를 이루고 있는 사람을 뜻하는 말로 쓰인다
는 점에서 중앙어보다 의미 영역이 넓다.

218) '요로캐'는 중앙어 '요렇게'에 대응하는 이 지역 방언형으로 '상태나 성질 모
양 따위가 이와 같게'의 뜻으로 쓰인다. 중앙어 '이렇게'보다 상태나 모양이
나 성질 따위가 작은 느낌이 있다.

219) '음복(飮福)'은 중앙어에서와 마찬가지로 제사를 지내고 난 뒤 제사에 쓴 음
식을 나누어 먹는 것을 뜻하는 말이지만 충청도에서는 흔히 제사를 지내고
난 뒤 제사에 쓴 술을 나누어 마시는 것을 뜻하는 말로 의미가 축소되어 쓰
이는 것이 보통이다.

220) '부캐서'는 중앙어 '부엌에서'에 대응하는 이 지역 방언형이다. 충청도에서는
흔히 '뷔캐서(뷕-애서)'나 '뷔개서(뷕-애서)' 또는 '버캐서(벅-애서)' 등으로 쓰
인다.

221) '아랜녁떠런'은 '아랫녁덜은'으로 표기할 수 있다. '아랫녁'은 '아랫녘'의 이
지역 방언형으로 전라도와 경상도를 일컫는다. '-덜언'은 중앙어 '-에는' 정도
의 뜻으로 쓰이는 충청도 방언형이다. '-덜언'은 문맥 의미로 볼 때 '-에서는'
이나 '사람들은' 정도로 해석해도 무리가 없다. 그런데 이 '-덜언'이 앞말이
시간의 부사어임을 나타내는 부사와 함께 쓰이면 '앞말이 나타내는 시간에'
정도의 의미로 쓰인다. 예를 들면 '-덜언'이 '말하는 바로 이때에'를 뜻하는
'지금'에 붙어 '지금덜언'이 되면 '지금은'의 의미로 쓰이고, '바로 얼마 전부터
이제까지의 무렵'을 뜻하는 '요즈음'에 붙어 '요즈음덜인'이 되면 '요즈음은'
또는 '요즈음에는' 정도의 의미로 쓰인다. 마찬가지로 '지난해에'를 뜻하는
'작년에'에 '-덜언'이 결합되어 '작년에덜언'이 되면 '작년에는' 정도의 의미가
되고 '옛날에'에 '-덜언'이 결합되어 '옛날에덜언'이 되면 '옛날에는' 정도의 의
미가 된다. 충청도 방언에서 '-덜'이 명사와 결합하여 쓰이면 선행하는 명사
가 복수임을 나타내지만 시간을 나타내는 명사에 특수조사 '-언'이 연결되면
복수의 뜻은 없어지고 선행하는 시간의 부사어가 가리키는 무렵에 정도의
뜻으로 쓰인다. 충청도 방언에서는 '-덜언' 외에 '-덜은'도 쓰인다.

222) '무수나물'은 무를 채 쳐서 삶은 뒤 바로 양념을 하거나 또는 다시 볶으면서
양념을 하여 무친 반찬을 뜻하는 중앙어 '무나물'에 대응하는 이 지역 방언
이다. '무수'는 중앙어 '무'의 충청도 방언형이다. '무수'와 '무'의 관계는 '여수'
와 '여우'의 관계와 궤를 같이하는 것이다.

출산과 육아

1. 출산
2. 육아

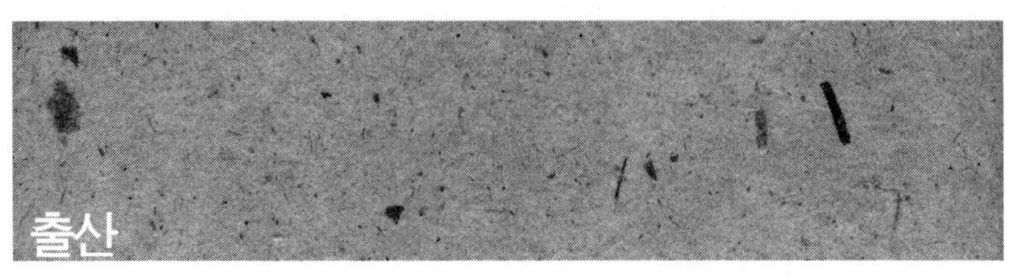

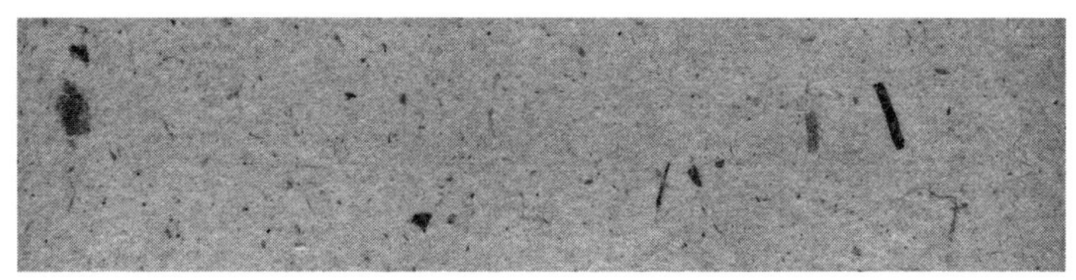

그럼 큰, 큰아들 가졌을 때 입덧하고 그랬을 것 아니에요?

ᅳ 예.

그때는 어땠어요?

ᅳ 굉장했지, 입덧하는 게. 다른 이들은 순하게 선다는데 나는, 지금도 아프면 뭐 조금 저기 하면 비위가 상해서 토악질을 하는데, 옛날에야 뭐 아기 설 때 그냥 열 달 내내 토악질하고 아무 것도 못 먹고. 환자처럼 그렇게 해서 그냥 애를 낳았지요.

둘째도 그랬어요?

ᅳ 예. 셋을 다 그랬어요, 나는. 아이 셋만 낳았는데, 애 셋을 다 그래서 아주 조금 낳았어도 아주 무서웠어, 아기 서기가.

대개 입덧해도 뭐 잠깐 이렇게 하다가 말고 그러자나요.

ᅳ 그렇다는데 나는 안 그래요. 아주 열 달 내내 그냥 애를 그렇게 험하게 서서 비위 약한 사람은 그런가 봐요. 뭐 냄새만 맡으면 그냥 모두 넘어 오고.

그러면 그 아이는 어디에서 낳으셨어요? 집에서?

ᅳ 집에서 다 낳았어요, 여기서.

누가 또 봐 주고 그래야 되잖아요?

ᅳ 시어머님. 시어머님 계시니까.

아이 낳고 나서 그 다음에도 할 일이 또 있잖아요, 아이 낳고 바로.

ᅳ 아기 낳으면 이제 시어머님이 다 삼 가르고.

산 갈르구.

￣ 어. 엔:나레더런 태넌 가따가 저 왱개애다가[4] 노쿠서 삼뿌리라구 이
르캐 태:우더라구유. 부럴 로쿠, 그르캐서 태우먼 훔처가 또 태럴. 그개
야:기 조티야. 그래서 그냥 그거 훔처 가깨배 우리 어머니는 상:군 지:켜
밤애넌, 몯:툼처 가개 하너라구.

산 갈른대능 개 그개 어트개 하능 거요?

￣ 탣쭐.

태쭐 짤르능 거?

￣ 어:. 애기 나먼 인저 애기 배꼬파고 여긴 내 배쏘개서 태쭈리 이르캐
부터짜너? 어, 그라면 인저 그걸 가새루[4] 이르캐 짤러 가주구서넌, 애기
배꼬배 인넌 주래두 실:루 이르캐 강:꾸 인저 그러카더라구. 난: 그렁 거뚜
모:태 바:써.

그거 상 갈른다 그래능구나.

￣ 예:, 그개 상갈르능 거래유.

그러면 인재 애기 나:면 그다매 인재 조리해야 대자나요?

￣ 야:, 조리해야지:. 일주일: 천 니래 머 두 이래[5] 저기따 금쭐 매:자너.
대뭉까내다가 인저, 솔립[6] 꼬꾸 꼬추 꼬꾸 거멍[7] 숟:꺼멍[8] 꼬꾸 이르캐 해
서, 왼:산내끼[9] 꽈: 가주구서 금쭈럴 매: 노쿠서는, 부정한 사람 몯뜨러오
개 하느라구. 그르캐 노쿠서는 인저 시어먼니미 인저 머: 세: 때 상:구[10]
인저 며:꾹 끄려다 줘:서 산:모 인저 저기하너라고. 일쭈일씩 카구 이르캐
빨리 하넌 사람더런 뭐: 일쭈일 아내두 나온다넌대 나넌: 션차너서 그르
캐 빨리 몯: 나오구 한: 달씩 애기 나먼 이써야 한대럴 라와.

그래두 그개 몸앤 조치요.

￣ 몰:러, 조은지 어쩐지 이러키 능넝 걸 뭐: <u>호호</u>.

애기 나쿠 처::매 멍는 걸 머라 그래요?

￣ 며:꾹, 처꾹빱[11]. 며:꾹카구 인저 쌀바파구 해:다 주먼 처꾹빱.

삼 가르고.

  ˉ 어. 옛날에는 태를 갖다가 저 왕겨에다가 놓고서 삼불이라고 이렇게 태우더라고요. 불을 놓고, 그렇게 해서 태우면 훔쳐 가 또 태를. 그게 약이 좋대. 그래서 그냥 그거 훔쳐 갈까봐 우리 어머님이 사뭇 지켜 밤에는, 못 훔쳐 가게 하느라고.

  산 가르다는 게 어떻게 하는 거예요?

  ˉ 탯줄.

  탯줄 자르는 것?

  ˉ 어. 아기 낳으면 이제 아기 배꼽하고 여기 내 뱃속에서 탯줄이 이렇게 붙었잖아? 어, 그러면 이제 그걸 가위로 이렇게 잘라 가지고는, 아기 배꼽에 있는 줄에도 실로 이렇게 감고 이제 그렇게 하더라고. 난 그런 것도 못 해 봤어.

  그걸 산 가른다고 그러는구나.

  ˉ 예, 그것을 산 가르는 거라고 해요.

  그러면 이제 아기 낳으면 조리해야 되잖아요?

  ˉ 예, 조리해야지. 일주일 첫 이레 뭐 두 이레 저기에다 금줄 매잖아? 대문간에다가 이제, 솔잎 꽂고 고추 꽂고 숯 꽂고 이렇게 해서, 왼새끼 꽈 가지고서 금줄을 매 놓고서는, 부정한 사람 못 들어오게 하느라고. 그렇게 해 놓고서는 이제 시어머님이 이제 뭐 세 때 계속 이제 미역국 끓여다 줘서 산모 이제 저기하느라고. 일주일씩 하고 이렇게 빨리 하는 사람들은 뭐 일주일 안에도 나온다는데 나는 시원찮아서 그렇게 빨리 못 나오고 한 달씩 아기 낳으면 있어야 한데를 나와.

  그래도 그게 몸에는 좋지요.

  ˉ 몰라, 좋은 지 어쩐지 이렇게 늙는 것을 뭐 흐흐.

  애기 낳고 처음에 먹는 것을 뭐라고 그래요?

  ˉ 미역국, 첫국밥. 미역국하고 이제 쌀밥하고 해다 주면 첫국밥.

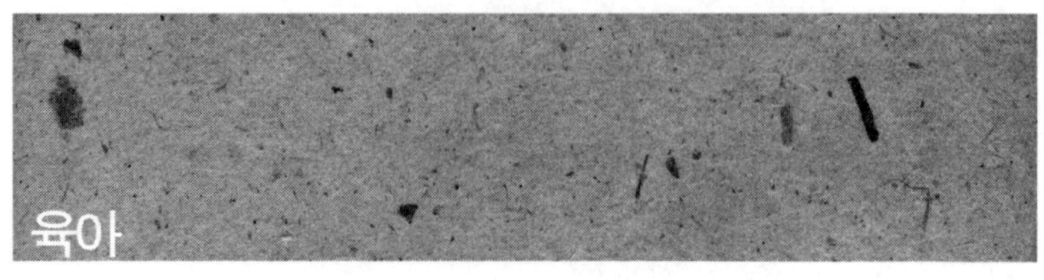

그래구 인재 애가 쪼끔 더 크먼 배길 때두 머 잔치하구 돌 때두 하구 그래자
너요?

― 예, 예, 배길, 예. 배길 때 인재 그저내 보니깨 배길 때 수수파떡카구
인저 백썰기하구. 수수파떠건 열 쌀꺼지 해 주먼 모든 사리 풀려 나간다
구 열 쌀꺼지 우리 어머니가 해 주시더라구 손자 나서.

아 저는 그 수수파떠기 그르키 먹끼 시런는대 꼭 해 주드라구요.

― 아흐, 그리여 허허허.

별루 마시 업떤대.

― 그개 저기: 살 푸러나간디야[12], 열 쌀꺼지 해 주먼 모:든 나쁜 사리 다:
풀려 나간다구 우리 시어먼니미 손자 보구서 그르캐 하시더라구.

돌, 돌 때두 또 하자너요?

― 예, 처똘.

처똘 때. 그 어트개 해요, 상두 차려 노쿠 머?

― 예, 상 차려 노쿠 머, 인저 뭐 상애다가 인저 떡뚜 노쿠 거:뚜 노쿠 인
저: 공책뚜 노쿠: 연필두 노쿠 돈:두 노쿠 실:두 노쿠: 인제 뭘, 골고루 이
르캐 노:먼. 그 애, 애:가 가서 인재 쥐믄, 도:널 지프먼[13] 돈:뿌기 망:커따
구 하구, 엔:나래 그라더라구 으:런더리. 연필과 공채걸 지브면 인저 공부
자라거따구 하구, 그르캐 엔:나래더런 그르캐 하시더라구유.

인재 그런 애드리 크먼 학꾜도 다니구 그래서 으:른 대자너요. 근대 옌나랜
다 머리두 따구 그래짜너요?

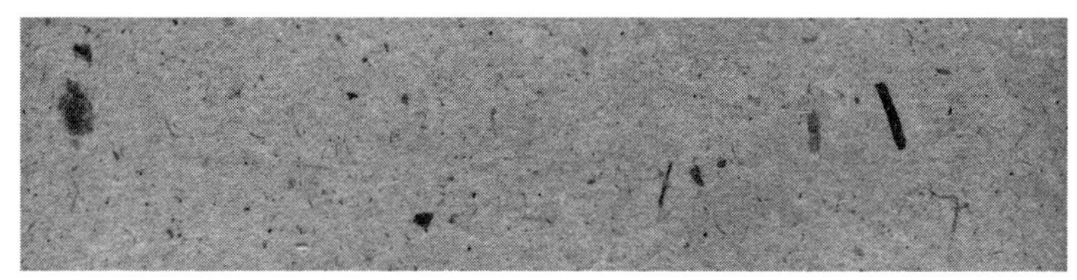

　그리고 이제 애가 조금 더 크면 백일이 되어도 뭐 잔치하고 돌 때도 하고 그
러잖아요.
　￢ 예, 예, 백일, 예. 백일 때 이제 그전에 보니까 백일 때 수수팥떡하고
이제 백설기하고. 수수팥떡은 열 살까지 해 주면 모든 살이 풀려 나간다
고 열 살까지 우리 어머니가 해 주시더라고 손자 낳아서.
　아 저는 그 수수팥떡이 그렇게 먹기 싫었는데 꼭 해 주더라고요.
　￢ 아흐, 그래 허허허.
　별로 맛이 없던데.
　￢ 그게 저기 살을 풀어나간대, 열 살까지 해 주면 모든 나쁜 살이 다 풀
려 나간다고 우리 시어머님이 손자 보고서 그렇게 하시더라고.
　돌, 돌 때도 또 하잖아요?
　예, 첫 돌.
　첫돌 때. 그 어떻게 해요, 상도 차려 놓고 뭐?
　￢ 예, 상 차려 놓고 뭐, 이제 뭐 상에다가 이제 떡도 놓고 그것도 놓고
이제 공책도 놓고 연필도 놓고 돈도 놓고 실도 놓고 이제 뭐, 골고루 이
렇게 놓으면. 그 애, 애가 가서 이제 쥐면, 돈을 집으면 돈복이 많겠다고
하고, 옛날에 그러더라고 어른들이. 연필과 공책을 집으면 이제 공부 잘
하겠다고 하고, 그렇게 옛날에는 그렇게 하시더라고요.
　이제 그런 아이들이 크면 학교도 다니고 그래서 어른이 되잖아요. 그런대 옛
날에는 다 머리도 땋고 그랬잖아요?

⎺ 우리, 그때넌 안: 따써. 우리개넌[14] 깍, 까꺼써.

남자들두 그래따가 머 상투 틀구.

⎺ 야, 야, 그리타넌대 나: 애기 날: 때는 그르캐 머리 따구 그르캔 야:내써.

그러면 어:른 대따구 머 이르캐 성:인시기나 이렁 건 안 해써요?

⎺ 안: 해요.

그렁 건 안 하시구.

⎺ 야.

자식 키우면서 젤: 기어개 남는 머 이리 이써요? 머 아니면 놀래때거나, 아니면 조:은 이:리 이써때거나 애가 하두 멀 자래서 조아따등가 머 이렁 거 기어개 남능 거 이쓰먼.

⎺ 몰:르거써 낭 그렁 거. 그냥 머 평버마개 키워서 어떵 건 몰르구[15], 그저 애:덜 해꾜 보내서: 하꾜 가서: 이르캐 상 바꾸 할 때 가보면 그때 기분 조치 머. 하꾜 가서 그냥… 하꾜 시엄바서 그냥 대해꾜 털썩 드러가구 그라면 그때 조쿠. 근대 머 애:더리 별루 저:기는 말쌍은 암 피워서 몰르거써. 그냥 그대루.

모범저킹 거 가튼대요 머 보니까.

⎺ 아이구, 별말쓈 다 하시내. 그냥 이르캐 웁:씨 사르니깨 그냥 그르치 머. 다 또까튼대요 머.

˝ 우리, 그때는 안 땋았어. 우리는 깎, 깎았어.

남자들도 그랬다가 뭐 상투 틀고.

˝ 예, 예, 그렇다는데 내가 아기 낳을 때는 그렇게 머리 땋고 그렇게는 안 했어.

그러면 어른 되었다고 뭐 이렇게 성인식이나 이런 것은 안 했어요?

˝ 안 해요.

그런 것은 안 하시고.

˝ 예.

자식 키우면서 제일 기억에 남는 일이 있어요? 아니면 놀랐다거나, 아니면 좋은 일이 있었다거나, 아이가 하도 뭘 잘해서 좋았다거나 이런 기억에 남는 것이 있으면.

˝ 모르겠어 난 그런 거. 그냥 뭐 평범하게 키워서 그런 건 모르고, 그저 아이들 학교 보내서 학교 가서 이렇게 상 받고 할 때 가보면 그때 기분 좋지 뭐. 학교 가서 그냥… 학교 시험 봐서 그냥 대학교 덜컥 들어가고 그러면 그때 좋고. 그런데 뭐 애들이 별로 저기는 말썽은 안 피워서 모르겠어. 그냥 그대로.

모범적인 것 같은데요 뭐 보니까.

˝ 아이고, 별말씀 다 하시네. 그냥 이렇게 없이 사니까 그냥 그렇지 뭐. 다 똑같은데요 뭐.

■ 주석

1) '비우(脾胃)'는 중앙어 '비위'에 대응하는 이 지역 방언형이다. '비우'는 본래 내장 기관인 지라와 위를 통틀어 이르는 말인데 어떤 음식물이나 일에 대한 거부감이나 호감을 나타낼 때도 '비우가 상하다'나 '비우가 좋다'와 같이 쓰인다. '비우가 상하다'가 음식물에 대하여 쓰이면, 어떤 음식물에 대하여 냄새를 맡거나 맛을 보거나 먹는 것이 역겨워서 구역질을 하는 등 그 음식물에 대하여 거부감이 있다는 뜻으로 쓰이고, 일에 대하여 쓰이면, 어떤 일이나 일이 진행되는 상태가 마음에 들지 않거나 못 마땅하다는 뜻으로 쓰인다. 이에 반해 '비우가 좋다'가 음식물에 대하여 쓰이면, 어떤 음식물에 대하여 냄새를 맡거나 맛보거나 다루는 것에 대한 거부감이 없다는 뜻으로 쓰이고, 일에 대하여 쓰이면, 어떤 일이나 어떤 사람에 대하여 못마땅하거나 거부감이 들어도 일을 삭여 내거나 상대하여 내는 성미가 좋아 꺼리는 태도나 거부감을 보이지 않는 마음이 있다는 뜻으로 쓰인다.

2) '상 갈르구'는 중앙어 '삼 가르고'에 대응하는 이 지역 방언 음성형이다. 중앙어에서, 태아를 싸고 있는 막과 태반을 가리키는 '삼'을 충청도에서는 '산'이라고 한다. 중앙어에서 '한 덩어리나 한 무더기를 나누어 따로따로 구별하다'의 뜻으로 쓰이는 동사 '가르다'가 충청도 방언에서는 '갈르다, 갈르구, 갈르지, 갈러, 갈르니깨'와 같이 규칙 활용한다. 따라서 예문의 '상 갈르구'는 '산 갈르구'와 같이 표기할 수 있다. 그런데 '산'이 단독으로 쓰이는 예는 찾기 어렵고 주로 '산 갈른다'와 같이 관용적으로 쓰인다. '산 갈른다'의 문자 그대로의 의미는 태아를 싸고 있는 막과 태반을 신생아의 몸에서 분리해 낸다는 뜻이지만 이 말 속에는 탯줄을 자르고 태아를 싸고 있는 막과 태반을 신생아에게서 분리하여 아이 낳는 일을 돕는다는 뜻을 내포하고 있다. 충청도에서 '산'과 관련된 말로 '상깐한다'가 쓰인다. '상깐한다'는 '산깐한다'의 음성형이라고 할 수 있는데 중앙어로 표기하면 '삼깐한다'가 될 것이나 사전에 등재되어 있지 않다. 임산부의 해산을 돕고, 산모가 몸조리를 하는 동안 산모와 신생아를 돌보는 일체의 일을 충청도에서는 '상깐(산깐)'이라고 하고 그러한 일을 하는 것을 '산깐한다'고 한다.

3) '왱개'는 중앙어 '왕겨'의 충청도 방언형이다. '왕겨'는 지역에 따라 전국적으로 '겉게, 나락겨, 나락저, 멥저, 멥제, 멧재, 멧저, 멧제, 벳게, 새겨, 새저, 새

째, 아시등게, 아시등겨, 아시딩기, 앙게, 왕개, 왕겨, 왕기, 왕딩게, 왕딩기, 왕재, 왕저, 왕제, 왕지, 왱개, 왱겨, 왱기, 왱저' 등 다양한 형태로 나타난다. '왱개'는 '왕겨〉왱겨〉왱개'의 과정을 거친 것으로 이해된다. '왱겨'와 '왱개'는 각각 움라우트와 단모음화를 차례로 거친 결과로 이해된다. '-게'나 '-개' 또는 '-기'로 끝나는 방언형은 '겨'가 단모음화한 결과로 보이고, '-저'나 '-제' 또는 '-재'로 끝나는 방언형은 '-겨'가 구개음화와 단모음화를 거친 결과로 보인다. '딩게'나 '딩기', '등게' 등은 '등겨'가 움라우트와 단모음화를 거친 결과로 보인다는 점에서 중앙어 '겨'의 변이형과는 기원이 다르다고 할 것이다.

4) '가새'는 중앙어 '가위'의 충청도 방언형이다. '가위'의 방언형은 지역에 따라 '가새, 가우, 가이, 가위, 가시개, 가스개, 가오, 가외, 강아, 강애, 가웨, 까새, 가시개, 깍개' 등 다양한 형태가 쓰인다.

　　국어사 자료에서 '가위'가 소급하는 최초의 형태는 15세기의 'ㄱᅀᅢ'다. 16세기에 나타나는 'ᄀᅀᅢ'는 15세기 말~16세기 초에 'ㄹ'과 'ㅿ' 사이의 유성 후두 마찰음 'ㅇ'이 탈락한 결과며, 17세기에 나타나는 '가애'는 16세기에 'ㅿ'이 탈락한 결과다. 그런데 17세기와 18세기에 나타나는 '가이'의 모음은 일반적인 음운변화로는 잘 설명되지 않는다. 먼저 제1음절의 'ㅏ'는 18세기에 'ㆍ〉ㅏ'의 변화가 일반적이었다는 사실과 일치하지 않는다. 그리고 16세기에 일어난 비어두음절에서의 'ㆍ〉ㅡ' 변화에 따르면, '가이'의 제2음절 모음 '이'는 음가가 [ㅢ]였다고 보아야 하는데, 'ㅐ〉ㅢ'의 변화는 생각하기가 어렵다. 따라서 '가이'는 이전의 형태인 '가애'의 제1음절 모음과 제2음절의 음절주음이 서로 바뀐 결과로 판단된다. 그리고 'ᄂᆞ르〉나로(〉나루)', 'ᄀᆞ르〉가로(〉가루)'의 제2음절 모음과 마찬가지로, '가이'의 제2음절 모음이 '외'로 바뀐 것이 19세기에 나타나는 '가외'다. 그 후 '가외'는 비어두음절에서 산발적으로 일어난 'ㅗ〉ㅜ' 변화에 따라 '가위'로 바뀌었다.

　　15세기의 'ㄱᅀᅢ'는 '자르다'를 의미하는 동사 'ᄀᆞᅀ-' 뒤에 파생접사 '개'가 결합한 후에 'ㅿ' 뒤에서 'ㄱ'이 'ㅇ'으로 약화된 결과다. 이 'ᄀᆞᅀ-'은 15세기 국어의 '香木올 ᄀᆞᅀᅡ오라〈1459월인석,10,013b〉'라는 예문과 현대 제주 방언의 동사 'ᄀᆞᆽ-'에서 확인된다. 그리고 현대국어의 '따개'에서의 '-개'처럼, '-개'는 동사 뒤에 붙어서 그 동작을 행하는 도구를 나타내는 파생접사다.(한민족 언어정보화 2003, 국어 어휘의 역사 '가위' 항에서 인용)

5) '천 니레'는 '첫 이레'의 음성형으로 '처음 칠일'을 뜻하고 '두 이레'는 열나흘 간을 뜻한다.

6) '솔립'은 '솔잎'의 음성형이다. 예문에서의 '솔립'은 소나무의 낙엽인 가리만
을 뜻하는 것이 아니고 솔잎이 달려 있는 생솔가지를 뜻한다.

7) 예문에서의 '거멍'은 '숯'을 뜻한다. 중앙어의 '거멍'은 '검은 색'을 뜻하지만
충청도 지역에서는 검은 색을 뜻하기도 하지만 나무를 태우거나 구워서 만
든 숯을 뜻하기도 한다. '거멍이 묻었다'고 할 때의 '거멍'은 숯이나 그을음의
검은 색을 뜻하고 '거멍을 꼽는다'고 하면 '숯'을 꽂는다는 뜻이다.

8) 예문에서의 '숯거멍'은 '숯'을 뜻한다. ≪표준국어대사전≫에는 '숯검정'을 숯
에서 묻은 그을음이라고 설명하고 있으나 충청도에서는 숯에서 묻은 그을음
이라기보다는 숯을 이루고 있는 탄소 알갱이, 즉 숯가루라고 해야 할 것이
다. '숯거멍이 묻었다'고 하면 숯을 이루고 있는 검은색 가루가 묻었다는 뜻
이 된다. 그러나 '숯거멍을 가져 오너라'고 하거나 '장단지에 숯거멍을 넣어
라'고 할 때의 '숯거멍'은 나무를 태우거나 구워서 만든 숯을 뜻한다. 따라서
충청도 방언에서는 '숯거멍'이 '숯을 이루고 있는 검은색 가루'를 의미하기도
하고 '숯'을 의미하기도 한다.

9) '왼산내끼'는 중앙어의 '왼새끼'에 대응한다. '왼산내끼'는 '왼+산내끼'로 분석
할 수 있다. '왼'은 '외다'에서 기원한 관형사형으로 '왼쪽의'의 뜻을 지닌다.
'산내끼'는 중앙어 '새끼'의 이 지역 방언형이다. '새끼'는 지역에 따라 전국적
으로 '사나끈, 사나끼, 사내끼, 사쳉이, 산나끈, 산나끼, 산내끼, 새꼬래기, 새
꾸댕이, 새꾸락지, 새끼, 새나끈, 새내끼, 샌내끼, 세나꾸, 세네꾸, 세네끼, 센
나꾸, 센네꾸, 시꾸래미, 시끼댕이' 등의 방언형이 쓰인다.

10) '상구'는 중앙어 '계속' 또는 '줄곧' 정도의 의미를 가지는 충청도 방언형이다.
충청도에서는 '상구'가 '어느 시점부터 말하는 시점까지 계속' 또는 '어느 시
점부터 말하는 시점까지 줄곧'의 뜻으로 쓰인다. 충청도 방언에서 '상구' 외
에 '상굿' 또는 '상궂'과 '상그'도 같은 뜻으로 쓰인다. '상구', '상굿', '상궂', '상
그' 외에 표준어형 '사뭇'도 쓰인다.

11) '첫국밥'은 아이를 낳은 뒤에 산모가 처음으로 먹는 쌀밥과 미역국을 함께
일컫는 말이다.

12) '살 푸러나간디야'는 같은 문장의 다음 표현 '나쁜 사리 다: 풀려나간다구'를
고려하면 '살 풀려나간디야'라고 해야 할 것을 잘못 발음한 것으로 보인다.
'살이 풀려 나간대'의 뜻으로 쓰였다고 할 수 있다. '살'은 사람을 해치거나
물건을 깨뜨리는 모질고 독한 귀신의 기운을 뜻하는데 주로 '끼다'나 '풀다'와
함께 쓰인다.

13) ‘지프먼’은 ‘가리키면’ 또는 ‘집다’의 뜻으로 쓰인다. 충청도 방언에서 ‘짚다’
가 ‘가리키다’의 뜻으로도 쓰이고 문맥에 따라서는 ‘집다’의 뜻으로도 쓰이기
대문이다.
14) ‘우리개넌’은 중앙어 ‘우리는’에 대응하는 이 지역 방언형이다.
15) ‘몰르구’는 중앙어 ‘모르다’에 대응하는 이 지역 방언형 ‘몰르다’의 활용형이
다. ‘몰르다’는 ‘몰르다, 몰르구, 몰르지, 몰러서, 몰르닝깨’ 등과 같이 규칙활
용 한다.

식생활

1. 음식

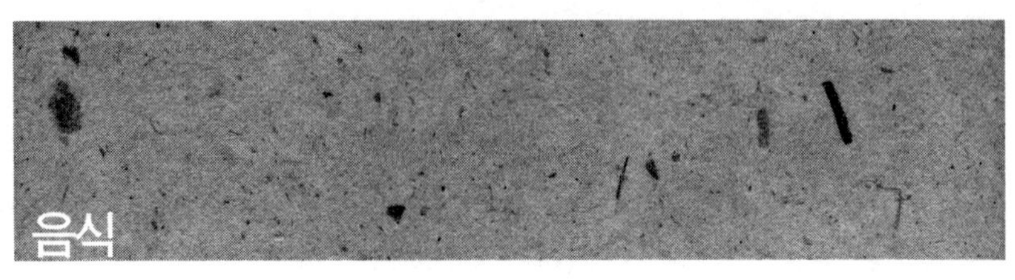

떡싸리라능 건 멀: 떡싸리라 그래요?

‐ 떡쌀?

예 예.

‐ 떡싸런 떡카넌 싸럴 보구 떡싸리라구 하넝 거지 머.

그러면 저건 떡쌀하구 떡살, 쌀두 이써요? 이르캐 찡능 거?

‐ 이르캐 떡싸리 저기 파니 인넌대 다식판마냥.

예.

‐ 거그[1] 인저 모냥을 해서 인재 젤편[2] 거틍 거 이르캐 노쿠서 해서 인

저 그걸 가따 이러캐 꽝 눌러먼[3] 저기 인저

짜꾸, 짜꾸 나능 거.

‐ 응, 짜꾸 나넝 거 가주구 그르캐 하넝 거지.

그거 머:라 그래요, 그거?

‐ 그쌔 그걸 떡싸리라구.

그거뚜 떡싸리라구?

‐ 떡::-사:런:[4] 인재 싸리구. 떡-사리라넝 건 인저 그걸, 그거구.

떠칼 때는 어디다가 해요, 그거?

‐ 방아까내 가 해 와요, 지금더런.

옌:나랜요?

‐ 옌:나래더런 지비서[5] 다 해찌: 빠:다가.

지비서 어티기 해요?

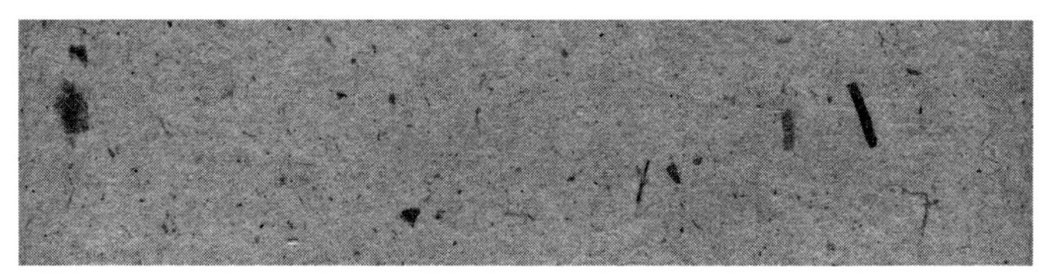

떡살이라는 것은 무엇을 떡살이라고 해요?

⁻ 떡쌀?

예 예.

⁻ 떡쌀은 떡 하는 쌀을 보고 떡쌀이라고 하는 거지 뭐.

그러면 저건 떡쌀하고 떡살, 쌀도 있어요? 이렇게 찍는 것?

⁻ 이렇게 떡살이 저기 판이 있는데, 다식판처럼.

예.

⁻ 거기 이제 모양을 해서, 이제 절편 같은 거 이렇게 놓고서 해서 이제 그걸 갖다 이렇게 꽉 누르면, 저기 이제

자국, 자국 나는 것.

⁻ 응, 자국 나는 것 가지고 그렇게 하는 거지.

그것을 뭐라고 해요, 그것?

⁻ 글쎄 그걸 떡살이라고.

그것도 떡살이라고?

⁻ 떡쌀은 이제 쌀이고. 떡살이라는 건 이제 그것, 그것이고.

떡 할 때는 어디에다가 해요, 그거?

⁻ 방앗간에 가서 해 와요, 지금은.

옛날에는요?

⁻ 옛날에는 집에서 다 했지 (쌀을) 빻아서.

집에서 어떻게 해요?

- 시루애다 찌지.

시루에?

- 어, 숟껄구 인재 시루 안처[6] 노쿠 시루뻔 이르캐 발르구서[7] 인재 시루
애다가 인재 쩌 가주구서.

그 미태 구멍 뻥뻥 뚤려짜너요.

- 야. 그럼 미태다 인재 이르캐 까려요, 머:럴. 옌:나랜 지부루 이르캐
맨드러서 시루미설[8] 놘:는대[9] 지금더른 머 거기 인재 이르캐 양철루 구녁
뻐끔뻐끔 뚤버징 개 이짜너. 그거 깔구 보재기 고 위다 깔:구서 이르캐
안치구, 방아까내마냥.

그러면 그 구멍 뚤린 거를 지프루 이르캐 항 거를 시루…

- 시룸밑.

시루밑

- 예:.

그럼 그게 여:러 개자나요?

- 시루 꾸녀기 다:: 다서 여서깨 되닝 거뚜 이꾸 모 마:느니깨 고걸 인
저 지푸래기루[10] 요:러캐 요:러캐 얼거 가주구서 맨드러서 종: 노쿠서 인
저. 고무럴 미태다 노쿠 인재 쌀까루 노쿠 또 고물 안처 노쿠 이르캐 찌
는대 지금더른 그쌔 이 양철루 하고 보재로 깔기 떠래[11] 머 십:찌 머.

그걸 시루미티라 그랜다구요?

- 예.

그건 누가 만드러요?

- 보:캐서 일:하는 여자더리 우리더리 맨드능 기여. 그라구 인재 시:캐
두 하구.

그래서 시루 올려노면 미태 김: 올라오능 걸루 찌능 거지요?

- 예. 물 부꾸서, 소태다 인저 물 부꾸서. 소치 인저 요:로캐 이쓰머넌
요:만치 시루가 내리오개 하구 이 미태는 무럴 부:짜너? 그라구 인저 올려

ㅡ 시루에 찌지.

시루에?

ㅡ 응, 솥 걸고 이제 시루 안쳐 놓고 시룻번 이렇게 바르고서 이제 시루에다가 이제 쪄 가지고서.

그 밑에 구멍 뻥뻥 뚫렸잖아요.

ㅡ 예. 그럼 밑에다 이제 이렇게 깔아요, 뭐를. 옛날에는 짚으로 이렇게 만들어서 시룻밑을 놓았는데 지금은 뭐 거기 이제 이렇게 양철로 구멍 뻥뻥 뚫어진 것 있잖아. 그거 깔고 보자기 그 위에다 깔고서 이제 이렇게 안치고, 방앗간처럼.

그러면 그 구멍 뚫린 것을 짚으로 이렇게 한 것을 시루…

ㅡ 시룻밑.

시룻밑.

ㅡ 예.

그러면 그것이 여러 개잖아요?

ㅡ 시루 구멍이 다 다섯 여섯개 되는 것도 있고 뭐 많으니까 고것을 이제 지푸라기로 요렇게 요렇게 얽어 가지고 만들어서 족 놓고서 이제. 고물을 밑에다 놓고 이제 쌀가루 놓고 또 고물 앉혀 놓고 이렇게 찌는데 지금은 글쎄 이 양철로 하고 보자기로 깔기 때문에 뭐 쉽지 뭐.

그걸 시루밑이라고 그런다고요?

ㅡ 예.

그건 누가 만들어요?

ㅡ 부엌에서 일 하는 여자들이 우리들이 만드는 거야. 그리고 이제 식혜도 하고.

그래서 시루 올려놓으면 밑에 김 올라오는 것으로 찌는 거지요?

ㅡ 예. 물 붓고서, 솥에다 이제 물 붓고서. 솥이 이제 요렇게 있으면 요만큼 시루가 내려오게 하고 이 밑에는 물을 붓잖아? 그리고 이제 올려놓으

노면 요:만치 시루가 드르가개 해: 노쿠서 인저 고기따 가루 이르캐 개:
가주구 버널[12] 똥:그라캐 발러요. 그래 가주구서 부럴 때면 인재 지미 올,
올르지.

그: 떡 그르캐 해서 시루에 찌는 떡 종뉴두 여러 가지가 이쓰꺼 아니요?

⎺ 그르치?

뚱그러캐, 저 이르캐 뚱그러캐 킹: 거뚜 이꾸.

⎺ 떡까래?

떡, 그걸 떠까래라 그래요?

⎺ 어:, 흔떡, 흔떠까래.[13] 그거넌 인저: 그냥 고물 안 느쿠 쌀만 빠:다가
이냥[14] 인재 시루애 느쿠 쩌 가주구서, 옌나래넌 방아깐 웁쓸 때넌 도구통
애다[15] 이르캐 찌어써, 그걸 또 쩌: 가주구 인저 물루 이르캐 우겨대매[16]
쩌: 가주구서 인저 다: 쩌:지면 내: 노쿠 소니루 이르캐 주물러 가주구서
인저 맨드러서 지:드라캐[17] 빼:넝 거유.

그걸, 그걸 쓰:러서…

⎺ 떠꾸카능 기여,[18] 걸 떠꾸카능 기구. 인절미는 찹쌀루 해 가주구.

떡?

⎺ 어 그냥 안 빠쿠서 쌀루다 그건 쩌: 가주구서 방아 이씀 방아애다 인
저 하넌대 방아가 옌:나래 웁씀깨 우리더런 다 도구통애다 해써유. 도구
통애다 인재 이르캐 도구탱이루[19] 쩌:가주 이르캐 이르캐, 하나넌 우기구
하나넌 이르캐 찌쿠 해 가주구 다: 쩌:지면 인저 떡파내 인저 칼또마애
내: 노쿠서 인재 이렁니렁 쓰:러서 인저 고물 무:쳐서 그르카능 거지.

그러면 흔떠근 멥쌀루 하구.

⎺ 응.

인절미는…

⎺ (인절미)넌 찹쌀루 하구.

찹쌀루 하고.

면 요만큼 시루가 들어가게 해 놓고서 이제 거기에다 가루 이렇게 개어 가지고 번을 동그랗게 발라요. 그래 가지고 불을 때면 이제 김이 오, 오르지.

그 떡 그렇게 해서 시루에 찌는 떡 종류도 여러 가지가 있을 것 아니에요?

⌐ 그렇지?

둥그렇게, 저 이렇게 둥그렇게 긴 것도 있고.

⌐ 떡가래?

그걸 떡가래라고 그래요?

⌐ 예, 흰떡, 흰떡가래. 그것은 이제 그냥 고물 안 넣고 쌀만 빻아다가 그냥 이제 시루에 넣고 쪄 가지고서, 옛날에는 방앗간 없었을 때는 절구통에다 이렇게 찧었어, 그걸 또 쪄 가지고 이제 물로 이렇게 우그리면서 찧어 가지고서 이제 다 찧어지면 내 놓고 손으로 이렇게 주물러 가지고서 이제 만들어서 기다랗게 빼는 거예요.

그것을, 그것을 썰어서…

⌐ 떡국 하는 거야, 그것으로 떡국 하는 것이고. 인절미는 찹쌀로 해 가지고.

떡?

⌐ 어 그냥 안 빻고서 쌀로 그건 쪄 가지고서 방아가 있으면 방아에다 이제 하는데 방아가 옛날에 없으니까 우리는 다 절구에 했어요. 절구통에다 이제 이렇게 절굿공이로 찧어 가지고 이렇게 이렇게, 하나는 우겨 넣고 하나는 이렇게 찧고 해 가지고 다 찧어지면 이제 떡판에 이제 도마에 내 놓고서 이제 이렇게 이렇게 썰어서 이제 고물 묻혀서 그렇게 하는 거지.

그러면 흰떡은 멥쌀로 하고.

⌐ 응.

인절미는…

⌐ (인절미)는 찹쌀로하고.

찹쌀로 하고.

‾ 예.

그래구 흔떠근 방아까내서 가루를 빠:다 하구:.

‾ 으.

인절미는 그냥…

‾ 그냥 쌀루.

쌀루 하구?

‾ 어, 쌀루 해:서 도구통애다 찌:먼 디야.

하야캐 하는 떡뚜 이짜너요?

‾ 하야캐 하는 떠근 그냥 쌀까루 빠:다가, 애기덜 배길 때 돌 때 하넌 떠건 백썰기라구. 그냥 하:야캐 시루애다 너: 가주구 그냥 찌능 기여.

그냥 아무 거뚜 안 너쿠 하야캐?

‾ 어:.

근대 거기 콩 능 거뚜 이짜너요?

‾ 근 망녕설기.[20] 콩 느코 거기 머 별거 다 느치 머, 대추두 느쿠 밤:두 느쿠 머, 이르캐 해서 찌넝 건 망녕설기라구 하넝 거구. 하:야캐 찌능 건 백썰기.

호박고재기라구 그래나요?

‾ 어 어. 그렁 거 그냥 호박떡 호박떡캐멍넝 거. 호박꼬재기두[21] 느쿠 머 또 날 호박뚜 쓰:러 너 가주구두 쌀까루 빠:다 서꺼 가주구서 인저 찌:구.

호박고재기, 그 말링 거 얘기하지요? 이르캐 가을 가으래 저기 누:런 호박.

‾ 음.

껍떼기 까 가주구 빙빙 돌려서 쓰:러서 이르캐 주레 너러떵 거 그거.

‾ 예.

그걸로 하능 거지요?

‾ 예 그 호박꼬재기떠건[22] 그걸루 하구 그냥 호박떠건 그냥 나로박 빨강 거: 칼루 인저 고:깨 쓰러 가주구 이르캐 쌀까루애다 버물버물[23] 서꺼 가

￣ 예.

그리고 흰떡은 방앗간에서 가루로 빻아다 하고.

￣ 예.

인절미는 그냥…

￣ 그냥 쌀로.

쌀로 하고?

￣ 응, 쌀로 해서 절구통에다 찧으면 돼.

하얗게 하는 떡도 있잖아요?

￣ 하얗게 하는 떡은 그냥 쌀가루 빻아서 아기들 백일 때 돌 때 하는 떡은 백설기라고 (하고). 그냥 하얗게 시루에다 넣어 가지고 그냥 찌는 거야.

그냥 아무 것도 안 넣고 하얗게?

￣ 응.

그런데 거기 콩 넣은 것도 있잖아요.

￣ 그건 마구설기. 콩 넣고 거기 뭐 별것 다 넣지 뭐, 대추도 넣고 밤도 넣고 뭐, 이렇게 해서 찌는 것은 마구설기라고 하는 거고. 하얗게 찌는 것은 백설기.

호박고지라고 그러나요?

￣ 응 응. 그런 거 그냥 호박떡 호박떡 해 먹는 것. 호박고지도 넣고 뭐 또 날 호박도 썰어 넣어 가지고 쌀가루 빻아다가 섞어 가지고 이제 찌고.

호박고지, 그 말린 것 얘기하는 것이지요? 이렇게 가을 가을에 저기 누런 호박.

￣ 응.

껍데기 까 가지고 빙빙 돌려서 썰어서 이렇게 줄에 널었던 것 그것.

￣ 예.

그것으로 하는 거지요?

￣ 예 그 호박고지 떡은 그걸로 하고 그냥 호박떡은 그냥 날 호박 빨간 것을 칼로 이제 곱게 썰어 가지고 이렇게 쌀가루에다 버물버물 섞어 가

주구서 시루애다 노쿠 찌:머넌 인저 호박떠기 되먼 마시써유. 지금더런
근대 방아까내다 호바글 어트개 갸:러 가주구서 호박떡뚜 그냥 서꺼서 찌
더라구유. 그래서 더 조터라구 노::랑 개 색까리 노랑 개.

무수 가틍 거는 쓰러서 안 해요, 그러캐?

⌐ 어 무수두[24] 옌:나래넌 무수두 해찌만 지금더른 안 히야. 무수두 그
쌀까루 빠다 이르캐 서꺼서 무수떠기라구[25] 그라두 그거뚜 마시써유, 예.

끌쎄 저 어디서 머거봉 거 가태요?

⌐ 야, 마시써 그거또. 아이 머 옌:나래야 배고프니깨 머 저 비등님만[26]
나먼 그냥 훌터다가 밀까루애 이르캐 이르캐 이르캐 뭉처 가주구서 양
소쿠대미다[27] 쩌 가주구 먹꾸 머. 아유 옌:날 생각카믄 모:리야.

비듬니피요?

⌐ 예, 비듬닙.

비듬니피 머에요?

⌐ 저 나무예 피능 개 이써유, 비듬니피라고.

나:무가 비듬나무요?

⌐ 예, 비듬. 비름나무가[28] 저:기 저 둥구나무거치[29] 생겨써, 입째가 그르
캐 생겨써.

그거 저 쌀까루 무처서…

⌐ 찌능 기여.

저 느트나무가치 비스타개 생깅 거…

⌐ 예 예 예 예. 쑥뚜 뜨더다 쌀머서 그러캐서 쩌서 먹꾸 머:. 아이구 옌:
나래더리야 배더리 고프니깨 머:, 일정 시대 때 얼마나 배고퍼유. 콩깨뭉
나뭉 그걸루 바패머꾸:.

그걸 저: 시무나무, 스무나무라구두 해요?

⌐ 비듬나무럴 수무나무?

예.

지고 시루에다 놓고 찌면 이제 호박떡이 되면 맛있어요. 지금은 그런데 방앗간에다 호박을 어떻게 갈아 가지고 호박떡도 그냥 섞어서 찌더라고 요. 그래서 더 좋더라고 노란 것이 색깔이 노란 것이.

무 같은 것은 썰어서 안 해요, 그렇게?

‾ 응 무도 옛날에는 무도 했지만 지금은 안 해. 무도 그 쌀가루 빻아다 이렇게 섞어서 무떡이라고 그래도 그것도 맛있어요, 예.

글쎄 저 어디서 먹어본 것 같아요.

‾ 예, 맛있어 그것도. 아, 뭐 옛날에야 배고프니까 뭐 저 시무나무 잎만 나면 그냥 훑어다가 밀가루에 이렇게 이렇게 이렇게 뭉쳐 가지고 그냥 소쿠리에 쪄 가지고 먹고 뭐. 아휴 옛날 생각 하면 뭘 해.

비름잎이요?

‾ 예, 비듬잎.

비름잎이 뭐예요?

‾ 저 나무에 피는 게 있어요, 시무나무 잎이라고.

나무가 비듬나무예요?

‾ 예, 비듬. 비름나무가 저기 저 둥구나무같이 생겼어, 잎사귀가 그렇게 생겼어.

그거 저 쌀가루 묻혀서…

‾ 어, 찌는 거야.

저 느티나무같이 비슷하게 생긴 거…

‾ 예 예 예 예. 쑥도 뜯어다 삶아서 그렇게 해서 쪄서 먹고 뭐. 아이고 옛날에야 배가 고프니까 뭐, 일정 시대 때 얼마나 배가 고파요. 콩깻묵 나면 그것으로 밥 해 먹고.

그걸 저 시무나무, 스무나무라고도 해요?

‾ 비듬나무를 시무나무?

예.

  ̄ 그런 소린 모뜨런넌대.

  그 저: 느트가치 이피 이러:캐 나오면 그거 새 입 따다가 고거 저 쌀까루하
구 버무려서 해 멍능 거 그거 말씀하시지요?

  ̄ 야, 예 그거 비듬님나무여.[30]

쑥뚜 저:기 뜨더다가.

  ̄ 쌀머 가주구.

쌀머 가주구.

  ̄ 쌀까루애 요르캐 버무려서…

쌀까루에 이르캐 버무려서… 하자너요. 그거는 머라 그래요?

  ̄ 그건 쑥떠기라구.[31] 그건 쑥떠기라구 하구. 허허허.

지사 지내능 거뚜 옌날하구 요새하구 마니 달라저써요?

  ̄ 그러믄뇨:, 달라져찌. 옌:나래넌 꼭: 다굴 때 쯔매서 지:사럴 지내꺼던:.

새보개?

  ̄ 예. 대굴 때쯔매서[32] 열뚜시 꼭 자정 되:야 지내야, 그랜대 지그미야
머. 우리닝 아 그러캐 인재 예:수 미더 그러캐 안 하니깨 그르치만 옌:나
래 우리두 그르칼 땐 안: 미들 때넌 그르캐 지내써요. 울:군, 막: 지내구
나서 다기 우러야 하능 기여. 그르캐 언재구 시가널 마춰서 그르캐 지내
따구. 일찍캐 놔두 안: 지니야,[33] 으:런더리. 꼭 고 시간 차저서 지나지. 근
대 지금더리야 안 민너이덜두 보면 초저녀개두 지내구 머어: 대중웁써:.

˗ 그런 소리는 못 들었는데.

그 저 느티나무같이 잎이 이렇게 나오면 그것 새 잎 따다가 그것을 쌀가루하고 버무려서 해 먹는 것 그것을 말씀하시는 것이지요?

˗ 예, 예 그게 시무나무야.

쑥도 저기 뜯어다가.

˗ 삶아 가지고.

삶아서.

˗ 쌀가루에 요렇게 버무려서…

쌀까루에 이렇게 버무려서…하잖아요. 그것은 뭐라고 해요?

˗ 그건 쑥떡이라고. 그건 쑥떡이라고 하고. 허허허.

제사 지내는 것도 옛날하고 요즘하고 많이 달라졌어요?

˗ 그럼은요, 달라졌지. 옛날에는 꼭 닭이 울 때 쯤 해서 제사를 지냈거든.

새벽에?

˗ 예. 닭이 울 때 쯤 해서 열두 시 꼭 자정이 되어야 지내요, 그런데 지금이야 뭐. 우리는 아 그렇게 이제 예수 믿어 그렇게 안 하니까 그렇지만 옛날에 우리도 그렇게 할 때는 안 믿을 때는 그렇게 지냈어요. 울고는, 막 지내고 나서 닭이 울어야 하는 거야. 그렇게 언제고 시간을 맞춰서 그렇게 지냈다고. 일찍 해 놓아도 안 지내, 어른들이. 꼭 고 시간 찾아서 지내지. 근데 지금은 안 믿는 이들도 보면 초저녁에도 지내고 뭐 대중없어.

1) '거그'는 '거기'를 잘못 발음한 것이다.

2) '젤편'은 중앙어 '절편'에 대응하는 이 지역 방언형이나 의미가 약간 다르다. 중앙어의 '절편'은 떡살로 눌러 모나거나 둥글게 만든 흰떡을 가리키는 말이지만 충청도 방언에서는 주로 납작하게 하여 마름모꼴로 모가 나게 썬 흰떡을 가리키거나 여기에 떡살로 눌러 무늬를 넣은 흰떡을 가리킨다. '젤편'은 '절편'의 움라우트형이다.

3) '눌러먼'은 '눌르먼'을 잘못 발음한 거이다. 중앙어에서는 '누르다'가 '누르다, 누르고, 누르지, 눌러'와 같이 활용하는 불규칙 동사지만 충청도 방언에서는 '눌르다, 눌르구, 눌르지, 눌러'와 같이 규칙 활용하는 동사로 쓰이는 경우가 대부분이다.

4) '떡::쌀은 '떨쌀'을 잘못 발음한 것이다. '떡'을 길게 발음하여 잠시 휴지가 생겨서 잘못 발음하게 된 것이다.

5) '지비서'는 '집이서'의 음성형이다. '집이서'는 '집+이서'로 분석된다. '-이서'는 선행하는 말이 '행동이 이루어지고 있는 처소의 부사어임을 나타내는 격조사'로 중앙어 격조사 '-에서'에 대응하는 이 지역 방언형이다. 충청도 지역에서는 중앙어 처격의 '-에'가 '-이'로 실현되기도 한다. 처격 '-이'가 실현되는 지역은 충청남도 대부분 지역과 충청남도와 인접한 충청북도 서쪽 지역이다. '집'이 '-이서'와 함께 쓰여 '집이서 가주 갔어?(당신이/그대가 가지고 갔어?)'에서와 같이 주어로 쓰이면 주격의 기능을 한다. 이때의 '집이서'는 주로 여자들끼리 쓰는 말로 서로 이름을 부르거나 '너, 자네' 등과 같은 대명사를 사용하기가 어려운 상대에게 사용한다. 주로 비슷한 연령대 끼리나 화자보다 다소 나이가 적은 청자에게 쓰인다.

6) '안처'는 '안치다'의 어간 '안치-'에 어미 '-어'가 결합된 활용형이다. 어원적으로 보면 '앉히다'의 활용형 '앉히어'의 준말 '앉혀'에 기원한 것으로 보인다. 충청도 방언에서는 '앉히다'가 '앉다'의 사동사로 '어떤 곳에 무엇을 올려놓거나 설치하여 자리를 잡게 하다'의 뜻으로 쓰이기 때문이다. 예문에서는 '안치다'가 '무쇠 솥의 뚜껑을 열고 솥 위에 시루를 올려놓고 떡을 찔 수 있도록 자리를 잡아 설치하다'의 뜻으로 쓰인 것이다.

7) '발르구서'는 중앙어 '바르다'에 대응하는 이 지역 방언형 '발르다'의 활용형
이다. 중앙어에서는 '바르다'가 '바르다, 바르고, 바르지, 발러서'와 같이 불규
칙활용 하는 동사인데 비해 이 지역에서는 '발르다, 발르구, 발르지, 발러서'
와 같이 규칙활용 한다.

8) '시루미설'은 '시루밋-얼'로 분석된다. '시루밋'은 중앙어 '시룻밑'에 대응하는
충청도 방언형이고 '-얼'은 중앙어 목적격 조사 '-을'에 대응하는 충청도 방언
형이다. 이 지역에서는 '시루미시, 시루미설, 시루미설/시루미테, 시루민만'과
같이 곡용하는 것으로 관찰되지만 충청도의 다른 지역에서는 '시루미시/시
룸미시, 시루미설/시룸미설, 시루미테/시룸미테, 시루민만/시룸밈만' 등과 같
이 곡용하기도 한다. ≪표준국어대사전≫에는 '시룻밑'으로 표기하고 '시룬
밑, 시룬미치, 시룬미틀, 시룬민만'과 같이 곡용하는 것으로 되어 있고 "시루
안의 것이 새지 않도록 시루 밑동에 까는 기구. 가는 새끼나 댕댕이덩굴의
줄기 따위를 꼬아서 둥글게 엮는다."고 풀이되어 있는데 이 풀이는 다소 수
정되어야 할 것으로 보인다. '시루밋'이 시루 밑동에 까는 것이기는 하지만
시루의 크기에 따라 시루 밑에 구멍이 적게는 서너 개부터 많게는 일여덟
개씩 나 있는 구멍을 막는 기능을 하는 것이기 때문이다. 시루 밑에 난 구멍
은 이 구멍을 통해 솥 안에서 올라오는 김과 열기가 시루 안으로 골고루 퍼
져 시루 안의 내용물이 고루 잘 익도록 하기 위한 것이기 때문에 증기와 열
이 잘 전달되는 것으로 구멍을 막아야 한다. 따라서 ≪표준국어대사전≫의
설명과 같이 시루 밑동에 까는 기구라기보다는 시루 밑의 구멍을 막는 기구
라고 해야 적절하다. 또한 '가는 새끼나 댕댕이덩굴의 줄기 따위를 꼬아서
둥글게 엮는다'는 설명도 적절하지 않아 보인다. '가는 새끼'로도 하지만, 많
은 경우 '지푸라기'로 한다. 지푸라기 몇몇 줄기를 나란히 놓고 중간을 꺾은
다음 꺾인 줄기를 얽거나 결어서 시루 밑의 구멍을 막을 정도의 크기로 둥
그렇게 만든다. 시루 밑을 보자기로 까는 경우도 있는데 보자기를 깔면 수증
기가 보자기를 적시기 때문에 물기가 많아 시루 바닥 부분에 있는 내용물이
질게 쪄지기 때문에 잘 사용하지 않는다고 한다. 그러나 도시 지역에서는 시
루를 사용할 여건이 되지 못하기 때문에 집에서 시루에 떡을 하지도 않을뿐
더러 떡을 한다고 하더라도 짚을 구하기 어렵고 짚으로 시룻밑을 만드는 방
법도 모르기 때문에 편의상 보자기를 밑에 까는 경우가 대부분이다.

9) '난는대'는 '났는데'의 음성형이다. '시루밋(시룻밑)'으로 시루 밑의 구멍을 막
을 때는 주로 '시루밋(시룻밑)을 막는다'고 하거나 '시루밋(시룻밑)을 놓는다'

고 한다. 보자기 등으로 시루 바닥 전체를 덮어서 시루 밑의 구멍을 막을 때는 '시루밋(시룻밑)을 깐다'고 하기도 한다.

10) '지푸래기'는 중앙어 '지푸라기'에 대응하는 충청도 방언형이다. '지푸라기'가 움라우트에 의해 '지푸래기'로 실현된 것이다. '지푸래기'는 낱낱의 짚을 가리키는 말이다. '짚'은 벼나 조, 보리, 밀 등의 이삭을 떨어낸 줄기와 잎을 가리키는 말로 낱낱의 줄기와 잎을 가리킬 때는 잘 쓰이지 않는다. 참고로 '벼, 조, 보리, 밀'과 '짚'이 결합하여 합성어가 되면 각각 '볏짚, 스숙짚, 버리짚, 밀짚'과 같이 실현된다. 중앙어의 '짚'이 충청도에서는 '집, 지비, 지벌, 지배'와 같이 기저형을 '집'으로 하는 방언형과 '집, 지피, 지펄, 지페'와 같이 기정형을 '짚'으로 하는 방언형이 공존한다. 노년층 화자일수록 '짚'을 기저형으로 유지하고 있고 젊은층 화자들일수록 '집'을 기저형으로 하는 경향이 강하다.

11) '떠래'는 중앙어 '때문에'에 대응하는 이 지역 방언형이다.

12) 여기에서의 '번'은 '시룻번'을 가리킨다. 충청도에서는 시루 외에도 소주를 내릴 때나 다른 옹기그릇 등을 포개어 사용할 때 밀가루를 되직하게 개어 두 용기 사이의 틈을 막기 위해 바르는 것을 가리킨다.

13) '흔떡가래'는 '흔떡+가래'로 분석할 수도 있고 '흔+떡가래'로 분석할 수도 있다. '흔떡+가래'의 '흔떡'은 멥쌀가루를 고수레하게 시루에 쪄서 안반에 놓고 떡메로 친 떡을 의미하는 중앙어 '흰떡'에 대응하는 충청도 방언형이고 '가래'는 떡이나 엿 따위를 둥글고 길게 늘여 만든 토막을 가리키는 말이다. 따라서 '흰떡가래'의 문자적 의미는 흰떡으로 둥글고 길게 늘여 만든 토막이 되는데 이 지역에서는 '흰떡으로 만든 가래'의 뜻으로 쓰기보다는 주로 '가래 모양으로 만든 흰떡'을 가리키는 뜻으로 쓰인다. '떡가래'도 문자적 의미는 떡을 둥글고 길게 늘여 만든 토막이 되지만 이 지역에서는 흰떡을 가는 원통형으로 길게 뽑아 일정한 길이로 자른 떡을 뜻하는 중앙어 '가래떡'의 의미로 쓰인다. 충청도의 다른 지역에서는 '떡가래'보다는 '가래떡'을 더 일반적으로 사용한다.

14) '이냥'은 '그냥'을 잘못 발음한 것이다. 충청도에서는 '그냥' 외에 전형적인 충청도 방언형인 '기냥'을 더 일반적으로 쓴다.

15) '도구통'은 중앙어의 '절구'의 뜻으로도 쓰이고 '절구통'의 뜻으로도 쓰인다. '도구통'이 '절구'의 뜻으로 쓰일 때는 절굿공이와 절구통을 아울러 가리키고 '절구통'의 뜻으로 쓰일 때는 곡식 따위를 넣고 절굿공이로 빻거나 찧을 수 있게 통나무나 돌, 쇠 따위를 속이 우묵하게 만든 것만을 가리킨다. 따라서

‘꼬추까루 빠캐 도구통 줌 빌리 와.(고춧가루를 빻게 절구 좀 빌려 와.)’나 ‘쌀
루 해:서 도구통애다 찌:면 디야.(쌀로 해서 절구통에다 찧으면 돼.)’와 같이
쓰이면 ‘절구통’과 ‘절굿공이’를 아울러 일컫는 ‘절구’를 빌려오라는 말이고,
‘밀 타작 하게 도구통 줌 빌리 와.(밀 타작 하게 절구통 좀 빌려 와.)’와 같이
쓰이면 절굿공이는 빼고 절구통만 빌려 오라는 말이 된다. 보통은 ‘도구통에
빻는다’와 같이 쓰이고 ‘도구에 빻는다‘는 잘 쓰이지 않는다. 충청도 방언에
서는 ‘도구통’ 외에 ‘절구통’과 ‘절구’도 쓰인다. ‘도구통’이 중앙어 ‘절구통’의
의미로 쓰일 때는 중앙어 ‘절굿공이’에 대응하는 충청도 방언으로 ‘도굿대’나
‘도구탱이’가 쓰인다. 그런데 충청도 방언에서 ‘절구통’이나 ‘절구’가 각각 중
앙어 ‘절구통’과 ‘절구’의 의미로 쓰이면 중앙어 ‘절굿공이’에 대응하는 충청도
방언형으로 ‘절굿대’가 쓰인다. 충청도 방언에서 ‘절구’라고 하면 보통은 ‘절
구통’과 ‘절굿공이’를 포괄하는 의미로 쓰인다.

16) ‘우겨대매’는 ‘우겨대+매’로 분석할 수 있다. ‘우겨대-’는 ‘우겨대다’의 어간이
다. ‘우겨대다’는 ‘떡을 치거나 곡식 따위를 빻을 때 또는 가루 따위를 되직하
게 반죽할 때 떡이나 곡식 또는 반죽을 떡판이나 절구통 또는 그릇의 가운
데로 우그리거나 모으면서 잇달아 계속하여 억지로 밀어 넣다’의 뜻으로 쓰
이는 말이다. ‘곡식 또는 반죽을 떡판이나 절구통 또는 그릇의 가운데로 한
번 우그리거나 모으면서 억지로 밀어 넣다’는 뜻으로는 ‘우겨넣다’가 쓰인다.
떡을 찧을 때는 떡이 공이에 달라붙지 않게 하기 위해 손에 물을 묻혀 가면
서 우겨넣고 곡식을 빻을 때는 맨손으로 우겨넣는다. 가루 반죽을 할 때는
반죽이 손이나 그릇에 달라붙지 않게 마른 가루를 반죽에 뿌리거나 묻혀 가
면서 우겨넣고 치댄다. ‘-매’는 두 가지 이상의 움직임이나 사태 따위가 동시
에 겸하여 있음을 나타내는 중앙어의 연결 어미 ‘-면서’에 대응한다.

17) ‘지드라캐’는 ‘지드랗다’의 활용형으로 중앙어 ‘기다랗케’에 대응하는 충청도
방언형이다.

18) ‘-기여’는 ‘기다, 기구, 기지, 기여/겨’ 등에서 보듯이 ‘기+여’로 분석할 수 있
다. ‘기’는 중앙어 ‘것’의 구어형 ‘거’에 대응하는 충청도 방언형이다. 충청도
방언에서 ‘기’는 ‘것’의 구어형 ‘거’에 서술격조사 ‘-이다’가 결합한 형태라고
볼 수 있다. 의존명사 ‘기’에 주격조사가 결합한 형태로는 ‘니꺼보더 내 끼 더
많다’나 ‘내 꺼보더 니끼 더 많다’에서와 같이 ‘끼’로 나타난다.

19) ‘도구탱이’는 중앙어 ‘절굿공이’에 대응하는 이 지역 방언형이다. ‘도구탱이’
는 중앙어 ‘절구통’에 대응하는 이 지역 방언형 ‘도구통’에 상대하여 이르는

말이다. 중앙어에서 '절구통'과 '절굿공이'가 한 쌍으로 '절구'를 이루듯이 이 지역에서는 '도구통'과 '도구탱이'가 한 쌍이 되는데 이 둘을 아우르는 충청도 방언으로 '도구'가 쓰이기도 하고 '절구'나 '도구통'이 쓰이기도 한다. 중앙어에서 '절구'와 '절굿공이'를 아우르는 말이 '절구'임을 감한하면 청원 지역 방언에서도 '도구'가 쓰일 법한데 청원 지역에서는 잘 쓰이지 않는다. 충청도와 경상도 등에서 '도구'나 '도고' 형이 쓰이는 것으로 보고되어 있으나 충청도의 경우는 서부 지역에서 쓰이는 것으로 알려져 있다.

20) '망녕설기'는 중앙어 '마구설기'에 대응하는 이 지역 방언형이다. '망녕설기'는 쌀가루에 '콩, 대추, 밤' 등을 넣고 버무려 시루에 찌는 떡을 말한다.

21) '호박꼬재기'는 '호박고재기'로 표기할 수 있다. 충청도 방언의 '호박고재기'는 중앙어의 '호박고지'에 대응한다. '호박고재기'는 가을철에 누렇게 익은 늙은 호박을 반으로 갈라 씨를 바르고 껍질을 깎아낸 속살을 약간 두툼하고 길게 썰어 줄이나 발에 널어 말린 것을 가리킨다. 이것을 쌀가루와 함께 버무려 시루에 찔으면 호박고재기떡이 된다. 이 지역에서는 호박고재기 말린 것을 넣고 찐 떡을 '호박고재기떡'이라고 하고 말리지 않은 날 호박을 넣고 찐 떡을 '호박떡'이라고 한다. 충청도 방언의 '호박고재기'는 중앙어의 '호박고지'와는 의미가 약간 다르다. ≪표준국어대사전≫에는 '호박고지'에 대하여 '애호박을 얇게 썰어 말린 찬거리. 물에 불려 볶아서 나물로 무쳐 먹는다.'고 풀이하고 있는데 충청도 방언에서는 이것을 '호박고재기'라고도 하고 '호박말랭이' 또는 '호박말래이'라고도 한다. 충청도에서 '호박말랭이'는 애호박을 얇게 썰어 발이나 돌담 위에 널어 말린 찬거리만을 가리킨다. 예전에 반찬거리가 흔하지 않았던 겨울철에 물에 불려 볶아서 나물로 해 먹거나 콩나물과 함께 국을 끓여 먹기도 하였다. 그런데 '호박고재기'라고 하면 '애호박을 얇게 썰어 발이나 돌담 위에 널어 말린 찬거리'를 뜻하기도 하고 '늙은 호박을 반으로 갈라 씨를 바르고 껍질을 깎아낸 속살을 약간 두툼하고 길게 썰어 줄이나 발에 널어 말린 것'을 뜻하기도 한다.

22) '호박고재기떡'은 가을철에 누렇게 익은 늙은 호박을 반으로 갈라 씨를 바르고 껍질을 깎은 속살을 약간 두툼하고 길게 썰어 줄이나 발에 널어 말린 '호박고재기'를 쌀가루와 함께 버무려 시루에 찔은 떡을 가리킨다. 이에 비해 누렇게 익은 늙은 호박을 반으로 갈라 씨를 바르고 껍질을 깎은 속살을 적당한 길이로 썬 날 호박을 쌀가루와 함께 버무려 찐 떡은 '호박떡'이라고 한다. 충청도의 다른 지역에서는 '호박고재기떡'을 '호박떡'이라고도 한다.

23) '버물버물'은 두 가지 이상이 고루 섞이도록 자꾸 뒤섞는 모양을 나타내는 충청도 방언이다. '버무리다'에서 기원한 것으로 이해된다. 김치를 담글 때 절인 배추와 고춧가루를 비롯한 갖은 양념을 고루 뒤섞을 때 '김치 버무린다'고 하고 연속하여 버무리는 동작을 나타낼 때 '버물버물 한다'고 한다.

24) '무수'는 중앙어 '무'에 대응하는 충청도 방언형이다. 충청도에서 지역에 따라 '무수' 외에 '무, 무꾸, 무끼, 무시' 등의 방언형이 쓰이기도 한다.

25) '무수떡'은 중앙어의 '무시루떡'에 대응하는 충청도 방언형이다. '무수떡'은 무를 가늘게 채 썰어서 멥쌀가루에 섞은 것을 팥고물을 켜켜이 사이에 두고 시루에 안쳐 찐 떡이다.

26) '비듬님만'의 '비듬님'은 '비듬잎'이 역행동화한 것이다. '비듬나무'는 중앙어의 '시무나무'를 가리키는 말이다. '비듬나무(시무나무)'는 느릅나뭇과의 낙엽 교목으로 높이는 20미터 정도까지 자라며 줄기에는 긴 가시가 있고 잎은 어긋나고 톱니가 있다. 5월에 노란 꽃이 피고 목재는 가구재나 조각재 또는 땔감으로 쓰며 어린잎과 나무껍질은 식용하기도 한다. 연한 어린잎은 훑어다가 밀가루나 멥쌀가루를 묻혀 소쿠리에 담아 쪄 먹기도 한다. 우리나라의 산기슭 양지나 개울가에 잘 자란다.

27) '소쿠데미'는 중앙어 '소쿠리'에 대응하는 이 지역 방언형이다. 충청도에서는 '소쿠데미' 외에 '소쿠리, 소고리, 소코리, 대소쿠리, 대소고리' 등 다양한 방언형이 쓰인다.

28) '비듬나무'는 중앙어 '시무나무'에 대응하는 이 지역 방언형이다. 제보자는 '비듬나무'를 '비듬잎나무'라고 하기도 한다. 충청도에서는 '비듬나무' 외에 '시무나무, 스무나무, 수무나무' 등의 방언형이 쓰이기도 한다.

29) 여기에서는 '둥구나무'가 중앙어의 '느티나무'의 의미로 쓰였다. '둥구나무'는 본래 크고 오래된 정자나무를 가리키는 말인데 느티나무가 주로 정자나무로 이용되기 때문에 '느티나무'의 의미로 '둥구나무'를 쓴 것으로 보인다.

30) '비듬님나무'는 '비듬잎나무'의 음성형이다. 제보자는 이것을 '비듬나무'라고 하기도 하였다. '비듬님나무'는 중앙어의 '시무나무'에 대응하는 이 지역 방언형이다. 충청도에서는 이 나무가 '시무나무, 스무나무, 수무나무' 등으로 불리기도 한다. 새로 나는 줄기에는 긴 가시가 나고 줄기가 굵어지면 없어진다. 예전에 먹을 것이 부족하던 시절에는 어린잎은 훑어다가 쌀가루에 버무려 쪄 먹기도 하였다. 이것을 '버무리떡'이라고 한다.

31) '쑥떡'은 어린 쑥을 뜯어다가 다듬은 것을 쌀가루에 버무려 소쿠리에 찌거

나 시루에 찐 떡을 가리킨다. 예전에 먹을 것이 부족할 때 흔히 해 먹던 음식이나 요즈음에는 별미 음식으로 이따금 해 먹는 것을 볼 수 있다. 요즈음에는 쑥을 뜯어다가 다듬은 다음 말리거나 갈아서 쌀가루에 섞어서 떡을 해 먹기도 한다. 이것을 '쑥버무리' 또는 '버무리'라고도 한다. 버무리는 쑥에 쌀가루를 무쳐 찧은 떡을 가리킨다. 충청도 방언에서 '쑥을 삶아서 물기를 뺀 다음 방앗간에 가서 쌀을 빻고 쑥을 섞어 함께 섞어서 납작납작하고 동그랗게 만들어 찐 떡'을 '개떡'이라고도 한다.

32) '대굴때'는 중앙어 '닭이 울 때'에 대응하는 음성형으로 '다굴때'라고 발음해야 할 것을 잘못 발음한 것이다.

33) '지니야'는 중앙어 '지내여'에 대응하는 이 지역 방언형이다. 충북의 청원과 진천군, 옥천 등 충청남도에 인접한 지역에서는 어간 말 모음이 '애'로 끝나는 경우 어간에 어미 '-아/어'가 연결되면 '지내-아/어→지니야/지니여, 해-아/어→히야/히여, 보내-아/어→보니야/보니여, 안 되-아/어→안 디야/안 디여' 등과 같이 '이야/이여'로 실현되는 현상이 있다.

생업 활동

1. 논농사
2. 밭농사

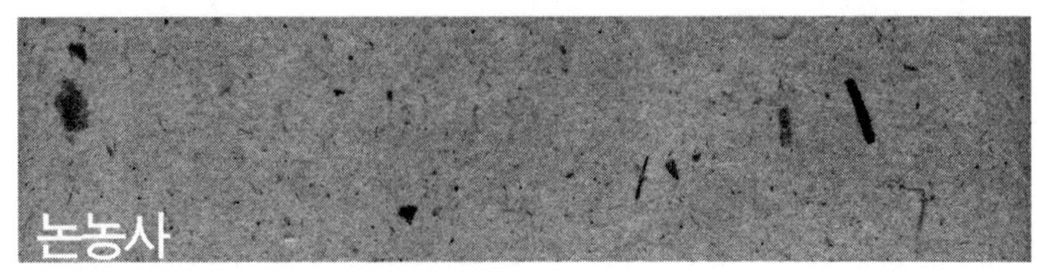

논농사:가 여기 만치요, 논농사:?

￣ 여기넌 논농사:, 뭐 여 산꼬리라 논두 별루 안 망쿠 받또 안 마는대 그래두 주로 논농사구 바선 얼마 엄써유.[1] 그래서 특쑤장물 하넌 사라먼 야:무두 웁짜너.[2]

그럼 저:기 저 노네 시머농 거 이짜나요, 저기 뭐예요?

￣ 노내 시멍개 모지 머여, 모 시멍 거지, 쌀 되넝 거.

근대 그거뚜 품종이 머 여러 가지가 이때면서요?

￣ 그르태유, 여:러 가지가 이때유. 근대 머 그 이르멀 다 어티개 아러. 추청베두[3] 이꾸 머 오대베두[4] 이꾸 머 아이구 나두 몰르건내,[5] 또 머여. 무순 무순 베두 이꾸 머 아끼바리두[6] 이꿈 머:. 오대베두 이꾸, 아이구 머 수천 수백 수식까지여 베 이름두. 몰:라 우리넌 다.

근대 그게 줌 일찍 되능 거뚜 이꾸 느깨 되능 거뚜 이꾸 그르차너요?

￣ 그리티야, 오 오 오대베가 젤: 일찍 될 끼여 아마 저 처뤈서 오대베럴 하니깨. 그개 일찍 되야.

일찍 되능 걸 무슨 베라 그래요?

￣ 그쌔 그개 오대베라구 하넝 거 거떠라구요.

오대베?

￣ 어, 일찍 뙤능 개.

올베라구두 해요?

￣ 올베라구두 하구 오대베라구두 하구.

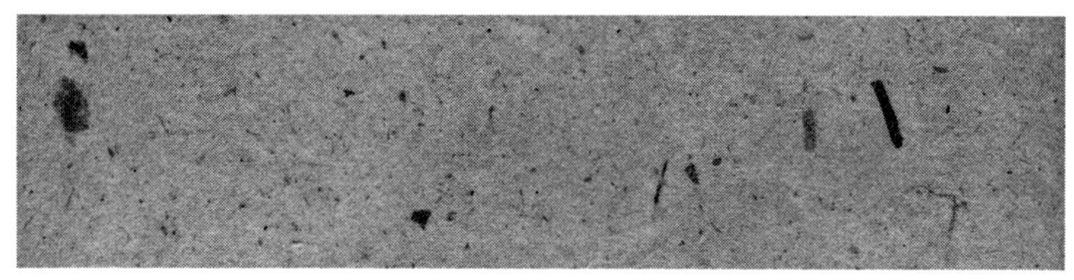

논농사가 여기 많지요, 논농사?

⎯ 여기는 논농사, 뭐 여기 산골이라 논도 별로 안 많고 밭도 안 많은데, 그래도 주로 논농사고 밭은 얼마 없어요. 그래서 특수작물 하는 사람 아무도 없잖아.

그러면 저기 저 논에 심어 놓은 것이 있잖아요, 저게 뭐예요?

⎯ 논에 심은 게 모지 뭐야, 모 심은 거지, 쌀 되는 것.

그런데 그것도 품종이 뭐 여러 가지가 있다면서요?

⎯ 그렇대요, 여러 가지가 있대요. 그런데 뭐 그 이름을 다 어떻게 알아. 추청벼도 있고 뭐 오대벼도 있고 뭐 아이고 나도 모르겠네, 또 뭐야. 무슨 무슨 벼도 있고 뭐 아끼바리도 있고 뭐. 오대벼도 있고, 아이고 뭐 수천 수백 수십 가지야 벼 이름도. 몰라 우리는 다.

그런데 그게 좀 일찍 되는 것도 있고, 늦게 되는 것도 있고 그렇잖아요?

⎯ 그렇대, 오 오 오대벼가 제일 일찍 될 거야 아마 저 철원에서 오대벼를 하니까. 그게 일찍 돼.

일찍 되는 것을 무슨 벼라고 그래요?

⎯ 글쎄 그게 오대벼라고 하는 것 같더라고요.

오대벼?

⎯ 어, 일찍 되는 게.

올벼라고도 해요?

⎯ 올벼라고도 하고 오대벼라고도 하고.

느깨 되능 거는 그럼?

⌐ 는:뻬라고 하구.

늡뻬라구 하구.

⌐ 으:. 인저 그 느추청이니 느다끼바리니 이렁 건 좀 느저유.

그럼 벼농사:를 질 때는요, 저 베, 지금 노내 시믕 거 베농사 하능 거자너요. 저거뚜 절차가 이쓸 꺼 아니요, 처:매부터 끄까:지 이르캐 타자캐서 할 때까지.

⌐ 그럼:.

맨: 처매 어트개 해요? 뭐부터 시자캐요?

⌐ 아 인재 씬:나락 당구구. 옌:나래더런 그 씬:나락[7] 당궈따가 인재 노내다 이르캐 모자리 해 노쿠 거기다 이르캐 가따 씬:나락 후:를 뿌려 가주촉[8] 트먼 가따 뿌려 가주구서 물대서 그냥 해썬넌대 우리내 츠:매 할 때넌. 그르캔대[9] 지금더런 인저 앙 그라자너. 지금더런 요망크만 상자애다가 인저 씬:나락 당궈 가주구 요르캐 초기 해끝태끝: 스머넌 인저 상자애다 흑 따머 가주구 거기따가 인재 씬:나락 뿌리구 흐그루 더퍼 가주구서. 이르캐 싸: 놔따가 또 초기 인재 요망:큼 터 올르먼 논빠다개 내, 내다 노차너? 내다 노쿠 인재 벤니루[10] 이르캐 씨우는 사람두 이꾸: 구직포루[11] 이르캐 까는 사람두 이꾸 그래 가주구 인저 모가 크머넌 인저 또 가따 기개루 가따 심:짜너. 옌:나래더리야 소니루 다: 시머찌 머. 기개가 어디써. 옌:나랜 소니루 심:꾸 소니로 벼:서루 발 탈곡끼, 이거뚜 츠:매넌 움:써찌. 그냥 인저 이르캐 홀:터 머꾸 머 이르캐 자리개질[12] 하구 그랜넌대 인재 또 쪼꼼 인저 개명되:서 인저 발루 이르캐 조:긴넝 거, 이르캐 발 디디 그렁걸 인저 사가주구 그거루 터:러찌.

그럼 씬:나라글 인재 뿌리구…

⌐ 어.

그러구 인재 그걸 노내 시믈라면: 노늘 저기해야 되자너요? 소…

⌐ 그럼:, 저 기개루유 인저, 그저낸 소루.

늦게 되는 것은 그럼?

˗ 늦벼라고 하고.

늦벼라고 하고.

˗ 예. 이제 그 늦추청이니 늦아끼바리니 이런 것은 좀 늦어요.

그럼 벼농사를 지을 때는요, 저 벼, 지금 논에 심은 것 벼농사 하는 거잖아요. 저것도 절차가 있을 것 아니에요, 처음부터 끝까지 이렇게 타작해서 할 때까지.

˗ 그럼.

맨 처음에 어떻게 해요? 뭐부터 시작해요?

˗ 아 이제 씨 담그고. 옛날에는 그 볍씨 담갔다가 이제 논에다 이렇게 모자기 해 놓고 거기에다 이렇게 가져다 볍씨 훌훌 뿌려 가지고 촉이 트면 가져다 뿌려 가지고서 물 대서 그냥 했었는데 우리들 처음에 할 때는. 그렇게 했는데 지금은 이제 안 그러잖아. 지금은 요만큼 한 상자에다가 이제, 볍씨를 담가 가지고 요렇게 싹이 희끗희끗 트면 이제 상자에다 흙 담아 가지고 거기에다가 이제 볍씨 뿌리고 흙으로 덮어 가지고서. 이렇게 쌓아 놓았다가 또 싹이 이제 요만큼 터 오르면 논바닥에 내, 내다 놓잖아? 내다 놓고 이제 비닐을 이렇게 씌우느 사람도 있고 부직포로 이렇게 까는 사람도 있고 그래가지고 이제 모가 크면 이제 또 갖다 기계로 갖다 심잖아. 옛날에야 손으로 다 심었지 뭐. 기계가 어디 있어. 옛날에는 손으로 심고 손으로 베어서 발 탈곡기, 이것도 처음에는 없었지. 그냥 이제 이렇게 훑어 먹고 뭐 이렇게 자리개질 하고 그랬는데 이제 또 조금 이제 개명되어서 이제 발로 이렇게 저기 있는 것, 이렇게 발로 디디는 것, 그런 것을 이제 사 가지고 그것으로 털었지.

그럼 볍씨를 이제 뿌리고…

˗ 응.

그리고 이제 그것을 논에 심으려면 논을 저기 해야 되잖아요, 소…

˗ 그럼, 저 기계로요 이제, 그 전엔 소로.

요새는 기개루 하구, 옌나래는.

￣ 어, 옌나랜 소루 아시[13] 갸:러 가주구. 또 인재 쓰:래라구[14] 이르캐 막 때기루 바럴 이르캐 다러써 송꾸랑마냥 이러캐 가주구서. 그걸루 인재 재:벌[15] 인저 다:매 인저 물 대 가주구 땅애 흠씬 고른 다:매는 그걸루 쓰:려 가주구서 인저 모럴 시머찌. 지금더런 머 트래타루다 함 번 아시 갈:구 인재 이듬[16] 갸:러 가주구서 그냥 심:짜너.

그럼 노는 언제 가러요?

￣ 베 비구 갸:래 가러 노넌 이덜두 이꾸 보매 갸:넌 니두 이꾸 그래유. 일: 잘: 추넌[17] 집떠리야 다 보메 갈, 참 갸:래 갸:러 노치 베 비구서. 근대 일: 모타너이덜 나무 소내 하너이더런 인저 보매 갈:구.

그 갈: 때 뭘:루 가라요?

￣ 옌:나래넌 흑쩡이루[18] 가럳찌만: 지금더른 트래타루 갸:러유.

흑쩡이요?

￣ 흑쩡이, 소루 메워 가주구 흑쩡이루 가라찌.

흑쩡이하구 쟁기하구가…

￣ 어 가틍 거여. 가틍 건대 인재 쟁기가[19] 줌, 흑쩡이가 인재 옌:나래 츠:매 이써꾸 또 고 다매 쟁기가 나와써. 그걸루 좀 갈:기가 쉽때유, 쟁기넌.

그걸루 가:라서 쓰래루 쓰려서.

￣ 쓰:래루 쓰:려서.[20] 응, 그래서 모럴 시:머찌 인저.

쓰:래 하구 나 가주구 거기다가 또 납짜칸 것…

￣ 으 번지, 번지[21] 대능 기여 그개, 번지 대넝 거여.

그걸루다가 번지루다가 쫙: 팬:하개…

￣ 옌:나래 사람덜 주그먼 그 송판때기럴 미태 노쿠서 수새 거둘째:[22] 대 번 인재 이르캐 해 가주구서 그 미태다가 그걸 깔:구서 노커던 신채럴[23] 인재 그거넌 저기 번지, 번지뜸질한다구[24] 하자너? 그개 번지, 그렁 걸루 번지 맨드러서 써써서. 옌:나래는 송판두 귀(이중모음 [kuj])하니깨 그개 번

요즘은 기계로 하고, 옛날에는.

﹣응, 옛날에는 소로 애벌 갈아 가지고. 또 이제 써레라고 이렇게 막대기로 발을 이렇게 달았어 손가락처럼 이렇게 해 가지고서. 그걸로 이제 두벌 이제 밤에 이제 물 대 가지고 땅을 흠씬 고른 다음에는 그것으로 써러가지고 이제 모를 심었지. 지금은 뭐 트랙터로 한 번 애벌 갈고 이제 이듬 갈아 가지고서 그냥 심잖아.

그럼 논은 언제 갈아요?

﹣벼 베고 가을에 갈아 놓는 이들도 있고 봄에 가는 이도 있고 그래요. 일을 잘 줄이는 집은 다 봄에 갈, 참 가을에 갈아 놓지 벼 베고서. 그런데 일 못 하는 이들 남의 손에 하는 이들은 이제 봄에 갈고.

그것을 갈 때 무엇으로 갈아요?

﹣옛날에는 극젱이로 갈았지만 지금은 트랙터로 갈아요.

극젱이요?

﹣극젱이, 소로 메어 가지고 극젱이로 갈았지.

극젱이하고 쟁기하고가 …

﹣어 같은 거야. 같은 건데 이제 쟁기가 좀, 극젱이가 이제 옛날에 처음에 있었고 또 그 다음에 쟁기가 나왔어. 그것으로 좀 갈기가 쉽대요, 쟁기는.

그것으로 갈아서 써레로 썰어서.

﹣써레로 썰어서. 응, 그래서 모를 심었지 이제.

쓰레 하고 나서 거기에다가 또 납작한 것…

﹣응 번지, 번지 대는 거야 그게, 번지 대는 거야.

그것으로 번지로 쫙 평평하게…

﹣옛날에 사람들 죽으면 그 송판때기를 밑에 놓고 수시(收屍)할 때 대번에 이제 이렇게 해 가지고 그 밑에다가 그걸 깔고서 놓거든 시체를. 그러면 이제 그것은 저기 번지, 번지뜸질한다고 하잖아? 그게 번지, 그런 것으로 번지 만들어서 썼었어. 옛날에는 송판도 귀하니까 그것을 번지를 가져다

지루 가따 하너니두 이꾸:. 송파니 웁쓰먼 번지두 가따 그르캐 해써. 그래서 번지뜸질한다구 옌:나래덜 그라자너?

그 다매 인재 가따 시머야 되 꺼 아니요. 그러면 아까 씨 뿌려 가주구 이르캐 모를 키워쓰 꺼 아니요, 그거 어티개 해야 되요?

⎯ 그라믄 인저 옌:나래더런 소니루 이러캐 가 쩌써[25] 이르캐 뽀바써. 이르개 뽀버 가주구서 인저 멛 쭈먹씩 거기따 해서 지푸루 이르캐 뙹여 가주구 이르캐 내 노매서 해 가주구서. 다 인저 쩌 노쿠서 수구바리애다[26] 또 거 질머지구 노내 가따 너: 가주구서 인저.

어디다 질머저요?

⎯ 노내, 수구바리. 수구바리애다 인재 질머저야 가주 가자너, 그래서 가따 노내다 인저 던저 노먼 사람더리 죽: 서서 인저 줄 띠워 가매 인저 심: 찌. 그르치만 지금더리야 인저 머 그 모판만 번쩍번쩍 띠어다가 그냥 인저 모판 언저노먼 기개가 심:짜너.

그 쩌 가주구 무꺼 농 걸 머라그래요?

⎯ 모첨[27].

그 모처멀 소고바리에다 지구 가능 거지요?

⎯ 예.

그래서 인재 쓰래질 해 논 노내다가…

⎯ 어 어 어, 던져.

던저 가지고. 줄 띠워서 인재, 그 줄두 보니까 다 머 이르캐 빨간…

⎯ 모쭈래 이르캐 이쓰먼 여기 요로캐 요로캐 간격 마추너라고. 요러캐 간경만 마추너라고 요르캐 요르캐 인저, 모쭈래 [**]나짜나유. 줄모 하능 기여, 그개 줄모. 그냥 상:모넌[28] 그냥 주란:띠우구 그냥 대중해서 꾹꾹 꼰 넝 거구.

그게 무슴 모요?

⎯ 상, 그냥 상모.

하는 이도 있고. 송판이 없으면 번지도 갖다 그렇게 했어. 그래서 번지뜸
질한다고 옛날에는 그러잖아?

그 다음에 이제 갖다 심어야 될 것 아니에요. 그러면 아까 씨 뿌려 가지고 모
를 키웠을 것 아니에요. 그것을 어떻게 해야 돼요?

⁻ 그러면 이제 옛날에는 손으로 이렇게 가서 쪘어 이렇게 뽑았어. 이렇
게 뽑아 가지고서 이제 몇 주먹씩 거기다 해서 짚으로 이렇게 동여 가지
고 이렇게 내 놓으면서 해 가지고서. 다 이제 쪄 놓고서 발채에다 또 그
것을 짊어지고 논에 갖다 넣어서 이제.

어디에다 짊어져요?

⁻ 논에, 발채. 발채에다 이제 짊어져야 가지고 가잖아, 그래서 갖다 논
에 던져 놓으면 사람들이 죽 서서 이제 줄 띄워 가면서 이제 심지. 그렇
지만 지금은 이제 뭐 그 모판만 번쩍번쩍 떼어다가 그냥 이제 모판 얹어
놓으면 기계가 심잖아.

그 뽑아 가지고 묶어 놓은 것을 뭐라고 해요?

⁻ 모춤.

그 모춤을 발채에 지고 가는 거지요?

⁻ 예.

그래서 이제 써레질 해 놓은 논에다가…

⁻ 어 어 어, 던져.

던져 가지고. 줄 띄워서 이제, 그 줄도 보니까 다 뭐 이렇게 빨간…

⁻ 못줄에 이렇게 있으면 여기 요렇게 요렇게 간격 맞추느라고. 요렇게
간격을 맞추느라고 요렇게 요렇게 이제, 못줄에 [**]났잖아요. 줄모 하는
거야, 그게 줄모. 그냥 삭모는 그냥 줄 안 띄우고 대중해서 꾹꾹 꽂는 거
고.

그것이 무슨 모요?

⁻ 삭, 그냥 삭모.

상모?

‑ 응. 그냥 상모루 심넝, 그냥 그러캐 싱:꾼, 줄모 하넝 건 그르캐 줄 띠워 가매 싱:꾼.

물두 대야 되자나요?

‑ 그러믄뉴:. 물 이써야, 물두 대:따 빼:따 해야 되구 거름 줘야 되구:. 싱:끼 저내 인저 비루 헌치구서 갈:기 저내 언치고 가러 가주구서 인저 시머 노쿠서 또 주면 인저 가지거름²⁹⁾ 하넝 거구. 또 인저 펠 무루:배 하넝 건 인저 이삭꺼럼³⁰⁾ 하넝 거고.

그: 농사질 때 연장이 어떵 거뜨리 피료해요? 연장 많이 이짜너요, 지배.

‑ 예.

아까 쟁기도 있고, 뭐.

‑ 흑찡이두 이써야 되구(단모음 [외]), 머 쓸, 쓰:레, 지금더런 인제 그렁 거 피료 웂짜너 기개루 하니깨. 모 심넌 데는 그렁기 이꾸 사비 이써야 되고.

삽뚜 이꾸.

‑ 또: 소시랑두 이씨야 되구, 머 별거 다 이씨야지 머.

땅 파능 거뚜 이짜너요.

‑ 깽이. 깽이, 소시랑 머:.

이 양쪼그루 삐:쭈캉 거뚜 이때요?

‑ 꼭, 그건 저기.

딱따캉거 파능 거.

‑ 어 그거, 아이구: 이르미 뱅뱅 도넌대 안 나오내 이르캐. 뿔꼬깽이³¹⁾, 뿔꼬깽이, 뿔꼬펭이.

뿔꼬깽이. 한 쪼그루 됭 거두 이써요? 꼬깽이가치 생깅 거 그럼?

‑ 그건 벽채라구 한 쪼근 삐:쭉카군³²⁾ 줌 널버. 건 자루가 짤:루운 벽채리여. 엔:나래는 거 뿔꼬깽이 나기 저낸 그 벽채루 판넌대. 지금 뿔꼬깽이가 인재 나 가주구서넌 그걸루 하지.

삭모?

⎺ 응. 그냥 삭모로 심는 것은 그냥 그렇게 심고, 줄모 하는 것은 그렇게 줄을 띄워 가면서 심고.

물도 대야 되잖아요?

⎺ 그럼은요. 물이 있어야, 물도 대었다 뺐다 해야 되고, 거름 줘야 되고. 심기 전에 이제 비료 뿌리고서 갈기 전에, 뿌리고 갈아 가지고서 이제 심어 놓고서 또 주면 이제 가지 거름 하는 것이고. 또 이제 팰 무렵에 하는 것은 이제 이삭거름 하는 것이고.

농사지을 때 연장이 어떤 것들이 필요해요? 연장이 많이 있잖아요, 집에.

⎺ 예.

아까 쟁기도 있고, 뭐.

⎺ 극젱이도 있어야 되고, 뭐 써 써레, 지금은 이제 그런 것 필요 없잖아 기계로 하니까. 모 심는 데는 그런 것이 있고 삽이 있어야 되고.

삽도 있고.

⎺ 또 쇠스랑도 있어야 되고, 뭐 별거 다 있어야지 뭐.

땅 파는 것도 있잖아요.

⎺ 괭이. 괭이, 쇠스랑 뭐.

이 양쪽으로 뾰족한 것도 있대요?

⎺ 곡, 그건 저기.

딱딱한 것 파는 것?

⎺ 어 그것, 아이고 이름이 뱅뱅 도는데 안 나오네 이렇게. 곡괭이, 곡괭이, 곡괭이.

곡괭이. 한 쪽으로 된 것도 있어요? 곡괭이같이 생긴 것 그럼?

⎺ 그것은 벽채라고 한 쪽은 뾰족하고 좀 넓어. 그것은 자루가 짧은 벽채래. 옛날에는 그거 곡괭이가 나기 전에는 그 벽채로 팠는데. 지금은 곡괭이가 이제 나와서는 그걸로 하지.

그럼 벽채가 이러캐 꽹이가치 생견는대 끄태가 뾰족하고 이러캐 됭 거?

⌐ 으, 어 어어. 그거 지:드라캐 그개. 그개 벽채여.

한 쪼그루 댕 거?

⌐ 예.

노내서두 그렁 거 가튼대 저:기 저 번지루두 이르캐 하지만:: 넙쩌칸 송판

가틍 걸루 자루 해 가주구 죽:죽 밀기두 하자너요?

⌐ 그거 인재 너푼대 야튼대 그거 메우너라고 고물개.

그걸 가주구 저기 저 곡씽 너러쓸 때 쓰능 거에요?

⌐ 예 예 예.

쓰능 거요?

⌐ 고물개루 곡씽 널:구 그라능 거요.

그러면 저:기 그거하구 비스타개 생견는대, 불 때자너요?

⌐ 어.

불 때구 나서 재 칠 때두 그거 글거내능 거 그건 머요?

⌐ 그거뚜 고물개. 뭐:캐서 쓰넝 고물개.

그 옌나래는 그: 머여 풀두 다 매짜너요?

⌐ 호미.

호미로.

⌐ 호미루 매구. 지금두 호미는 쓰자나유.

감자 캐구.

⌐ 으 그런 풀, 반 맬 때 호미 가주가 쓰구.

그: 노내 물 댈 때요, 인재 무리 마:는대 가트면 그냥 물 노느루다 이르캐 대

먼 대자너요. 근대 무리 즈:글 때는 이망:큼 파 가주구 물 바더따가 그거 푸자

너요, 이르캐? 그걸 멀루 푼다구 해요, 푸능 걸 뭐라구 그래요?

⌐ 시방 그개 쓰넌대, 양수기.

그건 기게자너요?

그럼 벽채가 이렇게 괭이같이 생겼는데 끝이 뾰쪽하고 이렇게 된 것?

¯ 응, 응 응응. 그거 기다랗게 그게. 그게 벽채야.

한 쪽으로 된 것?

¯ 예.

논에도 그런 것 같던데, 번지로도 이렇게 하지만 넓적한 송판 같은 것으로
자루 해 가지고 죽죽 밀기도 하잖아요?

¯ 그거 이제 높은 데 얕은 데 그거 메우느라고 고무래.

그것으로 저기 저 곡식 널었을 때 쓰는 거예요?

¯ 예 예 예.

쓰는 거예요?

¯ 고무래로 곡식 널고 그러는 거요.

그러면 저기 그것하고 비슷하게 생겼는데, 불 때잖아요?

¯ 어.

불 때고 나서 재 칠 때도 긁어내는 것 그것은 그건 뭐예요?

¯ 그것도 고무래. 부엌에서 쓰는 고무래.

그 옛날에는 그 뭐야 풀도 다 맸잖아요?

¯ 호미.

호미로.

¯ 호미, 호미로 매고. 지금도 호미는 쓰잖아요.

감자 캐고.

¯ 응 그런 풀, 밭 맬 때 호미 가져가서 쓰고.

그 논에 물 댈 때요, 이제 물이 많은 데 같으면 그냥 물 논으로 이렇게 대면
되잖아요. 그런데 물이 적을 때는 이만큼 파 가지고 물 받았다가 그것을 푸잖
아요, 이렇게? 그걸 무엇으로 푼다고 해요? 푸는 것을 뭐라고 해요?

¯ 지금 그걸 쓰는데, 양수기.

그건 기계잖아요?

⁻ 예.

전기루 하능 거.

⁻ 예.

옌나래 이르캐 끈 매: 가주구 양쪼개서 두리 이르캐 해꾸…

⁻ 어:, 그리여:. 둠벙애서[33] 품넝 거.

예, 둥벙에서 푸능 거.

⁻ 둠벙 파노코 거기따 해서 양쪼개서 해 가주구 이러캐서 두리 이럭:캐 자부달리구 하넝 거. 그 뭐여 두루배기지.[34]

두루백?

⁻ 두루박, 두루박.

용… 용이라구두 해요, 용두래? 뭐 머라구 그렁 거뚜 이꾸 머.

⁻ 그건, 그건 잘 몰르건내, 오냥 나두. 물 푸넝 거, 그거 이르면 잘 몰르거써. 두루바건 물푸넌, 그저내 바가치 저:기 두루박샤:매서[35] 물려다 멍너라구 두루바기지. 그 물푸녕 거 이르면 몰:르거써, 나두 잘.

그 두루바근 쩌:기…

⁻ 샤:매서 푸넝 거.

샘: 기피 파가주구 이르캐 하능 거지요?

⁻ 어 어 어, 그개 두루바긴대 그 물 품넝 거 몰라 뭐:라고 하는지.

노내 물 댈 때 개우리 이짜나요?

⁻ 야.

개우른 무리 자꾸 내려가자나요. 그 이르캐 무를 마가 가주구 무를 줌 고이개 해따가 그거 이르캐 노내 대자너요?

⁻ 예.

그거 망능 걸 그거 머라 그래요?

⁻ 보 망넌다 구라지.

보 망넌다고.

ᄀ 예.

전기로 하는 것.

ᄀ 예.

옛날에 이렇게 끈을 매 가지고 양쪽에서 둘이 이렇게 했고…

ᄀ 어, 그래. 웅덩이에서 푸는 것.

예, 웅덩이에서 푸는 것.

ᄀ 웅덩이 파 놓고 거기에다 해서 양쪽에서 해 가지고 이렇게 해서 둘이 이렇게 잡아당기고 하는 것. 그게 뭐야 두레박이지.

두레박?

ᄀ 두레박, 두레박.

용… 용이라고도 해요, 용두레? 뭐 뭐라고 그런 것도 있고 뭐.

ᄀ 그건, 그건 잘 모르겠네, 원래 나도. 물 푸는 것, 그것 이름은 잘 모르겠어. 두레박은 물 푸는, 그 전에 바가지 저기 두레박 샘에서 물 이어다 먹느라고 두레박이지. 그 물 푸는 것 이름은 모르겠어, 나도 잘.

그 두레박은 저기…

ᄀ 샘에서 푸는 것.

샘 깊이 파가지고 이렇게 하는 것이지요?

ᄀ 어 어 어, 응 응, 그게 두레박인데 그 물 푸는 것은 몰라 뭐라고 하는지.

논에 물 댈 때 개울이 있잖아요?

ᄀ 예.

개울은 물이 자꾸 내려가잖아요. 그 이렇게 물을 막아 가지고 물을 줌 고이게 했다가 그것을 이렇게 논에 대잖아요?

ᄀ 예.

그거 막는 것을 그것을 뭐라고 해요?

ᄀ 보 막는다고 그러지.

보 막는다고.

‑ 예.

여기:두 그르캐 해써요? 저기 저 아패?

‑ 저:기 나가먼 해찌유. 요기 요긴 안 해써두 저 아래 나가먼 해써유.
보 마거써.

저 아래:보담 개우리 더 킁 가요?

‑ 예 예. 크니깨 거기년 보덜 막찌유. 보 마거 가주구서 인저 멭찝씩 그
물 인저 단년 사람덜찌리 대:지. 인저 그거 다시 이르캐 칠: 때는 보 치러
간다구 인저 하구: 보 마그러 간다구 하구.

저 우에 저 인능 건 뭐:라 그래요? 저 우에 킁: 거 머 이따면서요, 물?

‑ 방죽?[36)]

방죽?

‑ 야. 저수지? 저수지라구 지금더런하구 방주기라구두 하구.

방주카구 저수지하구 크기가 또까틍 걸 얘기 하능 거예요, 아니먼 서로 다릉
거예요?

‑ 몰:라 그거 가주구 방죽 파따구 하넌대 지금 저수지라구두 하구 그라
니깨 몰:르지 머:. 멀: 가주 그러카능 긴지 난두.

물 댈: 때가, 무리 업쓰면 파자너요?

‑ 예.

파 가주구두 물 대자너요?

‑ 야,

그건 뭐라 그래요?

‑ 둠벙 판다구라지유.

둠벙.

‑ 응.

물 댈 때두 왜 운논 아랜론 이러캐 차래차래 대지요?

‑ 예.

˗ 예.

여기도 그렇게 했어요? 저기 저 앞에?

˗ 저기 나가면 했지요. 요기 요기는 안 했어도 저 아래 나가면 했어요. 보 막았어.

저 아래보다 개울이 더 큰가요?

˗ 예 예. 크니까 거기는 보를 막지요. 보 막아 가지고 이제 몇 집씩 그 물 이제 닿는 사람들끼리 대지. 이제 그거 다시 이렇게 칠 때는 보 치러 간다고 이제 하고 보 막으러 간다고 하고.

저 위에 있는 건 뭐라고 해요, 저 위에 큰 거 뭐 있다면서요, 물?

˗ 저수지?

방죽?

˗ 예. 저수지? 저수지라고 지금은 하고 방죽이라고도 하고.

방죽하고 저수지하고 크기가 똑같은 것을 이야기하는 거예요, 아니면 서로 다른 거예요?

˗ 몰라 그것을 방죽 팠다고 하는데 지금 저수지라고도 하고 그러니까 모르지 뭐. 뭘 가지고 그렇게 하는 것인지 나도.

물 댈 때, 물이 없으면 파잖아요?

˗ 예.

파 가지고도 물 대잖아요?

˗ 예.

그것은 뭐라고 해요?

˗ 웅덩이 판다고 그러지요.

둠벙.

˗ 응.

물 댈 때도 왜 윗논 아랫논 이렇게 차례차례 대지요?

˗ 예.

그걸 그 그 이르미 이써요 따루? 물 대능 방법에…

˝ 그렁 건 몰:르거써 나넌.

옌나래는 보니까 이렁 거뚜 이때요. 요새는 본 저기 엄는대 통나무 이짜너요, 이마난 통나무, 그 가운대를 요로캐 파 가주구 요로캐 쭉: 파 가주구 저쫑 논하구 이쫑 논하구 미태 또랑이 이쓰먼 이르캐 걸쳐 물 쭉: 흘러가개 해때요.

˝ 그리여, 어 어. 지금 그개 홈 파 가주구 농건대 지그먼 이런 저 저기 하우스 통[37] 이짜너?

예 예.

˝ 그라니깨 머 지금 누가 그렁 걸 히야?[38] 이렁 거 점부 고무 통 사다 노쿠 하우스통 사다 노쿠 하지.

옌:나래 그건 머라그래요? 그 이르미 머 이써요?

˝ 몰:러 홈:, 홈 파서루 홈:통을 놔:따 구라대. 홈: 파 가주구.

옌나래는 무리 더 귀해짜너요?

˝ 그러믄뉴.

그러쿠 막 싸우구 그러는 거뚜…

˝ 아이구 그래서 노내다가 스:슥[39] 까라 먹꾸 그래써요, 우리 어려서. 모, 모럴 모:씨머서. 메물 갈:구 스슥 까러 먹꾸 그래따구. 지그미니깨 다: 참 이르캐 웅딩이래두 파 가주구 샘: 파 가주구서 양수기루 푸머 가주구서루다 하구 그라지만. 옌:나래더런 그렁 거뚜 모타구 그라니깨 야:주 물 가리노니먼[40] 최:고구. 이런 봉:답꺼턴[41] 대넌 물이 웁써서 그냥 스:슥 깔:구 메물 씨 뿌리구 이래따 머건넌대 지그믄 물가리노는 기개가 대꾸 빠지니깨 안 조티야. 가격뚜 안, 더 암: 비싸디야. 옌:나래는 물가리노니먼 최고루 비싸구 최고루 조안는대 지그믄 땅을 팔구 사넌대두 물가리노넌 기개 빠지기 떠래[42] 갑씨 더 안 비싸.

그래서 이제 그 모를 쩌 가주구 모를 가따가 이제 옌나래는 다: 소느루 심,

그것을 그 이름이 이 따로 물대는 방법에…

˝ 그런 건 모르겠어 나는.

옛날에는 보니까 이런 것도 있대요. 요즈음에는 본 적이 없는데 통나무한 통나무, 그 가운데를 요렇게 파 가지고 이렇게 죽 파 가지고 저쪽 논하고 이 있잖아요, 이만쪽 논하고 밑에 도랑이 있으면 이렇게 걸쳐 놓고 물이 족 흘러가게 했대요.

˝ 그래, 어 어. 지금 그게 홈통 파 가지고 놓은 건데, 지금은 이런 저 저기 호스 있잖아?

예 예.

˝ 그러니까 뭐 지금 누가 그런 걸 해? 이런 것 전부 고무 통 사다 놓고 호스 통 사다 놓고 하지.

옛날에 그것은 뭐라고 해요? 그 이름이 뭐 있어요?

˝ 몰라 홈, 홈파서 홈통을 놓았다고 그러대. 홈 파 가지고.

옛날에는 물이 더 귀했잖아요?

˝ 그럼은요.

그렇고 막 싸우고 그러는 것도…

˝ 아이고 그래서 논에다 조 갈아 먹고 그랬어요, 우리 어렸을 때. 모, 모를 못 심어서. 메밀 갈고 조 갈아 먹고 그랬다고. 지금이니까 다 참 이렇게 웅덩이라도 파 가지고 샘 파 가지고서 양수기로 (무을) 퍼 가지고 하고 그러지만. 옛날에는 그런 것도 못 하고 그러니까 아주 물갈이논이면 최고고. 이런 봉답 같은 데는 물이 없어서 그냥 조 갈고 메밀 씨 뿌리고 이랬다가 먹었는데 지금은 물갈이논은 기계가 자꾸 빠지니까 안 좋대. 가격도 안, 더 안 비싸대. 옛날에는 물갈이 논이면 최고로 비싸고 최고로 좋았는데 지금은 땅을 팔고 사는 데도 물갈이논은 기계가 빠지기 때문에 값이 더 안 비싸.

그래서 이제 그 모를 쪄 가지고 모를 갖다가 이제 옛날에는 다 손으로 심, 심

시머찌요?

￣ 예, 소니루 다: 시머찌. 그래서 머 공동 자겁두 한다구 하구 머 여자덜두 죄::(단모음 [죄]) 나가서 싱:꾸: 그래서.

그럼 모를 심꾸 나서 인재 저러캐 인재 논에 저망큼 크자너요. 그럼 저건 머라 그래요? 저건 모라 그래요 베라 그래요, 저정도 크먼?

￣ 아 그냥 아지근 모지유 머. 베넌[43) 안 되쓩깨. 패:야 베가 되지 인저.

패야지 베라 그래요?

￣ 그럼.

그래서 인재 저러캐 시머 노먼 또 풀라자나요? 요새는 인재 사람두 업꾸 머 약치구 그래는대 옌:나래는 다 그거…

￣ 논매구, 논매구 인저 또 함 번 뜯꾸[44), 뜬넝건 맬 때넌 호매~인 가주구 암 논 이르캐 파: 업꾸 뜨들 때넌 호매~이넌 안 가주 가구 그냥 소니루 이렁이렁[45) 더드머써, 노널.

그거뚜 이제 첩뻔째 하능 거 두 번째 하능 거 머 세 번째 하능 거 머 그러자나요, 맨: 처매 하능 거.

￣ 아 맨: 처매 하능 건 논 매:넝 거. 또 인재 두: 번, 두: 번배끼 안 히야. 논 뜬넝, 싱:꾸 매:구 뜯꾸 그려. 매:구 인저 두, 두: 번채 하넝 건 뜯넝 겨. 논 눙친다구[46) 히야. 훔친다구, 어 이르캐 훔친다. 뜬넌다구두 하구 훔친다구두 하구 그저내 그래써.

아시 맨다 그래요, 애벌 맨다 그래요? 맨 처:매 하능 거.

￣ 아, 아시 매:넝 기여.

빨래두 처:매 하능 거넌 아시 빤다 그래자너요?

￣ 예, 쌀머서 빨구.

처뻔, 처뻔째 하능 건 아시맨다 그래구. 그 다매…

￣ 그 다매넌 뜯넝 거구, 훔친다구두 하구 뜬는다구두 하구.

짐:맨다는 말두 써요? 지심맨다 그래요?

었지요?

￣ 예, 손으로 다 심었지. 그래서 뭐 공동 작업도 한다고 하고 뭐 여자들도 죄다 나가서 심고 그래서.

그럼 모를 심고 나서 이제 저렇게 논에 저만큼 크잖아요. 그럼 저건 뭐라고 해요? 저것은 모라고 해요 벼라고 해요, 저정도 크면?

￣ 아 그냥 아직은 모지요 뭐. 벼는 안 되었으니까. 패야 벼가 되지 이제.

패야지 벼라고 해요?

￣ 그럼.

그래서 저렇게 심어 놓으면 또 풀이 나잖아요? 요즈음은 사람도 없고 뭐 약 치고 그러는데 옛날에는 다 그거…

￣ 논매고, 논매고 이제 또 한 번 뜯고, 뜯는 건 맬 때는 호미 가지고 논을 이렇게 파 엎고 뜯을 때는 호미는 안 가지고 가고 그냥 손으로 이렁이렁 더듬었어, 논을.

그것도 이제 첫 번째 하는 것, 두 번째 하는 것 뭐 세 번째 하는 것 그러잖아요, 맨 처음에 하는 것?

￣ 아 맨 처음에 하는 것은 논 매는 것. 또 이제 두 번, 두 번밖에 안 해. 논 뜯는, 심고 매고 뜯고 그래. 매고 이제 두, 두 번째 하는 건 뜯는 거야. 논 훔친다고 해. 훔친다고, 어 이렇게 훔친다. 뜯는다고도 하고 훔친다고도 하고 그전에 그랬어.

아이 맨다고 해요, 애벌 맨다고 해요? 맨 처음에 하는 것.

￣ 응, 애벌 매는 거야.

빨래도 처음에 하는 것은 아이 빤다고 하잖아요?

￣ 예, 삶아서 빨고.

첫 번째 하는 것은 아이 맨다고 하고. 그 다음에…

￣ 그 다음에는 뜯는 것이고, 훔친다고도 하고 뜯는다고도 하고.

김맨다는 말도 써요? 기심맨다고 그래요?

- 예, 그건 다런 동내애넌 그르칸대유. 그르캐 한디야. 여기넝 그냥 반
매러 간다구 하구 반맨다구 하넌대 다런 동내넌 지심맨다구[47] 하구 이란
대 저 아랜녀근.[48] 여기 싸람더른: 그냥 반맨다구 그리야. 논매넝 거, 바태
서 하면 반매러 간다구 하구 이라지 지슴매러 간다 쏘린 잘 안 히야.
  요새는 저기 다 머 약 마니 치지요?
- 예, 야그루 해유. 안 매유, 요새는.
  사람두 업:꾸.
- 어 샤:라미 누가 이씨야지, 노인내덜만 사러니깨[49] 지그믄 싱:꾸서 메
치리따 대:번 푸란나는낙 카구 이리야지.   점부 야그루 써먹찌:, 안: 해야.

˝ 예 그건 다른 동네에서는 그렇게 한대요. 그렇게 한대. 여기는 그냥 밭 매러 간다고 하고 밭 맨다고 하는데 다른 동네는 김맨다고 하고 그런대 저 아랫녘은. 여기 사람들은 그냥 밭 맨다고 그래. 논매는 것, 밭에서 하면 밭 매러 간다고 하고 이러지 김매러 간다는 소리는 잘 안 해.

요즈음은 저기 다 뭐 약 많이 치지요?

˝ 예, 약으로 해요. 안 매요, 요새는.

사람도 없고.

˝ 어 사람이 누가 있어야지, 노인네들만 사니까 지금은 심고서 며칠 있다가 대번에 풀 안 나는 약 치고 이래야지. 전부 약으로 써먹지, 안 해.

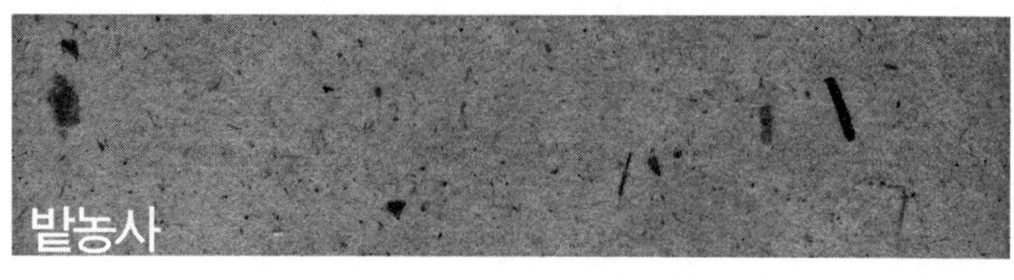

바태는 머: 싱궈요. 그럼.

─ 바태 콩. 어 감자 노쿠 마눌 캐구 인저 그거 캐:내구서넌 인저 콩 심… 보매 인저 마눌 녹, 마누런 가:래 놔:따 인저 여르매 캐:능 기구. 감자넌 인저 보매 놔:⁵⁰⁾ 가주구 인재 여르매 캐:구서 인저 거그다 콩두 싱:꾸머 들꽴모두⁵¹⁾ 하구:. 들꽤, 으.

들꽤.

─ 으.

콩 말구 저 빨강 거뚜 이짜너요?

─ 팥:, 팥:.

그거는 뭐에다 써요?

─ 그거는 인저 저기 옌:나랜 떡꼬물 해 머거찌유, 떡꼬물. 찰:밥패 머글라먼 인재 찰밥뚜 하구 팥 쌀머서. 그르자느문 인저 그 팥 쌀머서 인저 고물떡칼라문 하구.

그 팥::ㅡ슨 그: 수화기 마니 나요?

─ 하이구, 뭐: 별루 안 나유. 그냥 머글라구 쪼끔씩카지 머 그렁 거. 파선 별루 안 히야. 콩언 인재 메주 쒀서 장: 당:꾸 그라느라구 콩더럴 주로 마이 심찌:. 파슨 머 별루 마니 안 해유, 째:끔씩⁵²⁾ 카지.

수수파떠칼 때두 거기…

─ 어, 팥 쌀머서 파꼬물. 콩꼬물두 하지만 수수파떠개넌 두루 파꼬무리 조응 겨.

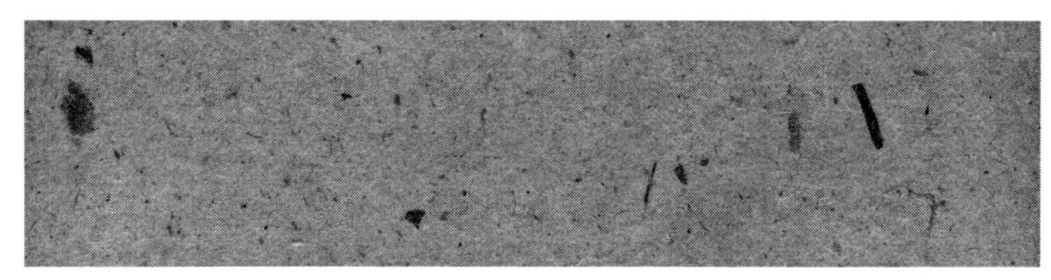

밭에는 뭐 심어요, 그러면?

⎺ 밭에 콩. 어 감자 놓고 마늘 캐고 이제 그거 캐내고는 이제 콩 심(어). 봄에 이제 마늘 놓(고), 마늘은 가을에 놓았다가 이제 여름에 캐는 것이고. 감자는 이제 봄에 놓아 가지고 이제 여름에 캐고 나서 이제 거기에 콩도 심고 뭐 들깨 모종도 하고. 들깨, 응.

들깨.

⎺ 어.

콩 말고 저 빨간 것도 있잖아요?

⎺ 팥, 팥.

그것은 무엇에 써요?

⎺ 그거는 이제 저기 옛날에는 떡고물 해 먹었지요, 떡고물. 찰밥 해 먹으려면 이제 찰밥도 하고 팥 삶아서. 그러지 않으면 이제 그 팥 삶아서 이제 고물떡 하려면 하고.

그 팥은 그 수확이 많이 나요?

⎺ 아이고, 뭐 별로 안 나요. 그냥 먹으려고 쪼끔씩 하지 뭐 그런 것. 팥은 별로 안 해. 콩은 이제 메주 쑤어서 장 담그고 그러느라고 콩을 주로 많이 심지. 팥은 뭐 별로 안 해요, 조끔씩 하지.

수수팥떡 할 때도 거기…

⎺ 응, 팥 삶아서 팥고물. 콩고물도 하지만 수수팥떡에는 두루 팥고물이 좋은 거야.

아, 고물할 때?

￣ 예:. 그냥 팥 쌀머서 하넝 개 젤: 조:타구, 수수파떠개넌.

그게 자체가 다러요?

￣ 당 걸 너:서 그리여.

당 걸 너:서 그래요?

￣ 어.

저넌 그 판 능 건만 머그먼 맨날 다러서 파치 다른 줄 아러써요? 그래뜨니 그냥 팥 쌀므먼 안 당 거 같어서.

￣ 어, 허허허허허. 안: 다러요. 팥 당 걸 너:서 그리여. 당 걸 너:서.

그 다매 또 옌나래 또는 요새는 인재 베: 마니 시머찌만 옌나래는 보리두 마니 시머짜나요?

￣ 예:, 버리 심:꾸. 인재 비 아노먼 버리 벼: 내구서넌 인저 스:슥 깔:구: 또 그거뚜 인저 스:슥뚜 이르캐 갈라다 때 느즈먼 인저 메:물 갈:구 그르캐써유, 옌:나렌.

파떠캐멍능 거넌 멀루 해요?

￣ 예?

파떠캐머을 때는 멀루 해요?

￣ 수수파떡, 수수.

그거뚜 두 가지가 이떤대요. 빨강 거 하고 저 비짜루 매능 거뚜 하구 그거 다르자나요?

￣ 야:. 수수 머: 빨간 수수두 이꾸 뽀:얀 수수두 이꾸 두: 가지여.

그거 이르미 달라요 가타요?

￣ 몰러 수수넝 그냥 장:목쑤수 하양 건.

그 이르:캐…

￣ 어, 장:목쑤수.[53]

그거뚜 찰게 이꾸 메게두 이꾸…

￣ 예, 수수두 그럼:. 찰수수는 차:지구 메수수는[54] 메지구.

아, 고물할 때?

⎯ 예. 그냥 팥 삶아서 하는 게 제일 좋다고, 수수팥떡에는.

그것 자체가 달아요?

⎯ 단 것을 넣어서 그래.

단 것을 넣어서 그래요?

⎯ 예.

저는 그 팥 넣은 것만 먹으면 항상 달아서, 팥이 단 줄 알았어요. 그랬더니 그냥 팥 삶으면 안 단 것 같아서.

⎯ 아, 하하하하하. 안 달아요. 팥 단 것을 넣어서 그래. 단 것을 넣어서.

그 다음에 또 옛날에 또는, 요즘에는 벼를 많이 심었지만 옛날에는 보리도 많이 심었잖아요?

⎯ 예, 보리 심고. 이제 비 안 오면 보리 베어 내고서는 이제 조 갈고, 또 그것도 이제 조도 이렇게 갈려다 때가 늦으면 인제 메밀 갈고 그렇게 했어요, 옛날에는.

팥떡 해 먹는 것은 무엇으로 해요?

⎯ 예?

팥떡 해 먹을 때는 뭘로 해요?

⎯ 수수팥떡, 수수.

그것도 두 가지가 있던데요. 빨간 것 하고 저 빗자루 매는 것하고 다르잖아요?

⎯ 예. 수수 뭐 빨간 수수도 있고 뽀얀 수수도 있고 두 가지야.

그것 이름이 달라요 같아요?

⎯ 몰라 수수는 그냥 장목수수 하얀 것은.

그 이렇게…

⎯ 응, 장목수수.

그것도 차진 것이 있고 메진 것이 있고…

⎯ 예, 수수도 그럼. 찰수수는 차지고 메수수는 메지고.

1) ‘엄써유’는 중앙어 ‘없어요’에 대응하는 이 지역 방언 음성형이다. ‘엄써’는 중앙어 ‘없다’의 활용형 ‘없어’에 대응하는 충청도 방언형이다. ‘엄따, 엄꾸, 엄찌, 엄써, 엄써서, 엄쓰만’과 같이 활용한다는 점에서 기본형을 ‘없다’로 설정할 수 있을 것이다. 중앙어 ‘없다’에 대응하는 충청도 방언으로 ‘없다’ 외에 ‘읎다([읍따], 읎구([읍꾸]), 읎지([읍찌]), 읎어서([읍써서]), 읎으니깨([읍쓰니깨])’ 등으로 활용하는 ‘읎다’와 ‘읎다([읍따], 읎구([읍꾸]), 읎지([읍찌]), 읎어서([읍써서]), 읎으니깨([읍쓰니깨])’ 등으로 활용하는 ‘읎다’가 있다.

2) ‘읎짜너’는 중앙어 ‘없잖아’에 대응하는 충청도 방언형이다. ‘읎다([읍따], 읎구([읍꾸]), 읎지([읍찌]), 읎어서([읍써서]), 읎으니깨([읍쓰니깨])’ 등으로 활용하는 ‘읎다’의 활용형이다.

3) ‘추청베’는 벼의 한 종류인 ‘추청벼’를 가리킨다. 충청도 방언 ‘베’는 중앙어 ‘벼’에 대응한다. 추청벼는 일본에서 육성된 품종으로서 경기도에서 생산된 쌀(경기미)의 대부분이 이 품종에 속한다. 쌀의 특성은 쌀알이 크지 않으며 맑고 심복백이 적어 품질이 우수하고, 아밀로스 함량이 낮아 차진 편이며, 기호성이 좋아 사람들이 선호하는 품종이다. 품종의 특성상 수확량이 많지 않아 경기도에서 생산된 양으로는 소비량을 충족할 수 없을 정도로 소비자들이 선호한다.

4) ‘오대베’는 벼의 한 종류로 ‘오대벼’를 가리킨다. ‘오대벼’는 농촌진흥청 작물과학원에서 개발된 벼로 냉해에 강하고 수학량이 많은 일본 벼 품종인 아끼스호를 어미로 하고 냉해에 강하고 잘 쓰러지지 않는 후지 269호를 아비로 1974~1975년 작물과학원 온실에서 인공교배로 만들어졌다. ‘오대벼’라는 이름은 강원도 평창군에 있는 오대산의 이름을 따서 붙여졌다. 주로 철원 지방에서 재배하는 조생종 품종으로 수확량은 많지 않은 편이나 쌀알이 투명하며 찰기가 있고 맛이 좋다.

5) ‘몰르건내’는 중앙어 ‘모르다’의 활용형 ‘모르겠네’에 대응하는 이 지역 방언형이다. 중앙어 ‘모르다’가 충청도 방언에서는 ‘몰르다, 몰르구, 몰르지, 몰러서, 몰르니깨, 몰르자너’ 등으로 활용하는 정칙동사 ‘몰르다’와 ‘모르지, 모르구, 몰러/몰라, 모르자너, 모르니깨’ 등으로 활용하는 불규칙동사 ‘모르다’가

공존한다.

6) '아끼바리'는 일본에서 도입한 벼 품종이다. 1954~1955년 일본 아이찌 농업 시험장에서 '만다이니시끼'를 모본으로 하고, '와까바'와 '김마제'와의 F5 계통을 부본으로 인공 교배하여 육종된 품종이다. 1969년에 도입되어 1969~70년 2년간 생산력을 검정한 결과 그 우수성이 인정되어 장려 품종으로 결정되었다. 병해충에 약한 편이나 아밀로스 함량이 낮아 밥에 윤기 및 찰기가 있으며 밥맛이 좋다. 중부 평야지와 남부 중산간 지대에서 많이 재배하는 중만생종이다.

7) '씬나락'은 중앙어 '볍씨'에 대응하는 이 지역 방언형으로 '씻나락'으로 표기할 수 있다. 중앙어의 '벼'는 충청도 방언에서 '벼' 외에 '베'나 '비' 형이 많이 쓰인다. 충청도에서의 '벼'는 식물로서의 '벼'를 의미하기도 하고 낟알로서의 '벼'를 의미하기도 한다. 일반적으로는 '벼' 계열의 방언형이 많이 쓰이는데 '볍씨'를 가리킬 때만 '씻나락'이 쓰인다.

8) '촉'은 씨앗에서 처음에 나오는 싹을 의미하는 충청도 방언으로 경상도 방언에서도 쓰인다. '촉'은 서술어로 '트다'나 '틔우다'와 주로 호응하여 쓰인다.

9) '그르캔대'는 '그르캔는대'를 잘못 발음한 것으로 보인다. '그르캔는대'는 중앙어 '그렇게 했는데'에 대응하는 충청도 방언형이다.

10) '벤니루'는 외래어 '비닐'의 이 지역 방언형이다. 충청도 방언에서 '벤니루' 외에 '비니루'도 쓰이는데 일본어식 발음이다.

11) '구직포'는 '부직포'의 잘못이다. 제보자가 '부직포'를 '구직포'로 잘못 알고 있는 것으로 이해된다.

12) '자리개질'은 벼나 보리, 밀 등의 곡식 단을 자리개로 묶어서 어깨위로 울러 메었다가 이삭 부분을 개상에 후려쳐서 곡식을 떠는 일을 뜻한다. '자리개'는 타작을 할 때 곡식 단을 둘러 묶을 수 있을 만큼의 길이로 짚이나 삼을 꼬아 만든 끈을 가리킨다. 이 자리개를 이용하여 타작 하는 것을 '자리개질 한다'고 한다. 자리개질을 하려면 자리개와 개상이 필요하다. 개상은 자리개 끈으로 묶은 곡식 단을 메어칠 때 이삭 부분을 후려쳐서 곡식의 낟알이 떨어지도록 하기 위해 아랫부분에 받치는 농기구로 굵은 통나무 네댓 개를 가로로 대어 엮거나 긴 통나무에 다리를 박아 고정시켜 만든다. 통나무 대신 두껍고 넓적하고 기다란 돌이나 절구통 또는 맷돌을 이용하기도 한다.

13) '아시'는 같은 일을 여러 차례 거듭하여야 할 때에 맨 처음 대강 하여 낸 차례를 뜻하는 중앙어 '애벌'의 충청도 방언형이다. '아시'는 우리나라 전역에서

사용된다. 충청도 방언에서는 '아이/초벌/초불 맨다(애벌 매다), 아이/초벌/
초불 빤다(애벌 빨다)'와 같이 '아시' 외에 '아이'와 '초벌/초불'도 사용된다.
'아이'는 충청도에서 폭넓게 사용되는데 강원도와 경상북도, 평안도 등에서
도 사용되는 것으로 알려져 있다. 같은 일을 여러 차례 거듭하여야 할 때 두
번째로 하는 차례를 뜻하는 중앙어는 '이듬'인데 이에 대응하는 충청도 방언
으로는 '재벌', '이듬', '두벌/두불' 등이 쓰인다. '초벌/초불'은 빨래를 하거나
논밭을 갈거나 맬 때 처음 한다는 뜻으로 쓰이고 이에 대응하여 두 번째 한
다는 뜻으로는 '두벌/두불'과 '재벌'이 주로 쓰인다. 논밭을 맬 때 처음 매는
경우는 '아시맨다, 아이 맨다, 초벌 맨다'와 같이 쓰이고 두 번째 맬 때는 '두
불 맨다, 재벌 맨다, 이듬 맨다'와 같이 쓰인다. 빨래를 할 때도 처음 빨 때는
'아시 빤다, 아이 빤다'고 하고 두 번째 빨 때는 '이듬 빤다, 두벌 빤다, 재벌
빤다'와 같이 쓰이는데 '두벌 빤다'나 '재벌 빤다'는 두 번째 빤다는 뜻도 있지
만 한 번 빤 것을 또 한 번 빤다는 뜻이 있다. 빨래의 경우는 '두벌 빤다'나
'재벌 빤다'보다 '두벌 빨래, 재벌 빨래'라는 말을 더 많이 사용하고 이에 대
응하여 첫 번째 하는 빨래는 '초벌 빨래'라고 한다.

14) '쓰래'는 중앙어 '써레'를 가리키는 충청도 방언형이다.

15) '재벌'은 같은 일을 여러 차례 거듭하여야 할 때 두 번째로 하는 일을 뜻하
    는 중앙어 '이듬'에 대응하는 충청도 방언형이다. 충청도 방언에서 '재벌' 외
    에 '이듬'도 쓰인다. '이듬'의 뜻으로 쓰이는 '재벌'은 충청도뿐만 아니라 전국
    적인 분포를 보인다. '이듬'과 '재벌'의 뜻으로 '두벌'도 쓰이는데 '두벌'은 강
    원도, 경상도, 전라도, 충청도 등에서 폭넓게 사용된다. 전남 지역에서는 '중
    불, 중물'도 쓰인다. 충청도 방언에서는 '재벌' 외에 '두벌/두불'과 '이듬'도 쓰
    인다. '재벌'에 대응하는 충청도 방언으로는 중앙어 '애벌'에 해당하는 '초벌'
    이 쓰인다.

16) '이듬'은 같은 일을 여러 차례 거듭하여야 할 때에 두 번째로 하는 일을 뜻
    하는데 청원 지역을 비롯한 충청도 지역에서는 '이듬' 외에 '재벌' 또는 '재불'
    도 쓰인다.

17) '추다'는 주로 '일을 추다', '일을 많이 추었다' 등과 같이 '어떤 일을 하여 일
    의 양을 많이 줄이다' 정도의 의미로 쓰이는 충청도 방언이다. 어감으로 볼
    때 단순히 일을 많이 줄였다는 의미보다는 일을 많이 줄여서 좋다는 긍정적
    인 의미가 내포되어 있다.

18) '흑찡이'는 중앙어 '극젱이'에 대응하는 충청도 방언형 '흑징이'의 음성형이

다. 충청도 방언으로 '흑징이' 외에 '홀칭이'와 '극징이', '극지이', '극쟁이', '극재이'도 쓰인다. 충청도에서는 '흑징이(극젱이)'와 '쟁기'를 구별하는 화자도 있고 구별하지 못하는 화자도 있다. 두 농기구를 다 사용해본 화자는 '흑징이'와 '쟁기'를 구별하지만 사용해보지 않은 화자는 둘을 잘 구별하지 못한다. '흑징이'는 나무로 만든 쟁깃술이 아래로 곧게 뻗어 내려가 있고 끝에 넙적하고 무디게 만든 무쇠 보습을 끼워 놓은 농기구다. 주로 소 한 마리로 끌어 토질이 무른 논이나 밭을 갈거나 논밭에 골을 타는 데 쓴다.

19) 충청도 방언 화자들은 '쟁기'가 '흑징이(극젱이)'와 같은 농기구인데 모양이 약간 다른 것으로 인식하는 경우도 있고 '흑징이'와는 다른 농기구로 인식하는 경우도 있다. 또 쟁기를 전통적으로 사용해 오던 농기구로서의 쟁기와 개량된 쟁기로 구분하기도 한다. 개량된 쟁기를 '왜쟁기'라고 하여 일제 강점기 때 일본인들에 의해 개량된 것과 전통적으로 사용해 오던 쟁기를 구분한다. '왜쟁기'는 손잡이를 이용하여 보습에 딸린 볏을 좌우로 움직여 논밭을 갈 때 원하는 쪽으로 흙덩이가 넘어가게 할 수 있다.

20) '쓰려서'는 '써레질을 하다'의 뜻으로 쓰이는 중앙어 '써리다'의 활용형 '써려서'에 대응하는 충청도 방언형이다. '쓰려서'는 '쓰리다, 쓰리구, 쓰리지, 쓰리는, 쓰려' 등으로 활용하는 '쓰리다'의 활용형이다.

21) '번지'는 논밭의 흙을 고르는 데 쓰는 농기구로 모내기를 할 때, 모를 심기 전에 써레로 써려 놓은 논을 판판하게 고르는 데 쓴다. ≪표준국어대사전≫에는 "논밭의 흙을 고르는 데 쓰는 농기구. 보통 씨를 뿌리기 전에 모판을 판판하게 고르는 데 쓴다"고 풀이되어 있으나 충청도에서는 밭의 흙을 고르는 데는 잘 쓰지 않고 논에서도 주로 모내기를 할 때 모를 심기 좋게 논을 판판하게 고르는 데 쓴다. '번지'는 주로 '대다'나 '치다'와 함께 쓰인다. '번지 댄다'고 하면 번지질을 하기 위해 써레의 성긴 발 앞에 넙적한 송판을 붙여 단다는 뜻과 '번지로 땅을 판판하게 고른다'의 뜻으로 쓰인다. 충청도에서는 별도로 번지를 만들어 쓰지 않고 써레에 송판을 달아 번지로 쓰기 때문에 '번지 단다'고 한다. '번지친다'는 중앙어의 '번지질 한다'에 대응하는 충청도 방언이다. 갈아 놓은 논에 물을 대고 써레로 흙덩이를 잘게 부수면서 갈잎 등의 퇴비를 고루 펴고 논바닥을 고른 다음 모내기를 하기 좋게 판판하게 고르는 것을 '번지친다'고 한다.

22) '수새 거두다'는 의미상 중복된 말이다. '수새'가 '시신을 거두어 머리와 팔다리를 바로잡음'을 뜻하는 중앙어 '수시(收屍)'의 충청도 방언형인데 여기에

다시 '거두다'가 쓰였기 때문이다. 따라서 이 말은 '수세할 때' 또는 '시신을 거둘 때'와 같이 써야 적절한 표현이 된다.

23) '신채'는 갓 죽었거나 죽은 지 얼마 되지 않은 송장을 뜻하는 중앙어 '신체'에 대응하는 충청도 방언이다.

24) '번지뜸질하다'는 '번지뜸질+하다'로 분석할 수 있다. '번지뜸질'은 다시 '번지+뜸질'로 분석할 수 있다. '번지뜸질'은 신체를 번지 위에 올려놓고 머리와 팔다리를 반듯하게 바로잡아 놓는 일을 뜻한다. 본래 '뜸질'은 매를 몹시 때리는 일을 속되게 이르는 말인데 신체를 번지 위에 올려놓고 머리와 팔다리 등을 임의로 바로잡는 것을 매를 몹시 때리는 것에 비유하여 쓴 것으로 이해된다. 따라서 '번지뜸질하다'는 신체를 번지 위에 올려놓고 머리와 팔다리를 반듯하게 바로잡아 놓는다는 뜻이다.

25) '쩌써'는 '찌다'의 어간 '찌-'에 과거시제 선어말어미 '-었-'과 종결어미 '어'가 결합된 '찌었어'의 축약형이다. '모를 찐다'고 할 때의 '찌다'는 '모내기를 할 때 모를 심기 위해 모판에서 모를 한 모숨씩 뽑다'의 뜻이다.

26) '수구바리'는 중앙어 '발채'에 대응하는 이 지역 방언형이다. 충청도 지역에서는 '수구바리' 외에 '소구바리, 바소고리, 바소구리, 소고리, 소코리, 소쿠리, 소쿠바리'와 '조고발', '바지개' 등도 쓰인다. 경상도와 전라도 지역에서는 '바작, 바지게'형도 많이 쓰이고 '발때, 옹구발'형도 쓰인다.

27) '모첨'은 모를 심기 위해 모판에서 찐 볏모를 서너 모숨씩 묶은 단을 뜻한다. 요즈음에는 이앙기로 모내기를 하기 때문에 모첨을 보기 어렵다.

28) '상모'는 '삭모'의 음성형으로 보인다. '삭모'는 작은 논다랑이에 모를 심을 때나 논의 모서리 부분에 모를 심을 때는 줄을 띄울 수 없을 때 눈대중으로 적당히 간격을 두며 불규칙하게 모를 심는 것을 뜻하는 말이다. 참고로 '삭모'는 '삭+모'로 분석할 수 있다. '삭'은 충청도 방언에서 '삭 갈아 마시다, 삭 심다, 삭 다 뜯었다' 등에서와 같이 '마구' 또는 '아무렇게나' 정도의 뜻으로 쓰이는 부사다.

29) '가지거름'은 모를 심고 나서 며칠 지나면 모가 새 뿌리를 내리고 모가 가지치기를 시작하게 되는데 이때 주는 거름을 가지거름이라고 한다. 가지거름은 모가 가지를 튼튼하게 많이 치도록 하기 위해 가지치기를 시작할 때 주는 거름이다. 가지를 많이 쳐야 이삭이 많이 나오고 가을에 수확량이 많아지기 때문이다.

30) '이삭거럼'은 중앙어 '이삭거름'에 대응하는 충청도 방언형이다.

31) ‘뿔꼬깽이’는 ‘뿔꼭꽹이’가 단모음화한 음성형이다. ‘뿔꼭꽹이’는 중앙어 ‘곡
괭이’에 대응하는 이 지역 방언형이다. ‘뿔꼭꽹이’로도 실현된다.

32) ‘삐쭈카군’은 중앙어 ‘뾰족하고’에 대응하는 이 지역 방언형 ‘삐쭉카구’라고
발음해야 할 것을 잘못 발음한 것으로 보인다.

33) ‘둠벙’은 좀 큰 웅덩이를 뜻하는 충청도 방언이다. ‘둠벙’은 물을 모아 두었
다가 필요할 때 퍼 쓰기 위해 논 가 한 쪽에 파 놓은 큰 웅덩이를 가리킨다.
충북에서는 비가 많이 오거나 해서 땅이 저절로 움푹 팽인 곳을 ‘웅덩이(웅
덩이)’라고 하는데 비해 물을 퍼 쓰기 위해 인위적으로 땅을 파서 물을 모아
두는 곳을 둠벙이라고 한다. ‘둠벙’의 지름은 대략 5 내지 10미터 정도가 되
고 깊이는 약 2m 정도가 된다.

34) ‘두루배기지’는 ‘두루박+이지’로 분석된다. ‘두루박’에 서술격조사 ‘-이다’가
결합되어 움라우트된 어형이다. ‘두루박’은 중앙어 ‘두레’에 대응하는 충청도
방언형이다. 논에 물이 부족할 때 연못이나 커다란 물웅덩이에 있는 물을 논
으로 퍼 올리는 데 쓰는 농기구다. 충청도 방언에서 ‘두루박’이라고 하면 보
통은 판자나 양철로 원통 모양이나 사각형 모양으로 만들어 줄을 길게 달아
깊은 우물에서 물을 퍼 올리는 데 쓰는 도구를 가리킨다. 제보자는 ‘두루박’
을 우물에서 물을 퍼 올리는 데 쓰는 도구로 쓰이는 중앙어 ‘두레박과 연못
이나 큰 웅덩이에서 물을 퍼 올리는 ‘두레’에 대응하는 말로 쓰고 있다. 이는
제보자가 중앙어 ‘두레’에 대응하는 방언을 모르기 때문이 아닌가 한다. 충청
도 방언에서는 중앙어 ‘두레박에 대응하는 말로 ‘두루박’ 외에 ‘두래, 도로박,
두룸박, 뚜래, 뚜루박, 뚜룸박, 뜨루박, 뜨룸박, 타르박, 타리박 등도 쓰인다.

35) ‘두루박샴은 ‘두루박과 ‘샴이 합성된 말로 ‘두루박+샴으로 분석할 수 있다.
충청도 방언 ‘샴은 중앙어의 ‘우물’과 ‘샘’에 대응한다. 중앙어의 ‘우물’과 ‘샘’
에 대응하는 충청도 방언으로는 주로 ‘샘과 ‘샴이 쓰인다. ‘우물’의 뜻으로
쓰이는 ‘샘의 이 지역 방언형은 장모음 ‘샴:’으로 실현된다. 충청북도 지역에
서 ‘샴으로 실현되는 지역은 청원군과 진천군, 옥천군, 보은군 등 충청남도
와 인접한 충북 중부 지역이다. 이런 발음은 충청남도에 인접한 지역으로 갈
수록 심하게 나타난다. 청원 지역에서 ‘샴이라고 하면 중앙어의 ‘우물’을 가
리키기도 하고 ‘샘’을 가리키기도 한다. 예문에서 ‘두루박샴이라고 한 것은
중앙어의 ‘샘과 구별되는 ‘우물’의 뜻으로 쓴다는 것을 분명히 하기 위한 표
현이라고 할 수 있다. ‘두루박샴과 구별하기 위하여 ‘바가치샴을 쓰기도 한
다. ‘바가치샴은 ‘바가치’와 ‘샴의 합성어로 중앙어 ‘샘’에 대응한다. ‘바가치

샘은 물이 자연적으로 솟아오르는 곳을 정비하여 돌로 쌓거나 시멘트로 둘러쳐서 바가지로 물을 풀 수 있도록 한 곳을 뜻한다.

36) '방죽'은 물을 모아 두기 위하여 골짜기를 막은 곳을 뜻하는데 일반적으로 중앙어 '저수지'보다는 규모가 작은 편이다. 그러나 예전에 방죽이라고 하던 것을 지금은 주로 '저수지'라고 한다. 근래에 막은 저수지는 물이 흐르는 골짜기나 하천의 상류를 막아 물을 가두기 때문에 비교적 규모가 크지만 '방죽'은 여러 논 가운데 물이 많이 나는 곳을 크게 파고 둑을 막아 만들기도 하고 골짜기 상류를 막아 만들기도 하기 때문에 상대적으로 규모가 작은 편이다. 방죽은 지름이 50m~100m 정도 되는 크기이고 저수지는 지름이 500m 이상이 되기도 한다. 요즈음에는 이 지역에서 '방죽'과 '저수지'를 구별하지 않고 사용하는 것이 보통이다.

37) '하우스 통'은 플라스틱을 재료로 만든 긴 통을 뜻하는 말로 '하우스+통'으로 분석할 수 있다. 이 말은 제보자가 만들어서 사용하는 개인어로 보인다. '하우스'와 '통'이 결합하여 플라스틱 재료로 된 통의 뜻으로 쓰이기는 어렵기 때문이다.

38) '히야는 '해'의 이 지역 방언형이다. 문장 끝에서 모음 '애'로 끝나는 어미가 '이야 또는 '야로 실현되는 지역은 청원군과 진천군, 옥천군, 보은군 등 충청남도와 인접한 충청북도 중부 지역이다. 이런 유의 방언형은 충남 지역에서 폭넓게 관찰된다. 이들 지역에서는 문말이 '패, 개, 새' 등과 같이 모음 어미 '애'로 끝나면 각각 '피야/퍄, 기야/갸, 시야/샤' 등으로 실현된다.

39) '스슥'은 중앙어 '조'에 대응하는 충청도 방언형이다. '스슥'은 강원, 경기, 충남, 전남북, 경남북, 제주도에서 쓰이는 '서숙'과 맥을 같이 하는 말이다. 충청도 방언에서 '스슥' 외에 '스숙'과 '조'도 쓰이는데 '스슥'이나 '스숙'이라고 하면 '식물로서의 조'를 가리키는 말이다. '조'라고 하면 '식물로서의 조'를 가리키기도 하고 곡식 알갱이로서의 '조'를 가리키기도 한다. 방아 찧은 조는 '좁쌀'이라고 한다. 열매로서의 '조'는 '스슥'이나 '스숙'이라고는 하지 않는다. 제주도에서는 '조'를 '각마기, 각메기, 곡메기, 모인조, 칵메기, 조칵메기'라고도 하고 경남 지역에서는 '잔수, 점시리, 제비, 지비'라고도 한다.

40) '물가리논'은 '물갈이논'의 음성형으로 '물갈이+논'으로 분석할 수 있다. '물갈이논'은 합성어로 볼 수도 있고 '물갈이 논'과 같이 구로도 볼 수 있으나 여기에서는 합성어로 보고자 한다. 왜냐하면 충청도 방언에서 '고래실논, 다락논, 고논' 등과 같이 논의 특성을 뜻하는 말과 논이 합성되어 생성된 명칭들

이 관찰되기 때문이다. 예문의 '물갈이논'도 물이 풍부하여 논에 물을 대놓고 논을 갈 수 있는 논을 뜻한다. 땅이 기름지고 물이 풍부하여 벼농사가 잘 되는 논을 뜻하는 '고래실논'을 참고할 수 있을 것이다. 참고로 중앙어의 '물갈이'가 논에 물을 넣고 가는 일을 뜻한다는 점에서 '물갈이논'은 중앙어의 '물갈이'와 관련이 있음을 알 수 있다.

41) '봉답(奉畓)'은 비가 와야 모를 심어 농사를 지을 수 있는 논을 뜻한다. 충청도 방언으로 '하늘바래기'라고도 한다.

42) '떠래'는 중앙어 '때문에'에 대응하는 이 지역 방언형이다.

43) '베'는 중앙어 '벼'에 대응하는 충청도 방언이다. 그런데 이 지역 제보자는 '베(벼)'와 '모'의 구별을 이삭이 팼는지의 여부에 따라 구분한다고 한다. 이삭이 패기 전까지는 모라고 하고 이삭이 팬 후부터 베(벼)라고 한다는 것이다. 그러나 충청도에서도 화자에 따라 모판에서 모를 쪄서 논으로 옮겨 심고 나면 그때부터는 벼라고 하기도 한다.

44) '논매기'에는 '논을 매는 것'과 '논을 뜯는 것'이 있는데 일하는 방법에 따라 붙여진 이름이다. 논을 매는 것은 호미를 이용하여 논에 난 풀을 흙과 함께 파 엎어 풀이 흙에 덮이도록 하는 논매기 방법이고 논을 뜯는 것은 농기구를 사용하지 않고 맨손으로 풀을 뽑거나 뜯은 것을 흙으로 덮어 풀이 썩게 하는 논매기 방법이다. '맨다'는 말에는 논을 매거나 밭을 매거나 할 때 도구(주로 호미; 이 지역에서는 '호매~이'로 실현된다)를 사용한다는 의미가 내포되어 있다. '논매기' 순서는 먼저 호미로 논을 매고 나중에 손으로 논을 뜯는 순서로 한다. 먼저 논에 난 풀을 호미로 파 엎어서 풀이 흙에 묻히도록 논을 매어 놓는다. 그리고 나서 얼마간 있다가 호미로 파서 흙으로 덮어 놓은 곳의 풀과 새로 난 풀을 손으로 훔치면서 뽑는 동시에 논매기 때 호미로 파 엎어서 불룩하게 된 흙을 손으로 고르는데 이 때 손에 잡힌 풀은 흙 속에 꾹 눌러 넣어 풀이 살아나지 못하고 썩도록 논을 훔치는 순서로 논매기를 한다. 충청도 방언에서는 두 번째 논매기 하는 것을 지역에 따라 '논을 뜯는다'고도 하고 '논을 훔친다'고도 한다.

45) '이렁이렁'은 '이렁'이 중복된 의태어로 이해된다. '이렁'은 근대국어 자료인 ≪첩해신어≫의 "마줌 죵용ᄒᆞ여 뎌렁 이렁 슓ᄉᆞ오니 언머 지리히 너기옵시는고"≪첩신 초 3:26≫나 ≪계축일기≫의 "예셔 죽으면 저즐고 죽다 홀 거시니 나 니거라 이렁 굴제 그 셜움이 엇디 ᄒᆞ리오"≪계축 상:18≫ 등에도 나타나는데 여기에서는 '이렇게'의 의미로 쓰였다. 예문의 '이렁'은 근대국어에서

‘이렇게’의 의미로 쓰인 ‘이렁’이 중첩된 말로 이해된다. ‘이렁이렁’은 ‘이렇게 이렇게’ 정도의 뜻으로 쓰이는 충청도 방언형이다.

46) ‘눙친다구’는 ‘훔친다구’를 잘못 말한 것으로 보인다. ‘훔치는 것’은 호미로 논이나 밭을 맨 뒤 얼마 있다가 매어 놓은 풀이나 새로 난 풀을 손으로 더듬으면서 뽑거나 뜯어내는 것을 이르는 말이다.

47) ‘지심맨다’는 조사자가 제시해준 말을 그대로 따라 한 것으로 보인다. 이어지는 다음 문장에서는 ‘지슴매러 간다’고 한 데서 알 수 있다. 조사자가 ‘지심맨다’고 제시해준 말을 일관성 없는 형태로 사용한다는 것은 방언형을 잘 모르고 있기 때문이라고 할 수 있다.

48) ‘아랫녁’은 중앙어 ‘아랫녘’에 대응하는 이 지역 방언형으로 충청도 아래 지역인 전라도나 경상도 지역을 가리킨다.

49) ‘사러니깨’는 ‘사르니깨’를 잘못 발음한 것이다. 다른 곳에서는 계속하여 ‘사르니깨’로 발음하였다. 또 어간은 다르지만 이와 비슷하게 ‘그르니깨(그러니까)’와 같이 발음하는 데서도 발음의 오류임을 알 수 있다.

50) 중앙어 ‘심다’에 대응하는 충청도 방언은 작물의 종류에 따라 다양하게 사용된다. ‘심다’에 대응하는 방언형이 다양한 것은 작물의 종류에 따라 심는 방법이 다르기 때문이다. 가령 ‘모’나 ‘고구마’는 ‘심는다’고 하지만 ‘보리’나 ‘밀’, ‘조’, ‘메일’ 등은 ‘간다’고 한다. ‘감자’는 ‘놓는다’고 하는데 감자는 씨감자를 칼로 눈에 따라 오려서(쪼개서) 손으로 하나씩 놓는 데서 기원한 것으로 보인다. 들깨를 모종하기 위해 들깨 씨를 뿌리는 것을 ‘들깻모 붓는다’고 한다. 들깨의 싹이 터서 자란 것을 모종할 때는 ‘들깨 심는다’고 하거나 ‘들깻모 한다’고 한다. 모를 기르기 위해 모판에 볍씨를 ‘뿌린다’고 하거나 ‘친다’고 한다.

51) ‘들쪰모’는 ‘들쫓모’의 음성형이다. ‘들쫓모’는 중앙어 ‘들깨’에 대응하는 ‘들쩨’와 옮겨 심으려고 기른 어린 식물을 뜻하는 ‘모’가 합성된 말이다. ‘들쫓모’에 대응하는 중앙어는 ≪표준국어대사전≫에 표제어로 올라 있지 않다. 옮겨심기 위하여 기른 벼의 싹을 뜻하는 ‘볏모’와 마찬가지로 옮겨심기 위해 기른 어린 들깨를 뜻하는 ‘들깻모’도 ≪표준국어대사전≫에 표제어로 올려야 할 것이다.

52) ‘째끔’은 중앙어 ‘조금’에 대응하는 이 지역 방언형이다. 충청도 방언에서 ‘째끔’ 외에 ‘쬐끔’이나 ‘쬐꼼’, ‘쬐꿈’ 등도 쓰인다. ‘째끔’은 ‘쬐끔’에서 변한 것으로 보인다. 충청도 방언의 노년층에서는 ‘쬐끔’과 같이 모음 ‘외-’ 계열의 방

언형이 관찰되는데 비해 젊은층에서는 '애-' 계열의 모음이 관찰된다. 이에 병행하여 충청도 방언의 노년층에서 '죄, 쇠, 되, 최' 등으로 발음되던 것이 젊은층에서는 각각 '재, 새, 대, 채' 등으로 발음되는 변화를 보인다.

53) '장목수수'는 수수의 하나로 이삭의 줄기가 길며 알이 잘고 껍질이 두껍다. 이삭이 패고 벼가 익으면 이삭이 고개를 숙이듯이 아래로 늘어진다. 예전에는 장목수수 이삭의 열매를 떨고 난 것으로 방비를 매어 썼다. 이삭이 패면 열매가 주로 흰색을 띠거나 누런 갈색을 띤다.

54) '메수수'는 열매를 찌거나 삶았을 때 찰기가 없는 수수를 가리킨다. '찰수수'는 ≪표준국어대사전≫에 표제어로 올라 있지만 '메수수'는 ≪표준국어대사전≫에 표제어로 올라 있지 않다. '찰벼'와 '메벼', '찹쌀'과 '멥쌀'이 ≪표준국어대사전≫에 표제어로 올라 있고 '차조'와 '메조', '찹쌀'과 '멥쌀'도 표제어로 올라 있다는 점을 감안하면 '찰수수'에 대응하는 표제어로 '메수수'를 당연히 표제어로 올려야 할 것이다.

거주 생활

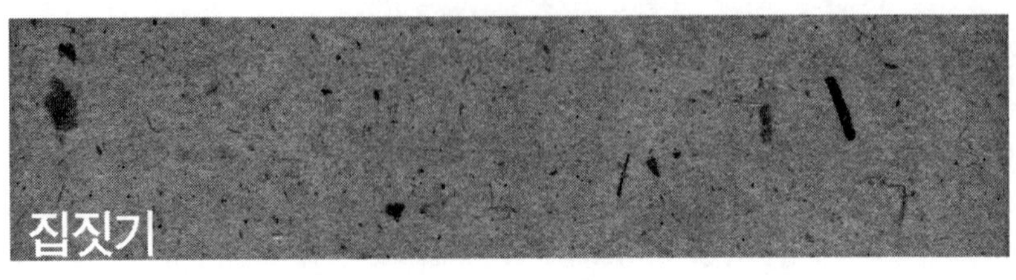

집 질 때 집터를 정하능 거부터 지블 이르캐 지짜너요?

- 예.

그거 어떠캐 하는지요? 이개 지영마다 다르구 집, 집 종뉴마다 다르기 때무내 이개 쫌 이쪼개서는 어떤 시그루 집 진는지.

- 여기넌 집터 다울¹⁾ 때 지대미호:²⁾ 지대미호: 이래써. 이르캐 인재 도:래다가 저 사랑채 질: 때 보니깨 도:래다가 인저 큰 도:럴 이르캐서 동아줄루³⁾ 이러캐 해서 무꺼 가주 여:기 저기서 이러카먼서 지대미호: 지대미호: 이러카먼서. 그러캐배깨 하넌 소리 모뜨러써요.

다지느라구요?

- 으:, 집터 다지너라구.

고:사는 안 지내요?

- 왜, 인저 저기 그러카구서는 인저 주추똘 박:꾸 지둥 세우구. 인저 그라구 네 구탱이애 이르캐 도리⁴⁾ 언꾸서넌 인저 석, 저:기 대들뽀 언질 때 그때 떡캐다 노쿠 인저.

그 때 하는 거요? 맨: 처:으메는 안 하구요?

- 맨: 츠:매넌 그냥: 잔만 분넝 거 거떠라구유 워따. 여기는 그르캐 하닝 거:떠라구유. 머 고:, 떠캐 노쿠 이르캐 고:사 안 해써유, 맨 츠:매넌. 그러고 그냥 인저 대들뽀 언질 때 그때 떡카구 인저 술: 사: 오구 실: 가따 거기 언꾸 인저 됭여매:자나 이르캐 명 저기 뭐 써 가주구서 인저. 그거 인재 연:쑤 쓰넝 거 거트대 그건.

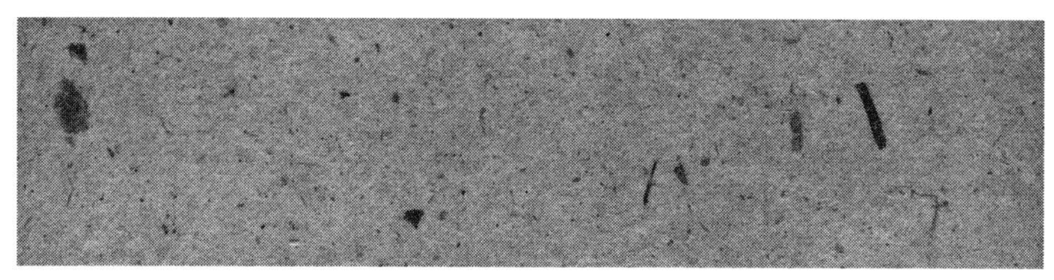

집 지을 때 집터를 정하는 것부터 집을 이렇게 짓잖아요?

¯ 예.

그것은 어떻게 하는지요? 이것이 지역마다 다르고 집, 집 종류마다 다르기 때문에 이게 좀 이쪽에서는 어떤 식으로 집 짓는지.

¯ 여기는 집터 다질 때 지대미호 지대미호 이랬어. 이렇게 이제 돌에다 가, 저 사랑채 지을 때 보니까 돌에다가 이제, 큰 돌을 이렇게 해서 동앗 줄로 이렇게 해서 묶어가지고 여기 저기서 이렇게 하면서 지대미호 지대 미호 이렇게 하며. 그렇게 밖에 하는 소리 못 들었어.

다지느라고요?

¯ 어, 집터 다지느라고.

고사는 안 지내요?

¯ 왜, 이제 저기 그렇게 하고서는 주춧돌 박고 기둥 세우고. 이제 그렇 게 하고 네 귀퉁이에 이렇게 도리 얹고서는 이제 석(가래), 저기 대들보 얹을 때 그때 떡 해다 놓고 이제.

그 때 하는 거예요? 맨 처음에는 안 하고요?

¯ 맨 처음에는 그냥 잔만 붓는 것 같더라고요 어디에다. 여기는 그렇게 하는 것 같더라고요. 뭐 고(사), 떡 해 놓고 이렇게 고사 안 지냈어요, 맨 처음에는. 그리고 그냥 이제 대들보 얹을 때 그때 떡 하고 이제 술 사 오 고 실 갖다 거기 얹고 이제 동여매잖아 이렇게 명 저기 뭐 써 가지고서 이제. 그거 이제 (상량)연도 쓰는 것 같더라고 그것은.

머: 써요?

￢ 연:쑤. 오래가 인저 무순 해: 무순 시:애 인저 상:낭해따넝[5] 걸 인저 거 조:이애다 써서 저버 가주구 인저 문:쫑이애다 써서 저버 가주구 언:꾸서는 실:루 이르캐 됭:이더라구유. 몰:라: 그 집찐녕 거 그렁 건 난 자시:.

그리구 나서는 어트개요? 그르캐 사를라먼 할 꺼 만:차너요?

￢ 그러구 인저 절:하:구 인저 그르캐 가따 노쿠 절:하:구 인저 잔 부꾸떡 까따 노코서. 그라구 인저 머: 동내 싸람 불러다 먹떠라구유 그냥. 먹꾸 인저 대들뽀 언진 다맨 인저 서꿀[6] 걸:구 새바:꾸:[7] 그라구서넌 저 지벙 이르캐 해: 이:찌 머.

새: 방능 게 머요?

￢ 새반넝 건 옌:나랜, 지금더런 앙 그라지만 옌:나랜 수수깽이루 이르캐 서꿀 걸구서 지벙애 인재 이르캐 얼:거써. 그라구선 인저 흐그루다가 인저 그 지벙 위([uy])럴 더퍼써유. 그르카구서넌 인저 엉:으루[8] 여꺼찌. 그라다가 인저 엉: 삐껴 내구서 저 기와 해: 잉 거지. 츠:매는 엉:으루 해:따가.

근대 지붕애다 왜 흐글…

￢ 흐걸 언저여지, 새반능 기리야 그개. 새반는다구 인저 수수깽이루두 억:꾸 인저 가노:란 인저 호초래기거튼 막때기 가따 엉:꾸 이르캐 여 역:떠라구유.[9] 지벙애 안저서 인재 이르캐 여::러시 둘러안저서. 그래 앙꾸선 흐그루다 인저 개:[10] 가주 여그서 인저 덩어리루 해서 던저 주먼 바더서 인재 지벙애다 이르캐 언저. 그르카구 인재 그건 춥찌 말라구 그르캐 하는 사람두 이꾸 인저 그냥 그르캐 외:(단모음 [외])때기만[11] 억:꾸서 그냥 영:때기[12] 이:넌 사람두 이꾸: 또 특키 저 지아[13] 할 때넌 꼭 흐걸 언저 다시. 흐걸 언:꾸서 인저 기아를 언저. 기아 언질 때넌 흐걸 누: 지비구 다 언:꾸서 언:떠라구 옌:나래 기아 해 일: 때넌.

외때기는 뭐예요?

뭘 써요?

ᚋ 연수. 올해가 이제 무슨 해 무슨 시에 이제 상량했다는 것을 이제 그 종이에다 써서 접어서 이제 문종이에다 써서 접어 가지고 얹고서는 실로 이렇게 동이더라고요. 몰라 그 집 짓는 것 그런 것은 난 자세히.

그리고 나서는 어떻게 해요? 그렇게 살려면 할 거 많잖아요.

ᚋ 그리고 이제 절하고 이제 그렇게 갖다 놓고 절하고 이제 잔 붓고 떡 갖다 놓고서. 그리고 이제 뭐 동네 사람 불러다 먹더라고요 그냥. 먹고 이제 대들보 얹은 다음에는 이제 서까래 걸고 새받고 그리고서는 저 지붕 이렇게 해 이었지 뭐.

새 박는 것이 뭐예요?

ᚋ 새받는 것은 옛날에는, 지금은 안 그러지만 옛날에는 수수깡으로 이렇게 서까래 걸고서 지붕에 이제 이렇게 얽었어. 그리고서 이제 흙으로다가 이제 그 지붕 위를 덮었어요. 그렇게 하고서는 이제 이엉으로 엮었지. 그러다가 이제 이어 벗겨 내고서 저 기와 해 인 거지. 처음에는 이엉으로 했다가.

그런데 지붕에다 왜 흙을…

ᚋ 흙을 얹어야지, 새받는 거래 그게. 새받는다고 이제, 수수깡으로도 엮고 이제 가느다란 이제 회초리 같은 막대기 갖다 얹고 이렇게 여 엮더라고요. 지붕에 앉아서 이제 이렇게 여럿이 둘러앉아서. 그렇게 앉고는 흙으로 이제 개어 가지고 여기에서 이제 덩어리로 해서 던져 주면 받아서 이제 지붕에다 이렇게 얹어. 그렇게 하고 이제 그건 춥지 말라고 그렇게 하는 사람도 있고 이제 그냥 그렇게 외만 얽고 그냥 이엉 이는 사람도 있고 또 특히 저 기와 일 때는 꼭 흙을 얹어 다시. 흙을 얹고서 이제 기와를 얹어. 기와 얹을 때는 흙을 뉘 집이고 다 얹고서 얹더라고 옛날에 기와 해 일 때는.

외때기는 뭐예요?

˜ 외:(단모음 [외])때기는 그째 수수깽이나[14] 이런 가느런 막때기 가따 서
끌 걸:구 거기 언:는 개 그개 외:때기유. 엉:능 겨 새바들라구.[15]

  새반능 개 그러면…

˜ 으 엉… 그거 수수깽이나 그른 막때기루 인저 얼거 가주구 서까래다
대구 인저 이르캐 이개 서까래면 이 끄널 가따 수수깽이루 이르캐 느러
노쿠 얼거 나가능 기여. 그르카구서 인저 흐걸 거기따 이르캐 더:꾸 그라
더라구.

  흑 떰는 거를 새반는다 그래요?

˜ 인저 수수깽이 엉:꾸 흑 떰닝 걸 새반넌다구 하더라구. 그낙[16] '우리
오늘 새바들껴' 그라드라구. 새반는다구. 그라구서넌 인저 영:때기루 말른
다매 해: 이구.

  그 다맨 또 어트개 해요?

˜ 그째 인재 영:때기루 해: 이면 되능 겨:. 그르카구서넌 인저 벽뚜 인저
옌:날 찌번 인저 수수깽이루 또 얼거 가주구 인저 흐그루 발러.

  벽뚜요?

˜ 야. 흐거루[17] 발러서 초벽 발를 째넌 인저 차:지느글 개:다 인재 지부
루 쓰:러 가주 서꺼 가주구 이르캐 인재 미:쟁이더리 발르구서넌 인저. 맏
뻑칼 때는 인저 또 재:, 저:기 양:쪽, 항:쩡만[18] 해따가 인저 그 다:매 할 때
는 또 맏뻑칸다구[19] 햐.

  반대쪼개?

˜ 어. 이제 이쪼걸 발러서 인재 줌 말르면 저쪼걸 또 발르자너. 그르캐
서 인자 양:쪼걸 다 발러 노쿠서넌 인저 또 다:매 하닝 건 또 재:사[20] 한다
구 하구. 재:사 하능 건 인저 갈러지지 말라고 모래::로 고:운 모래 줌 세
낑걸루, 그걸루 인제 재:사넌 하더라구. 그라믄 인재 다: 된 겨 지비. 그러
카구 나서 인재 문 달구.

  문 다를라면 또 이러:캐 됭 거뚜 피료하자너요?

⌐ 외는 글쎄 수수깡이나 이런 가느다란 막대기 갖다 서까래 걸고 거기 얹는 게 그게 외요. 얽는 거야 새받으려고.

새받는 것이 그러면…

⌐ 으 엉… 그거 수수깡이나 그런 막대기로 이제 얽어 가지고 서까래에다 대고 이제 이렇게 이게 서까래면 이 끈을 갖다 수수깡으로 이렇게 늘어놓고 얽어 나가는 거야. 그렇게 하고서 이제 흙을 거기에다 이렇게 덮고 그러더라고.

흙 덮는 것을 새받는다 그래요?

⌐ 이제 수수깡 얹고 흙 덮는 것을 새받는다고 하더라고. 그냥 '우리 오늘 새받을 거야' 그러더라고. 새받는다고. 그리고 나서는 이제 이엉으로 마른 다음에 해 이고.

그 다음엔 또 어떻게 해요?

⌐ 글쎄 이제 이엉으로 해 이면 되는 거야. 그렇게 하고는 이제 벽도 이제 옛날 집은 이제 수수깡으로 또 얽어 가지고 이제 흙으로 발라.

벽도요?

⌐ 예. 흙으로 발라서 초벽 바를 때는 이제 찰진 흙을 개어서 이제 짚을 썰어 가지고 섞어 가지고 이렇게 이제 미장이들이 바르고는 이제. 맞벽 할 때는 이제 또 재(벽) 저기 양쪽, 한쪽만 했다가 이제 그 다음에 할 때는 또 맞벽 한다고 해.

반대쪽에?

⌐ 응. 이제 이쪽을 발라서 이제 좀 마르면 저쪽을 또 바르잖아. 그렇게 해서 이제 양쪽을 다 발라 놓고서는 이제 또 다음에 하는 것은 또 재벽한다고 하고. 재벽 하는 것은 이제 갈라지지 말라고 모래로 고운 모래 좀 섞인 걸로, 그걸로 이제 재벽은 하더라고. 그러면 이제 다 된 거야 집이. 그렇게 하고 나서 이제 문 달고.

문 달으려면 또 이렇게 된 것도 필요하잖아요?

⌐ 그건 질: 때 다 하넝 거지 인저 문설쭈는[21] 질: 때 인재 이런 무니 아
니구 조른 쪼끄만 무니니깨 인재 질: 때 다 인저 문설쭈럴 세우구선 인저
중방얼[22] 디리구서 인저. 인재 이건 문 중방 디리능 거 아녀, 이개? 중방
디려 노쿠서 인저 다: 해 노쿠서 인저 무넌 가따 달지.

어떵 걸 문설쭈라 그래요?

⌐ 문설쭈는 인저 이렁 거. 이렁 건 문설쭈여.

이러:캐 돼: 있능 거요?

⌐ 야, 이거. 이걸 보구 문썰주라구 하구 이건 중방이라구 하구.

이걸 문설쭈라 그래요? 그럼 저:기 위애서는 지금.

⌐ 그저내 엔:나래 저런.

매달려 있는 것을 문설쭈라 그래요? 이쪽에 이르캐 트를 문설쭈라 그래요?

⌐ 야, 중방. 중방 디리구 인저 문설쭈.

그래닝까 이러:캐 틀, 네모로 되어 이짜너요? 이러:캐.

⌐ 예 예.

저걸 문설쭈라 그래요? 저:기 지금 무내 달링 거.

⌐ 무내 달링 거. 무내 달링 거 이건 인전 중방 디려 농 거 문설… 이거
뚜 문설쭈라 하나? 아니여 지동이여 이건. 그건 문 중방이라구 하구 아래
위(이중모음 [wi]) 다 이거 통트러서.

저기두 머 이르캐 손자비두 이꾸.

⌐ 문-고리. 문꼬리, 이르캐 뚱:고랑 거 쇠(단모음 [쇠]) 달링 거 이르캐 열:
구 단넝 거 뭉:고리. 인저 또 저:기. 저기 밤, 여 무내 이르캐 또 방넝 거
이르캐 구녁 뚤빙 거 하구 이러캐 꾿넝 거 그건 뭐라고 하지? 문찌두리[23]
문:-지:두리 그건. 지:두리. 지:두리 이건 문:고리 자부달리능 건 고리, 거
기 방넝 건 문: 지:두리.

그리구 나서 거기다 또 발르지요?

- 문쫑이루유. 문쫑이루 다 발라야 햐. 문쫑이루.

￣ 그건 지을 때 다 하는 거지 이제 문설주는 지을 때 이제 이런 문이 아니고 저런 조그만 문이니까 이제 지을 때 다 이제 문설주를 세우고 이제 중방을 들이고서 이제. 이제 이건 중방 들이는 거 아니야, 이게? 중방 들여 놓고서 이제 다 해 놓고서 이제 문은 갖다 달지.

어떤 것을 문설주라고 해요?

￣ 문설주는 이제 이런 것. 이런 것이 문설주야.

이렇게 되어 있는 거요?

￣ 예, 이거. 이걸 보고 문설주라고 하고 이건 중방이라고 하고.

이걸 문설주라 그래요? 그럼 저기 위에서는 지금.

￣ 그전에 옛날에 이런.

매달려 있는 것을 문설주라 그래요? 이쪽에 이렇게 있는 틀을 문설주라 그래요?

￣ 예, 중방. 중방 들이고 이제 문설주.

그러니까 요렇게 틀, 네모로 되어 있잖아요, 이렇게.

￣ 예 예.

저걸 문설주라 그래요? 저기 지금 문에 달린 것.

￣ 문에 달린 것. 문에 달린 것 이것은 이제 중방 들여 놓은 거야 문설… 이것도 문설주라고 하나? 아니야 기둥이야 이건. 그건 중방이라고 하고 아래 위 다 이거 통틀어서.

저기도 뭐 이렇게 손잡이도 있고.

￣ 문고리. 문고리, 이렇게 동그란 것 쇠 달린 것 이렇게 열고 닫는 것 문고리. 이제 또 저기. 저기 방, 여기 문에 이렇게 또 박는 것 이렇게 구멍 뚫린 것 하고 이렇게 꽂는 것 그건 뭐라고 하지? 돌쩌귀 문 돌쩌귀 그건. 돌쩌귀. 돌쩌귀 이건 문고리 잡아당기는 건 고리, 거기에 박는 것은 돌쩌귀.

그리고 나서 거기에다 또 바르잖아요?

￣ 문종이로요. 문종이로 다 발라야 해. 문종이로.

어티개 하능 거요 그건?

⎯ 문쫑이루다 인저 저르캐 무널 짜서[24] 다러짜너. 그라먼 인저 고기 띠어[25] 가주구 마당애 노쿠 인저 풀 쏘서 문쫑이애다 발라 가주구 요:로캐 발러서 말려서 달:구. 인저 바람 드러온다구 거기따 인저 또 조:이 쓰:러서 이러캐 대:먼 인저 문:풍지 단다구 하고.

그럼 바람…

⎯ 드러온다구 인저 망느라구.

바람 안 드러오개?

⎯ 예:. 요:기따 인저 무널 다러쓸 요기 새:가[26] 이짜너 막때기찌리 다:쓰 닝깨 인저 문 요:기따가 인저 문쫑이럴 찌저서 요:로캐 발러먼[27] 요러캐 가러막짜너? 그라니깨 인재 그개 문:풍지 단다구 하구 바람 드러온다구. 우리 사랑방애 저기 그저[28] 무니 이짜너 그런 문.

근대 그, 그 무내두 바까태 누가 오나, 오나 볼라구 유리…

⎯ 유리 요러캐 대:유.

고건 머라 그래요?

⎯ 인재 그 문:애다 유리 부처따 구라지 머 거 쪼끔 요로캐. 암 부친 집 뚜 이꾸 인재 부친 집뚜 이꾸 무널, 무내다 유리럴 쪼가리 쪼끔 대:따 구라지 머 한대 내다볼라구 요거뜨를 쪼끔 대:따고.

지붕 일:때는 어트캐 해요?

⎯ 지붕 일: 땐 무, 무순 소리 웁:써:, 지벙[29] 이넌대넌.

그걸 어떠캐 해요?

⎯ 그냥 영: 여꺼서 이러캐 둘루구.

맨: 처:매. 그거 자세히 좀 설명해 주셔요.

⎯ 맨: 츠:매는뉴, 그쎄 영:얼 여꺼서 이재 땅애서 여꺼 가주구서 인저 사 람더리 여래 모여 가주구 인재 해: 이느니가 따루 이써. 그거뚜 잘: 여:야 비가 안 새개 해기 떠래.[30] 그래서 인저 이르캐 한 마람씩[31] 미태서부텀

어떻게 하는 거예요 그것은?

˘ 문종이로, 이제 저렇게 문을 짜서 달았잖아. 그러면 이제 그것을 떼어 가지고 마당에 놓고 이제 풀 쑤어서 문종이에다 발라 가지고 요렇게 발라서 말려서 달고. 이제 바람 들어온다고 거기에다 이제 또 종이 오려서 이렇게 대면 이제 문풍지 단다고 하고.

그럼 바람…

˘ 들어온다고 이제 막느라고.

바람 안 들어오게?

˘ 예. 요기에다 이제 문을 달았으면 요기 사이가 있잖아 막대기끼리 닿았으니까 이제 문 요기에다가 이제 문종이를 오려서 요렇게 바르면 요렇게 가로막잖아? 그러니까 이제 그게 문풍지 단다고 하고 바람 들어온다고. 우리 사랑방에 저기 그저 문이 있잖아 그런 문.

그런데 그 문에도 바깥에 누가 오나, 오나 보려고 유리…

˘ 유리를 요렇게 대요.

그것은 뭐라고 해요?

˘ 이제 그 문에다 유리 붙였다 그러지 뭐 그 조금 요렇게. 안 붙인 집도 있고 이제 붙인 집도 있고 문을, 문에다 유리를 쪼가리 조금 댔다고 하지 뭐 바깥을 내다보려고 요것들을 조금 댔다고.

지붕 일 때는 어떻게 해요?

˘ 지붕 일 때는 무 무슨 소리 없어, 지붕 이는 데는.

그것을 어떻게 해요?

˘ 그냥 이엉 엮어서 이렇게 두르고.

맨 처음에. 그거 자세히 좀 설명해 주세요.

˘ 맨 처음에는요, 글쎄 이엉을 엮어서 이제 땅에서 엮어 가지고서 이제 사람들이 여럿이 모여 가지고 이제 해 이는 이가 따로 있어. 그것도 잘 이어야 비가 안 새게 하기 때문에. 그래서 이제 이렇게 한 마름씩 밑에서

이르캐 둘러 올러가더라구요. 그래 가주구서넌 인재 츠:매넌 이르캐 똥꾸녀기[32] 여기 아니여? 그람 이러캐 가따 놔: 지벙 끄태다 이러캐 이걸 이러캐. 이르캐 가따 노쿠서넌 인저 그 다매는 이 홰:기럴[33] 이르캐 노, 녹키 시자걸 하능 기여 여기서버텀. 음 맴: 미태넌 이르캐 꺼꿀루 한 주럴 더 꾸서넌 인저 고: 위([uj])서 여: 나갈 때넌 홰:기가 이르캐 나오개 이르캐 민, 인저 한 테 둘루구 또 요만:치다 또 한 채 둘루구 차차:루 이르캐 둘러 올러가유. 날망꺼지[34] 다: 둘러 올러가구서넌 인저 용고새럴[35] 트러서 덥떠라고. 그건 인저 홰:기가 양쪼그루 이르캐 나오개 트러. 이짜그루 홰:기가 나오구 이짜그루 나오개 하구서넌 가문태는 인저 이르캐 자:꾸 꽈: 가주구 한: 모심씩[36] 대:구서 이르캐 꽈:서 여꺼 나와. 간따가 인저 그 위([uj]) 다 언:떠라구, 그걸. 그래서 용구새[37] 트러 언는다구 하구. 영: 둘룬다구 하구 그라자나?

　고건 집 찔: 때 언재 하능 거요?

　ー 뭐? 영: 영… 인재 집 다: 지꾸서:. 베룸빡[38] 참 저기 인저 서끌 다: 걸:구 인저 이런대 다: 해: 노쿠서 인저: 해: 이닝 거유. 그래 인재 비가 안 새야 인저 이른 벼기 부터 이짜너 지벙을 해 여야? 외:(단모음 [외])만[39] 인재 쑤순… 여기 가따 베름빡 까따 대:닝 건 외:(단모음 [외])엉넌다구 햐. 외:(단모음 [외])엉넌다구 이르캐 수수깽이루[40] 엉넌 건. 그거넌 외:(단모음 [외])엉능 기여. 외: 엉, 외: 얼거 노쿠서넌 인저 지벙 해: 이구서넌 인저 맏삑카구 인저 초벽카구[41] 참 맏삑카구[42] 재:사하구[43] 그라먼 다: 발러지능 기여. 엔:나래는 그냥 그르카구 사러짜너 도배두 아나구. 그러니깨 마:빵만 하면 그러카구 다: 사릉 기여. 난 그거배끼넌 몰러 그렁 거배끼넌. 앙 그래찌유. 여 눈 수술하구 나서 그려.

　무순 수술 하션는대요?

　ー 누늘 수술해써유.

　뭐: 때무내요.

부터 이렇게 둘러 올라가더라고요. 그래 가지고서는 이제 처음에는 이렇게 밑이 여기잖아? 그럼 이렇게 갖다 놔 지붕 끝에다 이렇게 이걸 이렇게. 이렇게 갖다 놓고서는 이제 그 다음에는 이 새꽤기를 이렇게 놓, 놓기 시작을 하는 거야 여기서부터. 음 맨 밑에는 이렇게 거꾸로 한 줄을 덮고서는 이제 그 위에서 이어나갈 때는 새꽤기가 이렇게 나오게 이렇게 밑, 이제 한 테 두르고 또 요만치에다 또 한 테 두르고 차차 이렇게 둘러 올라가요. 꼭대기까지 다 둘러 올라가고서는 이제 용마름을 틀어서 덮더라고. 그건 이제 새꽤기가 양쪽으로 이렇게 나오게 틀어. 이쪽으로 새꽤기가 나오고 이쪽으로 나오게 하고서는 가운데는 이제 이렇게 자꾸 꽈 가지고 한 모숨씩 대고서 이렇게 꽈서 엮어 나와. 갖다가 이제 그 위에다 얹더라고, 그걸. 그래서 용마름 틀어 얹는다고 하고. 이엉 두른다고 하고 그러잖아?

그것은 집 지을 때 언제 하는 거예요?

￢ 뭐? 이엉 엮(는 것)? 이제 집 다 짓고서. 벽 참 저기 이제 서까래 다 걸고 이제 이런 데 다 해 놓고서 이제 해 이는 거예요. 그래 이제 비가 안 새야 이제 이런 벽이 붙어 있잖아 지붕을 해 이어야? 외만, 이제 수수(깡)… 여기 갖다 벽에 갖다 대는 것은 외얽는다고 해. 외얽는다고 이렇게 수수깡으로 엮는 건. 그거는 외얽는 거야. 외 얽, 외얽어 놓고서는 이제 지붕 해 이고서는 이제 맞벽 하고 이제 초벽 하고 참 맞벽 하고 재벽 하고 그러면 다 발라지는 거야. 옛날에는 그냥 그렇게 하고 살았잖아 도배도 안 하고. 그러니까 맞벽만 하면 그렇게 하고 다 산 거야. 난 그것밖에는 몰라 그런 것밖에는. 안 그랬지요. 여기 눈 수술하고 나서 그래.

무슨 수술 하셨는데요?

￢ 눈을 수술했어요.

뭐 때문에요?

￣ 뭐 눈: 여:가 어티타구 하더라? 그려서… 뱅내장::인대 또 뭐:가 어띠타 구래서. 두: 버니나 해써유. 기만꽈에 가 함 버나:구 미낭꽈에 가 함 버나:구.

그리구 나서는 인재…

￣ 가까운 대. 음, 앙:경얼 버스꾸시[44] 이르캐 봐야 다: 보이구 저만치 멍건 앙:경얼 써야 보여.

그럼 글씨 볼 때는 인재 앙경을.

￣ 버서야 대. 교회 가서 승:경책[45] 볼 때는 이걸 버서야 대. 목싸님 처:다볼 때는 써요. 써따 버서따 햐 그래.

아까 그: 집 이:능 거 얘기해짜너요?

￣ 예.

집 이능 거뚜 머 여러 가지가 이짜나요? 지붕 이:능 거.

￣ 몰:르거써, 그쎄 여그서 그냥 그르캐 저, 우리 짐 이:닝 거 보면 그러캐 이:더라구유.

갈:때루두 해요? 갈—대: 갈때.

￣ 갈:때. 저거런 윅:쌔: 풀.

예.

￣ 그거 벼:다가 인저 집 움:너니덜 그걸루두 해 이자너유. 지붐:너이덜. 옌:나래넌 그걸루두 해: 여:써유. 저런 산 거튼대 인저 집 외(단모음 [외])딴터 하낙씩[46] 인닝 건 그렁 거 벼:다 하자너.

그거뚜 오래 가요?

￣ 오래 가넌지 그걸루덜 해: 여때유.

또 따릉 걸루는 안 하구요?

￣ 돌:루도 이구. 돌:기와집. 그건 기와지비지 돌: 기와집. 얄파:카개 돌:해 가주구서루. 옌:나래 저 벼재라넌대[47] 산재찝[48] 이쓸 때 돌:기와지비 이썬넌대 헐려써. 다: 인저 거긴능 거, 산쏘개 인넌 지번 다: 뜨드라고 그때

˭ 뭐 눈 여기가 어떻다고 하더라? 그래서… 백내장인데 또 뭐가 어떻다고 해서. 두 번이나 했어요. 김 안과에 가서 한 번 하고 민 안과에 가서 한 번 하고.

그리고 나서 이제…

˭ 가까운 데. 음, 안경을 벗고서 이렇게 봐야 다 보이고 저만큼 먼 것은 안경을 써야 보여.

그럼 글씨 볼 때는 이제 안경을.

˭ 벗어야 돼. 교회 가서 성경책 볼 때는 이걸 벗어야 돼. 목사님 쳐다볼 때는 써요. 썼다 벗었다 해 그래.

아까 거 집 이는 것 얘기 했잖아요?

˭ 예.

집 이는 것도 뭐 여러 가지가 있잖아요? 지붕 이는 것.

˭ 모르겠어, 글쎄 여기서는 그냥 그렇게 저, 우리 집 이는 것 보면 그렇게 이더라고요.

갈대로도 해요? 갈대 갈대.

˭ 갈대. 저런 억새 풀.

예.

˭ 그거 베어다가 이제 짚 없는 이들은 그것으로도 해 이잖아요. 짚 없는 이들. 옛날에는 그것으로도 해 이었어요. 저런 산 같은 데 이제 집이 외딴 터에 하나씩 있는 것은 그런 것을 베어다 하잖아.

그것도 오래 가요?

˭ 오래 가는지 그걸로 해 이었대요.

또 다른 걸로는 안 하고요?

˭ 돌로도 이고. 돌기와집. 그건 기와집이지 돌기와집. 얄팍하게 돌로 해 가지고서. 옛날에 저 벼재라는 데 산지기 집 있을 때 돌기와집이 있었는데 헐렸어. 다 이제 거기 있는 것, 산 속에 있는 집은 다 뜯으라고 그때

그래짜너유. 그래서 다: 헐려써유. 거기 짐 메 채 이썬는데.

　산, 산재집이요?

　⎯ 산직찝.[49)

　산직찝:?

　⎯ 음 인저 말하자먼 김서방내 인저 산지기루 와서 거 와 사:너니덜. 줌 중인더리[50) 와서 인저 거 와서. 옌:나랜 그렁 걸 따저짜너 지그면 안 따지지만.

　머:요?

　⎯ 중이늘 따:저짜너,[51) 옌:나래넌. 지그믄 안 따지지만.

　아까 그 집, 터::를 따끌 때 이르캐 돌:루다가 이르캐 동아쭐 매: 가주구 이르캐 한다 그래짜나요? 그 맨: 처:으매:는 맨 처:으매 그걸 하구 나서 고 위에다가 또 돌두 가따 노치 아나요?

　⎯ 그거 하구선 인저 주추또를 세우자너. 주추또를 노차너.

　주추똘 노키 저내는 돌: 가틍 거 안 싸요?

　⎯ 아이 인저 지푼댄 도:럴 메우지만 인저 이런 터 땅넝 거넌 그냥 넉까래루 일꾼 으:더서 판파:나개 이르캐 해: 노쿠서넌 인저 그걸루 저녀개 다 지구서넌.

　다질 때 뭐 너어요?

　⎯ 그쎄, 어?

　모래나 머 자갈 가틍 거.

　⎯ 그냥 이르캐 다저유. 그냥 흑 이르캐 해 노쿠 빠빠:나개.[52) 다지구서넌 인저 그날 쩌녀개넌 아마 수수파떡떠럴 해 먹찌 다질 때넌. 그르카구서넌 인저 네: 구팅이다 인저 돌:로쿠서 인저 그개 주추또리라구 하능 거여. 그라구서넌 인저 지:둥버텀 세우더라구. 우리 저 사랑채 진넌대 보니깨. 대목떠리[53) 와서 인저 그래서 다드머 가주구 지둥 세워 노쿠서넌.

　그 다맨요? 지둥 어트개 세워요? 그냥, 그냥 세우먼 너머지자나요? 안 너머 그랬잖아요. 그래서 다 헐렸어요. 거기 집 몇 채 있었는데.

산지기 집이요?

ᐨ 산지기 집.

산지기 집?

ᐨ 음 이제 말하자면 김서방네 이제 산지기로 와서 거기 와서 사는 이들. 좀 중인들이 와서 이제 거기 와서. 옛날에는 그런 것을 따졌잖아 지금은 안 따지지만.

뭐요?

ᐨ 중인을 따졌잖아, 옛날에는. 지금은 안 따지지만.

아까 그 집, 터를 닦을 때 이렇게 돌로 이렇게 동아줄 매서 이렇게 한다고 했잖아요. 그 맨 처음에는 맨 처음에 그것을 하고 나서 그 위에다가 또 돌도 갖다 놓지 않아요?

ᐨ 그거 하고서 이제 주춧돌을 세우잖아. 주춧돌을 놓잖아.

주춧돌 놓기 전에는 돌 같은 것 안 쌓아요?

ᐨ 아 이제 깊은 데는 돌을 메우지만 이제 이런 터를 닦는 것은 그냥 넉가래로 일꾼 얻어서 판판하게 이렇게 해 놓고서는 이제 그것으로 저녁에 다지고서는.

다질 때 뭐 넣어요?

ᐨ 글쎄, 응?

모래나 뭐 자갈 같은 것.

ᐨ 그냥 이렇게 다져요. 그냥 흙 이렇게 해 놓고 판판하게. 다지고는 이제 그날 저녁에는 아마 수수팥떡을 해 먹지 다질 때는. 그렇게 하고서는 이제 네 귀퉁이에 이제 돌 놓고서 이제 그게 주춧돌이라고 하는 거야. 그리고는 이제 기둥부터 세우더라고. 우리 저 사랑채 짓는 데 보니까. 대목들이 와서 이제 그래서 다듬어 가지고 기둥 세워 놓고는.

그 다음에는요? 기둥 어떻게 세워요? 그냥, 그냥 세우면 넘어지잖아요? 안

저요?

￣ 으:, 인저. 지동얼 인저 다: 이르캐 까꺼서 인저 짜구루 끌루 인재 파가주구서 이르캐 인저 여 가문태 이르캐 언녕 거 이짜너요, 여기 도:리 언녕 거. 그걸 인재 다: 맏추더라고요. 고기서 안저 뉘퍼 노쿠서 마처 가주구서 인저 요짝 찌동 세우구 이르캐 두: 개럴 세울 때 인저 가문태다 이르캐 도리럴 언저 가주구서 이르캐 세우구 또 인재 저:기 그르카구. 이르캐 니:[54] 구팅이다 이르캐 도리럴 언저서 맏추더라구유. 그라면 안 쓰러지더라구. 그라구 인재 사:방 다 고:일때루[55] 고여 노차너. 모설 바거 가주 이리저리 이르캐 바거 노차너 인저 몬: 너머지개.

그걸 고일때라구 해요?

￣ 여 고:일때루 이르캐 고여 놔야지. 그르캐 해서 몯찌래서 고여 노쿠서는 인저 하더라구유.

그리구 나서 그럼 그 우:애 올러가서 머 해야 되는대 그러면 안 너머저요?

￣ 그걸 인저 고:이니깨 새다리 노쿠 그르카구 올:러가서 하니깨, 그르갠차느니깨 올:러가서 하지유. 목쑤더리 올:러가서 하자너. 여그서 인저 땅애서 다: 구녁 뜰버 가주구: 대패질 해 가주구 다 해 가주구선 인저 그거 마처 노코넌. 올:러갈 때넌 인저 그 여기 도리: 하구서넌 인저 요기 이르캐 또 주추럴 세우더라구 요기따 요마, 요마:낭 걸. 그르캐 가주구서넌 인저 대들뽀 언저 노쿠서넌 인저 서끌 걸:구. 그르캐선 서끌 먼저 거러 노쿠서넌 인저 뭘: 하더라구. 인저 여 가문태 이르캐 또 인저 는녕 거 중방 는녕 거 그렁 건 다: 인저 서끌 거러 노쿠서 느터라구.

그거 할 때요 그 대모기 가주구 댕기는 연장두 만차너요?

￣ 인저 머 끌:, 대:패: 또 이르캐 몬 빵넌 망치: 인재 끌 대구서 이르캐 파너라구 망치 그렁 거 가주 댕기지 머.

또 이르캐 줄…

￣ 어 먹쭐 논녕 거.[56]

넘어져요?

￣ 응, 이제. 기둥을 이제 다 이렇게 깎아서 이제 자귀로 끌로 이제 파 가지고 이렇게 이제 여기 가운데 이렇게 얹는 거 있잖아요, 여기 도리 얹는 거. 그걸 이제 다 맞추더라고요. 거기에 앉아 눕혀 놓고 맞춰 가지고서 이제 요쪽 기둥 세우고 이렇게 두 개를 세울 때 이제 가운데에다 이렇게 도리를 얹어 가지고서 이렇게 세우고 또 이제 저기 그렇게 하고. 이렇게 네 귀퉁이에다 이렇게 도리를 얹어서 맞추더라고요. 그러면 안 쓰러지더라고. 그리고 이제 사방 다 꿈대로 괴어 놓잖아. 못을 박아 가지고 이리저리 이렇게 박아 놓잖아 이제 못 넘어지게.

그것을 꿈대라고 해요?

￣ 응 꿈대로 이렇게 괴어 놓아야지. 그렇게 해서 못질해서 괴어 놓고서는 이제 하더라고요.

그리고 나서 그럼 그 위에 올라가서 뭐 해야 되는데 그러면 안 넘어져요?

￣ 그걸 이제 괴니까 사다리 놓고 그렇게 하고 올라가서 하니까, 그래도 괜찮으니까 올라가서 하지요. 목수들이 올라가서 하잖아. 여기서 이제 땅에서 다 구멍 뚫어 가지고 대패질 해 가지고 다 해 가지고서 이제 그거 맞춰 놓고는. 올라갈 때는 이제 그 여기 도리를 하고는 이제 여기에 이렇게 또 주추를 세우더라고 여기다 요만 요만한 걸. 그렇게 해 가지고서는 이제 대들보 얹어 놓고서는 이제 서까래 걸고. 그렇게 해서는 서까래 먼저 걸어 놓고서는 이제 뭘 하더라고. 이제 여기 가운데 이렇게 또 이제 넣는 것, 중인방 넣는 것 그런 것은 다 이제 서까래 걸어 놓고서 넣더라고.

그것 할 때요 그 대목이 가지고 다니는 연장도 많잖아요.

￣ 이제 뭐 끌, 대패 또 이렇게 못 박는 망치 이제 끌 대고 이렇게 파느라고 망치 그런 거 가지고 다니지 뭐.

또 이렇게 줄…

￣ 응 먹줄 놓는 거.

그건 머요?

⁻ 그건 먹퉁이라구[57] 하구 먹쭐 논넌다구 하구 그라대유. 그건 땅애서 다 햐. 아주 다: 해 가주구서 세워, 세울 때. 땅애다 노쿠서 먹쭐 다: 이르캐 꺼먹꺼니깨 이르캐 팅겨 노먼 거 그미 다: 이짜너. 그라먼 인저 고거 항:해 가주구서 인저 뭐: 올러가서 줌 들: 댕건 요르캐 인저 조끔씩 인저 모:지라개 댕건 가서 하지 여그서 다: 구녁 뚝꾸 다 마련 해 가주구 세우 더라구유.

그리구 나서 인재 고 위애 아까 서꿀 걸구 저:…

⁻ 외:(단모음 [외])억꾸, 새박꾸.

새:받꾸, 왜 그 지붕애두 왜엉는다 그래나요?

⁻ 예.

수수깽이.

⁻ 예. 새바들라만 거 외, 외:(단모음 [외])럴 억떠라구. 이런 벽뚜 얼글라 먼 외:(단모음 [외])엉넌다구 하구. 거 엉넝 건 외:(단모음 [외])엉넌다구 다 하더라구.

그래서… 흐글 반, 는능 개 그개 새반능 거요?

⁻ 예:.

그래구서 인재 지붕 해 이능 거지요?

⁻ 예 에.

그러먼 인재 저: 아:내두 해야 되자너요, 인재 하면?

⁻ 어:, 그쌔 아:내는 인재 여기 땅애서 이르캐 천장애다 또 흐걸 발러.

천장애다가?

⁻ 아:, 인저. 그 흑칼 가주구서 인저 흑깨 가주구서[58] 떠 주먼 이러캐 이 러캐 발르구서 초벽카고 인저 또 맏빽카구 이라지만 인저. 천장이야 인저 한 범만 발르구[59] 찰흑 발르구서넌 인저 재:사 하구. 이른 벼근 인저 이짝 발르구 저짝 발르구 그라니깨 초벼칸다구 하구 맏빽칸다구 하구 재:사한 다구 하구 이라더라구.

그것은 뭐예요?

￣ 그건 먹통이라고 하고 먹줄 놓는다고 하고 그러대요. 그건 땅에서 다 해. 아주 다 해 가지고 세워, 세울 때. 땅에다 놓고서 먹줄 다 이렇게 까만 거니까 이렇게 튕겨 놓으면 거기에 금이 다 있잖아. 그러면 이제 고것 향해 가지고서 이제 뭐 올라가서 좀 덜 된 것은 요렇게 이제 조금씩 이제 모자라게 된 것은 가서 하지 여기서 다 구멍 뚫고 다 마련 해 가지고 세우더라고요.

그리고 나서 이제 그 위에 서까래 걸고 저…

￣ 외얽고, 새받고.

새받고, 외 그 지붕에도 외얽는다고 그러나요?

￣ 예.

수수깡

￣ 예. 새받으려면 그 외, 외를 얽더라고. 이런 벽도 얽으려면 외얽는다고 하고. 그 얽는 건 외얽는다고 다 하더라고.

그래서… 흙을 받, 넣는 게 그게 새받는 거예요?

￣ 예.

그렇게 하고서 이제 지붕 해 이는 거지요?

￣ 예 예.

그러면 이제 안에도 해야 되잖아요, 이제 하면?

￣ 어, 글쎄 안에는 이제 여기 땅에서 이렇게 천장에다 또 흙을 발라.

천장에다가요?

￣ 응, 이제. 그 흙칼 가지고서 이제 흙 개어 가지고서 떠 주면 이렇게 이렇게 바르고서 초벽하고 이제 또 맞벽하고 이러지만 이제. 천장이야 이제 한 번만 바르고 찰흙 바르고는 이제 재벽 하고. 이런 벽은 이제 이쪽 바르고 저쪽 바르고 그러니까 초벽한다고 하고 맞벽한다고 하고 재벽한다고 하고 이러더라고.

그러구 우애두 이르:캐 안 보이개 발르자나요.

￣ 이이 야, 그거 인저 그냥 이르캐 해: 노쿠서 서깔 이르캐 나:오개 두 넌 집떨두 엔:나래넌 이꾸 또 고미 눌른다구[60] 하더라구. 그거 인저 암보이개 이러캐 마라자먼 반자틀 하덜: 또 고 미태다 쪼꼬마큼 이르캐 서끄 럴 대더라구 고 아:내다. 그르캉 건 고미 눌런따 구래요. 고미 눌런다구.

그건 왜 해요?

￣ 예?

그건 왜 해요?

￣ 인저 서까래 암: 보이구 하개 엔, 지금 반자틀마냥 이르캐 하더라구. 그르캐서 서까래가 암: 보이개. 인저 다랑 느넌 집떠런 인저 다랑 느너라 구 너:푸개 하구서 인저 요:러캐서 다라걸 또 느쿠. 다락 안 느넌 집떨두 이르캐 고미[61] 눌르넌 집 이떠라구. 그건 그냥 고미 눌러따고 하구 다락 안는 지번.

그리구 나서 이걸 반잘 하능 거요?

￣ 네, 반, 이르캐 반자? 도배? 엔:나랜 도배 안 해써:. 그냥 그검만 고미 눌르먼 고미 눌런대루 살:구. 흑뻐개서 그냥 사러써, 그러캐.

요러캐 드러노서 보먼 흑 다 보이지요?

￣ 흐기 다: 보이지유. 이 베름빠개두 다 흐기구. 그러구 요기 그냥 방빠 닥뚜 인재 홍만 발르구서넌 인저 왕:굴자리 깔구 자구.

그럼 인재 불 땔라먼 머 여기두 어트개 해야 대자나요?

￣ 흐기루 발라끼 떠래 갠차너.

처음부터 다 멀 해야 대자나요?

￣ 구둘, 방꾸둘.

그래잉까 그거 놀:라먼 맨:처맨 저 어트개 해요?

￣ 인저 이르캐 빤빠나개 인재 이른대 다: 하구 인저 방언 이르캐 우멍:하 개 이짜너? 그라먼 인저 구둘뚱얼[62] 싸터라구유 이러캐. 요러캐 쪼보:타개.

그리고 위에도 이렇게 안 보이게 바르잖아요.

⎯ 으으 예, 그거 이제 그냥 이렇게 해 놓고서 서까래 이렇게 나오게 두는 집들도 옛날에는 있고 또 고미 누른다고 하더라고. 그거 이제 안 보이게 이렇게 말하자면 반자를 하듯 또 그 밑에다 조그맣게 이렇게 서까래를 대더라고 그 안에다. 그렇게 한 건 고미 눌렀다고 해요. 고미 누른다고.

그것은 왜 해요?

⎯ 예?

그것은 왜 해요?

⎯ 이제 서까래 안 보이게 하게 옛(날에는) 지금 반자를처럼 이렇게 하더라고. 그렇게 해서 서까래가 안 보이게. 이제 다락 넣는 집들은 이제 다락 넣느라고 높게 하고서 이제 요렇게 해서 다락을 또 넣고. 다락 안 넣는 집들도 이렇게 고미 누르는 집 있더라고. 그건 그냥 고미 눌렀다고 하고 다락 안 넣은 집은.

그리고 나서 이것을 반자를 하는 거예요?

⎯ 예, 반(자), 이렇게 반자? 도배? 옛날에는 도배 안 했어. 그냥 그것만 고미 누르면 고미 누른 대로 살고. 흙벽에서 그냥 살았어, 그렇게.

이렇게 드러누워서 보면 흙이 다 보이지요?

⎯ 흙이 다 보이지요. 이 벽에도 다 흙이고. 그리고 요기 그냥 방바닥도 이제 흙만 바르고는 이제 왕골자리 깔고 자고.

그럼 이제 불 때려면 또 여기도 어떻게 해야 되잖아요?

⎯ 흙으로 발랐기 때문에 괜찮아.

처음부터 다 뭘 해야 되잖아요?

⎯ 구들, 방구들.

그것을 놓으려면 맨 처음에는 이제 어떻게 해요?

⎯ 이제 이렇게 판판하게 이제 이런 데 다 하고 이제 방은 이렇게 우멍하게 있잖아? 그러면 이제 구들등을 쌓더라고요 이렇게. 요렇게 조붓하게.

멀:루요?

‾ 돌:하구 흑카구 해서 이르캐 흑땀 싸털: 이르캐 싸:서루[63] 인저 요만:
치 요르캐 싸: 놔:. 요로캐 인저 띠워서. 이 방 한 카니먼 대여서깨::[64] 싸
컨내, 날뜽얼[65] 이러캐. 싸쿠서는 인전 납짜칸 돌루 이르캐 구둘짱얼[66] 논
능 거리야 그개. 도:럴 가따 인재 요러캐 놔:유 요러캐. 족: 더퍼 방빠다걸
점:부 그 납짜:칸 돌:루. 그게 구둘짱 떠[67] 옹 거라 구라드라구. 그래서 더
퍼 노코넌 인저 차르글 개: 가주구 인저 여:기저기 이르캐 메워 놔:. 메워
서넌 인저 불 때서 인저 어지가니 말르먼 인저 또 흐그루 함 번 발르구서
넌 갈러지먼 영기가 올러오니깨 인재 모:깔러지개 또 인저 모래 흐기루
개:서 재:사럴 하더라구. 그러카구선 인재 그거 말르먼 거그따 그냥 자리
깔구 자능 겨:.

그 구들뜽 논: 대 거 이르:캐, 이르:캐 이르캐 되 이짜나요?

‾ 야, 그쌔 거그따 인저 그쌔…

그걸 머라그래요 그걸?

‾ 구둘뜽 논, 싼는다구 하구.

구들뜽 싸:서 이르:캐 싸: 노면.

‾ 응.

이기 이르캐 생기자너요?

‾ 야:.

요걸 머라구해요?

‾ 거기 인저 거기는 인저 영기 드르갈 테지 머. 불 때먼 인저 영기 나가
넌 델 테지 머. 그건 애:기 뭐:라구 하는지.

나중애 저 메이먼 뭐 끄:내고 그래야 되자나요?

‾ 음, 구리재[68] 후빈다구랴 그냥. 재 채여따구 인저 거기 재:. 재 채여따
구 구리재 후빈다구. 이르캐 인재 진: 수수깽이루[69] 해 가주구 이르캐 쑤
실라먼 방 쑤신다구 하구 구리재 후벼 낸다구 하구 그라더라구유.

뭘로요?

￣ 돌하고 흙하고 해서 이렇게 흙담 쌓듯 이렇게 쌓아서 이제 요만큼 요렇게 쌓아 놔. 요렇게 이제 떠서. 이 방 한 칸이면 대여섯 개 쌓겠네, 날등을 이렇게. 쌓고서는 이제 납작한 돌로 이렇게 구들장을 놓는 거래 그게. 돌을 갖다 이제 요렇게 놔요 요렇게. 죽 덮어 방바닥을 전부 그 납작한 돌로. 그게 구들장 떠 온 거라고 그러더라고. 그래서 덮어 놓고는 이제 찰흙을 개어 가지고 이제 여기저기 이렇게 메워 놔. 메우고는 이제 불을 때서 이제 어지간히 마르면 이제 또 흙으로 한 번 바르고는 갈라지면 연기가 올라오니까 이제 못 갈라지게 또 이제 모래를 흙으로 개어서 재사를 하더라고. 그렇게 하고서는 이제 그거 마르면 거기에다 그냥 자리 깔고 자는 거야.

그 구들등 놓은 데 거기 이렇게, 이렇게 이렇게 되어 있잖아요.

￣ 예, 글쎄 거기에다 이제 글쎄…

그것을 뭐라 그래요 그것을?

￣ 구들등 놓(는), 쌓는다고 하고.

구들등 쌓아서 요렇게 쌓아 놓으면.

￣ 응.

이것이 이렇게 생기잖아요.

￣ 예.

요것을 뭐라고 해요?

￣ 거기 이제 거기는 이제 연기 들어갈 테지 뭐. 불 때면 이제 연기 나가는 데일 테지 뭐. 그건 얘기 뭐라고 하는지.

나중에 저 메이면 이것 뭐 꺼내고 그래야 되잖아요?

￣ 응, 고랫재 후빈다고 그래 그냥. 재가 찼다고 이제 거기 재. 재가 찼다고 고랫재 후빈다고. 이렇게 이제 긴 수수깡을 가지고 쑤시면 방 쑤신다고 하고 고랫재 후벼 낸다고 하고 그러더라고요.

구리재요?

- 어, 구리재 후빈다구. 곤: 재가 거그서 나와 이르개 후비머넌. 저 이르개 나무럴 때면 날러가서 곤: 재만 인저 거가 이르캐 수부카개 쌔여서[70] 그개 방이 며:따구[71] 햐. '방이 며:써', '구두리 며:써', '구둘짱 며:써' 이러카먼 인저 구리재 휘빈다구 하면 그거 후벼 가주 글거내 보먼 아:주 곤: 떡까루 가틍개 이르캐 글거저 나와유.

근대 메연는지는 어트개 알아요?

- 부리 안: 드러가니깨.[72] 부리 이르캐 때:먼 잘 드러갈 째넌 부리 그냥 이르케 술술술술술 저리 땡겨[73] 드러가넌대 그개 메:먼 부리 내:서 그냥 불꼬시 이리 나와 가주구 이 부성니마가[74] 새:카마캐 끌:구[75] 그냥 영기가 대:꾸 나와서 그르카먼 인저 그걸루 아:넝 거지. '아이구 우리 뭐:컨 메여써:', '방 메여써:' 이러카구서넌 '구리재 후벼 내야 디야' 이러카구 인저. 또 즘: 후벼두 안 되먼 인저 방얼 뜯넌다구 또, 방얼 뜨더 가주구 인저 그 재럴 죄 후벼 내능 기여. 그라구 인저 다시 또 방얼 논넝 기여.

그릉깨 구리재:를 후빌 때는뇨?

- 예.

언제 후벼요?

- 아무 때나 인저 방 안, 불 안 드러가면 후벼. 즈:을기나[76] 여르미나 아무 때나 그건 머 후비는 때가 따루 인넝 개 아니여.

여르매는 불 잘 안 때자너요?

- 아유, 왜요:. 여르매넌 버리밥 패 먹짜너 옌:나래. 여:름 즉 움씨 때:찌 버리찌벌. 버리찜 마당애다 인저 도리깨루 투디려 가주구 말려 가주구 그래 가주 그거 불 때:서 버리바벌 해 머건따구 이르캐 도고질[77] 해 가주구. 그르캐서 여::름내 불 때지 안 때구 우트개 사러.

요새는 불 안 때지요?

- 으, 지그믄 안 때지유. 지그믄 안: 때지만 여르매는 상::구 버리찌벌

구리재요?

－ 응, 고랫재 후빈다고. 고운 재가 거기에서 나와 이렇게 후비면. 저 이렇게 나무를 때면 날아가서 고운 재만 거기에 가 이렇게 수북하게 쌓여서 그게 방이 메였다고 해. '방이 메였어', '구들이 메였어', '구들장 메였어' 이렇게 하면 이제 고랫재 후빈다고 하면 그거 후벼서 긁어내 보면 아주 고운 떡가루 같은 게 이렇게 긁어져 나와요.

그런데 메였는지는 어떻게 알아요?

－ 불이 안 들어가니까. 불을 이렇게 때면 잘 들어갈 때는 불이 그냥 이렇게 술술술술 저리 당겨 들어가는데 그게 메이면 불이 내서 그냥 불꽃이 이리 나와 가지고 이 이맛돌이 새까맣게 그을고 그냥 연기가 자꾸 나와서 그렇게 하면 이제 그것으로 아는 거지. '아이고 우리 부엌은 메였어', '방 메였어' 이렇게 하고서는 '고랫재 후벼 내야 돼' 이렇게 하고 이제. 또 정 후벼도 안 되면 이제 방을 뜯는다고 또, 방을 뜯어 가지고 이제 그 재를 죄다 후벼 내는 거야. 그리고 이제 다시 또 방을 놓는 거야.

근데 고랫재를 후빌 때는요?

－ 예.

언제 후벼요?

－ 아무때나 이제 방에 안, 불이 안 들어가면 후벼. 겨울이나 여름이나 아무 때나 그건 뭐 후비는 때가 따로 있는 게 아냐.

여름에는 불 잘 안 때잖아요.

－ 아이고 왜요. 여름에는 보리밥 해 먹잖아 옛날에. 여름 겨울 없이 땠지 보릿짚을. 보릿짚 마당에다 이제 도리깨로 두드려 가지고 말려 가지고 그래 가지고 그것(으로) 불 때서 보리밥을 해 먹었다고 이렇게 절구질 해 가지고. 그렇게 해서 여름내 불 때지 안 때고 어떻게 살아.

요새는 불 안 때지요?

－ 응 지금은 안 때지요. 지금은 안 때지만 여름에는 계속 보리 짚을 때

때: 가주구 그::르니깨 머 땀때기 나구 사:라미 마랄쑤 이써? 삼시 사시 부럴 때서 바벌 해야 하니 그 버리찌벌… 그라니 일: 함 번 할랠래바.[78] 아침 뭐: 해 주야지, 아침 먹꾸 새이[79] 해: 주야지. 또 즘:신[80] 해: 주야지, 즘:신 먹꾸 또 저녁쌔[81] 해 주야지. 그라면 하루 다선 때 니: 때럴 상::구 그 버리찝 때:서 여르매 해주닝 거유. 그르니 머 여자더리 말할 쑤 웁찌 머 그개 사닝 개 참 사능 기여? 그거 그 또 오시나 시어낭 거 이버? 무명짜치[82] 짱걸루다 인저 적쌈 해 입꾸 무명치마 이:꾸 이르카구서 그르캐 해찌. 근 옌:나래 상: 개 상: 개 아니유.

  그름 방두 더울 꺼 아니요?

ㄱ 아이구 덥:찌유. 그르닝깨 마당애 풀 벼다가 모기뿔 노쿠[83] 마당애서 자자너 방에 부럴 그러캐 때:니깨 모:짜서. 마당애서 멍석 깔구서 그냥, 그냥 거그서 자닝 기여. 모기뿔 노쿠서 이슬 다: 마즈매서 그냥. 머 저 혼니불때기[84] 인넌 사라믄 혼니불때기루 덥:찌만 웁넌 사라먼 그냥 거그서 애더라구 궁구러 자녕 기여 멍석 메 깨씩 펴 노쿠서.

  잘모타먼 병두 난 나갠는대요?

ㄱ 아이구 그르치요.

  여름 거튼 때는 비 오구 그럼 나뿌자나요.

ㄱ 비올 때넌 인저 안 자지. 비올 때넌 인저 방애 와 자구 뜨럭 꺼튼대[85] 어트개 자구 인저. 더워두 그냥 비비저거리구 자구 그라지. 방이나 또 커? 우리 방 그쌔 요:기가 방이여 요:기가. 방이구 조:짜근 골:방이구. 그러쓰니 요개 머 여덜 짜 방이라나 요개? 얼마나 요기 쪼바. 이런대서 머 여기서 시동생덜 둘:, 시아번님: 이러캐서 저 웁빵애는 인저 우리가 쓰구 여그서넌 메시 자다가 인재 저 사랑 지어 가주구 그르캐 사라찌.

  마루:도 나야 되자나요?

ㄱ 예?

  방을 하면 마루두 나야 되자나요.

가지고 그러니까 뭐 땀띠 나고 사람이 말할 수 있어? 삼시 사시 불을 때서 밥을 해야 하니 그 보릿짚을… 그러니 일 한 번 하려고 해봐. 아침 뭐 해 줘야지, 아침 먹고 새참 해 줘야지. 또 점심 해 줘야, 점심 먹고 또 저녁 새참 해 줘야지. 그러면 하루 다섯 때 네 때를 계속 그 보리 짚 때서 여름에 해 주는 거예요. 그러니 뭐 여자들이 말할 수 없지 뭐 그게 사는 게 참 사는 거야? 그거 그 또 옷이나 시원한 거 입어? 무명천 짠 걸로 이제 적삼 해 입고 무명치마 입고 이렇게 하고서 그렇게 했지. 그것은 옛날에 산 것이 산 것이 아니에요.

그러면 방도 더울 거 아니에요?

⌐ 아이고 덥지요. 그러니까 마당에 풀 베어다가 모깃불 놓고 마당에서 자잖아 방에 불을 그렇게 때니까 못 자서.마당에서 멍석 깔고서 그냥, 그냥 거기서 자는 거야. 모깃불 놓고서 이슬 다 맞으면서 그냥. 뭐 저 홑이불 있는 사람은 홑이불로 덥지만 없는 사람은 그냥 거기에서 애들하고 뒹굴어 자는 거야 멍석 몇 개씩 펴 놓고서.

잘못하면 병도 나겠는데요?

⌐ 아이고 그렇지.

여름 같은 때는 비가 오고 그러면 나쁘잖아요.

⌐ 비 올 때는 이제 안 자지. 비 올 때는 이제 방에 와서 자고 봉당 같은 데서 어떻게 자고 이제. 더워도 그냥 비비적거리고 자고 그러지. 방이나 또 커? 우리 방 글쎄 요기가 방이야 요기가. 방이고 저쪽은 골방이고. 그랬으니 요게 뭐 여덟 자 방이래나 요게? 얼마나 요기가 좁아. 이런 데서 뭐 여기서 시동생들 둘, 시아버지 이렇게 해서 저 윗방은 이제 우리가 쓰고 여기서는 몇이 자다가 이제 저 사랑채 지어 가지고 그렇게 살았지.

마루도 놓아야 되잖아요?

⌐ 예?

방을 하면 마루도 놔야 되잖아요.

ᄀ 방 하면 마루두 논는대 옌:나래는 마루 논: 집뚜 그러캐 웁:써써, 그냥 뜨러개. 흐개 흑 뜨러개 그냥 거기따 머 가마이때기나[86] 머 깔구 이르캐 자다가는 인저 낭중애 마루라구 농 개, 우리두 인재 여기따 마루라구 농 개 인저 흔: 송판쪽 주서다가 이르캐 거그다 대:구서 마루라:구 이르캐 노쿠 이따가 인재 이르캐 해찌.

그거뚜 마루두 종뉴가 이써요? 큥 거뚜 이꾸 머.

ᄀ 아 인저 지비 널러서[87] 뜨러기 널른대는 인저 부잗찝떨 거튼대는 마루럴 잘: 노치, 송판두 조:응 걸 가따. 그르치만 움:넌 집떠런 그냥 뜨러개서 살:구 그르자느면 인저 쪼끔 또 인저 줌 저 이 오래 이따가는 인저 송판 쪽 간따 인저 머 사과 귀여짝 꺼틍 거 그렁 거 주서다가 이르캐 인저 마루라:구 또 대: 노쿠 이러카구두 살:구 그래써유, 옌:나래 그러캐.

마루애두 이름 이써요? 바치능 거하구 머.

ᄀ 몰라 그렁 건 나는. 그냥 마루라구 하구 그냥 뜨러개 살:구 그래찌.

그러면 아까:: 마루는 인재 요기 문 바까태 인능 거자너요? 여긴 인재 구들 노쿠 흐그루 메워서 이르캐 바다글 한다구 그래짜나요? 그리구 나서 종이는 암 발러써요?

ᄀ 종이두 암: 발러써유. 종이 발른[88] 제가 얼마나 디야. 종인 암: 발러써. 그냥 그쌔: 그 흐구애다 그냥 자리 까러써. 그래서 옌:나래 그냥 애:덜 키울 때 인저 무순 기저구나 이써써? 옌:나래 인저 벧, 베짜추[89] 떠러징 거 그렁 거 모:쓰넝 거 인저 그걸 걸러여서 자면 머:, 이부래 똥치라구 머 애: 키우넝 거 그거 뭐: 왕:굴자리애 그냥 자다보면 바매 똥얼 눠:서 그냥 왕:굴자리애 똥이 며:서[90] 딱꺼지두 잘 아나구: 우리 츠:매 시집까서는 그려 써:. 그르캐 살:다가 인저 쬐:꿈 인저 더 커 가주구서넌 인저 뭐: 포대기두 인저 츠:녀포대기[91] 나:따구 해서 사다 떠:두[92] 보구 이래찌. 기저구두 웁 써써, 그때넌. 우리 애 키울… 나 처대 키울 때넌. 몰라 다른대 부:자더런 키워찌만 우리넌 어:럽깨 사러서 그렁 걷뚜 웁:씨 그냥 기저구두 웁:씨 그

˝ 방을 하면 마루도 놓는데 옛날에는 마루 놓은 집도 그렇게 없었어, 그냥 봉당에. 흙에, 흙 토방에 그냥 거기에다 뭐 가마니나 뭐 깔고 이렇게 자다가는 이제 나중에 마루라고 놓은 게, 우리도 이제 여기다 마루라고 놓은 게 이제 헌 송판 쪽 주워다가 이렇게 거기에다 대고 마루라고 그렇게 놓고 있다가 이제 이렇게 했지.

그것도, 마루도 종류가 있어요? 큰 것도 있고 뭐.

˝ 아 이제 집이 넓어서 봉당이 넓은 데는 이제 부잣집은 마루를 잘 놓지, 송판도 좋은 걸을 가져다. 그렇지만 없는 집은 그냥 봉당에서 살고, 그렇지 않으면 이제 조금 또 이제 좀 저기 오래 있다가는 이제 송판 쪽 갖다 이제 뭐 사과 궤짝 같은 거 그런 거 주워다가 이렇게 이제 마루라고 또 대 놓고 이렇게 하고도 살고 그랬어요, 옛날에 그렇게.

마루에도 뭐 이름 있어요, 받치는 것하고 뭐?

˝ 몰라 그런 것은 나는. 그냥 마루라고 하고 그냥 봉당에 살고 그랬지.

그러면 아까 마루는 이제 여기 문 밖에 있는 거잖아요? 여기는 이제 구들 놓고 흙으로 메워서 이렇게 바닥을 한다고 했잖아요? 그리고 나서 종이는 안 발랐어요?

˝ 종이도 안 발랐어요. 종이 바른 지가 얼마나 돼. 종이는 안 발랐어. 그냥 글쎄 그 흙 위에다 자리 깔았어. 그래서 옛날에 그냥 애들 키울 때 이제 무슨 기저귀나 있었어? 옛날에 이제 베, 베 떨어진 거 그런 거 못 쓰는 거 이제 그걸 걸레해서 자면 뭐, 이불에 똥칠하고 뭐 애 키우는 거 그거 뭐 왕골자리에 그냥 자다보면 똥을 눠서 그냥 왕골자리에 똥이 메여서 닦여지지도 잘 안 하고, 우리 처음에 시집가서는 그랬어. 그렇게 살다가 이제 조금 이제 더 커 가지고서는 이제 뭐 포대기도 이제 처녀포대기 났다고 해서 사다 띠어보고 이랬지. 기저귀도 없었어, 그때는. 우리 애 키울… 나 첫애 키울 때는. 몰라 다른 데 부자들은 키웠지만 우리는 어렵게 살아서 그런 것도 없이 그냥 기저귀도 없이 그냥 헌 옷 떨어진 쪼가리에

냥 흔: 옽 떠러진 쪼가리애다 이르캐 해서 그냥 기저구 채우두 모타구 그
냥. 날자리애서[93] 데리구 자니깨 오줌 싸구 똥 싸먼 여 왕:굴자리애 다: 배
키자너. 그라먼 이부래 똥칠두 하구 머 그개 상: 개 상: 기여?

  그러먼 저:기 광:모기나 이렁 걸루 기저구 항 거는 한:참 뒤:갠네요, 호청 호
청으루 항 거?

  ⌐ 그러므뉴:, 한참 이따 해찌. 나 시지봐서 애기를 일:찡 나써, 수무사
래. 그르캐 난는대 그때는 기저구 웁써써. 츠:녀포대기두 웁써써, 그때넌.

  그럼 그냥 아무 거두 안 해써요?

  ⌐ 어 그냥 명짜치루[94] 해서 이러캐 둘러 억꾸:. 왜 옌:날 구닌 담뇨 이써
짜너? 일본, 저기 유기오 나구서. 그 구닌 담뇨 국빵색 그거먼 아주 조:흥
걸루 알구 띠:구. 그라구 인재 베 짜 가주구서 어불띠두[95] 인저 그걸루 끄
냉이 두: 개 다러 가주구 이러캐 아래위(이중모음 [wi]) 됭(단모음 [외])여서
이러캐 억꾸 댕기구 이래찌. 츠:녀포대기두 웁써써유. 애 나 둘: 라쿠 신:
나니깨 그때 인저 츠:녀포대기가 나와써.

  기저귀는 그럼 언:재부터 해써요?

  ⌐ 기저구두 우리넌 그때꺼지 나는 기저구 모:채워 바써 애:덜. 낭중애
인저 망내뒹이 나:서 기저구 채워 바찌.

  자리:두 여러 가지 자리가 이써짜나요?

  ⌐ 그르치유. 왕:굴자리,[96] 왕:굴루 인재 또 가늘::개 매서 돋짜리.

  돋짜리가 더 가느릉 거요?

  ⌐ 예, 돋짜리넌 왜 지금 나오자너 화문서기라능 거

  고웅 거.

  ⌐ 예, 고:웅 거 이르캐 가마니틀 이래마냥 짜넝 거. 그개 돋짜린대. 그:렁
건 머 지:석짜리라구[97] 그냥 지사 지낼 때만 사 노코서 피구서 인저 지사
음석 차려 노쿠 지내지: 깔:구 자구 이러캐는 해 볼 생각뚜 모태써:. 왕굴자
리 깔:구 그거뚜 모:까러서 머 꺼적짜리[98] 깔:구 자는 사래미 수두루카구

다 이렇게 해서 그냥 기저귀 채우지도 못 하고 그냥. 날자리에서 데리고 자니까 오줌 싸고 똥 싸면 여기 왕골자리에 다 박히잖아. 그러면 이불에 똥칠도 하고 뭐 그게 산 게 산 거야?

그러면 저기 광목이나 뭐 이런 것으로 기저귀 한 것은 한참 뒤겠네요, 호청 호청으로 한 거?

ㅡ 그럼은요, 한참 있다 했지. 나 시집 와서 아기를 일찍 낳았어, 스무 살에. 그렇게 낳았는데 그때는 기저귀 없었어. 치마포대기도 없었어, 그때는.

그럼 그냥 아무 것도 안 했어요?

ㅡ 응 그냥 무명천으로 해서 이렇게 둘러업고. 왜 옛날 군인 담요 있었잖아? 일본, 저기 육이오(6.25) 나고서. 그 군인 담요 국방색 그거라면 아주 좋은 걸로 알고 두르고. 그리고 이제 베 짜 가지고서 업는 띠도 이제 그걸로 끈 두 개 달아 가지고 이렇게 아래위로 동여서 이렇게 업고 다니고 이랬지. 치마포대기도 없었어요. 애 나 둘 낳고 셋 낳으니까 그때 이제 치마포대기가 나왔어.

기저귀는 그럼 언제부터 했어요?

ㅡ 기저귀도 우리는 그때까지 나는 기저귀 못 채워 봤어 애들. 나중에 이제 막내둥이 낳아서 기저귀 채워 봤지.

자리도 여러 가지 자리가 있었잖아요?

ㅡ 그렇지요. 왕골자리, 왕골로 이제 또 가늘게 매서 돗자리.

돗자리가 더 가는 거예요?

ㅡ 예, 돗자리는 왜 지금 나오잖아 화문석이라는 것

고운 것.

ㅡ 예, 고운 거 이렇게 가마니틀 이래마냥 짜는 것. 그게 돗자린데. 그런 것은 뭐 제석이라고 그냥 제사 지낼 때만 사 놓고서 펴고서 이제 제사 음식 차려 놓고 지내지 깔고 자고 이렇게는 해 볼 생각도 못 했어. 왕골 자리 깔고 그것도 못 깔아서 뭐 거적자리 깔고 자는 사람이 수두룩하고

그랜는대 머 여기두:. 그르캐 사런넌대 머.

　지석짜리하구 왕굴자리하구 꺼적짜리가 다릉 거내요?

　˘ 예. 왕:굴자리는 왕:굴 넙쩌카개 해서 이르캐 고드래또그루[99] 매:넝 거. 또 지석짜리 하능 건 돋짜리럴 가주구 얘기하능 겨 그건 돋짜리. 꺼적짜리능 그냥 또 이른 풀 거틍 거 또 말, 벼:서 말려 가주구 그르개 얼거서 왕:골두 인재 모:태서. 그런 자리 이꾸. 그리지 아느먼 인재 가:마니때기 깔:구 자구 이래써유. 그때 무르배 머 일쩡시대 때 머 사:능 개 그개 사:능 기여?

　그럼 지석짜리가 그 고운…

　˘ 예: 돋짜리 가주구 인저 그걸루, 돋짜린대 인저 이건 지석짜리다 하구 잘: 우해 둬:따 인저 지사 지낼 때만 쓰니깨 지석짜리라구 하능 기여. 돋짜린:대,

　돋짜리 중애서.

　˘ 어 돋짜리 중애서 아무기나 하나 고:운 거 사다가 그르카능 기여.

　그러면 그때 머 저기 머 빈대 이렁 거뚜 만:어찌요?

　˘ 그러먼뉴:. 빈대가 이써 머 자다가 그냥 호롱뿔 가지구 막 이르개 잠느라구. 이:두 꼬이구 머: 머리애 서카리두 이꾸:. 아하이구::, 옌:날 산: 생각카먼 말:하먼 멀히야. 오세두 이:가 이써서 머 그냥, 등잔뿔 켜 노쿠 그거 잠너라구 이르카구 머 그르캐찌. 농야기[100] 이써 뭐:가 이써. 그냥 머 장:: 그 무명오세 빨래두 자주 모:태 이꾸 이라니깨 머 사람, 식꾸덜 그냥 함 방애서 지 들꿀쿠 그라니깨. 그때두 인넌 이더리야 앙 그래쓸 티지 머 그냥:. 초라하개 사넌 사람더리 그래찌.

　석:-카리요?

　˘ 소카리.

　소카리가 머요?

　˘ 이:갸:: 깔링 거. 이가 깔려써유. 소카리럴 이르캐 하이:양 걸 오세두 깔려

그랬는데 뭐 여기도. 그렇게 살았는데 뭐.

제석자리하고 왕골자리하고 거적자리가 다른 거네요?

￣ 예. 왕골자리는 왕골 넓적하게 해서 이렇게 고드랫돌로 매는 거. 또 제석자리 하는 건 돗자리를 가지고 얘기 하는 거야 그건 돗자리. 거적자리는 그냥 또 이런 풀 같은 거 또 말(려), 베어서 말려 가지고 이렇게 얽어서 왕골도 이제 못 해서. 그런 자리가 있고. 그렇지 않으면 이제 가마니 깔고 자고 이랬어요. 그때 무렵에 뭐 일제강점기 때 뭐 사는 게 그게 사는 거야?

그럼 제석이 그 고운…

￣ 예 돗자리 가지고 이제 그걸로, 돗자리인데 이제 이건 제석이다 하고 잘 위해 두었다가 이제 제사 지낼 때만 쓰니까 제석이라고 하는 거야. 돗자리인데,

돗자리 중에서.

￣ 응 돗자리 중에서 아무거나 하나 고운 거 사다가 그렇게 하는 거야.

그러면 그때 저기 뭐 빈대 뭐 이런 것도 많았지요?

￣ 그럼은요. 빈대가 있어(서) 뭐 자다가 그냥 호롱불 가지고 막 이렇게 잡느라고. 이도 꼬이고 뭐 머리에 서캐도 있고. 아이고, 옛날에 산 생각하면 말하면 뭘 해. 옷에도 이가 있어서 뭐 그냥, 등잔불 켜 놓고 그거 잡느라고 이렇게 하고 뭐 그렇게 했지. 농약이 있어 뭐가 있어. 그냥 뭐 늘 그 무명옷에 빨래도 자주 못 해 입고 이러니까 뭐 사람, 식구들이 그냥 한 방에서 죄다 들끓고 그러니까. 그때도 있는 이들이야 안 그랬을 테지 뭐 그냥. 초라하게 사는 사람들이 그랬지.

서카리요?

￣ 서캐.

서캐가 뭐예요?

￣ 이가 갈긴 거. 이가 깔렸어요. 서캐를 이렇게 하얀 것을 옷에도 깔려

노코: 머리애두 깔려 노코: 그라자너?

　머리애 인능 거 하구 오새 인능 거 하구…

　ᄀ 소카리는 또까트지유. 머린니라구 하구 오새 이라구 하넌데, 소카리는 또까터. 하:양개 그냥 요망크망개 이르캐 쥐기면 똑 똑 쏘리가 나구 부래다 이르:캐 솔카리럴[101] 이 그 소카리 인능 걸 이르캐 가따 대면 호도독 호도독키야[102] 튀느라구. 그려써 옌:나래넌.

　그럼 이, 이:는 달러요?

　ᄀ 또까터유. 머린니나 하양, 오샌니는 하이야쿠 머린니는 머리애 인넝 거라 종 꺼머써 이가. 그래서 이건 머린니 이건 오센니.

　그거 어티개 자버야 되요, 그러면?

　ᄀ 으?

　그럼 어트개 자버야 되요?

　ᄀ 아 그냥 인저 불 써[103] 노쿠 이르캐 자버서 소니루 이르캐 쥐(단모음 [위])기구 화:리뿌래 이르캐 뜨:더 노쿠 그래써. 냐:, 머리는 인저 거 어리빈[104] 참비시루 이르캐 다:꾸 참비시루 비서서 이러캐서 인저 자버 내구. 그래서 인저 머리덜 이르캐 지:러 가주구 비나 찔르구 그래짜너 옌:나래넌. 그랄라먼 머리수시 이마내 가주구 비나 하나가 이망큼 할라먼 머리 빈, 그냥 머리에 소카리가 이쓰먼 그냥 그 참비시루 노::다지 이르캐 비서야지 머. 그라먼 인저 이:두 나오구 인저 소카리두 훑터지구 이라지.

　참비스루 하먼 그르키 돼요?

　ᄀ 예:, 참비스루 하먼 훑터저유. 훑터저두 다: 안 훑터지지 머. 애:덜 인, 애덜 딸래미덜 마:넌 지번 머 그 더벙머리애 소카리가 그냥 들벅들벅캐 써[105] 그저내. 아이구 지금두 생각카먼 아주.

　빈대는 어트개 생겨써요? 빈대두 이꾸 톡톡 티능 거뚜 이꾸.

　ᄀ 삐룩. 빈… 지금두 왜 나물 바태 가면 이르캐 톡톡 튀는 벌거지 이찌? 그렁: 개 인저 삐루기구 빈대는 이르캐 쪼끔 무순 벌거지 거트까. 그르캐

놓고 머리에도 깔려 놓고 그러잖아.

　머리에 있는 것 하고 옷에 있는 것 하고…

　￣ 서캐는 똑같지요. 머릿니라고 하고 옷의 이라고 하는데, 서캐는 똑같아. 하얀 게 그냥 요만큼한 게 이렇게 집으면 똑 똑 소리가 나고 불에다 이렇게 솔기를 이 그 서캐 있는 걸 이렇게 갖다 대면 호도독 호도독 해 튀느라고. 그랬어 옛날에는.

　그럼 이는 달라요?

　￣ 똑같아요. 머릿니나 하얀, 옷의 이는 하얗고 머릿니는 머리에 있는 것이라 좀 까맸어 이가. 그래서 이건 머릿니 이건 옷의 이.

　그거 어떻게 잡아야 돼요, 그러면?

　￣ 응?

　그럼 어떻게 잡아야 돼요?

　￣ 아 그냥 이제 불 켜 놓고 이렇게 잡아서 손으로 이렇게 죽이고 화롯불에 이렇게 뜯어 놓고 그랬어. 예, 머리는 이제 그 얼레빗 참빗으로 이렇게 자꾸 참빗으로 빗어서 이렇게 해서 이제 잡아 내고. 그래서 이제 머리가 이렇게 길어 가지고 비녀 찌르고 그랬잖아 옛날에는. 그러려면 머리숱이 이만해 가지고 비녀 하나가 이만큼 하면 머리 빗, 그냥 머리에 서캐가 있으면 그냥 그 참빗으로 언제나 이렇게 빗어야지 뭐. 그러면 이제 이도 나오고 이제 서캐도 훑어지고 이러지.

　참빗으로 하면 그렇게 돼요?

　￣ 예, 참빗으로 하면 훑어져요. 훑어져도 다 안 훑어지지 뭐. 애들 있(는), 애들 딸내미들 많은 집은 뭐 그 더벅머리에 서캐가 그냥 그득그득 했어 그전에. 아이고 지금도 생각 하면 아주.

　빈대는 어떻게 생겼어요? 빈대도 있고 또 톡톡 튀는 것도 있고.

　￣ 벼룩. 빈… 지금도 왜 나물 밭에 가면 이렇게 툭툭 튀는 벌레 있지? 그런 게 이제 벼룩이고 빈대는 이렇게 조금 무슨 벌레 같을까. 그렇게

생견넌대 자:거. 지금 요마:난 벌거지 왜 기어 댕기능 거 이짜너요, 이 지
금두. 고런대 새카망 개 요마:내유. 요마:난대 콩 건 이마:낭 거뚜 이써.
솔::솔 이르개 겨[106] 댕겨.[107] 그라면 자다가 그냥 무러뜨더서 자리 미철 떠
드러 보면 자리 미태 솔::솔 이르개 겨 댕기자너.

　그건 물만 아퍼요?

　￢ 갸:려워서 몯쩐디지유. 갸:려워서. 빈대가 무르면 그냥 갸:려워서 몯
쩐뎌. 몯짜:.

　삐루근요?

　￢ 삐루근 툭툭 텨[108] 댕기매[109] 그르캐 또 무러서 따꿈따꾸마개 하구 삐
루근. 그냥 빈대는 슬슬 겨 댕기며 무러서 가려꾸. 삐루궁 그냥 아주 따
구워. 따꼼 히야. 툭툭 텨 댕기매 그르캐 쏘면.

　그러면 어트개 잡어요?

　￢ 그건 여가내서 몯짭찌유. 툭툭 텨 댕기니깨.

　방빠다개서 인능 거자너요? 그 다으매 인재 그 그런 자리 다으매 종이 바릉
거는 한참 뒤:내요?

　￢ 구:러문뉴:. 그거 인저 한:참: 이따가 인저 종이 발러찌. 인저 벼개 발
르구[110] 인저 벼개두 인저 조이 발르기 시작카면 방빠닥뚜 인저 장판 한다
구 그때는 그래써. 그라면 인저 회푸대 쪼이 왜 이짜너유. 사료푸대 종이.
장판지나 어딛써써? 그거 사다가 인재 이르캐 발르구서는. 콩 이르캐 갈:
구 들지르마구 해서 이르캐 그걸루 이로:케 문대머넌 발::가케 인저 지르
매 짜러서 그러케 되(단모음 [외])지. 인저 그르캐 시자캐서 그게 되(단모음
[외])배반자[111] 하구 장판 하구 그르카기 시자캉 거지.

　그 콩: 갈어 가주 그르캐 하능 건 머: 한다 그래요?

　￢ 인저 이거 장파내 지룸 메긴다구. 들지름 하:구 인저 그 콩 가릉 콩물
하구 해서 그르캐 자루애 요마난 자루럴 지어 가주 거기따 너: 가주 이
러캐 이러캐 다::꾸 메뻔 문때면 지르매 짤구 인재 콩무래 짜러서 장판두

생겼는데 작아. 지금 요만한 벌레 왜 기어 다니는 거 있잖아요, 지금도. 고려한데 새카만 게 요만해요. 요만한데 큰 것은 이만한 것도 있어. 살살 이렇게 기어 다녀. 그러면 자다가 그냥 물어뜯어서 자리 밑을 들춰 보면 자리 밑에 살살 이렇게 기어 다니잖아.

그게 물면 아파요?

⎯ 가려워서 못 견디지요. 가려워서. 빈대가 물며 그냥 가려워서 못 견 뎌. 못 자.

벼룩은요?

⎯ 벼룩은 톡톡 튀어 다니며 그렇게 또 물어서 따끔따끔하게 하고 벼룩 은. 그냥 빈대는 살살 기어 다니며 물어서 가렵고. 벼룩은 그냥 아주 따 가워. 따끔 해. 톡톡 튀어 다니면서 그렇게 쏘면.

그럼 어떻게 잡아요?

⎯ 그건 여간해서 못 잡지요. 톡톡 튀어 다니니까.

방바닥에서 있는 거잖아요? 그 다음에 이제 자리 다음에 종이 바른 것은 한 참 뒤네요?

⎯ 그럼은요. 그거 이제 한참 있다가 이제 종이 발랐지. 이제 벽에 바르 고 이제 벽에도 이제 종이 바르기 시작하면 방바닥도 이제 장판 한다고 그때는 그랬어. 그러면 이제 시멘트 포대 종이 왜 있잖아요. 사료포대 종 이. 장판지나 어디 있었어? 그거 사다가 이제 이렇게 바르고서는. 콩 이 렇게 갈고 들기름하고 해서 이렇게 그걸로 이렇게 문지르면 발갛게 이제 기름에 절어서 그렇게 되지. 이제 그렇게 시작해서 그게 도배반자 하고 장판 하고 그렇게 하기 시작한 거지.

그 콩 갈아서 그렇게 하는 것은 뭐 한다고 해요?

⎯ 이제 이거 장판에 기름 먹인다고. 들기름 하고 이제 그 콩 간 콩물 하고 해서 그렇게 자루에 요마한 자루를 지어 가지고 거기에 넣어 가지고 이렇 게 이렇게 자꾸 몇 번 문지르면 기름에 절고 이제 콩물에 절어서 장판도

질기구 노::랑 개 때두 잘 때껴져. 안 하면 그냥 머 오중 싸면 조이가 흐칠흐칠 부러서 절딴나자너? 그라잉깨. 애:더리 오줌 싸구 똥 싸구 구래두 그러캐 노면 무리 잘 안 머거서[112] 따끄믄 깨끄타거든.

　여패두 머 발러짜너요, 이르캐 도러가먼서?

　⁻ 여 굽뚜리[113] 요기. 인저 장판 하구서어:: 그 조이루다 다: 요기 구벌 요르캐 돌려써 그냥 그 종이루다. 되(단모음 [외])배 하구 인저 장판 하구 이라니깨 고기 새:가 이르캐 이짜너 부터서. 그라잉깨 요만치 오려 가주구 인저 굽또리라구 요기 요러케 뺑: 도리[114] 핻찌.

　그러면 이거 저:기 이르캐 발릉 거뚜 여기나 여기 저 벼름빠기라 그래지요?

　⁻ 네.

　여기는 저: 머라 그래까요.

　⁻ 반자, 반자 해:따구[115] 하구.

　반자 해따구 하능 개 이개 종이 발릉 걸 반자 해따구 그래요?

　⁻ 예.

　종이 안 발릉 거뚜…

　⁻ 아:녀: 종이를 인저 발러야 반자 핻따 구라지. 그저낸 그래써. 인저 거기따가 막때기루 이르캐 트럴 짜유. 트럴 짜서 해서 철싸루 이러캐 드문드문 얼거 노쿠서 인저 츠:매 심문지 가틍 걸루다 인저 고 소:걸 가서 이르캐 부처: 드문드문. 그래야 인저 이 되(단모음 [외])배지가 가서 붇짜너. 그라구서 인저 나중애 되(단모음 [외])배지럴 가따 이르캐 부치지. 그래서 인저 반자를 짜 노쿠서 인재 반자: 하능 기여.

　그럼 젤: 먼저 발르는 대가 어디예요? 여기하구 방빠카구 벼카구 여기 반자하구.

　⁻ 그르카믄 인저 이 벼:걸 다 발르구서 이 반, 장파널 해야지. 벼걸 발르구서. 천, 천장두 발르구 인저 벽뚜 발르구 하구서 인저 장파늘 해야지. 또 인저 살:다가 떠러지면 저 장판만두 하넌 수가 이꾸. 장파니 안 떠러지면

질기고 노란 게 때도 잘 닦여져. 안 하면 그냥 뭐 오줌 싸면 종이가 흐물흐물 불어서 결딴나잖아? 그러니까. 애들이 오줌 싸고 똥 싸고 그래도 그렇게 해 놓으면 물이 잘 안 스며서 닦으면 깨끗하거든.

옆에도 뭐 발랐잖아요, 이렇게 돌아가면서?

￣ 여기 굽도리 요기. 이제 장판 하고서 그 종이로 다 요기 굽을 요렇게 돌렸어 그냥 그 종이로. 도배 하고 이제 장판 하고 이러니까 고기 사이가 이렇게 있잖아 붙어서. 그러니까 요만큼 오려 가지고 이제 굽도리라고 요기 요렇게 뱅 돌이를 했지.

그러면 이거 저기 이렇게 바른 것도 여기나 여기 바람벽이라 그러지요?

￣ 예.

여기는 저 뭐라고 그럴까요?

￣ 반자, 반자 했다고 하고.

반자 했다고 하는 게 이게 종이 바른 것을 반자 했다고 해요?

￣ 예.

종이 안 바른 것도…

￣ 아니야 종이를 이제 발라야 반자 했다고 하지. 그전에는 그랬어. 이제 거기에다 막대기로 이렇게 틀을 짜요. 틀을 짜서 해서 철사로 이렇게 드문드문 얽어 놓고서 이제 처음에 신문지 같은 것으로 고 속을 이렇게 붙여 드문드문. 그래야 이제 이 도배지가 가서 붙잖아. 그리고서 이제 나중에 도배지를 갖다 이렇게 붙이지. 그래서 이제 반자틀 짜 놓고서 이제 반자 하는 거야.

그럼 제일 먼저 바르는 데가 어디예요? 여기하고 방바닥하고 벽하고 여기 반자하고.

￣ 그러면 이제 이 벽을 다 바르고서 이 반, 장판을 해야지. 벽을 바르고서. 천장도 바르고 이제 벽도 바르고 하고서 이제 장판을 해야지. 또 이제 살다가 떨어지면 저 장판만도 하는 수가 있고. 장판이 안 떨어지면 또

인저 또 벼캐[116] 조이가 꺼머쓰면 저 되(단모음 [외])배하넌 수도 이꾸.

　그러먼 이: 저:기 반자 항 거는 훨:씬 뒤:내요. 저는 항 거뚜 보구 안 항 거뚜 보구 그래꺼든요? 그저내 보먼 여기 바매 쥐가 막: 다녀짜나요, 잘라 그러먼. 그 어딜루 드러가요?

　￢ 뭐: 인저 저런대 지벙 해 여쓰니깨 거기 구녁 뚝꾸[117] 드러오구 워디 인재 저런 농 틍 거튼대 베름빡[118] 이른 땅빠다걸 뜯꾸[119] 드러오구 그라지유 머.

　집찔 때 이개 저:기 다락, 다락?

　￢ 예.

　다라기라 그래나요?

　￢ 예 예.

　그건 머라그래요?　이개 또 방:애서 부억 쪼그루두 요로:캐 방에서 낸 거뚜 이짜너요.

　￢ 으, 요기 요기. 요기따가 인저 저짜그루 봐:크루다가 인저 이로:캐 해 느차너 요로:캐. 요르캐서 해 노쿠 요기따가 문: 내구. 그게 다락.[120] 유:다 라근 여 지벙 아주 여 방 우애다 점부 하능 개 유다락.[121]

　방 우애 또 방이 인능 거내요 그러면?

　￢ 방이 아니라 인재 요만::치 혀 요만:치. 인재 다라근…

　방은 아니구 그지요?

　￢ 방 아니구 인재 요만:치 해서 이르캐 인저 고무[122] 눌:러서 인저 고그 따가 요르캐 해 노쿠는 인저 드나드넌 대 해 노쿠 그러면 그개 유:다락.

　거기는 뭐: 하는 대요?

　￢ 살림 그냥 머 허틈설거지.[123] 그저낸 지비 쪼꼬마니깨 그냥 거기따 허 틈설거지 는:너라구 그르캐 항 기여.

　어떵 거 너 놔써요?

　￢ 뭐: 살림사리 머 그냥 머: 지저부낭 거 거그따가 너: 노차너.

벽에 종이가 까매졌으면 도배하는 수도 있고.

그러면 이 반자 한 것은 훨씬 뒤네요. 저는 한 것도 보고 안한 것도 보고 이랬거든요. 그전에 보면 여기 밤에 쥐가 막 다녔잖아요, 자려고 하면. 그 어디로 들어가요?

￣ 뭐 이제 저런 데 지붕 해 이었으니까 거기 구멍 뚫고 들어오고 어디 이제 저런 농 틈 같은 데 바람벽 이런 땅바닥을 뚫고 들어오고 그러지요 뭐.

집 지을 때 이게 저기 다락, 다락?

￣ 예.

다락이라 그러나요?

￣ 예 예.

그건 뭐라고 해요? 이게 또 방에서 부엌 쪽으로도 이렇게 방에서 낸 것도 있잖아요.

￣ 응, 요기 요기. 여기에다가 이제 저쪽으로 부엌으로 이제 이렇게 해 넣잖아 요렇게. 요렇게 해서 해 놓고 요기에다가 문을 내고. 그게 다락. 누다락은 여기 지붕 아주 여기 방위에다 전부 하는 게 누다락.

방 위에 또 방이 있는 거네요, 그러면?

￣ 방이 아니라 이제 요만큼 해 요만큼. 이제 다락은…

방은 아니고, 그렇지요?

￣ 방 아니고 이제 요만큼 해서 이렇게 이제 고미 눌러서 이제 거기에다 요렇게 해 놓고는 이제 드나드는데 해 놓고 그러면 그게 누다락.

거는 뭐 하는 데예요?

￣ 살림 그냥 뭐 허튼 살림살이. 그전에는 집이 조그만하니까 그냥 거기에다 허튼살림살이 넣느라고 그렇게 한 거야.

어떤 것 넣어 놨어요?

￣ 뭐 살림살이 뭐 그냥 뭐 지저분한 거 거기에다가 넣어 두잖아.

그쌔 그렁 거 뭐 어떵 거, 주로 구채저그루?

￢ 머 별거 다: 너유. 살림사리는 다: 너 자:관 머. 머 자리 걸, 쩌 돈짜리 거틍 거 그렁 거뚜 느쿠 머 박, 빡쓰때기 거틍 거뚜 너쿠 머. 아이 뭐:라 구 다 머 설명할 쑤가 이써, 다: 는넝 걸? 상 거틍 거 사 노쿠 쓰자너. 써 두 인저 또 안: 쓰넌 상두 이쓰면 그렁 거뚜 가따 너: 노코 뭐:. 다: 너: 놔:. 자:간 머 살리믄 다: 여:러 가지 다: 거그따 너: 놔. 이, 지금 마라자믄 인저 광: 사머 쓰능 기여 거기럴.

광:은 나:중애 생겨써요 그럼?

￢ 그르치유. 부자찌비더리나 광: 이써찌 움써찌유, 광:이. 우리두 저건 낭:중애 징: 거유. 방 이거 하나 가주구 살:다가 인저 저 사랑채 지꾸 저 광:두 또 늑깨 징 겨 낭:중애서.

그개 유:다라기구.

￢ 여기 유:다… 우린 움:써유 유:다락.

그다매 요:기다가 항 거는?

￢ 다락.

다라근 문…

￢ 벽짱이라구두 하구:. 요기 벽짱, 벽짱.

벅 우애다 냉 거요?

￢ 음, 예, 고건 벽짱이라고 하고.

거기는 뭐 어떤…

￢ 그렁, 거기두 인저 머 그렁 거 지저부낭 거 너:. 뭐 음석 꺼틍 거 여그 서 먹따 나머두 인저 노인내더리 할머니더리 머 여기따가 이르캐 올려노 쿠. 예:저내 할머이덜 담:배두 피우셔짜너. 하라부… 그람 거그따 그렁 거 뚜 너: 노쿠. 머 소요, 소용 단:넝 거[124] 다: 너: 놔:. 아무기나 는능 겨 그럼.

그렁 거 함번 생각나:구 보싱 거, 머: 난는지 이르캐 생강나능 거 차래대루 함 번 죽: 얘기해 주세요.

글쎄 그런 거 뭐 어떤 거, 주로 구체적으로?

▔ 뭐 별거 다 넣어요. 살림살이는 다 넣어 좌우간 뭐. 뭐 자리 같(으 것), 저 돗자리 같은 거 그런 것도 넣고 뭐 상(자), 상자 같은 것도 넣고 뭐. 아니 뭐라고 다 뭐 설명할 수가 있어, 다 넣는 걸? 상 같은 것 사 놓고 쓰잖아. 써도 이제 또 안 쓰는 상도 있으면 그런 것도 갖다 넣어 놓고 뭐. 다 넣어 놔. 좌우간 살림은 다 여러 가지 다 거기에다 넣어 놔. 이, 지금 말하자면 이제 광 삼아 쓰는 거야 거기를.

광은 나중에 생겼어요 그러면?

▔ 그렇지요. 부잣집이나 광이 있었지 (보통 사람은) 없었지요, 광이. 우리도 저건 나중에 지은 거예요. 방 이거 하나 가지고 살다가 이제 저 사랑채 짓고 저 광도 또 늦게 지은 거야 나중에.

그게 누다락이고.

▔ 여기 누다… 우리는 없어요 누다락.

그 다음에 요기다가 한 것은?

▔ 다락.

다락은 문…

▔ 벽장이라고도 하고. 요기 벽장, 벽장.

부엌 위에 낸 거예요?

▔ 음 예, 그것은 벽장이라고 하고.

거기는 뭐 어떤…

▔ 그런, 거기도 이제 뭐 그런 것 지저분한 것 넣어. 뭐 음식 같은 거 여기서 먹다가 남아도 이제 노인네들이 할머니들이 뭐 여기에다 이렇게 올려놓고. 예전에 할머니들 담배도 피우셨잖아. 할아버(지)… 그럼 거기에다 그런 것도 넣어 놓고. 뭐 소용, 소용되는 것은 다 넣어 놔. 아무거나 넣는 거야 그럼.

그런 것 한 번 생각나고 보신 것, 뭐 놓았는지 이렇게 생각나는 것을 차례대로 한 번 죽 이야기해 주세요.

ㄱ 아이 그걸 어트기 다:: 직, 뭔:지럴 생가기 나:. 그냥 머 주서 는녕 거 뭐. 국쑤판, 홍… 저기 유:다라개 늘: 때년 거기 가 보니깨 머 국쑤판두 느쿠 홍두깨두 느쿠 머: 그 상:두 안 쓰는 상 느쿠 지쌍두 너 노쿠 도짜리 두 너 노쿠 머. 저른 애:덜 책 빼웅거뚜 가따 싸: 노쿠 다: 너: 놔: 자우관 뭐:구. 이른 허틈설거지 거기따 다: 지버느: 놔:.

그 벽짱애: 벽짱 말:구 또 이르캐 여패두 문 해 가주 는능 거 이써짜나요?

ㄱ 여패넌 웁찌::. 벽짱 이꾸: 저기 유:다락 이꾸 하구서넌 그쌔 골:방이 여 여기넌. 여기 인저 우리 저그 저 지동 인년 대서 조 지동 인는 대꺼지 이르캐 문 해서 이르캐 해 노쿠서넌. 골:방이여 거그서 인저 사람두 자기 두 하구. 또 거기따 인저 광: 사므먼 쌀 딴지 거틍 거 거그따 양석 딴지 느: 노쿠 인저 쌀 떠다가 해 먹끼두 하구 그래써유. 우리는 골:방애다 그 래써. 광:이 웅:꾸 지비 옹사카니깨[125] 인저 거기따가, 식꾸는 아래빵애서 만 자구 거그는 머 버리쌀 끄른, 쌀 끄른 이렁 거 노쿠, 떠다 해 먹꾸 인 재 두태[126] 그렁 거, 광: 사머 써써, 우리넌 골방얼 그냥. 유:다락뚜 욱꾸 다락뚜 욱꾸 우리지번 쪼꼬마니깨 그려서 그냥 그르캐 사라써.

집뚜요?

ㄱ 예.

이 무니 이르캐 지금 이런: 문두 이꾸 저런: 문두 이짜나요? 문 모양에 따라 서 쓰는 방버배 따라서 이르미 다르지 안나요?

ㄱ 예, 이르캐 하나는 인저 이건 미다지구 이건 밀:짱무니라구[127] 하구 미 다지라구 하지만 그저내는 이렁개 아니구 저 사랑방 문마냥 이르캐 열:구 닥꾸 하넝 거유. 그러면 인저 두: 개 달린 무는 쌍바라지무니라구[128] 하구. 하나 달링건 외(단모음 [외])짱무니구[129] 그르치유 머.

이건 미다지라 그래구 그건 머, 머라 그래요?

ㄱ 그냥 쌍바라지문. 이르캐 두: 개, 무니 두: 개자녀 사랑방애. 그려서 인저 이르 캐 요기서 물꼬리[130] 자버달려 열:구 닫:꾸 그라니깨 인저 그건

ᄀ 아 그걸 어떻게 다 지(껄어), 무엇인지를 생각이 나(겠어)? 그냥 뭐 주워 넣는 거 뭐. 국수판, 홍… 저기 누다락에 넣을 때는 거기 가 보니까 뭐, 국수판도 넣고, 홍두깨도 넣고, 뭐 그 상도 안 쓰는 상 넣고, 제사상도 넣어 놓고, 돗자리도 넣어 놓고 뭐. 저런 애들 책 배운 것도 갖다 쌓아 놓고 다 넣어 놔 좌우간 뭐고. 이런 허튼 살림살이 거기에 다 집어넣어 놔.

그 벽장에 벽장 말고 또 이렇게 옆에도 문 해 가지고 넣는 것 있었잖아요?

ᄀ 옆에는 없지. 벽장 있고 저기 누다락 있고 하고는 글쎄 골방이야 여기는. 여기 이제 우리 저기 저기 기둥 있는 데서 저 기둥 있는 데까지 이렇게 문을 해서 이렇게 해 놓고서는. 골방이야 거기에서 이제 사람도 (잠을) 자기도 하고. 또 거기에다 이제 광을 삼으면 쌀 단지 같은 거 거기에 양식 단지 넣어 놓고 이제 쌀 떠다가 해 먹기도 하고 그랬어요. 우리는 골방에다 그랬어. 광이 없고 집이 옹색하니까 이제 거기에다가, 식구는 아랫방에서만 자고 거기는 뭐 보리쌀 그릇, 쌀 그릇 이런 거 놓고, 떠다 해 먹고 이제 두태 그런 거, 광 삼아 썼어, 우리는 골방을 그냥. 누다락도 없고, 다락도 없고 우리 집은 조그마니까 그래서 그냥 그렇게 살았어.

집도요?

ᄀ 예.

이 문이 이렇게 지금 이런 문도 있고 저런 문도 있잖아요. 문 모양에 따라서 쓰는 방법에 따라서 이름이 다르지 않나요?

ᄀ 예, 이렇게 하나는 이제 이건 미닫이고 이건 미닫이문이라고 하고 미닫이라고 하지만 그전에는 이런 게 아니고 저 사랑방 문처럼 이렇게 열고 닫고 하는 거예요. 그러면 이제 두 개 달린 문은 쌍바라지문이라고 하고. 하나 달린 것은 외짝문이고 그렇지요 뭐.

이것은 미닫이라고 하고 그것은 뭐, 뭐라고 해요?

ᄀ 그냥 쌍바라지문. 이렇게 두 개, 문이 두 개잖아 사랑방에. 그래서 이제 이렇게 요기에서 문고리 잡아 당겨 열고 닫고 그러니까 이제 그건

쌍창무니라구[131] 하구.

  쌀창문?

  ⌐ 쌍:문,[132] 쌍:바라지문. 쌍:바라지무니라구도 하구 그냥 쌍:창무니라구
도 하구 그래써유. 그라구 인저: 하나는 그냥, 그냥 무니라구 하구. 이거
인재 이르캐 부:자찝떠런 이르캐 하면 인저 미다지무니라구 옌:나래 그르
카구. 인저 부:자찝떨 머 지:먼 인저 이런 무널 하구서두 또 저런 무널 배
까태다 또 다러써. 그라믄 인저 근 겸무니라구[133] 하구.

  대청마루는 뭘 그럼.

  ⌐ 대청마루? 지금 말하자면 우리덜 거기루 머라구 하지, 거실. 거실…
저거 하자너, 거기했… 널루깨 이르캐, 대청마루두 인저 그르캐 해찌유.
여기서 인저 이, 이, 이:짜개 인저 부어키 부어컬 저기럴 마루라구, 저 끄
털 인저 부어클 한단 마리여 옌:나래 집 찔 때 큰 집떠런 그람 그개 대청
마루. 이건 인저 마루구.

  벽: 저쪼개 인능 거요?

  ⌐ 아니:, 인저 부어:키 이 지금 이르캐 맨드러쓩깨 이르치.

  아: 부억 짜리얘:.

  ⌐ 부억: 짜리가 인저 거기 마루럴 로쿠 하면 그개 대청마루여. 그라구서
넌 인재 부어:큰 그 뒤:루 나가 이따구. 대청마루 끄티루 가서 이써 부어:키.

  그럼 방, 부억 이꾸 마루가 이꾸 방 이꾸 이래요?

  ⌐ 인저: 이르캐: 그건 숭내기가[134] 어려워. 이르캐 인저 이짜너: 이쓰면
시방 그 거:시리라능 개 그개 대청마룬대 그르캐:. 그르캐 이쓰면 인저 그
개 대:청마루구[135] 인저 그짜근 붜:키구 이건 인저 방이구 그르치. 인저
요:기 또 이르캐 요: 저태 인재 부어:키먼 이짜그루 인재 요러캐 마루가
이짜너? 그람 인저 저:짜그루 가서 또 그르캐 이써유. 저짜그루 가서 인
재 이르캐 크::개 인저 이르캐 널른 마루농 개 이쓰면 인저 그개 인재 대:
청마루구. 또 거 건너다가 방이 또 하나 이써. 그라믄 인저 그건 건너빵

쌍창문이라고 하고.

　쌍창문?

　￢ 쌍문, 쌍바라지문. 쌍바라지문이라고도 하고 그냥 쌍창문이라고도 하고 그랬어요. 그리고 이제 하나는 그냥, 그냥 문이라고 하고. 이거 이제 이렇게 부잣집은 이렇게 하면 이제 미닫이문이라고 옛날에 그렇게 하고. 이제 부잣집은 뭐 (집을) 지으면 이제 이런 문을 하고서도 또 저런 문을 바깥에다 또 달았어. 그러면 이제 그건 겹문이라고 하고.

　대청마루는 무엇을 그러면.

　￢ 대청마루? 지금 말하자면 우리들 거기를 뭐라고 하지, 거실. 거실… 저거 하잖아 거기했… 넓게 이렇게, 대청마루도 이제 그렇게 했지요. 여기서 이제 이, 이, 이쪽에 이제 부엌이 부엌을 저리를 마루라고, 저 끝을 이제 부엌을 한단 말이야 옛날에 집 지을 때 큰 집은, 그러면 그게 대청마루. 이건 이제 마루고.

　부엌 저쪽에 있는 거요?

　￢ 아니, 이제 부엌이 이 지금 이렇게 만들었으니까 이렇지.

　아 부엌 자리에.

　￢ 부엌 자리가 이제 거기에 마루를 놓고 하면 그게 대청마루야. 그리고서는 이제 부엌은 그 뒤로 나가 있다고. 대청마루 끝으로 가서 있어 부엌이.

　그럼 방, 부엌 있고 마루가 있고 방 있고 이래요?

　￢ 이제 이렇게, 그건 설명하기가 어려워. 이렇게 이제 있잖아 있으면 지금 그 거실이라는 게 그게 대청마루인데 그렇게. 그렇게 있으면 이제 그게 대청마루고 이제 그쪽은 부엌이고 이건 이제 방이고 그렇지. 이제 여기 또 이렇게 요 곁에 이제 부엌이면 이쪽으로 이제 이렇게 마루가 있잖아? 그러면 이제 저쪽으로 가서 또 그렇게 있어요. 저쪽으로 가서 이제 이렇게 크게 이제 이렇게 넓은 마루 놓은 게 있으면 이제 그게 이제 대청마루고. 또 거기 건너에 방이 또 하나 있어. 그러면 이제 그건 건넌방이

이고 대청마루 건:너가서 인재 또 방이 하나 이써. 그라믄 인저 근: 건:너방. 옌:나래넌 메누리, 부자찝떨 메누리 으드면 거: 아래빵애 안 주구 거 건너방애다가 인저 새색씨 방얼 차려주구 그라자너. 이짜그루 이르캐 대청마루가 인는 집뚜 이꾸 또 저짜그루두 그러캐 인는 집뚜 이꾸 그리유.

왜: 그쪼개다가 새색씨 방을 조써요?

￣ 으아. 그르캐 인저 여기 으:런더라구 줌 띠워 이짜너, 대청마루루 건너가서 이쓰먼. 건너빵은 언재구 새색씨 방얼 해 주능 겨. 인저 조용한대 해 주너라구 부자찝떠런.

언:재까지 그래요?

￣ 으?

언:재까지.

￣ 근: 몰:르지 언재꺼지 하넌지. 인저 그러캐 살:다가 인저 애기 나쿠 그러먼 워티기 사:나 몰:르지. 츠:매는 그러캐덜 해: 주더라구.

그 어떤 대는 보니까 마루가 노:프단한 대두 이떤대요, 놉:깨. 방 여패 마루가 이르캐 노:꾸 그 마루 미태 불 때는 대 해 논 대두 있대요.

￣ 아: 아: 그른 집뚜 이써유. 그른 집뚜 이써. 옌:나래 저 부땅꼬리라는 대가[136] 그런 집 이써써. 이르캐 인저어:: 방얼 해 노쿠서 인저 여 미태다 인저 부어:컬 하자너? 인저 불 때:넌 대만 쪼꼬마치 해 노쿠선 인저 거그따 이르캐 마루럴 노쿠서 인저 거 위(하향 이중모음 [uj])루 이르캐 다니구 그라는 지비 이써써유. 옌:나래넌 그런 지비 드무러찌. 위:짜다[137] 그런 지비 이써써. 그런 집떨두 대::개 큰: 지비여. 큰: 지비래야 그런 집 이써유. 이런 자:근 지븐 그렁 개 우꾸. 큰: 집떠런, 인저 대청마루두 이꾸: 한 집떠런 그르캐 인저 저: 건너빵애 불 때너라구 하던지 원 워트카느라구[138] 거그따 부어:캐 노쿠서 노푸개 해서 그 위(하향 이중모음 [uj])다 이르캐 마루럴 논: 집떠리 더러 이써써유.

그저내 부어캐 보면 부억뚜 무니 또 이짜너요?

￣ 예.

고. 대청마루 건너가서 이제 또 방이 하나 있어. 그러면 이제 그건 건넌방. 옛날에는 며느리, 부잣집들 며느리 얻으면 그 아랫방에 안 주고 그 건넌방에다가 이제 새색시 방을 차려주고 그러잖아. 이쪽으로 이렇게 대청마루가 있는 집도 있고 또 저쪽으로도 그렇게 있는 집도 있고 그래요.

왜 그쪽에다가 새색시 방을 줬어요?

⎯ 예. 그렇게 이제 여기 어른들하고 좀 떨어져 있잖아, 대청마루를 건너가서 있으면. 건넌방은 언제고 새색시 방을 해 주는 거야. 이제 조용한 데 해 주느라고 부잣집은.

언제까지 그래요?

⎯ 예?

언제까지.

⎯ 그건 모르지 언제까지 하는지. 이제 그렇게 살다가 이제 아기 낳고 그러면 어떻게 사나 모르지. 처음에는 그렇게들 해 주더라고.

그 어떤 데는 보니까 마루가 높다란 데도 있던데요, 높게. 방 옆에 마루가 이렇게 높고 그 마루 밑에 불 때는 데 해 놓은 데도 있던데요.

⎯ 아 아 그런 집도 있어요. 그런 집도 있어. 옛날에 저 불당골이라는 데 그런 집이 있었어. 이렇게 이제 방을 해 놓고서 이제 여기 밑에다 이제 부엌을 하잖아? 이제 불 때는 데만 조그맣게 해 놓고서 이제 거기에 이렇게 마루를 놓고서 이제 그 위로 이렇게 다니고 그러는 집이 있었어요. 옛날에는 그런 집이 드물었지. 어쩌다 그런 집이 있었어. 그런 집들도 대개 큰 집이야. 큰 집이라야 그런 집이 있어요. 이런 작은 집은 그런 게 없고. 큰 집들은, 이제 대청마루도 있고 한 집들은 그렇게 이제 저 건넌방에 불 때느라고 하는지 원 어떻게 하느라고 거기에다 부엌 해 놓고서 높게 해서 그 위에다 이렇게 마루를 놓은 집들이 더러 있었어요.

그전에 부엌에 보면 부엌도 문이 또 있잖아요?

⎯ 예.

나무루 해 놔찌요, 그거?

￣ 예. 근대 부엉:문: 이르캐 해 논 집떨두 별루 읍:써유. 그래두 좀 지비 잘 진: 지비래야 부어:캐 문두 해 다구 그라지. 그냥 이러:캐 드나드는 대 해 노쿠서넝 그냥 꺼적때기 이르키 내려노쿠서 사러찌 머. 좀 그려두 잘싼, 쪼끔 나:깨 진 지비래야 거기 부엉:문 요로:캐 해: 노치. 그냥 꺼정 무니지 머.

대문두 이짜나요?

￣ 그르치유. 인는 집떠른 대무니꾸 부어:캐두 이르캐 대:문 해 다꾸 이라지.

장구구 그렁능 거.

￣ 야, 그르캐 해유.

그건 머:라 그래요 이르미?

￣ 그거 부억: 때무내, 아이구 뭐:라구 하넌대 그개. 비짱이라구 핸나 머라구 핸나 그거 복: 때문: 문 장구라구 이러카먼 그르캐 핸넌대 몰르건내.

이르캐 아까 문 열구 단늠 문 이짜너요?

￣ 예.

그개 요로:캐 똥그랑 게 이꾸 이르캐 끼워서 매달자나요?

￣ 예.

이렁 게 이꾸 넙쩌캉 거가 이러:캐 가주구 이러캐 저펴다 펴따 하능 거뚜 이짜나요, 문 달: 때. 그건 머라 그래요?

￣ 아 이르캐 인저 지두리넌[139] 이러캐 구녁 뚤리구 너푸개 해서 하나 이르캐 바:꾸 이래서 문 열:때 인저 이러카구 이러카넝 건 지두리구. 그건 저 줌 늑깨 나와써. 그르케 항 건. 그거뚜 머 무내 저기럴, 우리 사랑방 무내 그 지:두리가 절딴나서[140] 지금 그거 사다 해쓸 끼여 아마. 이르캐 양: 쪼그루다가 이러캐 박꾸서 여기 이르캐 이르캐 다러짜너. 거 이르면 뭐:라구 하나 몰:르건내. 기냥 그렁 거…

나무로 해 놨지요, 그거?

⎺ 예. 그런데 부엌문 이렇게 해 놓은 집도 별로 없어요. 그래도 좀 집을 잘 지은 집이라야 부엌에 문도 해 달고 그러지. 그냥 이렇게 드나드는 데 해 놓고서는 그냥 거적때기 이렇게 내려놓고서 살았지 뭐. 좀 그래도 잘 사는, 조금 낫게 지은 집이라야 거기 부엌문 요렇게 해 놓지. 그냥 거적 문이지 뭐.

대문도 있잖아요?

⎺ 그렇지요. 있는 집들은 대문 있고 부엌에도 이렇게 대문 해 달고 이러지.

잠그고 그러는 거.

⎺ 예, 그렇게 해요.

그건 뭐라고 해요 이름을?

⎺ 그거 부엌 대문에, 아이고 뭐라고 하는데 그게. 문빗장이라고 했나 뭐라고 했나 그거 부엌 대문 문 잠그라고 이렇게 하면 그렇게 했는데 모르겠네.

이렇게 아까 문 열고 닫는 문 있잖아요.

⎺ 예.

그게 요렇게 동그란 게 있고 끼워서 매달잖아요?

⎺ 예.

이런 게 있고 넓적한 것이 이렇게 해 서 이렇게 접혔다가 폈다 하는 것도 있 잖아요, 문 달 때. 그것은 뭐라고 해요?

⎺ 아 이렇게 이제 돌쩌귀는 이렇게 구멍 뚫리고 높게 해서 하나 이렇게 박고 그래서 문 열 때 이제 이렇게 하고 이렇게 하는 것은 돌쩌귀고. 그 건 저 좀 늦게 나왔어. 그렇게 한 건. 그것도 뭐 문에 저기를, 우리 사랑 방 문에 그 돌쩌귀가 망가져서 지금 그거 사다가 했을 거야 아마. 이렇게 양쪽으로 이렇게 박고 여기 이렇게 이렇게 달았잖아. 그 이름은 뭐라고 하는지 모르겠네. 그냥 그런 거…

정:첩'?

- 으?

정첩, 경첩?

- 아니여. 뭐:라구 하나 몰:르거써유, 그거는.

정첩?

‐ 응?

경첩, 경첩?

‐ 아니야. 뭐라고 하는지 모르겠어요, 그건.

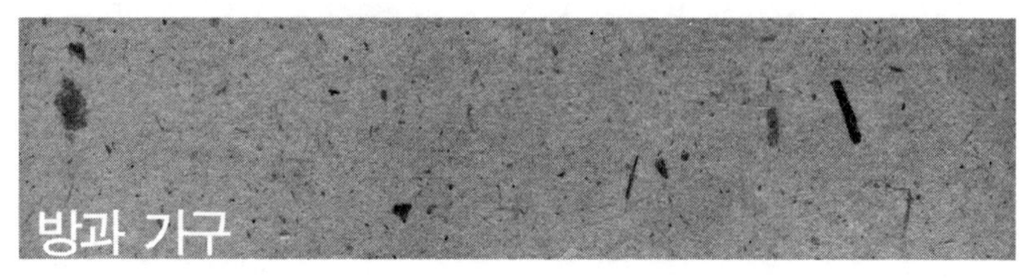

　그: 그렁 거를 저기 머여 이르캐 머 대나무루 싸리까지 가틍 걸루 이르캐 뚱
그러캐 맨드러 농 거.

　¯ 등… 저:기 모코리.[141] 도방구리?[142] 모코리?

뭘:루 만드러요, 그거? 어트개 생깅 거요?

　¯ 싸리까지루 이르캐 여꺼서 이르캐 뚱고라캐 해서 믿짝 이꾸 욷짝 뚜
껑 이꾸 이랑 거. 그개, 그개 모코릴 끼여 아마 이리미. 모코리.

　거기다 뭐 너요?

　¯ 거기는 인저 농이 작:꾸 그랄 꺼 거트먼 거그따는 이, 입썽[143] 거틍 거
뚜 너: 노쿠. 이르캐 인저 여기 또 실경[144] 매자너? 실경, 여기 인저 유:다
락 엄너이더런 실경 매: 가주구서 인저 고기다 실경애다 이르캐 언저 노치.
막때기루 이렁 걸루다가 이짝 구녁 뚝꾸 이짝 벽: 구녁 뚝꾸 이래서 두:
개럴 이르캐 언저 노쿠. 실경이여 그개. 그람 인저 고기따가 이르캐 그렁
거 모코리애다 머: 다머서 인저 언저 노쿠.

　도방구리는?

　¯ 도방구리는 요마낭 거. 도방구린 쪼망: 겨.

　그건 멀:루 어트캐 만드러서?

　¯ 도방구리는 인저 그거뚜 싸리까지루 맨드렁 거뚜 이꾸 인저, 대:개 싸
리까지루 도방구리두 맨들지 요르캐 쪼마:캐. 그래서 인저 그거뚜 또 이
르캐 뚜껑 인능 개 이써 또 그거뚜. 그거뚜 요로:캐 해서 뚜껑 우예 더퍼
서 새닥떨 이르캐 인재 시지봐따구 할라면 도방구리애다 채반 해서 보내

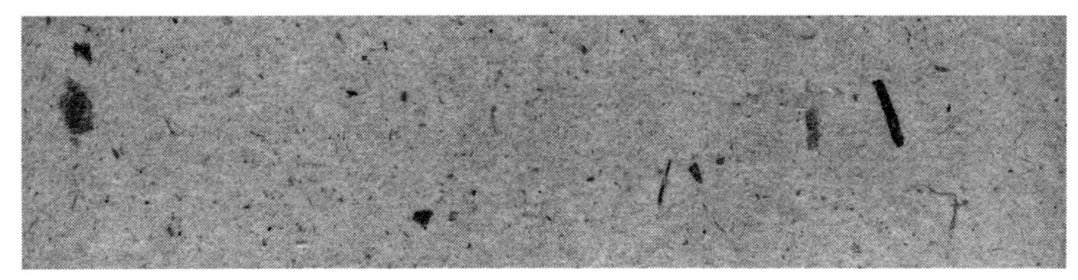

그, 그런 것을 저기 뭐야 이렇게 뭐 대나무로 싸릿가지 같은 것으로 이렇게 둥그렇게 만들어 놓은 것.

⎯ 둥… 저기 모코리. 도방구리? 모코리?

무엇으로 만들어요, 그거? 어떻게 생긴 거예요?

⎯ 싸릿가지로 이렇게 엮어서 이렇게 동그랗게 해서 밑짝 있고 위짝 뚜껑 있고 이런 것. 그게, 그게 모코리일 거야 아마 이름이. 모코리.

거기에다 뭐 넣어요?

⎯ 거기는 이제 농이 작고 그럴 것 같으면 거기에다가는 옷, 옷 같은 것도 넣어 놓고. 이렇게 이제 여기 또 시렁 매잖아? 시렁, 여기 이제 누다락 없는 이들은 시렁 매 가지고 이제 고기에다 시렁에다 이렇게 얹어 놓지. 막대기로 이런 걸로 이쪽 구멍 뚫고 이쪽 벽 구멍 뚫고 이래서 두 개를 이렇게 얹어 놓고. 시렁이야 그게. 그럼 이제 거기에다 이렇게 그런 거 모코리에다 뭐 담아서 이제 얹어 놓고.

도방구리는?

⎯ 도방구리는 요만한 것. 도방구리는 조그마한 거야.

그건 뭘로 어떻게 만들어서?

⎯ 도방구리는 이제 그것도 싸리 가지로 만든 것도 있고 이제, 대개 싸릿가지로 도방구리도 만들지 요렇게 조그맣게. 그래서 이제 그것도 또 이렇게 뚜껑 있는 게 있어 또 그것도. 그것도 요렇게 해서 뚜껑 위에 덮어서 새댁들이 이렇게 이제 시집 왔다고 할라치면 도방구리에다 채반[145] 해서

자너 떡 까틍 거 머. 그저낸 나이롱 그거 나기 저내는 그런대다 해서 다:
보내꺼든.

  그 도방구리애 또 머 너:요?

  ̄ 그냥 그렁…

  바늘 저 바느질…

  ̄ 음:, 바느질끄러슨[146] 또 따루 이찌. 도방구리루두 하구: 반지끄르시[147]
또 따루 이써. 반, 바느질 도방구리두,[148] 그런대다 바느질끄런뚜 해:두 되
(단모음 [외])구 반짇끄르시라구 또 따루 이써써 반지끄르시.

  거기는 머: 너요?

  ̄ 도방구리? 반지끄럭?[149] 반지끄르슨 인저 주로 가새,[150] 바눌:, 골미:, 실
꾸리:,[151] 홍:겁때기두[152] 그저내는 이르캐 아주 홍:겁 보팅이럴[153] 해 가주
시지벌 가써유, 옌:나래넌. 홍:겁 보팅이, 홍:겁, 홍:겁때기. 옌:나래넌 그걸
인저 요로:캐 요로캐서 네: 구팅이 해 가주구 여따 끄널 하나 다러. 그래가
주 인저 홍:거벌 요르캐 해: 노쿠서 광:목짜치[154] 인저 베짜치 홍거벌 해 싸
노쿠서 이르캐 싸: 가주구 마러서 그 보팅이가 시지깔 때 가주 가써, 따러
가써. 천날 이르캐 시지벌 오먼 인저 사밀 되(단모음 [외])자너? 사밀 되(단모
음 [외])먼 시어먼님더리 그 메누리 솜씨 볼라구, 나두 시지보니깨 버선뽀를
거르라구 내:노트라구. 난 예레서싸래 시지벌 완는대 아::무 거뚜 안 배워
가주 완넌대 버선뻐럴 거르라넌대[155] 버선뻐럴 세상애 위:따 거능 긴지 아
러? 아러야 걸:지. 그래선 노쿠서 인저 버서널 항 커리 인저 그 벌 거릉
걸 내: 노쿠서 봐:써. 보닝깨 인저 요기 요로:캐 홍거벌 대: 가주구 요로::
캐… 눈썰미 인넌 사라먼 장짠 배우구: 좀 우두난 사라먼 더디 배우구 그
리여. 보닝깨 그르캐 해서 인저 해 놔떠라구. 그래서 인저 그대:루 이르캐
서루 버선뻐를 거르써. 거러서 인저, 머 기구하지 머:. 그르캐서 그냥 하니깨
그냥 해: 노니깨 그냥 그대루 해: 놔따구, 시건 내:따구, 허허허허허허허.

  그 흥겁 보퉁이를 가꾸 와땀 마리지요? 그렁 거…

보내잖아, 떡 같은 거 뭐. 그전에는 나일론 그거 나기 전에는 그런 데다
해서 다 보냈거든.

그 도방구리에 또 뭐 넣어요?

⎯ 그냥 그런…

바늘, 저 바느질…

⎯ 응, 반짇고리는 또 따로 있지. 도방구리로도 하고 반짇고리가 또 따
로 있어. 반, 반짇고리도, 그런 데다 반짇고리도 해도 되고 반짇고리라고
또 따로 있었어 반짇고리가.

거기는 뭐 넣어요?

⎯ 도방구리? 반짇고리? 반짇고리는 이제 주로 가위, 바늘, 골무, 실꾸리,
헝겊도 그전에는 이렇게 아주 헝겊 보퉁이를 해 가지고 시집을 갔어요,
옛날에는. 헝겊 보퉁이, 헝겊, 헝겊때기. 옛날에는 그거 이제 요렇게 요렇
게 해서 네 귀퉁이 해 가지고 여기에다 끈을 하나 달아. 그래가지고 이제
헝겊을 요렇게 해 놓고서 광목 이제 베 헝겊을 해서 싸 놓고서 이렇게 싸
가지고 말아서 그 보퉁이가 시집갈 때 가지고 갔어, 따라갔어. 첫날 이렇
게 시집을 오면 이제 삼일 되잖아? 삼일 되면 시어머님들이 그 며느리 솜
씨 보려고, 나도 시집오니까 버선볼을 걸라고 내 놓더라고. 난 열여섯 살
에 시집을 왔는데 아무것도 안 배워 가지고 왔는데 버선볼을 걸라는데
버선볼을 세상에 어디에다 거는 건지 알아? 알아야 걸지. 그래서 놓고서
이제 버선을 한 켤레 이제 그 볼 건 것을 내 놓고서 봤어. 보니까 이제 요
기 요렇게 헝겊을 대 가지고 요렇게… 눈썰미 있는 사람은 잠깐 배우고
좀 우둔한 사람은 더디게 배우고 그래. 보니까 그렇게 해서 이제 해 놨더
라고. 그래서 이제 그대로 이렇게 해서 버선볼을 걸었어. 걸어서 이제, 뭐
기구하지 뭐. 그렇게 해서 그냥 하니까 그냥 해 놓으니까 그냥 그대로 해
놨다고, 식은 냈다고, 허허허허허허.

그 헝겊 보퉁이를 가지고 왔단 말이지요? 그런 것…

˚ 그렁거 해: 가주구 와유. 예, 그런 홍급[156] 가주 와야 하거던. 엔:나래
넌 다: 개 시지보믄 그르캐 버선뻘 거르라구 내놔 봐띠야 엔:나래런.

그 왜: 그래요?

˚ 인잰 메누리 솜씨 보너라구 그라내벼.[157] 몰:러유. 왜 그라는지는 몰:
라두 그링 거 거터 내 마:매. 솜씨 보너라구 인재 시어머니더리 우리 메
누리가 인저 바느지럴 배워 완나 안 배워 완나 보너라구 이거 쫌 해라:
하구 내 논넝 거 거터. 그 모타넌 사라먼 모탈 테구 인저 하넌 사라먼 하
구 그라자너.

￣그런 거 해 가지고 와요. 예 그런 헝겊 가지고 와야 하거든. 옛날에는 다 그 시집오면 그렇게 버선볼 걸라고 내놓아 봤대 옛날에는.

그 왜 그래요?

￣이제 며느리 솜씨 보느라고 그러는가 봐. 몰라요. 왜 그러는지는 몰라도 그런 것 같아 내 마음에. 솜씨 보느라고 이제 시어머니들이 우리 며느리가 이제 바느질을 배워 왔나 안 배워 왔나 보느라고 이것 좀 해라 하고 내 놓는 거 같아. 그 못 하는 사람은 못 할 테고 이제 하는 사람은 하고 그러잖아.

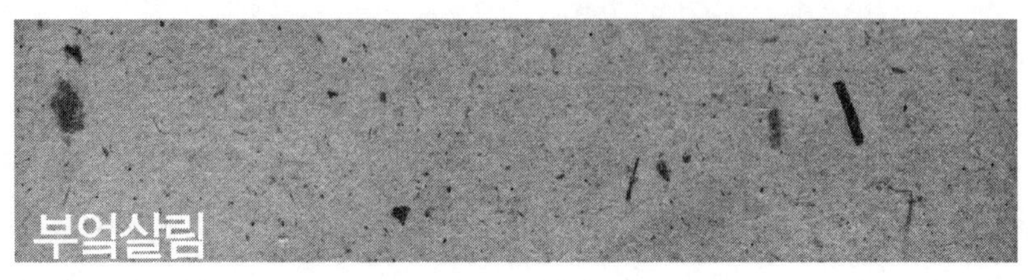

부억 이짜너요, 부억? 부억 아:내가 어티개 생겨써요, 그 아:네? 뭐: 노쿠 어디다 뭐 노쿠 어티개 생겨써요?

ⁿ 뷔걸…

지그믄 다 업써저 가주구.

ⁿ 뷔:키 인저 이개 부어:키라구 생가글 하구 저 우빵이 아루빵이라구 생가걸 하먼. 인저 부억 저르 아루빵 저태루다 요러:캐 부뚜마걸 하자너? 요러:캐 부뚜막. 그라먼 요 인저 고쿠라글[158] 햐. 요기따 인저 고쿠락… 세: 개럴 하먼 인저 고코락, 쿵 고코락, 자근 고코락, 쪼만 고코락 이러카구 불 때닝 거 하구, 이 뒤:애넌 인저 또 물뚜뭉얼[159] 무더유, 물뚜멍. 그르카구 인저 조짜그룬 요로캐 죽따멀[160] 싸 가주구서넌 고기따넌 인저 쬐끄마치래두 살:강이라던지 찬:짱이라던지 머 그럴 씨어 엉꾸 인저 반찬 느쿠 하닝 거 해야 하자너. 우리는 그르캐 사러써서, 그저네. 요기따가 인재 뷔:키 요짜긴대 요가 안빵이구 그런대 요기 뷔:킨대 요 저태다 바루 부뚜막캐서 인저 거그다 속 껄구. 또 요짜그루넌 인저 살강마냥 해 가주구선 인저 고따 그럴뚜 씨어 어꾸 인저 반찬 느넝 거 쪼꾸만 귀:(하향 이중모음 [uj])짜카나[161] 노쿠 반찬 느쿠. 요짜그루넌 인저 물려다 파내기[162] 거틍 거 내려 노쿠 인저 고거 물려다 분넌 단:지 이써. 그려써써유. 고 저태는 인저 요짜그루넌 나무까니구.

죽따미 머요?

ⁿ 죽땀? 죽따먼 인저 뷔:캐다가 요로캐 좀 노푸다나개 요로캐 싸:써. 뷕:

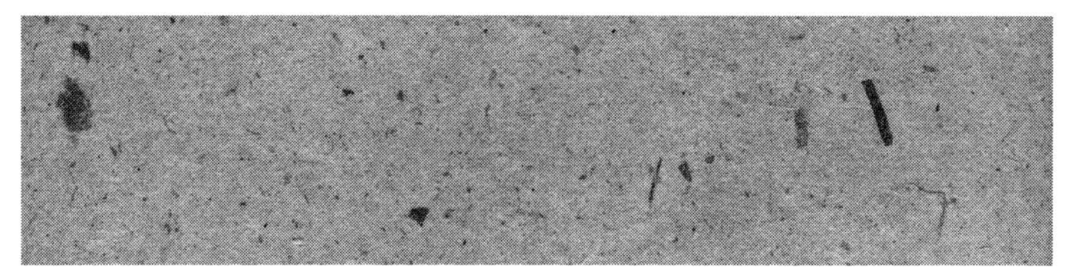

부엌 있잖아요, 부엌. 부엌 안이 어떻게 생겼어요, 그 안에? 뭐 놓고 어디에 다 뭐 놓고 어떻게 생겼어요?

￣ 부엌을…

지금은 다 없어져 가지고.

￣ 부엌이 이제 이게 부엌이라고 생각을 하고 저 윗방이 아랫방이라고 생각을 하면. 이제 부엌 저 아랫방 곁으로 요렇게 부뚜막을 하잖아? 요렇 게 부뚜막. 그러면 요기 이제 아궁이를 해. 요기에다 이제 아궁이… 세 개를 하면 이제 아궁이, 큰 아궁이, 작은 아궁이, 조그만 아궁이 이렇게 하고 불 때는 것하고, 이 뒤에는 이제 또 물독을 묻어요, 물독. 그렇게 하 고 이제 조쪽으로는 요렇게 죽담을 쌓아 가지고서는 거기에다 이제 조그 마하게라도 살강이라든지 찬장이라든지 뭐 그릇 씻어 엎고 이제 반찬 넣 고 하는 것을 해야 하잖아. 우리는 그렇게 살았었어, 그전에. 요기에다 이 제 부엌이 이쪽인데 여기가 안방이고 그런데 요기 부엌인데 요 곁에서 바로 부뚜막 해서 이제 거기에다 솥 걸고. 또 요쪽으로는 이제 살강처럼 해 가지고서는 이제 고기에다 그릇도 씻어 엎고 이제 반찬 넣는 거 또 조 그만 궤짝 하나 놓고 반찬 넣고. 요쪽으로는 이제 물 이어다 자배기같은 거 내려놓고 이제 고기는 물 이어다 붓는 단지 있어. 그랬었어요. 고 곁 에는 이제 이쪽으로는 나뭇간이고.

죽담이 뭐예요?

￣ 죽담? 죽담은 이제 부엌에다가 요렇게 좀 높다랗게 요렇게 쌓았어. 부

빠닥뽀다 쪼끔 너푸개 이르캐 싸 노쿠서 여기따가 인저 뭐 언저 논넝 거.
죽따미라구 그르캐써유 그거럴.

널쩌:카개 싸 노응 거요?

￣ 으, 예 싸: 노쿠선 인저 그개 죽따미라 구래써, 죽땀. 인저 솓꺼른 데
는 부뚜막: 여기넌 인저 죽땀 여기는 뷕: 빠닥:.

또 머 거기 솓:튼 어떤 소슬 거러요?

￣ 여기 젤: 아패 인저 큰: 솓 꺼릉 건 가마솓[163] 킁 거, 요 인저 가문태
솓, 조기는 인저 옹:솓,[164] 세: 개 거릉 거.

자긍 걸 옹소시라구.

￣ 예, 젤: 쪼꼬망 거 인저 옹:소시라구 하지.

킁 거는?

￣ 인저 가마소시라구 하구.

중간 꺼는?

￣ 큰 소시라구두 하구 가마소시라구두 하구. 가마소태다 밥패라 하구
큰 소태다 해라 이르캐두 하구.

그럼 젤: 저근대 하라 그러면.

￣ 옹:소태다 하지 머 옹:소태. 옹:소태다 히야 쪼고마니깨, 이러카구.

어떨 때 큰 데다 하구 어떨 때 자근 데다 해요?

￣ 으, 시꾸 마:늘 때, 일: 빠라지[165] 할 때. 일:할 때넌 인저 바벌 마:니,
버리싸럴 머 마:니 안처서 마:니 해야 하자녀. 그라잉깨 인저 큰 소태다
밥파구. 자근 소태는 인저 국 꺼틍 거 끄리구 인저 머: 또 다렁 거 머 찌
개 거팅 거 하구. 머 냄비가 이써, 옌:나래야 머 화:더기[166] 이써 뭐:가 이
써, 다: 소태다 이러캐 하고. 그리자느면 인저: 장작뿔 때:서 수뿔 다머
화:리뿌래다 장투가리[167] 거틍 거 이르캐 올려노쿠 끄려 먹꾸 이래찌.

그럼 화:덕뚜 나중애 나온 거요?

￣ 그러믄요:. 나 츠:매 시지봐서는 읍써써유, 화:덕뚜. 화덕뚜 한참 이따

억 바닥보다 조금 높게 이렇게 쌓아 놓고서 여기에다가 이제 뭐 얹어 놓는 거. 죽담이라고 그렇게 했어요, 그거를.

넓적하게 쌓아 놓은 거요?

￣ 예, 예. 응응 예, 쌓아 놓고서 이제 그게 죽담이라고 했어, 죽담. 이제 솥 건 데는 부뚜막 여기는 이제 죽담 여기는 부엌 바닥.

또 뭐 거기 솥은 어떤 솥을 걸어요?

￣ 여기 제일 앞에 이제 큰 솥 건 것은, 가마솥 큰 거, 요 이제 가운데 솥, 조기는 이제 옹솥, 세 개 건 것.

작은 걸 옹솥이라고

￣ 예, 제일 조그만 거 이제 옹솥이라고 하지.

큰 것은?

￣ 이제 가마솥이라고 하고.

중간 것은.

￣ 큰 솥이라고도 하고 가마솥이라고도 하고. 가마솥에다 밥해라 하고 큰 솥에다 해라 이렇게도 하고.

그럼 제일 작은 데 하라고 하면?

￣ 옹솥에다 하지 뭐, 옹솥에. 옹솥에다 해 조그마니까, 이렇게 하고.

어떨 때 큰 데에 하고, 어떨 때 작은 데 해요?

￣ 응, 식구 많을 때, 일 바라지 할 때. 일할 때는 이제 밥을 많이, 보리쌀을 뭐 많이 안쳐서 많이 해야 하잖아. 그러니까 이제 큰솥에다 밥 하고, 작은솥에는 이제 국 같은 거 끓이고 뭐 또 다른 거 뭐 찌개 같은 거 하고. 뭐 냄비가 있어, 옛날에야 뭐 화덕이 있어 뭐가 있어, 다 솥에다 이렇게 하고. 그러지 않으면 이제 장작불 때서 숯불 담아 화롯불에다 장뚝배기 같은 거 이렇게 올려놓고 끓여 먹고 이랬지.

그러면 화덕도 나중에 나온 거예요?

￣ 그럼요. 나 처음에 시집 와서는 없었어요, 화덕도. 화덕도 한참 있다가

나와찌유.

　　그거 어티개 생겨서요? 화덕.

　　⎺ 화:더기? 츠:매 나온 흑풍노여[168] 그게. 풍논대 요로:캐 생겨 가주구서
넌 인저 이 미태넌 인저 또 요만치 이르캐 생겨쓰먼 요로:캐 요고는 요로:
캐 버러지개 하구서는 쪼끔 조뽀타개 요로캐 되개 해 가주구선 요기따는
요르캐 구녀걸 쪼끔 뚤버써유. 그라구 이 미태루넌 또 요만:치 구녀걸 뚤
버 노쿠서넌 쇠루다가 인저 요로캐서 이르캐 드문드문 해서 똥고랑 걸
고기따 언저 노쿠서 고그따 부럴 다므면 부리 잘: 피더라구. 요기 인저
구녁기 이쓰니깨. 그람 인저 거기따가 풍노애다 인저 장:두 끄리구 뭐 인
저 쪼마크망 거 인저 투가리 올려노쿠 뭐 그렁 거뚜 하구 그라다 냄비 나
와 가주 인재 냄비에다가 인저 그르캐 해 먹꾸 그래찌. 그라다가 인저 세
규곤노[169] 나오구 그르캐찌.

　　그 불 암, 잘 암 피먼 머 돌려서 바람 부능 거뚜 이짜너요?

　　⎺ 예, 풍구.[170] 바람 피우넌 풍구. 팔랑, 풍구여 그개 쪼망: 거. 이르캐 해
서 끄냉이루 이르캐 얼거 가주구 이르캐 이르캐 돌리만 그개 인재 여기
바래미 나:서 저:리 드러가먼 인저. 옌:나래 산 생가카먼 지그미야 다: 부
잔대두 그려두 죽꺼따구 하자너.

　　부뚜막::뚜 이짜나요?

　　⎺ 예, 부뚜막.

　　어디를…

　　⎺ 그쌔: 여 소꺼른대. 솥꺼른대, 솥꺼른대 그 흐개 이르캐 해서 똥:그라
캐 솥껄개 이르캐 해 노쿠 요그 소던저짜너. 그라구 또 인저 요기 이르캐
싸:서 해 논대 요짜개다 또 이르캐 쪼만 솥 껄구 저짜개다 쪼만 솥 껄구
그라믄 그개 부뚜마기여.

　　그건 머얘 써요?

　　⎺ 어?

나왔지요.

그거 어떻게 생겼어요, 화덕?

⎯ 화덕이? 처음에 나온 흙풍로야 그게. 풍로인데 요렇게 생겨 가지고서
는 이제 이 밑에는 이제 또 요만큼 이렇게 생겼으면 요렇게 요거는 요렇
게 벌어지게 하고서는 조금 조붓하게 요렇게 되게 해 가지고서 요기에다
가는 요렇게 구멍을 조금 뚫었어요. 그리고 이 밑에는 또 요만큼 구멍을
뚫어 놓고서는 쇠로 이제 요렇게 해서 이렇게 드문드문 해서 동그란 것
을 거기에다 얹어 놓고 불을 담으면 불이 잘 피더라고. 여기 이제 구멍이
있으니까. 그럼 이제 거기에다 풍로에다 이제 장도 끓이고 뭐 이제 조그
마한 것 이제 뚝배기를 올려놓고 뭐 그런 것도 하고 그러다가 냄비 나와
가지고 이제 냄비에다가 이제 그렇게 해 먹고 그랬지. 그러다가 이제 석
유곤로 나오고 그렇게 했지.

그 불 안, 잘 안 피면 뭐 이렇게 돌려서 바람 부는 것도 있잖아요.

⎯ 예, 풀무. 바람 피우는 풀무. 팔랑, 풀무야 그게 조그마한 거. 이렇게
해서 끈으로 이렇게 얽어 가지고 이렇게 이렇게 돌리면 그게 이제 여기
바람이 나서 저리로 들어가면 이제. 옛날에 산 생각 하면 지금이야 다 부
잔데도 그래도 죽겠다고 하잖아.

부뚜막도 있잖아요.

⎯ 예, 부뚜막.

어디를…

⎯ 글쎄 여기 솥 건 데. 솥 건 데, 솥 건 데 그 흙에 이렇게 해서 동그랗
게 솥 걸게 이렇게 해 놓고 요기에 솥 얹었잖아. 그리고 또 이제 여기 이
렇게 쌓아서 해 놓은데 이쪽에다가 또 이렇게 조그만 솥 걸고 저쪽에다
가 조그만 솥 걸고 그러면 그게 부뚜막이야.

그것은 무엇에 써요?

⎯ 응?

어떨 때 써요?

ㅡ 부뚜마건 장: 인닝 거지. 워:떨 때 쓰능 기 아니라 소설 거른 대니깨. 소시 거기 걸린 대럴 거기럴 보구 부뚜마기라구 하능 겨. 솥 꺼른 대럴. 속 꺼를라면 이러:캐 인저 똥:고라캐 고코라걸[171] 맨드러야 하자너. 그라 먼 인저 가문태는 인저 요로:캐 다멀 싸:서 공가니 이짜너 요기넌. 그르카 구선 인저 또 요짜개다 똥:고라캐 해서 또 솥 껄구. 저짝뚜 그라닝깨 요 가문태넌 인저 공가니여 요:가. 그라면 부뚜마크기라구는 저기 돌따미라 넌대[172] 가 파오면 발르면 아주 보:얀 흐기 이써유. 저: 노내 가 파와두 흐 기, 흑 색까리 그르캐 보:야. 그라면 그거 파루 일부루 저 노내루 가. 남 자더리 가서 한 소고바리씩[173] 파다 노코서넌 그거 개: 가주구 부뚜마걸 발르면 보:야 부뚜매기. 부뚜막 흐기라구 따루 이써서. 그래서 그건 부뚜 망만 발르능 기여. 그 흐근 파다 애껴 가면서.

어티개 파와요, 어디다가?

ㅡ 소고바리 지구 가서 한 소고바리 파와유. 한 소고바리 파오면 두구서 부뚜망만 거 쪼꿈씩 캐서 발러, 마구 쓰닝 개 아니라. 나무 노내 가서 몰: 래 파오거던. 흑 파 가면 안 조아하자너 남더리? 그건 저: 먼대 저기 가야 이써 그 흐기 여기넌 우:꾸.

어디 가만 이써요?

ㅡ 저::기 저 지금 교유권 진대 그쪼걸 가야 햐.

불 땔 때는 또 멀:루 때요? 머 이르캐 이르캐 하능 거뚜 이꾸.

ㅡ 나무 사내가 해다 때지. 부주땡이.[174] 으, 부주땡이루 인재 이르캐 타 나오면 막때기 요마낭 거 빤빠낭 거[175] 이쓰면 다: 인저 거 꺼꺼 놔따 부 주땡이 하자너. 시어머이 읍씨는 사라두: 부주땡이 읍씨넌 모: 싼디야. 불 때는 대 그개 이씨야 하니깨. 그라서[176] 부주땡이 해 놔따가 인저 그걸루 거더 느매[177] 때구. 버리찝 땔라먼 그냥 재:가 이르캐 쌔이니깨 다: 그르개 투디려서 인저 재럴 이르캐 쪼끄마캐 야트개 해 노쿠서 대꾸 때자너.[178]

어떨 때 써요?

- 부뚜막은 늘 있는 것이지. 어떨 때 쓰는 게 아니라 솥을 건 데니까. 솥이 거기 걸린 데를 거기를 보고 부뚜막이라고 하는 거야. 솥 건 데를. 솥 걸려면 이렇게 이제 동그랗게 아궁이를 만들어야 하잖아. 그러면 이제 가운데는 이제 요렇게 담을 쌓아서 공간이 있잖아 요기는. 그렇게 하고서 이제 또 요쪽에다 동그랗게 해서 또 솥 걸고. 저쪽도 그러니까 이 가운데는 이제 빈 공간이야 요기가. 그러면 부뚜막 흙이라고는 저기 돌담이라는 데 가서 파오면(파와서) 바르면 아주 뽀얀 흙이 있어요. 저 논에 가서 파와도 흙이, 흙 색깔이 그렇게 뽀얘. 그러면 그거 파러 일부러 저 논으로 가. 남자들이 가서 한 발채씩 파다 놓고서는 그거 개어 가지고 부뚜막을 바르면 뽀얘 부뚜막이. 부뚜막 흙이라고 따로 있어서. 그래서 그건 부뚜막만 바르는 거야. 그 흙은 파다 아껴 가면서.

어떻게 파와요, 어디에다가?

- 발채 지고 가서 한 발채 파와요. 한 발채 파 오면 두고서 부뚜막만 그 조금씩 해서 발라, 마구 쓰는 게 아니라. 남의 논에 가서 몰래 파오거든. 흙을 파 가면 안 좋아하잖아 남들이? 그게 저기 먼 데, 저기 가야 있어 그 흙이 여기는 없고.

어디 가면 있어요?

- 저기 저 지금 교육원 지은 데 그쪽을 가야 해.

불 땔 때는 또 무엇으로 때요? 뭐 이렇게 이렇게 하는 것도 있고.

- 나무는 산에 가서 해다 때지. 부지깽이. 예, 부지깽이로 이제 이렇게 타 나오면 막대기 요만한 거 빳빳한 거 있으면 다 이제 그거 꺾어놨다가 부지깽이 하잖아. 시어머니 없이는 살아도 부지깽이 없이는 못 산대. 불 때는 데는 그게 있어야 하니까. 그래서 부지깽이 해 놨다가 이제 그걸로 걷어 넣으면서 때고. 보릿짚 때려면 그냥 재가 이렇게 쌓이니까 다 그렇게 두드려서 이제 재를 이렇게 조그맣게 얇게 해 놓고서 자꾸 때잖아.

버리찝 함 번 때서 바벌 하먼 재가 이르캐 쌔이자너.

　그 화:리얘 불 다물라만 어트개 해야 대요?

　¯ 화:리얘 불 담넝 거 인저 버리찝 뿌런 대:번 꺼지니깨 인재 머 쫄가리[179] 거틍 거 땔 때 인저 담:찌유. 여르매넌 버리찌벌 때니깨 여르매는 머 불 별루 저기 안 하니깨. 장 거틍 거 끄려 머거두[180] 옌:나래넌 끄려 먹뚜[181] 모태써. 소태 앙 끄리믄. 그냥 버리밥파넌 데 거기따가 인저 디려 노쿠 쪄서 머거찌 장:두.[182] 그르캐서 머거써유.

　그 쫄가리 때 가주구 화:리얘 불 다머야 될 꺼 아니요?

　¯ 그래야 인저 멀 끄려 먹찌. 겨우래넌 인저 그르카지:.

　멀루 다마요?

　¯ 인저 부삽뚜 이꾸 고물개두 이꾸. 부사비나 머 이써 옌:나래넌 그냥 머 파내기[183] 깨징 거 그렁 거 가따가 인저 부등가리라구[184] 해:서 인저 이르캐 끌거서 당:꾸 이래찌. 옌:나래 부사비 어디써써.

　부등가리하구 부사파구 다릉 거요?

　¯ 부등가리. 부사번 인저 지금 나와쓰니깨 그개 부사비지유. 그르치만 옌:나래넌 머 그냥 양철 쪼가리나 머: 파내기 깨진 사기 쪽 그거 옹기 쪼가리 가따 이르캐 끌거서 인저 고물개루 막때기루 고물개[185] 해가주구 끌거 다머서 인저 화:리얘 쏘꾸 쏘꾸 그라지. 그개 부등가리여.

　그럼 부사븐 더 나:중애 나온 거네요.

　¯ 그르믄요::. 한:참 이따 나와찌. 부사비 어디서 이써.

　그 옹:기 가틍 거는.

　¯ 옌:나래두 이써써유 옹기넌. 옌:나럴, 옌:날부틈 이썬내벼[186] 그건 뭐:. 옌:나래 선조 때부틈 인저 옹:기그런 머 질그런 머 그렁 거 이써쓰닝깨 옌:날부틈 이써찌 머 사기그럭 그렁 건.

보릿짚 한 번 때서 밥을 하면 재가 이렇게 쌓이잖아.

그 화로에 불 담으려면 어떻게 해야 돼요?

˜ 화로에 불 담는 거 이제 보릿짚 불은 대번 꺼지니까 이제 뭐 줄기나무 같은 거 땔 때 이제 담지요. 여름에는 보릿짚을 때니까 여름에는 뭐 불이 별로 저기 안 하니까. 장 같은 거 끓여 먹어도 옛날에는 끓여 먹지도 못 했어. 솥에 안 끓이면. 그냥 보리밥 하는 데 거기에다가 이제 들여 놓고 쪄서 먹었지 장도. 그렇게 해서 먹었어요.

그 쫄가리 때서 화로에 불 담아야 될 것 아니에요?

˜ 그래야 이제 뭘 끓여 먹지. 겨울에는 이제 그렇게 하지.

무엇으로 담아요?

˜ 이제 부삽도 있고 고무래도 있고. 부삽이나 뭐 있어 옛날에는, 그냥 뭐 자배기 깨진 거 그런 거 갖다가 이제 부등가리라고 해서 이제 이렇게 긁어서 담고 이랬지. 옛날에 부삽이 어디 있었어.

부등가리하고 부삽하고 다른 거예요?

˜ 부등가리. 부삽은 이제 지금 나와 있으니까 그게 부삽이지요. 그렇지만 옛날에는 뭐 그냥 양철 쪼가리나 뭐 자배기 깨진 사기 쪼가리, 그거 옹기 쪼가리 갖다 이렇게 긁어서 이제 고무래로, 막대기로 고무래 해 가지고 긁어 담아서 이제 화로에 쏟고 쏟고 그러지. 그게 부등가리야.

그럼 부삽은 더 나중에 나온 거네요.

˜ 그럼요. 한참 있다 나왔지. 부삽이 어디에 있어.

그 옹기 같은 것은.

˜ 옛날에도 있었어요 옹기는. 옛날에들, 옛날부터 있었나봐 그건 뭐. 옛날에 선조때부터 이제 옹기그릇 뭐 질그릇 뭐 그런 거 있었으니까 옛날부터 있었지 뭐 사기그릇 그런 건.

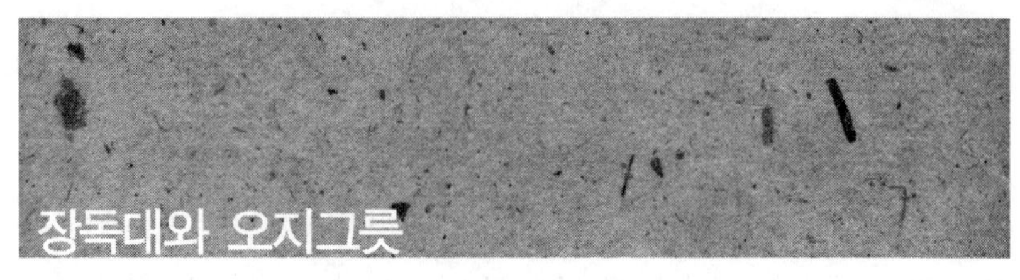

그렁 거는 어떤 종뉴가 이써요? 거 어따 나도요? 그렁 거 여러 개 있자너요?

￣ 저르캐 장:꽝애[187] 어퍼 노코:, 장:꽝애.

장:꽝애 인능 거 자세히 줌 설명 줌 해보셔요.

￣ 장꽝애 머 이써. 도긷꾸: 너리기[188] 너리기 깨전나 인나. 너리기 이꾸 머 통개[189] 쪼망 건 통개 이꾸 머 쪼망 거 또 부단지[190] 이꾸 머. 파내기두[191] 에펴꾸[192] 머 장:똑 저:기 인저 장:뚜껑 장:뚝쏘래기라구 하구. 그르카능 거여. 저 젤: 킁 건 큰 독:.

킁: 거는 독:

￣ 쪼망, 이망크망 건 내가 다 파러머거써, 먀:너썬넌대. 저 킁: 거 하나만 낭궈 노쿠서. 그건 나 주그먼 애:더리 가따 깨내 비리느라구 욕뽀자너? 깨내 비리지 머해 저거.

킁: 거는 도기구요.

￣ 응 쪼끄망 건 통개.

그래이깐 사람 이만:큼 가슴까지 오구 이르캐 킁: 거, 그걸 도기라구 해요?

￣ 응, 큰 독:.

그러구 또 요마:낭 거.

￣ 요렁 거뚜 인재 쌔끼 도기여 쌔끼 독. 그러카구선 또 요망크망 건 저기 쪼마크망 건 인닝 건 통개.

그: 노피는 얼망큼 대요?

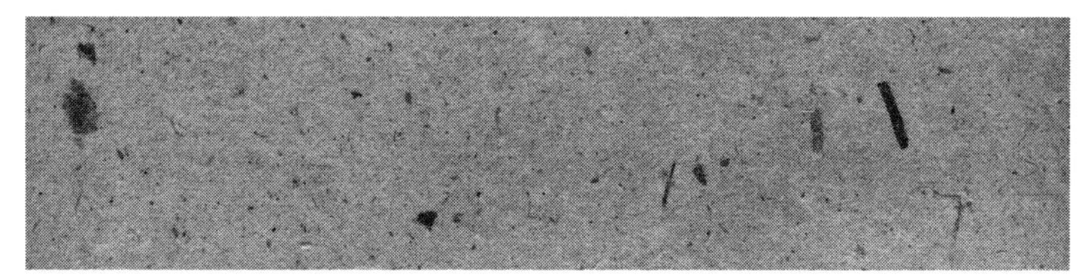

그런 것은 어떤 종류가 있어요? 그것을 어디에다 놔둬요? 그런 것 여러 개 있잖아요.

－ 저렇게 장독대에 엎어 놓고, 장독대에.

장독대에 있는 것 자세히 좀 설명 좀 해주세요.

－ 장독대에 뭐가 있어. 독이 있고 자배기 자배기가 깨졌나 있나. 자배기 있고 뭐 통개 조그마한 거 통개 있고 뭐 조그마한 거 또 부단지 있고 뭐. 자배기도 엎혀 있고 뭐 장독 저기 이제 장독 뚜껑 장독소래기라고 하고. 그렇게 하는 거야. 저 제일 큰 건 큰 독.

큰 것은 독.

－ 조그마한, 이만큼한 건 내가 다 팔아먹었어, 많았었는데. 저 큰 거 하나만 남겨 놓고서. 그거 나 죽으면 애들이 갖다 깨내 버리느라고 힘들잖아. 깨내 버리지 뭐해 저것.

큰 것은 독이고요.

－ 응, 조그마한 건 통개.

그러니까 사람 이만큼 가슴까지 오고 이렇게 큰 것, 그것을 독이라고 해요?

－ 응, 큰 독.

그리고 또 요만한 거.

－ 요런 것도 이제 새끼 독이야 새끼 독. 그리고 또 요만큼한 것은 저기 조그마한 건 있는 것은 통개.

그 높이는 얼만큼 되요?

　‾ 요망큼 하구 그냥 그렁 건 통개라구.

　허리 정도 오는 거?

　‾ 어, 그릉 건 통개라구 하구. 또 조기 인저 더 자궁 거 이짜너 요망크
망 거? 고렁 건 부단지라구 하구.

　부단지.

　‾ 어, 또 파내기, 요마낭 건 파내기.

　그거는 파내기는 추미 높아요?

　‾ 어, 야트지유. 조기 에퍼짜너 하나. 조기 파내기 에퍼써.

　아, 이 저기 아구리는뇨?

　‾ 아구리두 또까터 파내기는 아래위(하향 이중모음 [uj])가.

　널비가?

　‾ 으. 요기애 접:때[193] 나웅 거 그 동이, 옹:가지[194] 그렁 건 틀리자너 쪼
꿈. 옹가지는 요로케 오마카구.

　위애가?

　‾ 으응, 동이는[195] 또 요러캐 짤쪼카자너. 요러캐 쪼버:탕 개 요마:낭 개
짤쪼캉 개 그개 동이. 옹가지넌 요로:캐 가문태넌 배가 나오구서 요로:캐
아래위(이중모음 [uj])루 요로캐 오목캉 건 옹가지, 물리구 댕기넝 거. 파내
기넌 아래위(단모음 [위])가 또까터유.

　동이는 그럼 어디다 써요?

　‾ 동이두 물리능 기유.

　옹가지두?

　‾ 어, 옹가지두 물리넝 거, 동이두 물려 오넝 거여. 동이루 이구 어 아
넙찔러, 업찔러 지지 말라구 동이나 옹가지나 가주구 댕기매 여댕, 여 날
러찌.

　그럼 머, 여 날를 때는 머리 아프자너요?

　‾ 또바리에, 또바리에 이:구서. 아이고 가차운[196] 데서나 여 머거? 여기

˺ 요만큼 하고 그냥 그런 건 통개라고.

허리 정도 오는 거?

˺ 응, 그런 건 통개라고 하고. 또 저기 이제 더 작은 거 있잖아 요만큼 한 것? 그런 것은 부단지라고 하고.

부단지.

˺ 응, 또 자배기, 요만한 건 자배기.

그것은 파내기는 춤이 높아요?

˺ 응, 얕지요. 저기 엎혀 있잖아 하나. 조기 자배기 엎혔어.

아, 이 저기 아구리는요?

˺ 아가리도 똑같아 자배기는 아래 위가.

넓이가?

˺ 응. 요기에 접때 나온 거 그 동이, 옹가지 그런 건 다르잖아 조금. 옹가지는 요렇게 오목하고.

위에가?

˺ 응, 동이는 또 요렇게 짤막하잖아. 요렇게 조붓한 것이 요만한 것이 짤막한 것이 그게 동이. 옹가지는 요렇게 가운데는 배가 나와서 요렇게 아래위로 요렇게 오목한 것은 옹가지, 물 이고 다니는 거. 파내기는 아래 위가 똑같아요.

동이는 그럼 어디다 써요?

˺ 동이도 물 이는 거예요.

옹가지도?

˺ 응, 옹가지도 물 이는 거, 동이도 물 이어 오는 거야. 동이로 이고 안 엎질러, 엎지르지 말라고 동이나 옹가지나 가지고 다니며 이어 다니, 이어 날랐지.

그럼 뭐, 이어 나를 때는 머리가 아프잖아요?

˺ 똬리, 똬리에 이고서. 아이고 가까운 데서나 이어다 먹어? 여기서 저

서 저 황칭이[197] 가 여 오구. 그르자느면 저:짜개 도람말[198] 가서 또랑애 가
여 오구. 여기넌 아주 물찌리[199] 젤: 머른대 요기 사러써요, 우리가. 저: 도
람말 또랑 가 여 오구, 저 황칭이 새:매가 여 오구. 그르자느문 냉:수 머걸
라면 저: 부땅꼴[200] 꼭때기 가서 바가치샤:매[201] 가서 인저 그거 함 번 퍼
가주 올라면 머 한:창[202] 가따 와야 되구.

　그래서 어따가 나:요?

　￣ 인저 물뚜멍애다[203] 부:꾸, 그르지 아느문 인저 냉:수 머글 껀 한: 옹가
지 여:다가 그냥 노쿠서 근 냉:수로만 떠 먹꾸, 여르매.

　물두멍은 커요?

　￣ 아 큰 걸뚜 무든 집뚜 이꾸 인저 자근 거 무든 집뚜 이꾸 그리유. 이
마낭 거 무더 노쿠 물 서너 파내기 드러가넝 거 무든 집뚜 이꾸 또 한 대:
파내기 머 이러캐 드러가넝 거 무든 집뚜 이꾸. 헹편대루 인저 무더 노쿠
쓰넝 기여.

　그럼 물 매:일 여 와야 대갠내요?

　￣ 그러문유:, 매일 여 와야지. 매일 한두 번 여 와 가주구 디야? 맵뻔 여
와야지. 여러 사람 시루, 식꾸덜 시:수[204] 해야지 그걸루 머거야지. 또 소
매기면 구정물[205] 해야지. 머 메뻐늘 여 와야 하구 자:간[206] 마람 멀 히야.
물려다가 그거 버리쌀 안처 밥패머걸라면 해:전[207] 이르캐 서써야 되지.
게다가 또 도고지럴[208] 해 봐. 그거 머 마:랄 쑤 웁써. 말:루 다 어티캐 햐.
상: 거 말루 다 모태요. 나능 그려두 고생 드:라구 상: 개 그른대 머 옌:나
래 더한 이더리야 말:할 개 이꺼써.

　시어머니가 저, 시집싸리 덜: 시키먼 고생 드:라지요 머.

　￣ 그럼요: 허허 그래.

　이 동내두 시집싸리 마:니 한 사람두 이써요?

　￣ 옌:나래더런 다: 시집싸리 해따구 하지 머. 아내따구 하넌 사람 움써:.
다: 시집싸리하구 사러따구 하지. 옌:나래넌: 달래[209] 시집싸리 항 개 아니

황청에 가서 여 오고. 그렇지 않으면 저 앞쪽에 도람말에 가서 도랑에 가
서 여 오고. 여기는 아주 물길이 제일 먼 데 요기에 살았어요, 우리가. 저
도람말 도랑에 가서 이어 오고, 저 황청 샘에 가서 이어 오고. 그렇지 않
으면 냉수 먹으려면 저 불당골 꼭대기 가서 바가지샘에 가서 이제 그거
한 번 퍼 가지고 오려면 뭐 한참 갔다가 와야 돼.

그래서 어디에다가 놓아요?

ˉ 이제 물독에다 붓고, 그렇지 않으면 이제 냉수 먹을 건 한 옹가지 여
다가 그냥 놓고서 그건 냉수로만 떠 먹고, 여름에.

물독은 커요?

ˉ 아 큰것도 묻은 집도 있고 이제 작은 거 묻은 집도 있고 그래요. 이만
한 거 묻어 놓고 물 서너 파내기 들어가는 거 묻은 집도 있고, 또 한 댓
파내기 뭐 이렇게 들어가는 거 묻은 집도 있고. 형편대로 이제 묻어 놓고
쓰는 거야.

그럼 물 매일 이어 와야 되겠네요?

ˉ 그럼은요, 매일 이어 와야지. 매일 한두 번 이어 와 가지고 돼? 몇 번
이어 와야지. 여러 사람 세수, 식구들 세수 해야지 그것으로 먹어야지. 또
소 기르면 구정물 해야지. 뭐 몇 번을 이어 와야 하고 좌우간 말하면 뭘
해. 물 이어다가 그거 보리쌀 안쳐 밥 해 먹으려면 하루 종일 이렇게 섰
어야 되지. 게다가 또 절구질을 해 봐. 그거 뭐 말할 수 없어. 말로 다 어
떻게 해. 살아온 것 말로 다 못 해요. 나는 그래도 고생 덜 하고 산 게 그
런데 뭐 옛날에 더한 이들이야 말할 게 있겠어.

시어머니가 저기, 시집살이 덜 시키면 고생 덜 하지요 뭐.

ˉ 그럼요, 하하 그래.

이 동네도 시집살이 많이 한 사람도 있어요?

ˉ 옛날에는 다 시집살이 했다고 하지 뭐. 안 했다고 하는 사람 없어. 다
시집살이하고 살았다고 하지. 옛날에는 달리 시집살이 한 게 아니야. 어

여. 어려서 시지벌 가니깨 지비서 이:럴 몹: 빼워 가주 가자너. 그라니깨 그거 갈칠라니깨[210] 으:런더리 속쌍하니깨 걱쩡하구[211] 갈칠라구 이러카능 개 그개 시집싸리지 머 다릉 개 시집싸리여? 그럼 나는 일: 거틍 거 배우 넝 건 별루 시집싸리 안 혀써. 베 짜넝 거뚜 그냥 재번[212] 배워 가주구서 대번 내가 짜구. 그라구 빨리 배우넌 사라먼 줌 들: 하구우:. 줌 두:내서 더디 배우넌 사람더런 좀 더 시집싸리하구 그래찌 머.

려서 시집을 가니까 집에서 일을 못 배워 가지고 가잖아. 그러니까 그거 가르치려니까 어른들이 속상하니까 야단치고 가르치려고 이렇게 하는 게 그게 시집살이지 뭐 다른 게 시집살이야? 그래도 나는 일 같은 거 배운 건 별로 시집살이 안 했어. 베 짜는 것도 그냥 대번 배워 가지고서 대번에 내가 짜고. 그래 빨리 배우는 사람은 좀 덜하고. 좀 둔해서 더디게 배우는 사람들은 좀 더 시집살이 하고 그랬지 뭐.

지비 그래서 부억뚜 이꾸 암빵 이꾸 저 골:방 이꾸.

￣ 우빵 이꾸.

우빵 이꾸 또 저:쪼개.

￣ 그건 나 시지봐서 한참 이따 지어써, 저건 사랑방언.

사랑방은 주로 어떠, 어떨 때 써요?

￣ 인저 사랑방언 인저 그개 남자더리 거처한다구 해서 사랑방이라구 하능 기여. 인재 우리 아번니미 안빵에서 주무시다가 인저 사랑애 나가서 주무시자너. 그라구 인저 남자 손님덜 이르캐 오시면 인저 거기.

지블 진:는대 지붕::애 이:능 거애 따라서 이르미 다르지요?

￣ 그리치유. 기아짱이루[213] 해 이면 기아지벙. 지부루[214] 해먼 그냥 초가집:. 또 인재 양철루 해 이면 양철지벙. 또 돌:기와루[215] 해 이면 여 돌:기와집. 지벙애[216] 따라서 그 집 이리미 분넝 기여.

저렁 걸루 항 건요?

￣ 뭐? 스래또 집 스래또 지벙이니깨. 저건 인재 시채루[217] 나와짜너, 스래또가 저거.

그럼 젤:일 먼저 이써뜽 기 어떵 겅가요?

￣ 초가집.

초가집.

￣ 예. 그 다:매[218] 인저 기아루 또 해 여써유, 기아루. 그랜는대 또 그거 납뿌구 머 스래또가 조타구 또 그래서 기아럴 제: 베껴 내구서 또 저 스

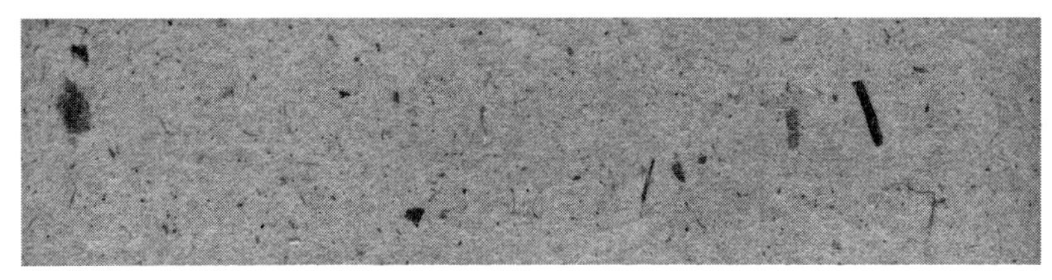

집이 그래서 부엌이 있고 안방이 있고 저 골방이 있고.

￣ 윗방 있고.

윗방 있고 또 저쪽에.

￣ 그건 나 시집 와서 한참 있다 지었어, 저것은 사랑방은.

사랑방은 주로 어떠, 어떨 때 써요?

￣ 이제 사랑방은 이제 그게 남자들이 거처한다고 해서 사랑방이라고 하는 거야. 이제 우리 아버님이 안방에서 주무시다가 이제 사랑에 나가서 주무시잖아. 그리고 이제 남자손님들 이렇게 오시면 이제 거기.

집을 짓는데 지붕에 이는 것에 따라서 이름이 다르지요?

￣ 그렇지요. 기왓장으로 해 이면 기와지붕. 짚으로 하면 그냥 초가집. 또 이제 양철로 해 이면 양철지붕. 또 돌기와로 해 이면 돌기와집. 지붕에 따라서 그 집 이름이 붙는 거야.

저런 것으로 한 것은요?

￣ 뭐? 슬레이트 집 슬레이트 지붕이니까. 저건 이제 근래에 나왔잖아, 슬레이트가 저게.

그러면 제일 먼저 있었던 게 어떤 거예요?

￣ 초가집.

초가집.

￣ 예. 그 다음에 이제 기와로 해 이었어요, 기와로. 그랬는데 또 그게 나쁘고 뭐 슬레이트가 좋다고 또 그래서 기와를 모두 벗겨 내고서 또 저 슬

레또 또 여 아내두 해 여써써. 그랜는대 인재 또 스래또 해 연넌대 그거 나뿌다구 이 양처리 와서 해 이라구 구래서 저거 해 잉 겨 양철, 여기넌 아내넌.

집뚜 보먼요.

￣ 예

아까 인재 다 대개 얘기를 핸는대 바까태두 이러:캐 또 우리지비라구 처, 처 노쿠 그래짜나요?

￣ 어. 바깐마당.

마당 바까태.

￣ 어어, 고기럴 바깐마당이라구.

마당 가:얘다가 이르캐 저 사내서 나무…

￣ 어, 울따리.

그건 어트개 하능 거요?

￣ 그거넌 인저 조 가생이[219] 조기 조기 조 우리 화단 한대 조 저태. 그저 내는 우리두 거기 울따리 해써써유. 저 밤:나무 서비나[220] 인저 이렁 거 인 저 처다가 말뚜걸 박꾸서넌 인저 거그다 총총이 이르캐 꼬바.[221] 족: 나가 매 이르캐 꼭꾸서는 인저 양쪼개다 인재 아내하구 인저 배까태 하구 가: 노란 지::드란 호초래기루다[222] 이르캐 띠방얼[223] 대유. 띠방얼 대구 인저 가끔 이르캐 양쪼걸 인재 얼거서 무꺼 둬. 그거 이르캐 너머지지 말라구. 그개 울따리여, 그러캐 해논능 기. 그르지 아느먼 인저 돌:루다 이르캐 다:멀 싸턴지:, 자기내 집 경개서널 해 가주…

문두 해 놔야지요, 문.

￣ 응, 문?

울타리.

￣ 어 울따리넌 무니 움:꾸 인재 여기 삽짱문[224] 아니면 대:무니루 저러캐 하고 그라지유.

레이트도 또 이 안에도 해 이었었어. 그랬는데 이제 또 슬레이트 해 이었는데 그게 나쁘다고 이 양철이 와서 해 이라고 그래서 저거 해 이은 거야 양철, 여기는 안에는.

집도 보면요

￢ 예.

아까 이제 대개 이야기를 했는데 바깥에도 이렇게 또 우리집이라고 쳐, 쳐 놓고 그랬잖아요.

￢ 예. 바깥마당.

마당 바깥에.

￢ 응 응, 거기를 바깥마당이라고.

마당 가에다 이렇게 저 산에서 나무…

￢ 응, 울타리.

그것은 어떻게 하는 거예요?

￢ 그거는 이제 조기 가에 조기 저기 조 우리 화단 한 데 조기 곁에. 그 전에는 우리도 거기 울타리 했었어요. 저 밤나무 섶이나 이제 이런 거 이 제 쳐다가 말뚝을 박고서 이제 거기에다 총총하게 이렇게 꽂아. 죽 나가 며 이렇게 꽂고는 이제 양쪽에다 이제 안에 하고 이제 바깥에 하고 가느 란 기다란 회초리로 이렇게 떳장을 대요. 띠방을 대고 이제 가끔 이렇게 양쪽을 이제 얽어서 묶어 둬. 그거 이렇게 넘어지지 말라고. 그게 울타리 야, 그렇게 해놓는 게. 그렇지 않으면 이제 돌로 이렇게 담을 쌓든지, 자 기네 집 경계선을 해 가지고…

문도 해 놓아야지요, 문.

￢ 응, 문?

울타리

￢ 응 울타리는 문이 없고 이제 여기 삽짝 아니면 대문으로 저렇게 하고 그러지요.

삽짱무는 어트개 생겨써요?

 ⁻ 삽짱문두 막때기루 그르캐 해써. 싸리까지나 머 막때기나 벼:다가 이르캐 해서루 이러캐 트럴 짜 가주구서, 이르캐 네모지개 트럴 짜유. 짜 가주구서 인저 거기따가 가문태다 또 띠방얼 대:구서는 막때기럴 가따 인재 이르캐 나무까지럴 처다가 양쪼개다 대구서 이르캐 쫌먀:.²²⁵⁾ 쫌매 가주구 끄느루 인저 [**]가주구 이러키 여다더 싸림무니라구. 그라구 인저 대:문 하넌 사라면 우리 저 대:문마냥 저러캐 인저 해 노쿠.

  그러구 집 이쪽 뒤:로 가면 뒤애는 어트개 생겨써요? 아패는 마루가 이쓸 꺼 아니요?

 ⁻ 어.

  저:기 하구. 뜨럭? 뜨러기라 그래요?

 ⁻ 어 뜨럭,²²⁶⁾ 뜨럭. 뜨럭뚜 이꾸 마루두 이꾸.

  그 심발 버서 노쿠 옌나래 돌 이르캐…

 ⁻ 요:지똘,²²⁷⁾ 요:지똘. 돌 롱건 건 요:지또리라구 하구. 거기따 인저 심발 버서 노쿠 마루로 올라서서 인저 방으루 드러오넝 거지.

  마루 엄는 지븐 바:루 들어오는…

 ⁻ 그냥 인저 뜨러개서 올러오지 머 뜨러개서. 뜨러개서 인저 또 뜨러개서 방이 너푸면 고기두 또 요:지또럴 놔:. 마당애서 올러오는 대두 뜨러골러올 째 너푸면 요:지또럴 노코:. 뜨러개서 또 방애 드러가넌 대 너푸면 또 고기두 반질반지란 도:럴 가따 요:지또럴 놔:야 햐. 그래서 인저 그거 바:꾸 방으루 드러가구.

  뜨렁 말:구 봉당이래능 거뚜 이써요?

 ⁻ 봉당? 봉당은 그건 여긴마리 아닌대 붜:컬²²⁸⁾ 가주구 봉당이라구 하대유.²²⁹⁾ 저 아랜녁 싸라미 그라덩가 워디 싸라미 그라덩가 강안도 싸라미 그라덩가. 봉당언 붜:컬 보구 봉당이라구 하더라구. 뜨러걸 보구 그라능 개 아니라.

삽짝문은 어떻게 생겼어요?

▔ 삽짝도 막대기로 그렇게 했어. 싸리가지나 뭐 막대기나 베어다가 이렇게 해서 이렇게 틀을 짜 가지고서, 이렇게 네모나게 틀을 짜요. 짜 가지고서 이제 거기에다가 가운데다 또 띠방을 대고 막대기를 갖다 이제 이렇게 나뭇가지를 쳐다가 양쪽에다 대고 이렇게 동여매. 동여매어 가지고 끈으로 이제 [**] 가지고 이렇게 여닫아 사립문이라고. 그리고 이제대문 하는 사람은 우리 저 대문처럼 저렇게 이제 해 놓고.

그리고 집 이쪽 뒤로 가면 뒤에는 어떻게 생겼어요? 앞에는 마루가 있을 거 아니에요?

▔ 응.

저기 하고. 뜨럭? 뜨럭이라 그래요?

▔ 응 토방, 토방. 토방도 있고, 마루도 있고.

그 신발 벗어 놓고, 옛날에 돌 이렇게…

▔ 응 응, 섬돌, 섬돌. 돌 놓은 것은 그것은 섬돌이라고 하고. 거기에다 이제 신발 벗어 놓고 마루로 올라서서 이제 방으로 들어오는 거지.

마루가 없는 집은 바로 들어오는…

▔ 그냥 이제 토방에서 올라오지 뭐 토방에서. 토방에서 이제, 또 토방에서 방이 높으면 거기도 또 섬돌을 놔. 마당에서 올라오는 데도 토방에 올라 올 때 높으면 섬돌을 놓고. 토방에서 또 방에 들어가는 데(가) 높으면 또 고기에도 반질반질한 돌을 갖다가 섬돌을 놓아야 해. 그래서 이제 그거 밟고 방으로 들어가고.

뜰 말고 봉당이라는 것도 있어요?

▔ 봉당? 봉당은 그건 여기 말이 아닌데 부엌을 가지고 봉당이라고 하대요. 저 아랫녘 사람이 그러든가 어디 사람이 그러든가 강원도 사람이 그러든가. 봉당은 부엌을 보고 봉당이라고 하더라고. 토방을 보고 그러는 게 아니라.

거기 인재 아피자나요. 마당 이꾸 뜨럭 이꾸 거기 요지똘 이꾸 이르캐 너머
서 방으루 드러가자너요? 요기 넘는 대를 머라 그래요?

― 중방.

중방이라 그래요?

― 에:, 문쭈방 중방.²³⁰⁾

가튼 마:리요?

― 예. 이거 이개 문쭈방 중방.

이기 인재 아패자나요?

― 예.

저 뒤:애는 또 머:가 이써요?

― 뒤:애넌 저르캐 이짜너. 저르케 장:꽝.²³¹⁾

장꽝두 이꾸 또 머 연:기두 글루 나가구 머.

― 굴:뚝, 굴:뚜건 뒤(단모음 [위])루 인녕개 아니라 저짜그루 이찌. 여기서
인저 붜:키 여길 꺼 거트먼 인저 방, 아루빵 거치구 우빵 거처서 인저 저
쪼구루 가지 굴:뚜건.

그러구 인재 그거는 요 안채에 딸려 인능 거자나요?

― 예.

바까태 또 머: 소두 키우구 머: 연장두 가따 노쿠…

― 오양깐. 츠:매 인저 여기 지:끼 저내 오양깐 하너라구 저:기 저기 저
거, 츠:매넌 요기 사랑 붝: 쩌태 요기따가 소럴 하나 메겨써써, 조기따가.
그라다가 인저 조기따가 쪼:끄마캐 꺼적 때서 저그다 오양깐 조기애. 그
라다가는 인저 저짜그루 인저 그 널른대 거 허청 그개 오양까니어써써.
소 여러 바짐²³²⁾ 메기너라구 거기다 오양깐 저서 소 메깅 기여. 연장두 그
란대 인저 허깐 뭐 허틈설거지²³³⁾ 그냥 그렁 거 너: 두넌 데넌 인저 허깐.

허깐낸 뭐뭐 너 놔요?

― 머어: 지저부낭 거 다: 는넝 거유. 연장두 허까내다 두넝 거뚜 이꾸 머.

거기가 이제 앞이잖아요. 마당 있고 봉당 있고 거기 섬돌 있고 이렇게 넘어서 방으로 들어가잖아요? 요기 넘는 데를 뭐라고 해요?

 ̄ 중인방.

중방이라 그래요?

 ̄ 예, 문지방 중인방.

같은 말이에요?

 ̄ 예. 이거 이게 문지방 중인방.

이게 이제 앞이잖아요?

 ̄ 예.

저 뒤에는 또 뭐가 있어요?

 ̄ 뒤에는 저렇게 있잖아. 저렇게 장독대.

장독대도 있고 또 뭐 연기도 그리로 나가고 뭐.

 ̄ 굴뚝, 굴뚝은 뒤로 있는 게 아니라 저쪽으로 있지. 여기서 이제 부엌이 여기일 것 같으면 이제 방, 아랫방 거치고 윗방 거쳐서 이제 저쪽으로 가지 굴뚝은.

그리고 이제 그것은 이 안채에 딸려 있는 것이잖아요?

 ̄ 예.

바깥에 또 뭐 소도 키우고 뭐 연장도 갖다 놓고.

 ̄ 외양간. 처음에 이제 여기 짓기 전에 외양간 하느라고 저기 저기 저거, 처음에는 요기 사랑 부엌 곁에 요기에 소를 하나 길렀었어, 조기에다가. 그러다가 이제 조기에다가 조그맣게 거적을 대서 저기에다 외양간 조기에. 그러다가는 이제 저쪽으로 이제 그 넓은 데 그 헛간 그게 외양간이었었어. 소 여러 마리 기르느라고 거기다 외양간 지어서 소 기른 거야. 연장도 그런 데 이제 헛간 뭐 허튼 살림살이 그냥 그런 것 넣어 두는 데는 이제 헛간.

헛간에는 무엇무엇 넣어 둬요?

 ̄ 뭐 지저분한 것 다 넣는 거예요. 연장도 헛간에다 두는 것도 있고 뭐.

인저 소비 연장 거틍 거 머 흑찡이 머 쓰:래 그렁 거뚜 허까내다 두구 멍석 꺼틍 거뚜 인저 허까내 두구 머: 다: 두능 기여:. 지개 소구바리[234] 그렁 거 인저 비 안 마깨 다 허까내 다: 디려노쿠. 다: 두넝 거지 머.

겨우래 눈: 치능 건.

˜ 너까래.

그거두 거기다 놔요?

˜ 그럼 그렁 거뚜 다: 허까내 두지유 머.

근대 그거예요 양쪼개 이르캐 구멍 뚜러가꾸 새끼쭈리나 바쭐 매 가꾸 자버 땡기능 거뚜 이짜너요.

˜ 그건 눈: 치넝 개 아니라 가래:,[235] 너까래,[236] 가래. 그 눈: 치넝 건 넉까래구 갸:래가 이써유, 갸:래. 사비여 그건 삽:, 사빈데. 인저 엔:나래 여 코크링[237] 그거 웁:쓸 때는 갸:래질 해 가주구서 모이[238] 거틍 거 다: 써짜너. 사부루 파 가주구 그랄 때넌 인저 사배 인재 이르캐 하나 고리 달구: 그래 가주구선 끄냉이[239] 니: 개럴 매 가주구선 인전 하나는 장:치[240] 대구 네: 사라먼 인저 가래쭐 네:시 자부달려서 인저 이르캐 흑 파닝 거유 그게. 갸:래여, 갸:래.

지블 진는 재료에 따라서두 지비 이르미 달라지자나요? 흐그루 지꾸 돌:루 두 지꾸 벽똘루두 지꾸 그러차나요?

˜ 예, 이근 나무때기루 징:건 인저 뻬:지비라구[241] 하구. 벽뚤루 징: 거넌 인저 벽똘지비라구 하구. 도:라구 흐카구 이르캐 싸:가매 진 지븐 돌담찌 비라구[242] 하구 그러치유 머.

흐그루만두 해요? 이르캐 저 아까가치 왜 얼거서?

˜ 그거 인저 뻬지비여. 마라자먼 인저 지동얼 세워야 그걸 하지, 흑찌 번 그거 외럴 안 얼그니깨. 흑찌번 벼개다 회(단모음 [외])럴[243] 안 억거던 외(단모음 [외])럴. 흑찌븐 벽똘 싸:구서[244] 그냥 거그다 이르캐 발러:.

그럼 벽똘찌파구 흑찌파구 가틍 거요?

˜ 흑, 끄 흑뻭똘찌비여 그개 흑뻭똘찝. 흑뻭똘찌번 외럴 안 억꾸서 인저

이제 소비 연장 같은 거 뭐 극젱이 뭐 써레 그런 것도 헛간에다 두고 멍석 같은 것도 이제 헛간에 두고 뭐 다 두는 거야. 지게 발채 그런 거 이제 비 안 맞게 다 헛간에 다 들여놓고. 다 두는 거지 뭐.

　겨울에 눈 치는 건.

　˝ 넉가래.

　그것도 거기에다 놔요?

　˝ 그럼 그런 것도 다 헛간에 두지요 뭐.

　그런데 그것에 양쪽에 이렇게 구멍 뚫어가지고 새끼줄이나 밧줄 매어 가지고 잡아당기는 것도 있잖아요?

　˝ 그건 눈 치는 게 아니라, 가래, 넉가래, 가래. 그 눈 치는 건 넉가래고, 가래가 있어요, 가래. 삽이야 그건 삽, 삽인데. 이제 옛날에 굴착기 그거 없을 때는 가래질 해 가지고 묘 같은 거 다 썼잖아. 삽으로 파 가지고 그럴 때는 이제 삽에 이제 이렇게 하나 고리(를) 달고 그래 가지고 끈 네 개를 매어 가지고 이제 하나는 장치(를) 대고 네 사람은 이제 가랫줄(을) 넷이 잡아 당겨서 이제 이렇게 흙 파는 거예요 그게. 가래야, 가래.

　집을 짓는 재료에 따라서도 집의 이름이 달라지잖아요. 흙으로 짓고 돌로도 짓고 벽돌로도 짓고 그렇잖아요.

　˝ 예, 이건 나무로 지은 건 이제 뼈집이라고 하고. 벽돌로 지은 거는 이제 벽돌집이라고 하고. 돌하고 흙하고 이렇게 쌓아가며 지은 집은 돌담집이라고 하고 그렇지요 뭐.

　흙만으로도 해요? 이렇게 저 아까같이 외 얽어서?

　˝ 그거 이제 뼈집이야. 말하자면 이제 기둥을 세워야 그걸 하지, 흙집은 그거 외를 안 얽으니까. 흙집은 벽에다 회를 안 얽거든 외를. 흙집은 벽돌 쌓고서 그냥 거기다 이렇게 발라.

　그러면 벽돌집하고 흙집하고 같은 거예요?

　˝ 흑, 그 흙벽돌집이야 그게 흙벽돌집. 흙벽돌집은 외를 안 얽고서 이제

벽또럴 채곡채곡 싸:쿠서는 그냥 홍만 가따 발르넝 거유. 돌담찝뚜 그러쿠. 돌담찝뚜 인저 도:라구 흑카구 이르캐 개: 가주구서 싸:쿠서넌 거:뚜 인저 흐걸 가따가 발르기만 하지: 외넌 아널거. 뻭때기지배다[245] 외럴 엉넝 거지.

  그럼 집 질 때 사용하는 연장은 머:가 피료해요?

⌐ 뭐 연장 별거 다 드럴태지 머. 톱뚜 들구: 깽이 참 도:키두 들구: 짜:귀두 들구: 끌:두 들구: 망치두 들구: 대:파[246] 들구 머 별거 다 들지 머. 그렁 거 다: 들지 머.

  구멍 뚤릉 거뚜…

⌐ 도래송고시여[247] 그건 도래송곤 구녁 뚬넝[248] 건.

  요로캐 요로캐 하능 거뚜 이꾸 송곤.

⌐ 그거뚜 다 도래송곤.

  두 소느루 이르:캐 돌려서…

⌐ 냐, 그거뚜 다.

  그 이르미 가타요?

⌐ 그르치유 머 그개 이르캐 구녁[249] 뚬넝 거니깨 다 도래송곤.

  또 잘 안드르먼 가:러야 대자너요?

⌐ 날 꺼틍 거 가넝 거?

  예.

⌐ 숟똘.

  끌두 그르차너요, 끌?

⌐ 예, 끌:두 가러야지. 끌:두 거그다 가러야 디야. 수또래다.

  톱 가틍 건 어트개 해요?

⌐ 줄:루, 토번 줄:루 쓴다구 하드라구. 이르캐 이짜너 줄:? 그래가주 톱 요로캐 세워 노쿠 요로캐 요로캐 쓸:더라구 그건.

  사비나 꽹이 가틍 거뜨른 그럼 어트개 해요? 칼 가틍 거는 갈:자나요, 수또

벽돌을 차곡차곡 쌓고서는 그냥 흙만 갖다 바르는 거예요. 돌담집도 그렇고. 돌담집도 이제 돌하고 흙하고 이렇게 개어 가지고 쌓고서는 그것도 이제 흙을 갖다가 바르기만 하지 외는 안 얽어. 뼈집에다 외를 얽는 것이지.

그럼 집 지을 때 사용하는 연장은 뭐가 필요해요?

⌐ 뭐 연장 별거 다 들어갈 테지 뭐. 톱도 들고, 괭이 참 도끼도 들고, 자귀도 들고, 끌도 들고, 망치도 들고, 대패도 들고 뭐 별거 다 들어가지 뭐. 그런 거 다 들어가지 뭐.

구멍 뚫는 것도.

⌐ 도레송곳이야 그건 도레송곳 구멍 뚫는 것은.

요렇게 요렇게 하는 것도 있고 송곳.

⌐ 그것도 다 도레송곳.

두 손으로 이렇게 돌려서…

⌐ 예, 그것도 다.

그 이름이 같아요?

⌐ 그렇지요 뭐 그게 이렇게 구멍 뚫는 거니까 다 도레송곳.

또 잘 안 들면 갈아야 되잖아요.

⌐ 낫 같은 거 가는 거?

예.

⌐ 숫돌.

끌도 그렇잖아요, 끌?

⌐ 예, 끌도 갈아야지. 끌도 거기에다 갈아야 돼. 숫돌에다.

톱 같은 것은 어떻게 해요.

⌐ 줄로, 톱은 줄로 쓴다고 하더라고. 이렇게 있잖아 줄? 그래가지고 톱 요렇게 세워놓고 요렇게 요렇게 쓸더라고 그것은.

삽이나 괭이 같은 것들은 그럼 어떻게 해요? 칼 같은 것은 갈잖아요, 숫돌래. 그런대 사:비나 꽹이 가틍 거는.

ㄱ 사번 그냥 쓰다 버려: 사번. 깽이두 그러쿠. 나:시나 그저내 인저 호
맹이 거틍 건 베레다[250] 써써유, 대장까내 가서. 조선날 꺼틍 거 인재 이르
캐 무녀 가주구 잘 안 드르면 대장까내 가주 가서 베려오구. 호맹이두 인
저 쓰다 보면 뭉툭캐지자너? 그라면 인저 사넌 가비[251] 더: 비싸니깨 그거
가주가서 끄트머리 뻬쪼카캐 베려 가주 와써. 그르캐서 베려다 쓰구래두
사:비나 꽹이넌 그냥 쓰:다가 버려. 도:키두 다시 베려다 쓰구, 안 드르면,
대장까내 가서.

지배요, 아까 집 일: 때 처으매 꺼만 이쪼그루 이르캐 하구 나머지는 홰기가
이러캐 온다고 그래짜너요?

ㄱ 예,

저 끄태를 머라 그래요?

ㄱ 지벙, 지벙 추녀.[252] 지벙, 지벙 추녀.

지벙 추녀.

ㄱ 추녀 끄치라구[253] 하구. 추녀 끄태 고두래미[254] 열, 달려따 구라자너 추
녀 끄태.

맨 꼭대기는 뭐라고 해요?

ㄱ 거그는 날망이라구[255] 하구. 용구새.[256]

용구새는 이응 중애서 요로캐 됭 걸 얘기하능 거지요?

ㄱ 예 예 예. 젤: 끄트머리 그거 이:능 거니깨 용구새 언는다구 하구. 지
벙 날망이. 달망이라구두[257] 하구 지벙 딸망이라구두[258] 하구.

달망.

ㄱ 네, 지벙 딸망.

아까 그 시, 실, 실경?

ㄱ 실경.[259]

예, 실경이라 그랬자나요? 그런대 그거는 구멍 뚤버 가주구 통나무루 이르캐

에. 그런데 삽이나 괭이 같은 것은.

ㄱ 삽은 그냥 쓰다가 버려 삽은. 괭이도 그렇고. 낫이나 그전에 이제 호미 같은 거는 벼려서 썼어요, 대장간에 가서. 조선낫 같은 거 이제 이렇게 무뎌져서 잘 들지 않으면 대장간에 가지고가서 벼려 오고. 호미도 이제 쓰다 보면 뭉툭해 지잖아? 그러면 이제 사는 값이 더 비싸니까 그거 가지고 가서 끝을 뾰족하게 벼려 가지고 왔어. 그렇게 해서 벼려다 쓰고 그래도 삽이나 괭이는 그냥 쓰다가 버려. 도끼도 다시 벼려다 쓰고, 안 들면, 대장간에 가서.

집에요, 아까 집 일 때 처음에 것만 이쪽으로 이렇게 하고 나머지는 홰기가 이렇게 온다고 그랬잖아요.

ㄱ 예.

저 끝을 뭐라고 해요?

ㄱ 지붕, 처마 끝. 지붕, 처마 끝.

처마 끝.

ㄱ 추녀 끝이라고 하고. 추녀 끝에 고드름이 열, 달렸다고 그러잖아 추녀 끝에.

맨 꼭대기는 뭐라고 해요?

ㄱ 거기는 마루라고 하고. 용마름.

용마름은 이엉 중에서 요렇게 된 걸 이야기 하는 거지요?

ㄱ 예 예 예. 제일 끝에 그거 이는 거니까 용마름 얹는다고 하고. 지붕 날망이. 달망이라고도 하고 지붕 달망이라고도 하고.

달망.

ㄱ 예, 지붕 달망.

아까 그 시 실, 시렁?

ㄱ 시렁.

예, 시렁이라고 했잖아요? 그런데 그것은 구멍 뚫어가지고 통나무를 이렇게

두: 개 걸치능 거자나요? 거기 송판두 걸치능 거 이짜나요?

￣ 그건 선반, 선반. 송파니루 항 건 선바니라구 하구 막때기루 이러캐 통나무루 언저 농 건 실경이라구 하구.

실경.

￣ 예, 실경.

거기다 뭐뭐 언저요?

￣ 아무기나 다: 얹어. 선반 매 노쿠서[260] 우리넌 그저내 우리 친정애는 보니깨 선반 매논 대넌 족뽀 거틍 거 그거 이러캐 채곡채곡 싸: 놔때. 그라구 인저 뭐 우리 할머니 기시니깨 머 이렁 거 잡쑤따가 나뭉 거 선바내 언저 놔따 잡쑤꾸. 얘:기책 거틍 거뚜 마:니 사오니깨 그런 책 꺼틍 거뚜 고기따 이러캐 언저 노쿠. 실경애넌 머 그냥 도방구리[261] 거팅 거 고리짝[262] 꺼팅 거 머 그렁 거 모두 언저 노쿠.

고:리짜기 뭐요?

￣ 그거:. 모코리,[263] 고리짝.

그거 뚜껑 이써요, 모코리?

￣ 어:, 고리짝 그개 고리짜기라구두 하구 모코리라구두 하구.

뭐 늘: 때 이르:캐 열:구 단능 거뚜 이짜너요?

￣ 서랍, 빼다지.[264] 그건 농이지 머. 빼다지 서랍농. 빼다지농.

그거뚜 이르미 다: 이써요, 따루따루?

￣ 옌:나래는 그래찌. 옌:나래 인저 혼수덜 모태 오니깨 그르캐 서랍짱만[265] 하나 사오면 빼다지농[266] 하나 사 가주 와따 그러카구. 쬐그만 머리짱[267] 하나 사 가주고 와따구도 하구:, 그르캐찌 머.

그래서 이재 집 다: 지꾸 인재 가서 불 때구 살자너요. 불 때는 대 이쪼근 머라 그래구 여기는 뭐라 그래구.

￣ 여기넌 고코락[268] 뵉: 저기넌 굴:뚝 불라가, 영기 나가넌 대는.

바당 마리예요.

두 개 걸치는 것이잖아요? 거기 송판도 걸치는 것 있잖아요?

 ˉ 그건 선반, 선반. 송판으로 한 건 선반이라고 하고 막대기로 이렇게 통나무로 얹어 놓은 건 시렁이라고 하고.

시렁.

 ˉ 예, 시렁

거기에 뭐뭐 얹어요?

 ˉ 아무거나 다 얹어. 선반 매어 놓고서 우리는 그전에 우리 친정에는 보니까 선반 매 놓은 데는 족보 같은 거 그것을 이렇게 차곡차곡 쌓아 놓았더라고. 그리고 이제 뭐 우리 할머니 계시니까 뭐 이런 거 잡수시다가 남은 거 선반에 얹어 놓았다가 잡수시고. 이야기책 같은 것도 많이 사오니까 그런 책 같은 것도 거기에다 이렇게 얹어 놓고. 시렁에는 뭐 그냥 반짇고리 같은 거 고리짝 같은 거 뭐 그런 거 모두 얹어 놓고.

고리짝이 뭐예요?

 ˉ 그거. 모코리, 고리짝.

그것은 뚜껑이 있어요, 모코리에?

 ˉ 어, 고리짝, 그게 고리짝이라고도 하고 모코리라고도 하고.

뭐 넣을 때 이렇게 열고 닫는 것도 있잖아요?

 ˉ 서랍, 빼닫이. 그건 농이지 뭐. 빼닫이 서랍농. 빼닫이농.

그것도 이름이 뭐 다 있어요, 따로따로?

 ˉ 옛날에는 그랬지. 옛날에 이제 혼수를 못 해오니까 그렇게 서랍장만 하나 사 오면 빼다지농 하나 사 가지고 왔다고 그렇게 하고. 조그마한 머릿장 하나 사 가지고 왔다고도 하고 그렇게 했지 뭐.

그래서 이제 집 다 짓고 나서 불 때고 살잖아요. 불 때는 데 이쪽은 뭐라고 하고, 여기는 뭐라고 하고.

 ˉ 여기는 아궁이 부엌 저기는 굴뚝 불(이) 나가(는), 연기 나가는 데는.

바닥 말이에요.

⁻ 뷕: 빠닥, 그냥 뷕 빠다기여.

아니, 방.

⁻ 방? 아루빵 우빵.

방두 이쪽 따뜨탄대가 이꾸…

⁻ 아룸목 움목. 여기넌 아룸목 거기넌 움목.

겨우래 불 때두 차구운 대 이짜너요?

⁻ 거기넌 움:목. 움모건 차굽짜너 아룸뭉만 뜨시구. 불 때먼 그려.

그런 데를 또 뭐라고 해요? 냉…

⁻ 움모건 아주 냉구리여. 움모건 아주 냉방이라 구라지 머 움모건 냉방 거따구. 냉방 거따 구라지. 움모건 아주 냉방이여: 부리 안 드러와서 냉방이여 움모꺼지는. 부리 잘: 드르와 뜨시면 '움묵뚜 다: 뜨셔' 이라구.

겨우래 보머언: 이르캐 드러노 이쓰먼 바다근 따끈따끈:한대 얼구른 차갑꾸.

⁻ 외, 외풍이 셔서 그리유, 외풍이. 그걸 외풍이 시다 그리야.

왜: 그래요?

⁻ 그쌔 모르거써, 난두. 그 소리만 드꾸 그냥 그르캐만 사러와서. 아이구 우리 방언 아주 외풍이 셔서 추워 주꺼써: 그 바람 드러오능 걸 보구 외풍 시다구 하내벼.

˘ 부엌 바닥, 그냥 부엌 바닥이야.

아니, 방.

˘ 방? 아랫방 윗방.

방도 이쪽 따뜻한 데가 있고…

˘ 아랫목 윗목. 여기는 아랫목 거기는 윗목.

겨울에 불 때도 차가운 데 있잖아요?

˘ 거기는 윗목. 윗목은 차갑잖아 아랫목만 따뜻하고. 불 때면 그래.

그런데를 또 뭐라고 해요? 냉(고래)…

˘ 윗목은 아주 냉골이야. 아주 냉방이라 그러지 뭐 윗목은 냉방 같다고. 냉방 같다고 그러지. 윗목은 아주 냉방이야. 불이 안 들어와서 냉방이야 윗목까지는. 불이 잘 들어와 따뜻하면 ‘윗목도 다 따뜻해’ 이러고.

겨울에 보면 이렇게 드러누워 있으면 바닥은 따끈따끈 한데 얼굴은 차갑고.

˘ 외, 외풍이 세서 그래요, 외풍이. 그걸 외풍이 세다 그래.

왜 그래요?

˘ 글쎄 모르겠어, 나도. 그 소리만 듣고 그냥 그렇게만 살아와서. 아이고 우리 방은 아주 외풍이 세서 추워 죽겠어. 그 바람 들어오는 걸 보고 외풍 세다고 하나봐.

가신과 조상숭배 신앙

　그런대요, 지블 지켜주능 개 머 이따구 옌나래 그래때면서요. 지배 문, 샘, 오양깐 이런대다가 머 지켜 준다구 쌀두 가따 쪼마난 단징가요? 그렁 거 가따 노쿠 너 노쿠 그래짜나요. 뭐:캐두 그래구.

　¯ 우리넌 그렁 걸 아내서 몰러, 그렁 건. 그냥 머 터줃… 딴, 얘:기 드르면: 터주딴지럴[269] 드꺼태다 하나 이르캐 단지럴 해 노쿠서 해꼬기 나면 거기따 너 놔따가 그개 그 담 해 해꽁날 때 쏘꾸서루 다시 해꼬걸 거기따 너 노쿠 그란 터주딴지가 이때유. 터주딴지.

　그건 왜 하능 거요?

　¯ 그거 인저 마라자면 터주딴지 인저 잘 지켜달라구 할태지 머. 지벌 잘 지켜달라구. 우리능 그렁 걸 츰:버틈 아내봐서 몰러.

　성주:래능 거뚜 이써요?

　¯ 성주는 부억: 뭐:컬 보구서 성주.[270] 인저 이르캐 안:, 우리는 예수럴 미드니깨 그르치만 안 민넌 사라먼 이르캐 갸:래 인저 농사럴 지면 안태 칸다구[271] 그리야. 그라먼 인저 성주 반넌다구 하구 그라먼 뭐:캐서부틈 이르캐 정얼 일거유. 그라먼 인저 성주껭얼[272] 익꾸 방애 드루와서 인저: 또 인저 아이 무순 경이라구 햐:. 그라구 인저 드꺼태 가서는 인저 터주껭얼 익꾸 인저 이러캐 한다구 하구서는. 성주 바더온다구 인저 하면 머 이르캐 소나무 꺼꺼 가주구 이르캐 대: 잠넌다구 흔드러 가주구 가서는 인저 어디 가서 뭐 꺼꺼, 대추나무럴 꺼꺼 와야 조티야. 그래서 인저 대추나무럴 꺼꺼 오먼 문쫑이다가 인저 요러캐 그 대추나무럴 싸:. 저:기 해 가주

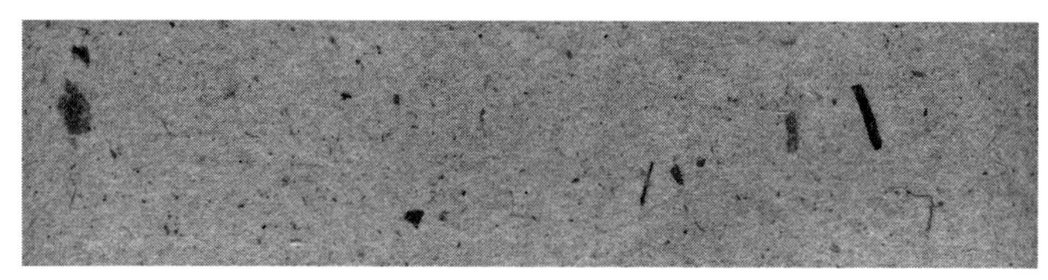

　그런데요, 집을 지켜주는 게 뭐 있다고 옛날에 그랬다면서요. 집에 문, 샘, 외양간 이런데다가 지켜 준다고 쌀도 갖다 조그마한 단진가요? 그런 거 가져다 놓고 넣어 놓고 그랬잖아요. 부엌에도 그러고.

　「 우리는 그런 걸 안 해서 몰라, 그런 건. 그냥 뭐 터주…단, 얘기 들으면 터줏단지를 뒤꼍에다 하나 이렇게 해 놓고 햇곡식이 나면 거기에 넣어 두었다가 그게 그 다음 해 햇곡식이 날 때 쏟고 다시 햇곡식을 거기에 넣어 두고 그러는 터줏단지가 있대요. 터줏단지.

　그것은 왜 하는 거예요?

　「 그거 이제 말하자면 터줏단지 이제 잘 지켜달라고 할 테지 뭐. 집을 잘 지켜달라고. 우리는 그런 걸 처음부터 안 해봐서 몰라.

　성주라는 것도 있어요?

　「 성주는 부엌. 부엌을 보고 성주. 이제 이렇게 안, 우리는 예수를 믿으니까 그렇지만 안 믿는 사람은 이렇게 가을에 인제 농사를 지으면 안택한다고 그래. 그러면 이제 성주 받는다고 하고 그러면 부엌에서 부터 이렇게 경을 읽어요. 그러면 이제 성주 경을 읽고 방에 들어와서, 또 이제 아이 무슨 경이라고 해. 그리고 이제 뒤꼍에 가서는 이제 터줏경을 읽고 이제 이렇게 한다고 하고서는. 성주 받아온다고 이제 하면 뭐 이렇게 소나무 꺾어 자기고 이렇게 대잡는다고 흔들어가 가지고 가서 이제 어디에 가서 뭐 꺾어, 대추나무를 꺾어 와야 좋대. 그래서 이제 대추나무를 꺾어 오면 문종이에다 이제 요렇게 그 대추나무를 싸. 저기 해가지고는 이제.

구서넌 인저. 아니다 내가 잘몬 얘기럴 핸내. 성주 반닝 건. 여기 들보:,
거기다 해:서 이르캐 성주 반는다구 그걸 해 가주구서 매:따러 놔.

대추나무요?

⌐ 어 대추나무럴 쪼꼼 꺼꺼다가 종이애다 싸 가주구서 심문, 저기 문쫑
이 싸 가주구서 실:루 뒹여서 요기 왜 저르캐 아:내쓸 째는 요만:치 모탕
나무 나오자녀? 고기다 이래 쫌매²⁷³⁾ 놔유. 그래두 젤:: 츠:매는 인재 정얼
일글 때 인저 조왕,²⁷⁴⁾ 조왕쩡부텀 잉능 겨 누:: 지비 가서 하던지.

조왕이 뭔대요?

⌐ 뭐:케. 뭐캐루 인저 그르카구서는 인저 여기 와서 익꾸 인저 또 인저
저기 가서 인저 터주쩡 익꾸 이러카넌대. 그르캐 다: 하구서는 인저 성주
반넌다구 인저 나가서루 이르캐 대 가주 와서 대추나무 하나 꺼꺼다 성
주 바더따구 거기따 매따라 노쿠. 그개 안택카닝 거리야. 그르캐 하닝 개.

그 정 일릉 거를?

⌐ 음:.

그러캐 다 정 잉능 거를 안태칸다 그래요?

⌐ 응, 안태칸다구 인저 성주 바꾸 안태칸다구. 옌:나래 그르캐 해써유.

조왕은 어트개 하능 거요?

⌐ 조왕언 부어:컬 보구 조왕, 부억:.

부어클 조왕이라구 해요?

⌐ 응. 조왕쩡 잉넌다구 하면 부어:캐서 잉넌대.

거기두 머 쌀 가틍 거 노커나 머 이르캐 노치는 아너써요?

⌐ 시루::떡캐 노쿠, 거기서두 일글 때.

그건 어트개 하능 거요?

⌐ 떡 쪼꿈 해 노쿠서 인저 부어:캐서는 부억: 빠다개 안저서 정각쨍이
가²⁷⁵⁾ 투디려 가매 정 일거. 인재 드꺼태 할 때두 드꺼탠 백썰기 요러캐
쩌 가주구서 인저 노쿠서 또 정 익꾸. 여 방애서 할 땐 인저 성주쩡 일글

아니다 내가 잘못 얘기를 했네. 성주 받는 건. 여기 대들보, 거기에다 해서 이렇게 성주 받는다고 그걸 해 가지고서 매달아 놔.

　대추나무요?

　￢ 응 대추나무를 조금 꺾어다가 종이에다 싸 가지고서 신문(지), 저기 문종이에 싸서 실로 동여서 요기 왜 저렇게 안 했을 때는 요만큼 모탕 나무 나오잖아? 고기에다 이렇게 잡아매어 놔요. 그래도 제일 처음에는 이제 경을 읽을 때 이제 조왕 조왕경부터 읽은 거야 누구네 집에 가서 하든지.

　조왕이 뭔데요?

　￢ 부엌에. 부엌에 이제 그렇게 하고는 이제 여기 와서 읽고 이제 또 이제 저기 가서 이제 터줏경 읽고 이렇게 하는데. 그렇게 다 하고서는 이제 성주 받는다고 이제 나가서 이렇게 이제 나가서는 이렇게 대 가지고 와서 대추나무 하나 꺾어다 성주 받았다고. 거기에다 매달아 놓고 그게 안택하는 거래. 그렇게 하는 것이.

　그 경 읽는 거를?

　￢ 응.

　그렇게 다 경 읽는 것을 안택한다고 해요?

　￢ 응, 안택한다고 이제 성주 받고 안택하다고. 옛날에 그렇게 했어요.

　조왕은 어떻게 하는 거예요?

　￢ 조왕은 부엌을 보고 조왕(이라고 해), 부엌.

　부엌을 조왕이라고 해요?

　￢ 응. 조왕경 읽는다고 하면 부엌에서 읽는데.}

　거기도 뭐 쌀 같은 거 놓거나 뭐 이렇게 놓지는 않았어요?

　￢ 시루 떡 해 놓고, 거기서도 읽을 때.

　그건 어떻게 하는 거예요?

　￢ 떡 조금 해 놓고서 이제 부엌에서는 부엌 바닥에 앉아서 무당이 두드려가며 경을 읽어. 이제 뒤꼍에 할 때도 뒤꼍에는 백설기 요렇게 쪄 가지고서 이제 놓고서 또 경 읽고. 여기 방에서 할 때는 이제 성주경 읽을 때

때년 인저 큰: 시루애다가 인저 고물 너:서 이르캐 떡 쩌서 노쿠서루 인저
정 잉넝 기여. 다: 떠개 다 각깍 카능 기여.

　그런 조왕: 할 때는 터주딴지처럼 그렁 거는 안 놔둬요?

　⌐ 안 해유.

　그건 업써요?

　⌐ 으 으.

　엄이라능 건 머요? 엄.

　⌐ 엄? 어미 뭐:지?

　어빙가요?

　⌐ 음? 업:!

　예.

　⌐ 업[276] 뜨러와따구 하닝 거?

　예 예.

　⌐ 어어:. 업 뜨러와따구 하능 건 머 저런대 그저내 보믄 저기 노인내덜
그라대. 저기 거북, 왜 이르캐 거부깅가 두꺼빙가 드러옴, 이르캐 장마질
때 왜 이러캐 엉금:엉금 겨 드러오자녀? 그라먼 아이구 업 뜨러온다, '야
업 뜨러와!' 이러카구. 어떤 지번 또 보면 아주 옌:나래 보면 저 우:애 그
런 지비 이써써. 그냥 다:매: 이런 구링이가 누::렁 개 항상 언처 이써 다
매. 그라믄 그거뚜 어비라구 하더라구유. 그거뚜 모껀디리개 하더라구 어
비라구.

　그럼 조:응 거요?

　⌐ 몰르거써유, 조은지 나뿐지 그쌔 그라더라구. 아이 징그러워 죽꺼뗘
라구. 나는 그렁 거 보문 무서워서.

　무:니래능 거뚜 이써요, 문?

　⌐ 문?

　위하능 거. 성:주나 뭐 터주나 문 이렁 거. 문이래능 거뚜 이써요?

는 이제 큰 시루에다가 이제 고물 넣어서 이렇게 떡 져서 놓고서는 이제
경 읽는 거야. 다 떡을 다 각각 하는 거야.

그럼 조왕 할 때는 저 터줏단지처럼 그런 것은 안 놔둬요?

˘ 안 해요.

그것은 없어요?

˘ 응 응.

엄이라고 하는 것은 뭐예요? 엄.

˘ 엄? 엄이 뭐지?

업인가요?

˘ 응? 업!

예.

˘ 업 들어 왔다고 하는 거?

예 예.

˘ 아 (그것). 업 들어 왔다고 하는 건 뭐 저런 데 그전에 보면 저기 노
인네들 그러대. 저기 거북, 왜 이렇게 거북인가 두꺼빈가 들어오면, 이렇
게 장마 질 때 왜 이렇게 엉금엉금 기어 들어오잖아? 그러면 아이고 업
들어온다, '얘 업 들어와!' 이렇게 하고. 어떤 집은 또 보면 아주 옛날에
보면 저 위에 그런 집이 있었어. 그냥 담에 이런 구렁이가 누런 게 항상
얹혀 있어 담에. 그러면 그것도 업이라고 하더라고요. 그것도 못 건드리
게 하더라고 업이라고.

그럼 좋은 거예요?

˘ 모르겠어요, 좋은지 나쁜지 글쎄 그러더라고. 아이 징그러워 죽겠더
라고. 나는 그런 거 보면 무서워서.

문이라는 것도 있어요, 문?

˘ 문?

위하는 것. 성주나 터주나 문 이런 것. 문이라는 것도 있어요?

￣ 무니라는 이름두 인느냐구? 그건 잘 몰르건내. 성주 위(이중모음 [uj])
얘구 터주 위(이중모음 [uj])얘구 성주 위(이중모음 [uj])얘구 그렁 건 아러, 그
런 소린 드러봐써두.

그러먼 저:기 샴:.

￣ 어?

샤:미나,

￣ 요왕,[277] 그건 요왕. 샤:먼 요왕.

요왕,

￣ 요왕시널 우핸다능 기여 샤:먼.

그건 어티개 하능 거요?

￣ 요왕애 가서 거뚜 빌:구 이러캐 하능 기여.

뭐 가따 놔요?

￣ 거기두 인저 떡뚜 해 가구 인저 쌀두 한 사발 떠 가주 가서 초뿔 꼬자
노쿠 그르카구 인저 정각쨍이가 가 비닝 기여. 빌구 인저 우해능 기여.
요왕시널 우해능 기여. 또 사내 가 우해먼 산시널 우해러 가넝 거구.

산신 위할 땐 어트개 해요?

￣ 사내두 마창가지여. 그러캐 떡캐 가주 가구.

동내싸람드리 하자나요? 그 샴: 가틍 거는 혼자 멍능 기 아니구 여러시 머그
니까.

￣ 음: 여러시 인저 여러시 멍넝 건 그르캐 인저 날 바더서 동내서 부정
안 드는 날 깨끄타개 인재 해 가주구서 그 중애서 동내서 또 깨까탄 사라
미 인저 떡캐 가주 가서, 여그서는 그: 저기는 안: 우해서 요왕은 동내서
는. 개인쩌그루는 우해써두. 그라구서는 저 아패 나무, 서낭나무여써, 그
개. 이르캐 왼(단모음 [외])산내끼[278] 꽈:서 옌:나래 이르캐 뚱:그러캐 매 노
쿠 이라먼 인저 산신 우해구 서낭지 지낸다고 하먼 인재 동내서 인저 동
내 물겨니루다가 떠캐 가주 가서 거기따가 인저 우:해찌유. 절 하구 인저
떡캐다 노쿠 그라구 인저 낭중애넌 남자더리 막: 깽매기[279] 치구 북 치구

‾ 문이라는 이름도 있느냐고? 그건 잘 모르겠네, 성주 위하고 터주 위하고, 성주 위하고 그런 것은 알아(도), 그런 소리는 들어봤어도.

그러면 저기 샘.

‾ 응?

샘이나,

‾ 요왕, 그건 요왕. 샘은 요왕.

요왕,

‾ 요왕신을 위한다는 거야, 샘은.

그것은 어떻게 하는 거예요?

‾ 요왕에 가서 그것도 빌고 이렇게 하는 거야.

뭐 갖다 놔요?

‾ 거기도 이제 떡도 해 가고 이제 쌀도 한 사발 떠 가지고 가서 촛불 꽂아 놓고 그렇게 하고 이제 무당이 가서 비는 거야. 빌고 이제 위하는 거야. 요왕신을 위하는 거야. 또 산에 가 위하면 산신을 위하러 가는 거고.

산신 위할 때는 어떻게 해요?

‾ 산에도 마찬가지야. 그렇게 떡(을) 해 가지고 가고.

동네 사람들이 하잖아요? 그 샘같은 것은 혼자 먹는 것이 아니고 여럿이 먹는 거니까.

‾ 음 여럿이 이제 여럿이 먹는 건 그렇게 이제 날 받아서 동네에서 부정 안 드는 날 깨끗하게 이제 해 가지고 그 중에서 동네에서 또 깨끗한 사람이 이제 떡 해가지고서, 여기서는 그 저기는 안 위했어, 요왕은, 동네서는. 개인적으로는 위했어도. 그리고서는 저 앞에 나무, 서낭나무였어, 그게. 이렇게 왼새끼 꼬아서 옛날에 이렇게 둥그렇게 매 놓고 이러면, 이제 산신 위하고 서낭제 지낸다고 하면 이제 동네에서 이제 동네 물건으로 떡 해 가지고 가서 거기에다가 이제 위했지요. 절 하고 이제 떡 해다 놓고 그리고 이제 나중에는 남자들이 막 꽹과리 치고 북 치고 참 장구

참 장구 머여 그개 중, 떵 떵 울리닝 거, 그거 치구 엔:나래넌 그러캐 우:해써. 그란대 머 엔:나래 메태 우:해더니 안: 우해써유, 그거뚜.

떵만 해다 나요?

 ˉ 인저 과:일 그렁 거 다: 사유. 명태포두 사구: 밤: 대추 사구: 능금[280] 배 사구 다: 사넝 거유. 위:서 하던지[281] 다 사넝 거유. 여기서 해두 다: 사구 위:디 가 해두 다 사능 기여. 지사 지내능 거마냥[282] 과:이런 다: 드러가. 산신재는 그쌔 사내 가서 인재 지내능 기여. 사내 가서유.

누가 어떠캐 지내요?

 ˉ 인저…

뭐: 줌비해 가주구?

 ˉ 거기두 내내 떠카구 인저 거기 산신재 지내러 가는 데넌 하:얀 백썰기떡[283] 하구 인저 과:일 밤, 대추:, 사과, 배: 그거 사 가주구 명태포하구 이러캐 사 가주구.

어디다가 해요?

 ˉ 인저 사서 가주 가서 인저 어디 점, 마라자먼 내가 가서 우헬 꺼 거트먼 어디 자버 논 대가 이짜너? 장: 거기 가 하넌 대가. 사람마다 누구던지[284] 우:해러 갈 때는 이르개 장소럴 자버 논 대가 이써유. 바위(이중모음 [uj]) 미태럴 가던 인저 또랑깨 가던 사닌넌 또랑깨럴 가던 저 어디럴 가던지.[285] 자기가 인저 고기 적땅한 데럴 자버 노쿠 인저 거기 가서 산시널 장 우:해능 기여. 일려내 함 버널 가던지 두 버널 가던지 그르카먼. 엔:나래넌 참 산신재 지낼라먼 머 초상, 저:기서 초상 지내두 모까, 부정해서. 그런데 지금더런 머. 그걷뚜 인저 세월 따라 하넌지 그냥 머 산신 지내루 오넌 대두 보면 머 초상 난지 뭐 한 이틀 사흘 되두 그냥 오구 그라더라구유. 그르캐 우:해능 기여 신주두.

그럼 집찜마다 우해능 거내요?

 ˉ 아니여어:. 집찜마다 안 우해유. 하는 사람만 그르캐.

뭐야 그게 징, 떵 떵 울리는 거, 그거 치고 옛날에는 그렇게 위했어. 그런데 뭐 옛날에 몇 해 위하더니 안 위했어요, 그것도.

떡만 해다 놓아요?

￣ 이제 과일 그런 거 다 사요. 명태포도 사고 밤, 대추 사고 사과, 배 사고 다 사는 거예요. 어디에서 하든지 다 사는 거예요. 여기에서 해도 다 사고 어디에 가서 해도 다 사는 거야. 제사 지내는 것처럼 과일은 다 들어가. 산신제는 글쎄 산에 가서 이제 지내는 거예요. 산에 가서요.

누가 어떻게 지내요?

￣ 이제…

무엇을 준비해 가지고?

￣ 거기도 내내 떡 하고 이제 거기 산신제 지내러 가는 데는 하얀 백설기하고 이제 과일 밤, 대추, 사과, 배 그거 사 가지고 명태포하고 이렇게 사 가지고.

어디다가 해요?

￣ 이제 사서 가지고 가서 이제 어디 저, 말하자면 내가 가서 위할 것 같으면 어디 잡아놓은 데가 있잖아, 늘 거기에 가서 하는 데가. 사람마다 누구든지 위하러 갈 때는 이렇게 장소를 잡아 놓은 데가 있어요. 바위 밑에를 가든 이제 도랑 근처에를 가든지 산에 있는 도랑 근처에를 가든 저 어디를 가든지. 자기가 이제 고기 적당한 데를 잡아 놓고 이제 거기 가서 산신을 늘 위하는 거야. 일년에 한 번을 가든지 두 번을 가든지 그렇게 하면. 옛날에는 참 산신제 지내려면 뭐 초상 저기서 초상 지내도 못 가, 부정해서(부정하다고). 그런데 지금은 뭐. 그것도 이제 세월 따라 하는지 그냥 뭐 산신제 지내러 오는데도 보면 뭐 초상 난 지 한 이틀 사흘 되어도 그냥 오고 그러더라고요. 그렇게 위하는 거야 신주도.

그러면 집집마다 위하는 것이네요?

￣ 아니야, 집집마다 안 위해요, 하는 사람만 그렇게.

하는 사라미 그 집찝 따루따루 하능 거내요?

˘ 녜에:.

전채루 하능 거.

˘ 아:니여. 전채루 하능, 전채루 할 때는 옌::나래 글쌔 저 성황[286] 그: 위 앨 때만. 다런 동내두 그럴 끼여 아마:. 다른 동내두 테래비 보먼 머 서낭재[287] 지낼 때 동내가 전채 하대:. 그르캐찌. 여기두 옌::날래 쪼꿈 저 서낭재 그르캐 지내찌. 안: 우햐, 이 동내넌 교인더리 만:쿠 이래서. 그란대 인저 요기두 안 민너이더리 인저, 우리두 그저내 안 미들 째는 해:꾸. 인저 안 민너니더런 인저 그르캐 하지.

지붕두 우하능 거 이써요? 집.

˘ 지붕, 그렁 건 몰르건는대. 지붕 우해닝 건.

오양깐 지켜주능 거뚜 이따면서요?

˘ 오양깐 지켜달라구 인재 가:래 떠캐 머그먼 인저 갈떡캐[288] 머그먼 오양까내두 쪼꿈 떠다 노쿠 머 닥찌배두[289] 떠다 노쿠 다: 지켜달라구:. 떠걸 인저 가주구 다 인저 굳타구 나서 인저 떵 머걸라구 할 째 먼저 떠 가주구서는 사::방 도러댕기면서 쪼꿈씩 떠 놔. 굴:뚜개다 인저 굴:뚝두 준다구 쪼꼼 떠 노코 머 샤:방 도러댕기며 삽짝꺼리 인저 머 저:기 한다구 또 삽짝꺼리두 쪼꼼 떠 노쿠 인저 또 워디 가따 쪼꿈 지버 내삐리구 그르캐 떠 노터라구유, 옌:나래 으:런덜 보면. 그라능 기지 머 오양깐 신 그렁 거 차저서 하능 개 아니라 인재 그르캐 갈:떡캐 먹꾸 나먼 그르캐 떠걸 쪼꿈씩 떠 가주 가서 그르캐 떠 노터라구.

갈:떠글 가:래 해멍는…

˘ 예 가:래 핸농사[290] 지어서 인저 해꺼스루[291] 인저 우:해너이더런 인저 갈:떠캐 멍는다구 함 번씩 그르캐 떠걸 해 먹찌유.

그러면 조사, 그, 여:기서는 조상들 숭배두 하구 그랜나요?

˘ 그러먼유:. 저 저기 여기따 인저 차려 노쿠 할 때 인저 방애다 인저

하는 사람이 그 집집이 따로따로 하는 것이네요?

˭ 예.

전체로 하는 것.

˭ 아니야. 전체로 하는, 전체로 할 때는 옛날에 글쎄 저 성황 그 위할 때만. 다른 동네도 그럴 거야 아마. 다른 동네도 텔레비전 보면 뭐 서낭제 지낼 때 동네가 전체로 하데. 그렇겠지. 여기도 옛날에 조금 저 서낭제 그렇게 지냈지. 안 위해, 이 동네는 교인들이 많고 이래서. 그런데 이제 여기도 안 믿는 이들이 이제, 우리도 그전에 안 믿을 때는 했고. 이제 안 믿는 이들은 그렇게 하지.

지붕도 위하는 것 있어요? 집.

˭ 지붕, 그런 건 모르겠는데, 지붕 위하는 건.

외양간 지켜주는 것도 있다면서요?

˭ 외양간 지켜 달라고 이제 가을에 떡을 해 먹으면 이제 가을떡 해 먹으면 외양간에도 조금 떼어다 놓고 뭐 닭장에도 떼어다 놓고 다 지켜 달라고. 떡을 이제 가지고 다 이제 굿 하고 나서 이제 떡 먹으려고 할 때 먼저 떼어 가지고서 사방 돌아다니면서 조금씩 떼어 놔. 굴뚝에다 이제 굴뚝도 준다고 조금 떼어 놓고 뭐 사방 돌아다니며 삽짝 이제 뭐 저기 한다고 또 삽짝거리에도 조금 떼어 놓고 이제 또 어디 갔다 조금 집어 내버리고 그렇게 떼어 놓더라고요, 옛날에 어른들 (하는 것) 보면. 그러는 거지 뭐 외양간 신 그런 거 찾아서 하는 게 아니라 이제 그렇게 가을떡 해 먹고 나면 그렇게 떡을 조금씩 떼어 가지고 가서 그렇게 떼어 놓더라고.

가을떡을 가을에 해 먹는…

˭ 예 가을에 햇농사 지어서 이제 햇것으로 이제 위하는 이들은 이제 가을떡 해 먹는다고 한 번씩 그렇게 떡을 해 먹지요.

그러면 조상, 그, 여기서는 조상들 숭배도 하고 그랬나요?

˭ 그럼요. 저 저기 여기에다 이제 차려 놓고 할 때 이제 방에다 이제 차

차려 노쿠 인저 성주쩡 일글 때 다: 하지유. 그르캐 축싸럴 하지유.

조상딴지래능 거뚜 이써요?

￣ 어?

조상딴지래능 거 이써요? 조:상딴지, 세:존딴지.

￣ 조상딴지는 움쓰껄, 그런 소린 모뜨러 봐써, 조상딴지라능 건. 신주딴
지라 쏘린 드러봐써두.

신주딴지는 머요?

￣ 신주딴진 그쌔 몰르거써. 저 터주딴지 그걸 논닝 걸 보구 신주딴지라
구 하넌지 신주딴지가 따루 인넌지 나넌 그건 듣끼는 드러써두 보던 모
태써. 신주딴지라 쏘리넌.

신주딴지 우하든탄다 그러자나요?

￣ 어 그쌔 그르캐 하넌 소리넌 드러써두 내가 보던 모:태따구.

사내서두 조상들 그 지사 지내요?

￣ 사내 가서?

예.

￣ 산소애 가서 지낸:너이덜두 이때유. 산소애 가서 지내너이더런 인저
지배서 지날 행펴니 모뙤넌 사람더런 인저 산소애 가서 지내넝 거 거터유.

지반 시꾸드리 다 모여서 하능 거뚜 이짜너요, 가으래?

￣ 그건: 시사.[292] 시사 지내능 기지. 사내 가서 인재 그르캐 지내능 건
시사.

그건 누구한태 어트캐 지내요?

￣ 인저 운:때 조상한테. 인저 고조나 증조꺼지만 인저 지사럴 지내구서
넌 인저 그 우:때넌 안 지내자너:. 그라면 인저 그 조상더런 시양으루 올
라간다 구라더라구. 그래 가주구서는 인재 시사 지내면 인저 마:라자면
우리 김서방내 시양 올릴 때넌 인저 산직, 옌:나래넌 인저 산지기가 해써
요. 산지기가 인저 저 노널 인저 멘 마지기 줘: 가주, 시사다비라구[293] 줘:

려 놓고 이제 성주경 읽을 때 다 하지요. 그렇게 축사를 하지요.

조상단지라는 것도 있어요?

⎺ 응?

조상단지라는 거 있어요? 조상단지, 세존단지.

⎺ 조상단지는 없을 걸, 그런 소리는 못 들어봤어, 조상단지라는 건. 신
줏단지라는 소리는 들어봤어도.

신줏단지는 뭐예요?

⎺ 신줏단지는 글쎄 모르겠어. 저 터줏단지 그걸 놓는 걸 보고 신줏단지
라고 하는지 신줏단지가 따로 있는지 나는 그건 듣기는 들었어도 보지를
못 했어. 신줏단지라는 소리는 (들었어도).

신줏단지 위하듯 한다고 하잖아요?

⎺ 응 글쎄 그렇게 하는 소리는 들었어도 내가 보지는 못했다고.

산에서도 조상들 제사 지내요?

⎺ 산에 가서?

예.

⎺ 산소에 가서 지내는 이들도 있대요. 산소에 가서 지내는 이들은 이제
집에서 지낼 형편이 못 되는 사람들은 이제 산소에 가서 지내는 거 같아요.

집안 식구들이 다 모여서 하는 것도 있잖아요, 가을에?

⎺ 그것은 시사. 시사 지내는 거지. 산에 가서 이제 그렇게 지내는 것은
시사.

그건 누구한테 어떻게 지내요?

⎺ 이제 윗대 조상한테. 이제 고조나 증조까지만 이제 제사를 지내고서
는 이제 그 윗대는 안 지내잖아. 그러면 이제 그 조상들은 시향으로 올라
간다고 그러더라고. 그래가지고는 이제 시사 지내면 이제 말하자면 우리
김서방네 시향 올릴 때는 이제 산지기, 옛날에는 이제 산지기가 했어요.
산지기가 이제 저 논을 이제 몇 마지기 줘 가지고, 시사답이라고 줘 가지

가주구 그거 농사져 가주구 인저. 참: 그저내야 머 엄청하개 해찌 머. 네:
꼭찌 시루다 시루 쪄 가주구 그냥 머 이르캐 고여 가주구서 시사 지내구.
그라면 인저 여기 시, 시사꾼덜 가면 다:: 봉지 하나씩 싸서 인저 봉성[294]
하나씩 싸서 시삼목[295] 하나씩 싸서 노나 주구. 인저 구경하넌 애:덜두 가
면 애:덜두 다:: 봉지 하나씩 싸서 줘:서 그거 으:더머그러 애더리 막 가:
구 그래짜너. 사내 가서 지내능 건 그거요. 시사 지내능 기여.

   그래잉까 지배서 제:사 안 지내는 대신 조상드를 항꺼버내 지내능 거지요?

   ̄ 음, 사내 가서 인저. 예 인저. 항꺼버내 지내두 인저: 그 인저 어떤 조
상만 지내능 개 그래두 따루 이써. 점부 지내능 건 아니여. 인저 고기 고
거 으:더 잡쑬 만한 양반만 인저 지내능 기여.

   그저내는 저: 제:사 지내구 그러셔짜너요?

   ̄ 예.

   요새는 어트개 해요? 교회다니구 나서?

   ̄ 교회다니구 나서는 그냥 인저 지사 음서근 동기간덜 모이니깨: 다: 머걸
라구 햐: 우리넌 그전대루 다: 햐:. 철질두[296] 부치구 떡뚜 하구 다: 해도.

   머를 해요?

   ̄ 떡 낄, 음석 꺼틍 거 해:두 이르캐 고여 노턴 안 히야. 그르가구 그냥
하난님 아패 인재 예:배 디리구서 그냥 노나 머거 동기간덜하구.

   그저내는 그럼 어떤 시그루 해써요?

   ̄ 그저내, 우리는 우리 종소니 사춘, 저 광산 김서방내 대종소니 우리
사추니거던. 저 벌터[297] 사넌대 거그서 다: 지내구 인저 하라부지 지사꺼
지 머 증조하라부지 지사꺼지 거그서 다 모시구서는 인저 우리넌 우리
아번님 도러가셔서 인저 우리 아번님 우리 어먼님 도러가셔쓰니깨 인저
그 두: 분만 지내써유. 그라면 인저 방애다가 음석 다: 해서 차려 노쿠 인
저 절하고 이르캐 지내찌, 그저내넌:. 그랜는대 인저 우리가 예수 미드매
서넌 인저 그르캐 차려 논넝 거 아니라 구래서 안 차려 노쿠.

고 그거 농사지어 가지고 이제. 참 그전에 야 뭐 엄청나게 했지 뭐. 네 꼭지 시루에다 시루(떡) 쪄 가지고 그냥 뭐 이렇게 괴 가지고 시사 지내고. 그러면 이제 여기 시, 시사꾼들이 가면 다 봉지 하나씩 싸서 이제 봉송 하나씩 싸서 시샂못 하나씩 싸서 나누어 주고. 이제 구경하는 애들도 가면 애들도 다 봉지 하나씩 싸서 주고 그거 얻어먹으러 애들이 막 가고 그랬잖아. 산에 가서 지내는 건 그거야. 시사 지내는 거야.

그러니까 집에서 제사 안 지내는 대신 조상들을 한꺼번에 지내는 것이지요?

⁻ 응, 산에 가서 이제. 예 이제. 한꺼번에 지내도 이제 그 이제 어떤 조상만 지내는 것이 그래도 따로 있어. 전부 지내는 것은 아니야. 이제 고기 고것 얻어 잡수실 만한 양반만 이제 지내는 거야.

그전에는 제사 지내고 그러셨잖아요?

⁻ 예.

요새는 어떻게 해요? 교회 다니고 나서는?

⁻ 교회 다니고 나서는 그냥 이제 제사 음식은 동기간들 모이니까 다 먹으려고 해 우리는 그전처럼 다 해. 철질도 하고 떡도 하고 다 해도.

뭐를 해요?

⁻ 떡 같(은), 음식 같은 거 해도 이렇게 고여 놓지는 않아. 그렇게 하고 그냥 하나님 앞에 이제 예배 드리고서 그냥 나누어 먹어 동기간들하고.

그전에는 그럼 어떤 식으로 했어요?

⁻ 그전에, 우리는 우리 종손이 사촌, 저 광산김씨네 대종손이 우리 사촌이거든, 저 벌터 사는데. 거기에서 다 지내고 이제 할아버지 제사까지 뭐 증조할아버지 제사까지 거기에서 다 모시고서는 이제, 우리는 우리 아버님 돌아가셔서 이제 우리 아버님 우리 어머님 돌아가셨으니까 이제 그 두 분만 지냈어요. 그러면 저 방에다가 음식 다 해서 차려 놓고 이제 절하고 이렇게 지냈지, 그전에는. 그랬는데 이제 우리가 예수 믿으면서는 이제 그렇게 차려 놓는 게 아니라고 해서 안 차려 놓고.

그저내 차려 놀 때는 거기 뭐: 어떤 음석뜰 차려 놔써요?

ˉ 인저 떠카구 적²⁹⁸⁾ 뿌치구 나무새 인저 세 가지 이르캐 하구 짐:, 조기,
포, 과:일 인저 그르카구서넌 인저.

과이른 어떵거?

ˉ 밤:, 대추, 꼭깜, 갸:멀 하던지 인저 능금, 배 인저 여름 찌사 지낼라먼
인저 수:박, 차미 그렁 거 사다 노쿠 인저 겨우래넌 그르캐 지내구. 그래
두 머 다: 하구 수푼 대루 다: 하능 기여 머. 그렁 거 다:: 차려 노쿠 인저
조기. 다렁 건 다: 모태두 포하구 짐: 자반하구 과:일하구넌 꼭 써야지. 탕
꾹 끄리구, 인저 밥패서 인저 메겨따구²⁹⁹⁾ 하구 인저 술 인저. 수런 우리
아번님두 몰: 짭쒀써, 옌:날부텀 수럴. 그래써두 인재 잔 분넌다구 인저
약쭈술³⁰⁰⁾ 사다가 이르캐 잔 붇꾸 그르카구 지내찌유.

그거 왜 하능 거요?

ˉ 예?

그건 왜 하능 거요?

ˉ 그쌔 인재 옌:날버텀 해 나려 옹 거니깨 핻:찌 머. 그걸 잡쑤꾸 가거
써, 머 어트가거써, 그르차너? 그래서 지그믄 인저 교외 댕기넌 재가 내가
한 삼심 년 가차 되넌대: 지그먼 인저 차려 노털 아니햐. 하기넌 그전:대
루 다 햐. 지산나리먼 머 동기간덜 모이구 자손덜 오구 그라니깨 가치 머
거야 하자너? 그라니깨 머 시캐두 하구 머 떡뚜 하구 철질두³⁰¹⁾ 하구 머
다: 해서 노쿠서넌 인저 예:배 디리구서 인저 동기간덜하구 그르캐 한태
안저서 먹꾸 그라지유 머.

시아버님이 저:기 약쭈 모타션는대 약주 부어서 드시먼 와따가 취하실 꺼 아
니요?

ˉ 어, 글쌔 마리여 허허허허허. 그려두 그개 잔 분넝 거라구 하니깨 그
저내 그래두 장 해써유. 그러캐 자널 붜:써 약쭈술 사다가.

근대 그거 저:기 밥, 메라 그래지요?

그전에 차려놓을 때는 거기 뭐 어떤 음식들을 차려 났어요?

‐ 이제 떡 하고 부침개 부치고 나물 이제 세 가지 이렇게 하고 김, 조기, 포, 과일, 이제 그렇게 하고서는 이제.

과일은 어떤 거예요?

‐ 밤, 대추, 꽂감, 감을 하든지 이제 능금, 배 이제 여름 제사 지내려면 이제 수박, 참외 그런 것 사다 놓고 이제 겨울에는 그렇게 지내고. 그래도 뭐 다 하고 싶은 대로 다 하는 거야 뭐, 그런 거 다 차려 놓고 이제 조기. 다른 것은 다 못 해도 포하고 김자반하고 과일하고는 꼭 써야지. 탕국 끓이고 이제 밥해서 이제 메지었다고 하고 이제 술 이제. 술을 우리 아버님도 못 잡수셨어, 옛날부터 술을. 그랬어도 이제 잔 붓는다고 이제 약주 사다가 이렇게 잔에 붓고 그렇게 하고 지냈지요.

그것은 왜 하는 거예요?

‐ 예?

그것은 왜 하는 거예요?

‐ 글쎄 이제 옛날부터 해 내려 온 거니가 했지 뭐. 그걸 잡숫고 가겠어, 뭐 어떻게 하겠어, 그렇잖아? 그래서 지금은 이제, 교회 다니는 지가 내가 한 삼십 년 가까이 되는데, 지금은 이제 차려 놓지를 안 해. 하기는 그전대로 다 해. 제삿날이면 뭐 동기간들 모이고 자손들 오고 그러니까 같이 먹어야 하잖아? 그러니까 뭐 식혜도 하고 뭐 떡도 하고 철질도 하고 뭐 다 해서 놓고서는 이제 예배 드리고 이제 동기간들 하고 그렇게 함께 앉아서 먹고 그러지요 뭐.

시아버님이 저기 약주 못 하셨는데 약주 부어서 드시면 왔다가 취하실 것 아니에요?

‐ 아, 글쎄 말이야 허허허허. 그래도 그게 잔 붓는 거라고 하니까 그전에 그래도 늘 했어요. 그렇게 잔을 부었어, 약주 사다가.

그런데 그것 저기 밥, 메라 그러지요?

─ 예, 메진는다 구라지.

메진는다능 게 무슨 뜨시요?

─ 모르거써:, 이르캐 메저 올린다구[302] 하구 그라대? 이르캐 밥패다 논넝 걸 가주구 바비라구 안 하구 메저서 올린다구 이러카구 그라더라구유. 난 두 뜨뚜 몰르구 그냥 으런더리 하니깨 따러 해써.

근대 그거 탕하구 메하구 보통 사람 머글 때하구 순서가 이개 또가터요? 아니면 밥…

─ 틀리개[303] 논는대유. 인저 저기다 움모개다 상얼 차려 노먼 우리넌 인저 이르캐: 이르캐 먹짜너?

구기 오른쪼개 이짜나요?

─ 그링깨 고: 혼더른 바꿔 논는다구 하넝 거 거트대. 나 차려 논넝 건 잘 안 바써. 머 논넝 개 다 따루 이떠라구. 머 어조근 어따 노쿠 머 과:이른 어따, 과:이리 젤: 아패 안떠라구. 그라고 인재 메가 젤: 뒤에 안:꾸 잔 때가 고개 앙:꾸 인재 탕:애[304] 고개 앙:꾸 가문태 채소 앙:꾸 인저 고 아패 저간:꾸 그라더라구.

미태, 미태 머 상 아패두 머 노치 안나요?

─ 상 아패 인저 향노 노쿠 하넝 거. 요로캐 요로캐 노쿠선 인저 쪼만상 고 아패다가 가따 노쿠 인재 향노애 상뿔[305] 피우자너. 그거 노쿠서 인저 상… 향 꼭꾸 이러캐.

뒤:애는 머 사진: 나요? 아니면 멀 써 논나요?

─ 저:기. 지:방 쓩 거 이써. 지사 지날 때넌 인저 거기따 이러캐 쓩 걸 내:노쿠 하더라구.

저: 종가찌배서 할 땐 그래요?

─ 그르믄유. 종가찌배서 그저내 인저 큰지부루 지사 지내러 가먼 그러캐 해 노쿠 하지. 똑까치 해유.

보통 우리가 이러캐 살: 때요오:? 어떵 거 어떵 건 하지 마:라. 이렁 거뚜 이

‾ 예, 메 짓는다고 그러지.

메 짓는다는 게 무슨 뜻이에요?

‾ 모르겠어, 이렇게 메 지어 올린다고 하고 그러데? 이렇게 밥 해다 놓는 걸 가지고 밥이라고 안 하고 메 지어 올린다고 이렇게 하고 그러더라고요. 나도 뜻도 모르고 그냥 어른들이 하니까 따라 했어.

그런데 그거 탕하고 메하고 보통 사람 먹을 때하고 순서가 이것이 똑같아요? 아니면 밥…

‾ 다르게 놓는대요. 이제 저기에다 윗목에다 상을 차려 놓으면 우리는 이제 이렇게 이렇게 먹잖아?

국이 오른쪽에 있잖아요.

‾ 그러니까 그 혼들은 바꿔 놓는다고 하는 거 같던데. 나 차려 놓는 건 잘 안 봤어. 뭐 놓는 게 다 따로 있더라고. 뭐 어족은 어디에 놓고 뭐 과일은 어디에, 과일이 제일 앞에 앉더라고. 그리고 이제 메가 제일 뒤에 앉고, 잔대가 고기에 앉고 이제, 탕이 고기에 앉고, 가운데 채소 앉고, 이제 고 앞에 적 앉고 그러더라고.

밑에, 밑에 그 상 앞에도 뭐 놓지 않아요?

‾ 상 앞에 이제 향로 놓고 하는 거. 요렇게 요렇게 놓고서 이제 조그만 상 고 앞에다가 갖다 놓고 이제 향로에 향불을 피우잖아. 그거 놓고서 이제 상… 향 꽂고 이렇게.

뒤에는 뭐 사진 놓아요? 아니면 뭘 써 놓나요?

‾ 저기. 지방 쓴 거 있어. 제사 지낼 때는 이제 거기에다 이렇게 쓴 걸 내놓고 하더라고.

저기 종갓집에서 할 때는 그래요?

‾ 그럼은요, 종갓집에서 그전에 이제 큰집으로 제사 지내러 가면 그렇게 해 놓고 하지. 똑같이 해요.

보통 우리가 이렇게 살 때, 어떤 것 어떤 것은 하지 마라, 이런 것도 있잖아짜나요? 왜, 아까 저: 초상나먼 산직…

ⁿ 부정해서 모깐다구.

그렁 거 처럼 그런: 일드리 꽤 마니 이써짜나요, 예나래는?

ⁿ 그러머뉴. 옌:나래넌 부정얼 여간 가려써. 근대 지금더런 앙 가리더라구. 초상나서 금방 머 초상, 행여가 지내가써두 머 그냥 머 우:해러[306] 가구 그라더라구 보니깨. 지금더른 앙 가려.

요. 왜, 아까 저: 뭐 초상나면 산지기…

⎺ 부정 타서 못 간다고.

그런 것처럼 그런 일들이 꽤 많이 있었잖아요, 옛날에는?

⎺ 그럼요. 옛날에는 부정을 여간 가렸어. 그런데 지금은 안 가해더라고.
초상 나서 금방 뭐 초상, 상여가 지나갔어도 뭐 그냥 뭐 위:하러 가고 그
러더라고 보니까. 지금은 안 가려.

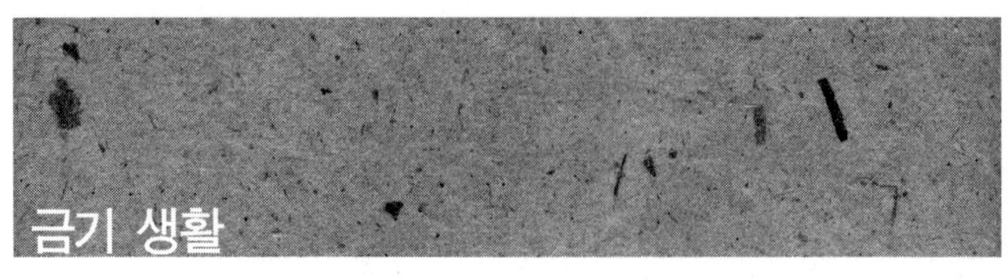

음녀:카구 괄련 대서 그렁 거 가리능 거 이써써요?

‑ 음녁?

예. 음녁 머 정월 초하, 정월 초에, 정초에…

‑ 아:, 나무 지배 앙 가구 여자더리:. 이월 초하룬날두 여자더리 나무 지비 일찍 앙: 가넝 거구. 이월 초하룬나런 콩 보까 머거꺼든, 엔:나래넌.

콩이요?

‑ 예, 콩 보까 머거써유, 엔:나래넌.

왜요?

‑ 새:삼[307] 봉, 농사진넌대 왜 그, 농사 안 져 보셔서 몰:르지:. 새사무라구[308] 댕댕이넝쿨[309] 거틍 개 그냥 곡씨개 이르캐 가무 올러가능 개 이써. 그거 봉년다구 일찍 이러나서 ‘새:삼 복짜, 새:삼 복짜’ 하며 이르캐 콩얼 보까써, 엔:나래 이:월 초하룬날. 그르캐서 먹꾸 그래서 이월 초하룬나런 여자드리 나무지비애 한:나절 되두룩 가지 마러야 히야. 아주 그날 머 어트개서 잘 몰:르구서 인저 혹씨 몰:르는 여자가 누가 드러가면 마냐개 인저 그지비서 머 소럴 팔러 가던지 그라면 재수가 업써 모태따능 기여. 여자가 일찍 드루와서. 그르캐 엔:나랜 사사럴[310] 떨구 사러써, 동내서두. 그래서 몯 뜨러가구 머. 아유 정월 초승애 나무 지배 워트개 일찍 까 모까지, 정월 초승애넌. 여자더런 그냥 꼼짝카지 말구 지배서나 이꾸 그래야지.

정월 초승이 언재부터 언재까지요?

‑ 아 인제 슬: 쇠구서, 초승언 인저 한 초다쌔 한 이르케 넘뚜루건 초승

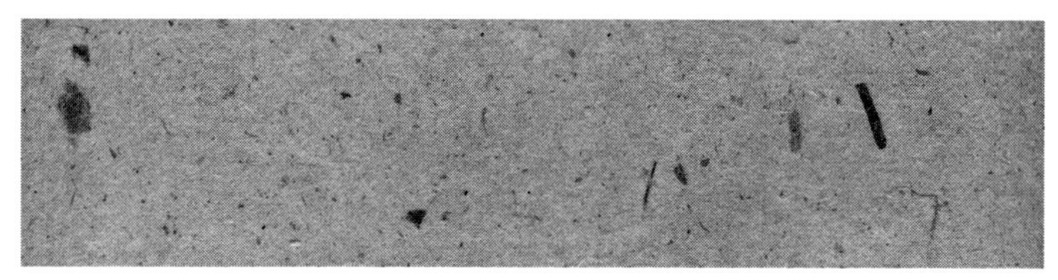

음력하고 관련해서 그런 것 가리는 것 있었어요?

￣ 음력?

예. 음력 뭐 정월 초하루, 정월 초에, 정초에…

￣ 응, 남의 집에 안 가고, 여자들이. 이월 초하룻날도 여자들이 남의 집에 일찍 안 가는 거고. 이월 초하룻날은 콩 볶아 먹었거든, 옛날에는.

콩이요?

￣ 예, 콩 볶아 먹었어요, 옛날에는.

왜요?

￣ 새삼 볶(는), 농사짓는데 왜 그, 농사 안 지어 보셔서 모르지. 새삼이라고 댕댕이덩굴 같은 게 그냥 곡식에 이렇게 감아 올라가는 게 있어. 그거 볶는다고 일찍 일어나서 '새삼 볶자, 새삼 볶자' 하면서 이렇게 콩을 볶았어, 옛날에 이월 초하룻날. 그렇게 해서 먹고 그래서 이월 초하룻날은 여자들이 남의 집에 한나절이 되도록 가지 말아야 해. 아주 그날 뭐 어떻게 해서 잘 모르고서 이제 혹시 모르는 여자가 누가 들어가면 만약에 이제 그 집에서 뭐 소를 팔러 가든지 그러면 재수가 없어서 못 했다는 거야. 여자가 일찍 들어와서. 그렇게 옛날에는 유난을 떨고 살았어, 동네에서도. 그래서 못 들어가고 뭐. 아이고 정월 초승에 남의 집에 어떻게 일찍 가 못 가지, 정월 초승에는. 여자들은 그냥 꼼짝하지 말고 집에서나 있고 그래야지.

정월 초승이 언제부터 언제까지예요?

￣ 아 이제 설 쇠고서, 초승은 이제 한 초닷새 한 이렇게 넘을 때까지 초

이여. 초여를 되기 저는 초승이여. 그려서 인저 그때꺼지는 뭐 나무집 일찍 모: 까구. 보통 때두 여자더리 그저내는, 옌:나래는 나무 지비 일찍 모: 뜨러가써어:. 드러오능 거를 그러캐 끄:려써. 뭐: 소 거틍 거 장날 장애 가구 뭐:, 뭐 다릉 거 가주구 장애 가구 하넌대 여자가 드러오면 재수 웁따구:. 여자더런 그르캐 모: 까써. 보름날 머 또 뭐: 정월 보름나리면 머: 나무 아홉 찌마구 머: 밥 아홉 싸발 멍능 기라구 저녀개 일:찍 캐서 나무 새[311] 해서 또 먹꾸 인재 열라흔날. 또 인저 보름날 아치매넌 또 인저 농사, 마니 싸멀 싸야 베 짜걸[312] 마니 싼다구 김:, 쌈 나무럴 인저 넙쩡넙쩌칸 나물 뜨더 말려 놔따가 인저 그걸루 무쳐서 또 쌈: 싸 먹꾸:.

고거는 제가 따루 또 무러 보깨요 그거는.

그거는 인재 풍스비자나요?

˥ 네, 그리유.

그건 풍스비구 이거는 풍습뽀다 모타개 하능 거, 하만 안 되능 거 그거를.

˥ 안: 되넝 건 뭔:지 몰르건내.

정월 초, 정초에 머 나무지배 가서 바늘 빌리먼 안 댄다구 머 그렁 거뚜 이써요?

˥ 바누?

바늘.

˥ 바누?

바늘. 그거 빌리먼 안 댄다구.

˥ 그르치. 되(단모음 [외])두루기면 그저 나무 지비 가지 마르야 하구 그렁 거 빌리넝 거뚜 하지 마러야 하구. 옌:나래는 정초애는 그려써.

아까 저:기 이월 초하룬날 새삼 봉는다구 그래짜나요? 그개 저: 콩가치 생깅 거 얘기하능 거요? 그 가머 올라가능 거?

˥ 예 예.

승이야. 초열홀 되기 전은 초승이야. 그래서 이제 그때까지는 뭐 남의 집 일찍 못 가고. 보통 때도 여자들이 그 전에는, 옛날에는 남의 집에 일찍 못 들어갔어. 들어오는 것을 그렇게 꺼렸어. 뭐 소 같은 거 장날 장에 가고 뭐, 뭐 다른 거 가지고 장에 가고 하는데 여자가 들어오면 재수 없다고. 여자들은 그렇게 못 갔어. 보름날 뭐 또 뭐 정월 보름날이면 뭐 나무 아홉 짐 하고 뭐 밥 아홉 사발 먹는 거라고, 저녁 일찍 해서 나물 해서 또 먹고, 이제 열 나흗날. 또 이제 보름날 아침에는 또 이제 농사, 많이 쌈을 싸야 벼 짝을 많이 쌓는다고 김, 쌈 나물을 이제 넓적넓적한 나물 뜯어 말려 놓았다가 이제 그걸로 무쳐서 또 쌈 싸 먹고.

고거는 제가 따루 또 물어볼게요 그것은.

그거는 이제 풍습이잖아요?

⌐ 예, 그래요.

그것은 풍습이고 이것은 풍습이라기보다는 못 하게 하는 것, 하면 안 되는 것, 그것을.

⌐ 안 되는 것은 무엇인지 모르겠네.

정월 초, 정초에 뭐 남의 집에 가서 바늘 빌리면 안 된다고 뭐 그런 것도 있어요?

⌐ 바늘?

바늘.

⌐ 바늘?

바늘, 그것 빌리면 안 된다고.

⌐ 그렇지. 되도록이면 그저 남의 집에 가지 말아야 하고 그런 거 빌리는 것도 하지 말아야 하고. 옛날에는 정초에는 그랬어.

아까 저기 이월 초하룻날 새삼 볶는다고 했잖아요? 그게 저기 콩 같이 생긴 것 말하는 거예요? 그 감아 올라가는 것.

⌐ 예 예.

그거 쪼꼬망 콩가치 달리능 거.

‑ 예 예. 그거 가노:랑[313] 개 인저 나무에 콩 싱꾸 그라문 가무[314] 올라가
문 그 콩 나무는 절딴나능[315] 기여. 그개 가머 올러가서 콩이 몬: 녀러. 그
라니깨 인저 새삼 봉넌다구 이르캐 콩: 머 거기따 머 다령 거뚜 줌 너:서
뽀꾸 이리야.

호닌날 바다 노쿠서두 그 서루 야콘해 노쿠 머 하지 마라, 머 하지 마라 또
이렁 거뚜 이짜너요.

‑ 아이고 몰르건내, 그렁 건 잘:.

호닌날 바다 노쿠는 초상지배 가능 거 아니라면서요?

‑ 음 그리유. 그런대두 가지 마러야 하구 남 호니하넌 데두 앙 가야 되
구. 예시카는 데두. 내가 호닌할 끼먼 내가 따럴 여오거나[316] 아더럴 여올
끼머넌 남 할 때:두 앙 가능 기여. 옌나래넌 그래써.

왜: 앙 가요?

‑ 그쌔 그르캐 나뿌다구 모 까개 하대유. 앙 가능 기라구.

요새는 다: 다니자나요.

‑ 지:그먼 뭐 한 네식짱애서 머 시간 시간 하넝 걸 머, 무순 상과니여.
그르니깨 세월따라 사라미 사넝 기여 그차너?

또 머: 그 호닌 날짜 바다 노쿠 그 따리 그래잉까 그 색씨 될 사라미 어디 가
먼 안 대구 머 이렁 거뚜 이써요?

‑ 그르치유. 옌:나래넌 그르캐 도러댕기먼 안 되구 인저 다소고치 지비
이따 시집와야지 머. 호닌 날짜 바더 노쿠 색:씨가 어디 도러댕기구 하먼
그개 큰:: 숭이지 머 옌:나래야.

장:사 지낼 때두 머 머는 하지 마라야 대구 머 그렁 거뚜 이짜나요.

‑ 그쌔 그렁거뚜 인…

상주보구 머: 하지 마:라 이렁 거뚜 이짜너요?

‑ 상주는 가마:니 드러안저서 여기서 울:, 울:기만 하구 공마나구 방애

그것 조그만 콩같이 달리는 거지요?

￣ 예 예. 그거 가느다란 게 이제 나무에 콩 심고 그러면 감아 올라가면 그 콩 나무는 결단나는 거야, 그게 감아 올라가서 콩이 못 열어. 그러니까 이제 새삼 볶는다고 이렇게 콩 뭐 거기에다 뭐 다른 것도 좀 넣어서 볶고 이래.

혼인날 받아 놓고서도 그 서로 약혼 해놓고 뭐 하지 마라, 뭐 하지 마라 또 이런 것도 있잖아요.

￣ 아이고 모르겠네, 그런 것은 잘.

혼인날 받아 놓고서는 초상집에 가는 것 아니라면서요?

￣ 응 그래요. 그런데도 가지 말아야 하고 남 혼인하는 데도 안 가야 되고, 예식 하는 데도. 내가 혼인할 거면 내가 딸을 여의거나 아들을 여월 거면 남 할 때도 안 가는 거야. 옛날에는 그랬어.

왜 안 가요?

￣ 글쎄 그렇게 나쁘다고 못 가게 하대요. 안 가는 것이라고.

요새는 다 다니잖아요.

￣ 지금은 뭐 한 예식장에서 뭐 시간 시간 하는 걸 뭐, 무슨 상관이야. 그러니까 세월 따라 사람이 사는 거야 그렇잖아?

또 뭐 그 혼인 날짜 받아 놓고 그 딸이 그러니까 그 색시 될 사람이 어디 가면 안 되고 뭐 그런 것 있어요?

￣ 그렇지요. 옛날에는 그렇게 돌아다니면 안 되고 이제 다소곳이 집에 있다가 시집 와야지 뭐. 혼인 날짜 받아 놓고 색시가 어디 돌아다니고 하면 그게 큰 흉이지 뭐 옛날에는.

장사 지낼 때도 뭐 뭐는 하지 말아야 되고 뭐 그런 것도 있잖아요.

￣ 글쎄 그런 것도 있…

상제보고 뭐 하지 마라 이런 것도 있잖아요.

￣ 상제는 가만히 들어앉아서 여기서 울, 울기만 하고 곡만 하고 방에

드르안자쓰야 햐. 옌:나래는 상주가 한대 나와 도러댕기면 안 대써. 그냥 오:일장 치릴장얼[317] 해두 여기 드르안자서 그냥 오뉴월 영처내두 가마이 드르안저서 그냥 공마나구 뭐 사::꾸[318] 시간 시간 곡캐야 하구. 바깥쌍주 더런[319] 저그서 인저 손님 바드야 하지만 안쌍주덜두[320] 오뉴월 영처내두 여그 문닥꾸 안저서 상국 공만 해야 디야. 한대 나가지 말구. 상주가 나와 도러댕긴다구 하구 머 나와 도러댕기면 얼마나 마:리 마너. 아이구 상주가 나와서 한대 와 도러댕기구 그란다구.

  그럼 이:른 누가 해 줘요?

⎺ 인저 동내 싸람더리. 동내 싸람더리 옌:나랜 다: 와서 해 줘써유.

  살림:을 아러야 되자너요? 싸리 어딘는지 뭐 그렁 거.

⎺ 인저 거기 또 동기간더리 이짜너, 동기간더리.

들어앉아 있어야 해. 옛날에는 상제가 바깥에 나와 돌아다니면 안 됐어. 그냥 오일장 칠일장을 해도 여기 들어앉아서 그냥 오뉴월 염천에도 가만히 들어앉아서 그냥 곡만 하고 뭐 자꾸 시간 시간 곡해야 하고. 바깥상제들은 저기서 이제 손님 받아야 하지만 안상제들도 오뉴월 염천에도 여기 문 닫고 앉아서 계속 곡만 해야 돼. 바깥에 나가지 말고. 상제가 나와 돌아다닌다고 하고 뭐 나와 돌아다니면 얼마나 말이 많아. 아이고 상제가 나와서 바깥에 돌아다니고 그런다고.

그럼 일은 누가 해 줘요?

˗ 이제 동네 사람들이. 동네 사람들이 옛날에는 다 와서 해줬어요.

살림을 알아야 되잖아요, 쌀이 어디 있는지 뭐 그런 것.

˗ 이제 거기 또 동기간들이 있잖아, 동기간들이.

1) '다우다'는 중앙어 '다지다'에 대응하는 이 지역 방언형이다. 주로 '터'나 '집 터'와 호응하여 쓰이는 말로 인위적으로 땅을 단단히 한다는 뜻이 내포되어 있다. 예문의 '집터 다울 때'는 충청도 방언에서 주로 '집터 다질 때'와 같이 쓰인다.

2) '지대미호'는 예전에 초가집이나 기와집과 같은 한옥을 짓기 위해 집터를 다지거나 땅을 단단히 다질 때 일꾼들이 달구질을 하면서 힘든 것을 덜 느 끼게 하려고 선소리꾼이 메기는 선소리에 맞추어 후렴구로 외치는 말이다. 봉분을 다질 때는 '에:-헤:- 달:-고:-'와 같이 후렴을 붙이지만 집터나 마당 등 을 다질 때는 선소리에 맞추어 '에:-헤:- 지대:-미호:'하고 후렴을 붙인다. 집 터를 다지기 위해 달구질을 할 때 쓰는 도구를 '달구'라고 하는데 달구가 없 을 때는 주로 크고 반반한 돌을 이용하였다고 한다. 여럿이 다지기 위해 여 러 가닥으로 밧줄을 묶어 한 사람이 한 가닥씩 잡고 선소리에 맞추어 밧줄 을 여럿이 동시에 잡아당겼다 놓으면 무거운 달구가 번쩍 들렸다가 땅에 떨 어지면서 땅을 다진다. 이 때 선소리에 맞추어 여럿이 달구를 들어 올렸다 놓으면서 '에:-헤:- 지대:-미호' 하면서 후렴을 붙인다.

3) '동아줄'은 '굵고 튼튼하게 꼰 줄'을 뜻하는데 충청도 지역에서는 주로 삼 껍 질이나 볏짚을 세 가닥으로 꼬아 만든다. 줄을 튼튼하게 꼬기 위해 한쪽 끝 은 나무나 기둥에 매고 다른 한쪽 끝은 '자새' 끝에 매어 자새의 손잡이를 잡 고 돌리면서 가닥이 단단하게 꼬인게 한다. 이렇게 꼬인 세 가닥을 끝을 한 데 모아 꼬면 굵고 튼튼한 줄이 되는데 이렇게 여러 가닥의 끈이나 줄을 하 나로 튼튼하게 꼰 것을 '동아줄' 또는 '동아바'라고 한다. 이렇게 굵은 줄을 꼬는 것은 '드린다'고 한다. 예를 들면 '동아줄 들인다'나 '밧줄 들인다'와 같 이 쓴다. 제보자는 '동아줄'을 [동아줄]로 발음했지만 [동아쭐]로 발음하는 화자들도 있다. 단어의 형태상으로 보면 한글맞춤법의 사이시옷 규정에 따 라 '동앗줄'이라고 표기해야 옳다.

참고로 ≪표준국어대사전≫에는 삼이나 짚으로 세 가닥을 지어 굵다랗게 드린 줄을 '참바'라고 풀이하고 있으나 청원 지역을 비롯한 충북 지역에서는 삼으로 드린 튼튼한 줄만을 '참바'라고 하고 짚으로 드린 줄은 그냥 '바'라고 하기도 한다. 충청도 방언에서 '짚으로 굵게 꼰 것'만을 '동아바'라고 하고,

'삼으로 가늘고 질기게 꼰 것'은 '참바'라고 하기도 한다. 이때의 '참바'는 '삼으로 꼬아 질긴 것'의 의미가 내포되어 있다. 지역이나 화자에 따라서 '삼으로 굵게 꼰 것'을 '참바'라고 하기도 한다. 굵게 꼰 것은 어린아기의 팔뚝 굵기 이상을 뜻한다.

4) '도리'는 전통 가옥에서 서까래를 받치기 위하여 기둥과 기둥 위에 건너지르는 나무를 뜻한다.

5) '상낭하다'는 중앙어 '상량하다'에 대응하는 충청도 방언형이다.

6) '서꿀'은 중앙어 '서까래'에 대응하는 이 지역 방언형이다.

7) '새'는 중앙어의 '알미'에 대응하는 충청도 방언이다. 산자 위에 까는 이긴 흙을 '새'라고 한다. 지붕의 서까래 위에 굵고 긴 나무를 가로지르고 그 사이 사이에 수수깡이나 가는 나무오리 또는 싸릿가지 따위를 엮은 것을 '산자'라고 하는데 산자 위에 흙을 이겨 진흙을 두툼하게 까는데 이렇게 하는 것을 이 지역에서는 '새 받는다'고 한다. 새로 집을 지을 때 서까래 위에 산자를 하고 그 위에 진흙을 두툼하게 깐 다음 기와를 이거나 이엉을 이어 지붕을 한다. 이긴 흙을 깐 위에 기와를 얹으면 흙이 기와를 단단히 고정하는 효과도 있다. 새 위에 진흙을 두툼하게 깔면 여름에는 시원하고 겨울에는 따뜻하게 하는 단열 효과가 있다.

참고로, 집을 지을 때 방안의 외풍을 없애고 단열을 위해 서까래 아래 방위나 부엌 위에 다락처럼 만들기도 하는데 여기에도 수수깡이나 가는 나무오리 또는 싸릿가지 따위를 엮어 산자를 하고 그 위에 진흙을 이겨 두툼하게 깔기도 하는데 이렇게 하는 것을 충청도에서는 '고미 누른다' 또는 '고무 누른다'고 한다.

8) '영'은 중앙어 '이엉'에 대응하는 충청도 방언형인데 충청도의 노년층 화자들은 주로 장모음 [응ː]으로 발음하는 것이 보통이나 젊은층으로 갈수록 예문에서와 같이 [영ː]으로 발음한다. '영(이엉)'은 초가지붕을 이기 위해 가을에 추수와 벼 타작을 다 끝내고 볏짚을 나란히 길게 엮은 것을 말한다. 이렇게 길게 엮은 영/응(이엉)을 말아 놓은 것 하나하나를 '응마름/영마름' 또는 '응마람/영마람'이라고 하는데 말아 놓은 '응마름/영마름' 하나는 어른 아름으로 한 아름 이상 되게 엮는다. 지붕을 이기 위해서는 이런 영마름(/응마름) 여럿이 필요하다. 지붕을 일 때는 사다리를 놓고 이것을 지붕에 가지고 올라가서 말아 놓은 영마름(/응마름)을 지붕 아랫부분부터 하나씩 펴 가면서 깐다. 지붕 아랫부분을 다 돌려 깔고 나면 그 위에 일부가 겹쳐지게 돌려 깔고 하

여 지붕 꼭대기까지 간다. 지붕 맨 윗부분은 ∧ 모양으로 엮은 용구새(중앙
어는 용마름)를 길게 덮는다. 이렇게 하는 것을 '지붕을 인다'고 한다.

9) '역떠라구유'는 '억떠라구유(얽더라구유)'라고 해야 하는데 제보자가 '얽다'와
'엮다'를 혼용하여 사용한 것으로 보인다. '얽는 것'은 새끼나 노끈 등으로 나
뭇가지나 대오리 또는 수수깡 등과 직각이 되게 길고 굵직한 나무로 지지대
를 대고 이리저리 걸어 묶어 격자 모양이 되도록 하는 것을 뜻하고 '엮는 것'
은 새끼나 노끈 등으로 나뭇가지나 수수깡 등을 나란히 놓고 일정한 간격으
로 묶어 나가는 것을 뜻한다. 주 11) 참조.

10) '개'는 '개다'의 어간 '개-'에 어미 '-아/어'가 연결된 활용형이다. '개다'와 비슷
하게 쓰이는 것이 '이기다'인데 둘 다 물이나 기름을 넣어 섞이게 한다는 점
에서는 같지만 개거나 이긴 결과는 다르다. '개다'는 '가루나 덩이진 것에 물
이나 기름 따위를 쳐서 서로 섞이거나 풀어지도록 하다'의 뜻으로 쓰어 '갠'
결과가 액체에 가까워 일정한 형태를 유지하고 있지 못하는데 비해 '이기다'
는 '가루나 흙 따위에 물을 부어 반죽하다'의 뜻으로 쓰이고 '이긴' 결과가 고
체에 가까워 비교적 일정한 형태를 유지하고 있다는 차이가 있다. 예를 들면
'밀가루를 개서 부침개를 부쳐 먹었다'와 '진흙을 이겨 흙벽돌을 찍었다'와 같
이 쓰인다. 따라서 예문의 '개'는 '이겨'로 써야 문맥 의미에 맞는다.

11) '외때기'는 중앙어 '외'에 대응하는 충청도 방언이다. '외때기'는 한옥을 지을
때 흙벽을 치기 위해 하방과 중방 또는 중방과 상방 사이에 굵고 긴 작대기
를 일정한 간격으로 세우고 그것과 직각이 되게 얽어 놓은 수수깡이나 싸릿
가지 또는 나무오리를 가리킨다. 외때기(외)를 얽고 그 위에 볏짚 썬 것과
진흙을 잘 이긴 것을 바르면 흙벽이 된다. 외때기(외)를 얽은 다음 썬 볏짚
을 넣어 이긴 흙으로 한쪽 면에서 구멍이 생기지 않도록 고루 바르는 것을
'초벽 친다'고 하거나 '초벽 한다' 또는 '초벽 바른다'고 한다. 이렇게 초벽을
한 면의 흙벽이 굳으면 반대쪽에서 같은 방법으로 진흙 이긴 것을 바르는데
이것은 '맞벽 친다' 또는 '맞벽 한다'나 '맞벽 바른다'고 한다. 이와 같이 외때
기(외)를 얽은 다음 초벽과 맞벽을 하고 나서 흙이 어느 정도 마르면 그 위
에 황토반죽이나 시멘트 반죽을 바르는데 이것을 '재벽 한다' 또는 '재벽 바
른다'고 한다. 충청도 방언에서는 주로 초벽이나 맞벽은 친다고 하고 재벽은
바른다고 한다.

12) '영때기'는 중앙어 '이엉'에 대응하는 충청도 방언 '영'을 낮잡아 이르는 말
이다.

13) '지아'는 중앙어 '기와'에 대응하는 충청도 방언형이다. '기와'가 구개음화와 단모음화를 겪은 결과다. 충청도 방언에서는 '지아' 외에 '기아'와 '기와'도 쓰인다.

14) '수수깽이'는 중앙어 '수수깡'에 대응하는 충청도 방언형이다. 충청도 방언에서 '수수깽이' 외에 '수수깨이'와 '수숫대'도 쓰인다.

15) '새'는 중앙어의 '알매'에 대응하는 충청도 방언으로 '새 받는다'와 같이 '받다'와 호응하여 쓰인다.

16) '그낙'은 '그냥'을 잘못 말한 것으로 보인다.

17) '흐거루'는 '흐그루'를 잘못 발음한 것이다. 중앙어 '흙으로'에 대응하는 충청도 방언형이다.

18) '항쩡만'은 '한쪽만'의 음성형 '한쫑만'을 잘못 발음한 것으로 이해된다.

19) '만뻑'은 '맞벽'의 음성형이다. '맞벽'은 흙으로 벽을 바를 때 벽에 얽어 놓은 외의 안쪽에서 먼저 초벽(初壁)을 하고 초벽한 것이 마른 뒤에 겉에서 흙을 마주 붙이는 벽을 뜻한다. 주 11) 참조.

20) 목조 건물을 지을 때 흙으로 벽을 바르게 된다. 기둥과 기둥 사이에 가로질러 사개를 맞추어 고정시킨 중방과 중방 사이에 외를 얽어 놓고 그 위에 흙을 이겨 벽을 바른 다음 어느 정도 마르면 금이 가고 갈라지는데 이렇게 벽이 마르면서 갈라진 것을 메우기 위하여 고운 모래나 고운 모래가 섞인 흙으로 다시 한 번 바르는데 이것을 '재사'라고 한다. 이렇게 벽을 한 번 바르고 나서 어느 정도 마르면 그 위에 다시 벽을 바르는데 이것을 '재사'라고도 하고 '재벽'이라고도 한다. 그런데 '재사'와 '재벽'을 구별하기도 한다. '재벽'은 먼저 바른 벽 위에 흔히 황토반죽을 바르는 것을 일컫는다는 점에서 고운 모래나 고운 모래가 섞인 흙을 바르는 '재사'와는 약간의 차이가 있다.

21) '문설쭈'는 '문설주'의 음성형이다. '문설주'는 문짝을 끼워 달기 위하여 문의 양쪽에 세운 기둥, 즉 문짝을 끼워 달기 위하여 세운 문틀을 가리키는 말로 쓰였다.

22) '중방'은 벽의 중간 높이에 기둥과 기둥 사이 또는 문이나 창의 아래나 위로 가로지르는 나무로서 문짝의 아래위 틀과 나란하게 놓는다. 중앙어에서는 '중방' 외에 '중인방'이라고 하기도 한다. 기둥에 사개를 파고 기둥과 기둥 사이에 중방을 가로질러 사개를 맞추는 것을 '중방 디린다(들인다)'고 한다. 중방은 '디린다(들인다)'와 호응하여 쓰인다.

23) '문찌두리'는 중앙어 '문지도리'에 대응하는 충청도 방언 '문지두리'의 음성형

이다. '문지두리'는 줄여서 '지두리'라고도 한다. 담화 상황에서 문에 대한 이 야기를 하고 있거나 청자가 바로 알아들을 수 있는 상황에서는 '지두리'라고 만 하기도 한다. 충청도 방언에서 '문지두리' 외에 '돌쪼구'나 '돌쩌구'가 쓰이 기도 한다. '돌쪼구'나 '돌쩌구'는 중앙어 '돌쩌귀'에 대응한다. '문지두리'가 문 짝을 여닫을 때 문짝이 달려 있게 하는 물건으로 돌쩌귀나 문장부 따위를 뜻하는 데 비해 '돌쩌구'나 '돌쪼구'는 중앙어의 '돌쩌귀'의 의미로만 쓰인다. '돌쪼구'는 문짝을 여닫을 수 있게 하는 데 쓰이는 두 개의 쇠붙이로 되어 있 다. 구멍이 뚫려 있는 것은 '암쇠([암쐬])' 또는 '암돌쪼구'라고 하며 문설주에 박는다. 암쇠의 구멍에 꽂아 돌아갈 수 있도록 뾰족하게 내민 부분이 있는 것은 '숫쇠([수쐬])' 또는 '숫돌쪼구([순돌쪼구])'라고 하며 문짝에 박는다. 숫쇠 는 뾰족하게 내민 부분이 아래로 향하게 문짝의 윗부분과 아랫부분에 박고 암쇠는 숫쇠를 꽂을 수 있도록 문설주의 윗부분과 아랫부분에 박는다.

24) '문'은 '만든다'고 하지 않고 '짠다'고 한다. '문을 짠다, 문을 짜서 단다, 문을 짜 왔다'와 같이 쓰인다.

25) 문짝에 박혀 있는 숫돌쪼구(숫쇠)의 뾰족하게 내민 부분을 문설주에 박혀 있는 암돌쪼구(암쇠)의 구멍에서 빼내면 문짝을 문틀에서 분리할 수 있는데 이렇게 하는 것을 '문(짝)을 띤다(문을 뗀다)'고 하고 반대로 암돌쪼구의 구 멍에 숫돌쪼구의 뾰족한 부분을 꽂는 것을 '문(짝)을 단다(문을 단다)'고 한다.

26) '새'는 '사이'의 준말이다. 충청도에서는 '사이'의 뜻으로 주로 '새'를 썼는데 요즈음에는 '사이'를 주로 쓰는 경향이 있다.

27) '발러먼'은 '발르먼'을 잘못 발음한 것으로 보인다.

28) '그저'는 중앙어 '아직' 또는 '아직까지'에 대응하는 충청도 방언형이다. 충청 도 방언에서 '그저'는 '그저 안 왔어?(아직 안 왔어?), 그저 먹구 있니(아직까 지 먹고 있니?)'와 같이 쓰인다. 중앙어의 '아직'이 어떤 일이나 상태가 화자 가 기대하는 일정한 수준이나 정도에 도달하려면 시간이 더 지나야 함을 나 타내거나, 어떤 일이나 상태가 끝나지 아니하고 지속되고 있음을 나타내는 데 비해 충청도 방언의 '그저'는 화자가 말하는 발화시까지 기대하는 수준이 나 정도에 도달하지 못해서 불만이라는 의미가 내포되어 있다.

29) '지벙'은 중앙어 '지붕'에 대응하는 충청도 방언형이다. 예문에서 화자가 '지 붕'이라고 했다가 같은 문장에서 바로 '지벙'이라고 한 것은 조사자의 말에 이 끌려 '지붕'이라고 했다가 자연스럽게 방언형을 사용한 것이라고 할 수 있다.

30) ‘떠래’는 중앙어 ‘때문에’에 대응하는 이 지역 방언형이다.

31) ‘마람’은 이엉을 엮어서 말아 놓은 단을 뜻하는 중앙어 ‘마름’에 대응하는 충청도 방언이다. ‘마람’은 이엉을 엮어서 말아 놓은 단을 세는 단위로도 쓰인다.

32) ‘똥꾸녁’은 중앙어의 ‘똥구멍’에 대응하는 충청도 방언 ‘똥구녁’의 음성형이다. 예문에서는 짚을 엮은 이엉의 밑 부분, 즉 짚의 뿌리 쪽 부분을 상징적으로 표현한 말이다.

33) ‘홰기’는 중앙어의 ‘새꽤기’에 대응하는 충청도 방언형이다. ≪표준국어대사전≫에는 ‘새꽤기’를 갈대, 띠, 억새, 짚 따위의 껍질을 벗긴 줄기로 설명하고 있으나 충청도 방언에서는 벼 이삭이 달렸던 짚의 마지막 마디의 줄기만을 ‘홰기’라고 한다.

34) ‘날망’은 지붕이나 산의 등성이를 뜻하는 중앙어 ‘마루’에 대응하는 충청도 방언이다. ‘지붕 날망’은 지붕의 꼭대기 부분에 길게 등성이를 이룬 곳을 가리킨다. 지붕에서 제일 높은 곳은 ‘댓마루’라고 한다.

35) ‘용고새’는 중앙어 ‘용마름’에 대응하는 충청도 방언형이다. ‘용고새’ 외에 ‘용구새’도 쓰인다. ‘용고새(용마름)’는 지붕의 맨 꼭대기 부분에 길게 등성이를 이룬 곳, 즉 지붕 날망을 덮기 위해 엮은 것으로 ∧자 모양이다. 지붕의 경사면을 이는 이엉은 짚의 밑둥 부분과 새꽤기 부분이 각각 같은 방향으로 향하도록 나란히 엮는데 비해 지붕의 날망을 이는 용고새(용마름)는 새꽤기가 ∧자 형의 양쪽 아랫부분으로 향하도록 엮는다. ‘이엉’은 ‘엮는다’고 하고 ‘용고새(용마름)’은 ‘튼다’고 한다. 따라서 ‘영얼 엮어서 인다(이엉을 엮어서 인다)’ 또는 ‘영얼 둘룬다(이엉을 두른다)’고 하고 ‘용고새를 틀어서 얹는다(용마름을 틀어 얹는다)’고 한다.

36) ‘모심’은 한 줌 안에 들어올 만한 분량의 길고 가느다란 것을 뜻하는 중앙어 ‘모숨’에 대응하는 충청도 방언형이다. ‘모심’ 외에 표준어형 ‘모숨’도 같은 뜻으로 쓰인다. 이와 비슷한 뜻으로 ‘웅큼’, ‘오큼’, ‘옹큼’ 등이 쓰이는데 ‘모심’이나 ‘모숨’이 벼나, 모, 짚 등과 같이 길고 가느다란 것을 한 줌 안에 잡을 분량을 뜻하는데 비해 ‘웅큼’이나 ‘오큼’, ‘옹큼’ 등은 길고 가느다란 것을 한 줌 안에 잡을 분량을 나타낼 때도 쓰이지만 쌀이나 옥수수, 사탕 등과 같이 잘고 동글동글한 물건을 한 줌 안에 잡을 분량을 나타낼 때도 쓰여 ‘모심’보다 의미 영역이 넓다.

37) ‘용구새’는 중앙어 ‘용마름’에 대응하는 충청도 방언형으로 ‘용고새’라고도 한다.

38) ‘베름빡’은 중앙어 ‘바람벽’에 대응하는 충청도 방언형인데 충청도에서는 대

부분 바람벽과 벽을 구별하여 쓰지 않는다. 따라서 벽을 베름빡이라고도 하고 벽이라고도 한다.

39) 중앙어의 '외에 대응하는 충청도 방언으로는 '외' 또는 '외때기'가 쓰인다. '외' 또는 '외때기'는 수수깡이나 댓가지, 싸릿가지 등을 재료로 가로 세로로 얽는다. '외'나 '외때기'에는 '얽다'가 통합되어 '외얽넌다(외얽는다), 외때기 얽넌다(외얽는다)'와 같이 쓰인다.

40) '수수깽이'는 중앙어 '수수깡'에 대응하는 충청도 방언형인데 '수수깽이' 외에 '수수깨이'와 '수숫대'도 쓰인다.

41) '초벽'은 집을 지을 때 벽을 바르는 과정 중의 하나다. 기둥과 기둥 사이에 외때기(외)를 얽은 다음 볏짚 썬 것을 넣고 물을 부어 이긴 진흙으로 한쪽 면에서 구멍이 생기지 않도록 고루 바르는 것을 가리킨다. '초벽'은 '치다'나 '하다', '바르다'와 통합되어 '초벽 친다', 초벽 한다' 또는 '초벽 바른다'와 같이 쓰인다.

42) '맏빽'은 '맞벽'의 음성형으로 벽을 바르는 과정 가운데 하나다. 벽을 바를 때 초벽을 한 다음 초벽으로 바른 흙이 굳으면 반대쪽에서도 초벽할 때와 같은 방법으로 벽을 바르는데 이렇게 바른 것을 '맞벽'이라고 한다. 이때도 볏짚 썬 것과 진흙을 섞어 이긴 것으로 바르는데 이렇게 하는 것을 '맞벽 친다', '맞벽 한다' 또는 '맞벽 바른다'고 한다. '초벽'은 외를 얽은 위에 처음으로 벽을 바르는 것을 뜻하고 '맞벽'은 초벽을 바른 다음 맞은편에서 바르는 벽을 뜻한다.

43) '재사'는 중앙어 '재벽'에 대응하는 이 지역 방언이다. '재사'는 벽을 바를 때 초벽과 맞벽을 하고 나서 흙이 어느 정도 마르면 약간씩 금이 가고 틈이 생기는데 그 위에 황토 반죽이나 시멘트 반죽을 하여 갈라진 틈을 메우면서 바르는 것을 뜻한다. 충청도 방언에서는 '재사 한다' 외에 보통 '재벽 한다' 또는 '재벽 바른다'고 한다. 충청도 방언에서는 주로 초벽이나 맞벽은 '친다'고 하고 재벽은 '바른다'고 한다.

44) '버스꾸시'는 '벗구서(벗고서)'의 음성형 '버꾸서'라고 해야 할 것을 잘못 발음한 것이다.

45) '승경책'은 '승경+책'으로 분석된다. '승경'은 중앙어 '성경'의 충청도 방언형이다. 충청도 방언에서 어두음절의 모음이 '어'이고 장모음으로 실현되면 고모음화하여 '으'로 실현되는 특징이 있는데 '성:경'이 '승:경'으로 발음되는 것도 이러한 현상이다. 충청도 방언에서 관찰되는 이와 같은 예들로 '거:지→

그:지, 어:른→으:른, 널:(板)→늘:, 전:기→즌:기, 더:럽다→드:룹다, 선:보다→
슨:보다, 건:느다→근:느다' 등이 있다.

46) '하낙씩'은 중앙어 '하나씩'에 대응하는 충청도 방언형이다.

47) '벼째'는 청원군 남일면 황청리 북쪽 도람말 위에 있는 고개 이름이다. 예전
에는 황청리에서 청주로 장을 보러 갈 때 이 고개로 넘어 다녔다고 한다.

48) '산재찝'은 '산지기집'을 뜻하는 이 지역 방언형 '산직찝'이라고 발음해야 할
것을 잘못 발음한 것으로 보인다.

49) '산직찝'은 '산직집'의 음성형으로 '산직+집'으로 분석할 수 있다. '산직'은 '산
지기'의 축약형이다. 따라서 '산직집'은 '산지기집', 즉 '산지기가 사는 집'을
뜻한다.

50) '중인'은 중앙어의 중인과는 다소 다른 뜻으로 쓰였다. 중앙어에서의 중인은
조선 시대 이래 양반과 평민의 중간에 있던 신분 계급을 뜻하였다. 세습적인
기술직이나 사무직에 종사하던 사람들로, 15세기부터 형성되어 조선 후기에
는 하나의 독립된 신분층을 이루었다. 기술관 및 향리, 서리, 토관, 군교(軍
校), 역리(驛吏) 등 경외(京外) 아전과 양반에서 격하된 서얼 등이 해당되었
다. 그러나 예문에서의 '중인'은 평민 내지 상민의 신분 계층을 이르는 말로
쓰였다. 흔히 양반집 하인들이나 머슴들이 산지기 일을 담당하였다.

51) 예문에서 '중인을 따진다'는 말은 '반상을 구분한다'는 뜻이다. 즉 양반인지
상민인지를 구분한다는 뜻이다.

52) '빠빠:나개'는 '빠빠하게'의 음성형이다. '빠빠하다'는 바닥이 울퉁불퉁하지
않고 '판판하다'의 뜻과 '단단하다'의 뜻을 동시에 내포하고 있는 말이다.

53) 여기에서는 '대목'이 '목수'의 의미로 쓰였다.

54) '니'는 수량이 넷임을 뜻하는 중앙어 '네'의 충청도 방언형이다. 어두음절 위
치에서 장모음으로 실현되는 '네:'가 고모음화에 의해 '니:'로 실현된 것이다.
어두음절 위치의 모음 '에:'가 '이:'로 실현되는 것은 우리나라 대부분 지역에
서 관찰되는 현상이다.

55) '고일때'는 중앙어 '굄대'에 대응하는 이 지역 방언형 '고일대'의 음성형이다.
'고일대'는 '고일+대'로 분석할 수 있다. '고일'은 기울어지거나 쓰러지지 않도
록 아래를 받쳐 안정시킨다는 뜻으로 쓰이는 '고이다'의 관형사형이고 '대'는
긴 막대기를 뜻하는 말이다. 즉 '고일대'는 괴는 데 쓰는 막대기라는 뜻이다.

56) '먹줄 놓다'는 목수들이 집을 짓기 위해 나무를 다룰 때 자르거나 홈을 파기
위해 간격을 맞추려고 먹물 먹인 줄을 나무에 대고 튕기는 동작을 표현하는

말이다. 보통은 '먹줄을 팅긴다(튕긴다)'고 하지만 예문에서와 같이 '먹줄을 놓는다'고도 한다.

57) '먹퉁'은 '먹통'의 이 지역 방언형이다.

58) '개다'는 가루나 흙과 같이 덩이진 것에 물이나 기름 따위를 넣어서 서로 고루 섞이거나 풀어지도록 으깨거나 이기는 것을 뜻한다. 집을 지을 때 벽을 바르기 위해 흙에 볏짚 썬 것과 물을 넣고 고루 섞이도록 하는 것을 '이긴다'고도 하고 '갠다'고도 한다.

59) '발르구'는 중앙어 '바르다'의 활용형 '바르고'에 대응하는 이 지역 방언형이다. 충청도 방언에서는 주로 '발르다, 발르구, 발르지, 발러서' 등과 같이 활용한다는 점에서 기본형은 '발르다'가 된다. 중앙어 '바르다'와는 달리 규칙 활용한다.

60) '눌른다'는 중앙어 '누르다'의 현재형 '누른다'에 대응하는 이 지역 방언형이다. 충청도 방언에서는 주로 '눌르다, 눌르지, 눌르구, 눌러라' 등과 같이 활용한다. 따라서 기본형은 '눌르다'가 된다. 중앙어와 달리 이 방언에서는 규칙 활용한다.

61) '고미'는 목조 건물을 지을 때 외풍을 없애기 위하여 서까래 아랫부분에 외를 얽고 그 위에 진흙을 이겨 발라 놓는 것을 가리킨다. '고미'는 주로 '고미 눌른다'와 같이 서술어로 '눌른다'가 통합되어 쓰인다. 충청도 방언에서는 '고미' 외에 '고무'라고도 한다. 이런 방법으로 만든 다락을 '고미다락' 또는 '고무다락'이라고 한다.

62) '구둘뜽'은 '구둘등'으로 표기할 수 있고 '구둘+등'으로 분석할 수 있다. '구둘'은 중앙어의 '구들'에 대응하는 충청도 방언형이다. '구둘등'은 우리나라 전통 가옥에서 온돌방에 구들을 놓기 위해 방고래와 방고래 사이에 돌과 흙을 이용하여 여러 갈래로 조붓하고 기다랗게 쌓아 놓은 둑을 가리킨다. 구둘등은 두 가지 방법으로 쌓는데 하나는 돌과 흙을 이용하여 평지에 흙돌담을 쌓듯이 여러 갈래로 조붓하고 기다랗게 쌓는 것이고 다른 하나는 평평한 땅 바닥을 여러 갈래로 조붓하고 길게 파서 기다란 둑이 되도록 하는 것이다. 구둘등은 아궁이 부분을 중심으로 부채살 모양으로 분산 되었다가 뒤쪽의 굴뚝 부분에서는 다시 한 곳으로 모아지게 쌓는다. 구둘등을 쌓은 흙이 어느 정도 굳으면 그 위에 넓적한 구들장을 덮고 방바닥을 바른다.

63) '-서루'는 중앙어에서 시간적 선후관계를 나타내는 어미 '-아서'와 비슷한 기능을 한다. 문맥에 따라 강조의 뜻으로 쓸 때는 '-는'을 붙여 '-서루는'과 같이

쓰기도 한다.

64) '대여서깨'는 '대여섯 개'의 음성형이다. 충청도 지역에서 수를 셀 때 한 번에 두세 개씩을 묶어서 세는 방법 가운데 하나로 '대여섯 개'라고 하면 '다섯 내지 여섯 개'라는 뜻이 된다. 하나나 둘을 나타낼 때는 '한두 개'나 '한두 사람'과 같이 수관형사 '한두'가 단위를 나타내는 의존명사 '개, 명, 그루, 채'나 셀 수 있는 명사 '사람, 집, 학교' 등의 앞에 놓인다. 하나나 둘쯤 되는 수를 나타내는 수사로 쓰일 때는 '한둘이 아니더라'에서와 같이 '한둘'이 쓰인다. 둘이나 셋쯤을 함께 나타내는 수관형사로는 '두세' 또는 '두서너'가 쓰이고 둘이나 셋쯤을 함께 나타내는 수사로는 '두서넛'이 쓰인다. 셋이나 넷쯤을 함께 나타내는 수관형사는 '서너'가 쓰이고 셋이나 넷쯤을 함께 나타내는 수사로는 '서넛'이 쓰인다. 넷이나 다섯쯤을 함께 나타내는 수관형사로는 '너덧'과 '너댓' 또는 '너더댓'이 쓰이고 넷이나 다섯쯤을 함께 나타내는 수사로는 수관형사와 같이 '너덧'과 '너댓' 또는 '너더댓'이 쓰인다. 다섯과 여섯쯤을 함께 나타내는 수관형사로 '대여섯'이 쓰이고 다섯과 여섯쯤을 함께 나타내는 수사로도 '대여섯'이 쓰인다. 여섯과 일곱쯤을 함께 나타내는 수관형사로는 '여닐곱'과 '예닐곱'이 쓰이고 여섯과 일곱쯤을 함께 나타내는 수사로도 '여닐곱'과 '예닐곱'이 쓰인다. 일곱과 여덟쯤을 함께 나타내는 수관형사로 '일고여덜'과 '일여덜'이 쓰이며 일곱과 여덟쯤을 함께 나타내는 수사로도 '일고여덜'과 '일여덜'이 쓰인다. 여덟과 아홉쯤을 함께 나타내는 수관형사로 '여덜아홉'이 쓰이고 여덟과 아홉쯤을 나타내는 수사로도 '여덜아홉'이 쓰인다. 아홉이나 열쯤을 함께 나타내는 수관형사는 '아홉열'이 쓰이고 아홉이나 열쯤 되는 수를 나타내는 수사로 쓰일 때도 '아홉열'이 쓰인다. 열이나 열이 조금 넘는 수를 나타내는 말로는 '여남은'이 쓰이고 열이나 열이 조금 넘는 정도를 나타내는 수관형사로는 '여나무'가 쓰인다.

65) '날등'은 산이나 언덕 등 능선의 가장 높은 부분을 뜻한다. 여기에서는 방고래와 방고래 사이에 구들을 놓기 위해 쌓는 '구들등'과 같은 의미로 쓰였다.

66) '구들짱'은 중앙어 '구들장'에 대응되는 이 지역 방언형 '구둘장'의 음성형이다. 충청도 방언에서 '구둘장' 외에 '구들장'도 쓰인다. 우리나라 전통 가옥에서 온돌을 놓을 때 쓰는 넓적한 돌 하나하나를 가리키는 충청도 방언형은 '구둘장' 또는 '구들장'이고 온돌로 쓰기 위해 방에 깔아 놓은 넓적한 돌 전체를 가리키거나 온돌로 쓰기 위해 떠 온 구들장 전체를 가리키는 충청도 방언형은 '구들' 또는 '구둘'이다. 따라서 '구둘장'과 '구들장'은 각각 '구둘+장'과

‘구들+장’으로 분석할 수 있다. ‘구들장’과 ‘구둘장’의 ‘장’은 ‘뗏장’의 ‘장’과 같은 것으로 넓적한 것 하나하나를 의미하는 말이다. ‘구들장’ 또는 ‘구둘장’이나 ‘뗏장’이 대상 하나하나를 뜻하는 말인데 비해 대상 전체를 가리킬 때는 ‘구들’이나 ‘뗏’와 같이 ‘-장’을 붙여 쓰지 않는다. 구들장이나 뗏장과 같이 ‘넓적한 것을 장만하다’는 뜻으로는 동사 ‘뜨다’가 통합되어 쓰인다. 예컨대, ‘구들장 떠 온다, 뗏장 떠 온다’와 같이 쓰인다.

67) ‘떠’는 ‘뜨다’의 어간 ‘뜨-’에 어미 ‘-어’가 결합된 활용형이다. ≪표준국어대사전≫에는 ‘뜨다4’에 대하여 “큰 것에서 일부를 떼어 내다”로 설명하고 있는데 큰 것에서 일부를 떼어내는 것이기는 하지만 아무렇게나 떼어내는 것이 아니고 일정한 크기나 모양으로 떼어 내거나 전체를 몇 등분으로 나누는 것을 이르는 말로 쓰인다. 예를 들면 ‘뗏장을 떠서 지게에 지고 왔다’나 ‘구들장을 떠 왔다’와 같이 큰 것에서 넓적한 모양으로 일부를 떼어 내는 것을 가리킬 때 쓰인다. 또는 ‘동네 사람들은 이때만 되면 돼지를 잡아 앞다리 뒷다리 갈비 등 부위에 따라 각을 떠서 나누어 가졌다.’에서와 같이 짐승을 잡아 그 고기를 나눌 때 전체를 몇 등분할 때도 ‘뜨다’가 쓰인다.

68) ‘구리재’는 중앙어의 ‘고랫재’에 대응하는 충청도 방언형이다. ‘구리재’는 온돌 가옥에서 오랜 동안 온돌방에 불을 때면 재와 그을음이 방고래에 쌓여 불이 잘 들이지 않게 되는데 이렇게 방고래에 쌓인 재를 ‘구리재’라고 한다.

69) ‘수수깽이’는 ‘수수깡’에 접미사 ‘-이’가 붙어 ‘수수깡이’로 파생된 다음 움라우트 된 결과로 이해된다. 중앙어 ‘수수깡’에 대응하는 충청도 방언형으로 ‘수수깽이’, ‘수수깨이’, ‘수수땡이’, ‘수수때이’, ‘수숫대’ 등이 쓰인다.

70) ‘쌔여서’는 중앙어 ‘쌓이다’에 대응하는 이 지역 방언 ‘쌯이다’의 활용형 ‘쌯어서’의 음성형이다. ‘쌯이다’는 ‘쌓다’의 피동형 ‘쌓이다’의 움라우트형이다. 기본형 ‘쌯이다’는 ‘쌯이다, 쌯이고, 쌯이니, 쌯이지, 쌯어’로 활용하여 ‘쌓다, 쌓고, 쌓지, 쌓아’로 활용하는 ‘쌓다’와 짝을 이루는 피동사가 된다. 활용형에 대한 음성형만을 보면 ‘쌯이다’와 ‘쌔이다’가 구별되지 않는다. ‘쌯이다’나 ‘쌔이다’가 다 같이 ‘[쌔이다], [쌔이고], [쌔이지], [쌔이니], [쌔여]’로 실현되기 때문이다. 그러나 기저형을 ‘쌔이다’로 보면 이에 대응하는 능동형 ‘쌓다’와 형태상 짝을 이루지 않는다는 점에서 기저형을 ‘쌯이다’로 보는 것이 타당하다고 할 수 있다.

71) ‘멨다’는 중앙어 ‘메다’에 과거시제 선어말어미 ‘-었-’이 연결된 ‘메었다’에 대응하는 이 지역 방언형이다. 중앙어 ‘메다’에 대응하는 이 지역 방언형은 ‘미

다’다. ‘미다’는 ‘미다, 미구, 미지, 미서, 밌다’와 같이 활용하기도 하고 ‘미다, 미지, 미구, 며서, 몄다’와 같이 활용하기도 한다. 전자와 같이 활용하는 지역은 경상도와 인접한 충청북도 동부지역과 북부지역이고 후자와 같이 활용하는 지역은 충청남도와 전라북도에 인접한 충청북도 서부 지역이다. 후자의 활용형 ‘며서’와 ‘몄다’는 ‘미어서’와 ‘미었다’가 축약되면서 활음화한 형태로 이해된다.

72) ‘연기나 불길이 아궁이로 되돌아 나오다’의 듯으로 쓰이는 ‘내다’에 대응하는 말로 ‘들다’가 쓰인다. 예를 들면 ‘불이 잘 들어간다’나 ‘불이 내서 불을 때두 방이 안 뜨시다(따뜻하다)’와 같이 쓰인다.

73) ‘땡겨’는 ‘땡기다’의 활용형이다. ‘땡기다’는 중앙어 ‘당기다’에 대응하는 이 지역 방언형으로 ‘땡기다, 땡기구, 땡기지, 땡기면, 땡겨’ 등으로 활용한다.

74) ‘부석니마’는 ‘부석이마’의 음성형으로 형태상으로 보면 ‘부석+이마’로 분석할 수 있다. ‘부석’은 ‘부엌’의 고어형이므로 ‘부석이마’를 중앙어로 표기하면 ‘부엌이마’가 된다. ‘부엌’이 일정한 시설을 갖추어 놓고 음식을 만들고 설거지를 하는 등 식사에 관련된 일을 하는 곳이고 ‘이마’가 어떤 물체 꼭대기의 앞쪽이 되는 부분이므로 예문의 ‘부석니마’와는 전혀 다른 의미가 된다. 충북 방언에서 ‘부석이마’는 ‘솥이마’ 또는 ‘부뚜막이마’라고도 하는데 각각 ‘솥+이마’와 ‘부뚜막+이마’로 형태소 분석할 수 있다. 의미를 고려하면 ‘부뚜막이마’가 실제 대상과 의미와의 관계를 가장 잘 나타내는 것으로 보인다. 이렇게 보면 예문의 ‘부석이마’는 아궁이와 부뚜막 사이를 가리키는 말이기 때문이다. ‘부석이마’는 아궁이에 불을 땔 때 불이 밖으로 나오면 아궁이 입구와 부뚜막 사이가 까맣게 그을리는데 이곳을 가리키는 말이다. 그런데 ‘부석’을 ‘부엌’의 고어형으로 보지 않고 경상도 방언에서와 같이 ‘아궁이’를 뜻하는 방언형으로 보면 ‘부석이마’는 ‘아궁이의 이마’ 즉, 아궁이와 부뚜막 사이를 뜻하는 말이 된다. 이렇게 볼 때의 문제는 왜 유독 이 단어에만 경상도 방언형이 쓰이고 있는지를 밝혀야 한다는 점이다.

참고로 중앙어 ‘부엌’의 15세기 형태는 ‘브섭’과 ‘브석’이었다. ‘브섭’과 ‘브석’은 명사 ‘븟’과 접미사 ‘-업’, ‘-억’과의 결합형으로 볼 수 있다. ‘븟’의 더 오래된 형태는 ‘*븟’이었을 것인데 현대국어에서 경상도나 전라도 일부 방언에서 ‘ㅅ’을 유지하고 있는 ‘부섭, 부석’이 그 후대형으로 해석되는데 이 지역 방언 ‘부석이마’에 나타난 ‘부석’도 마찬가지로 해석할 수 있다. ‘불’의 15세기 형이 ‘블’이었다는 점에서 그리고 현대국어에서 ‘부싯돌, 부지깽이’ 등이 발견된다는 점에서 '븢'과 '*붓'이 '불'과 관련이 있을 것으로 보인다.

　15세기에 '브섭'과 '브석'이 쌍형어였는지 변화형이었는지는 논란의 여지가 있다. 그러나 중세국어에서 'ㅂ'이 'ㄱ'으로 바뀐 '거붑〉거북(龜)', '숩〉속(內)', '붑〉북(鼓)'을 고려하면 '브섭'이 '브석'으로 변한 것으로 보는 것이 타당해 보인다. '거붑'과 '거북', '숩'과 '속', '붑'과 '북'은 15·6세기에 서로 공존하다가 후대에 '거북, 속, 북'의 형태로 고정되었다. 17세기 이후 'ㅿ'이 소멸되면서 '브업'과 '브억'이 공존하다가 '브억'으로 남게 되었고 이것이 믈〉물(水), 블〉불(火) 플〉풀(草) 등에서와 같이 근대국어 시대에 있었던 순자음 'ㅁ, ㅂ, ㅍ' 아래에서 모음 'ㅡ'가 'ㅜ'로 변화는 원순모음화에 의해 '부억'으로 변한 것으로 해석된다. '부억'은 20세기까지 유지되어 쓰이다가 '부엌'으로 변한 것이다.(한민족 언어정보화 2003, 국어 어휘의 역사 '부엌' 항에서 인용)

75) "끌:구"는 중앙어 '그을다'의 활용형 '그을고'에 대응하는 충청도 방언형이다. '끌구'는 '끌다'의 활용형으로 '끌다, 끌구, 끌지, 끌면, 끄러서, 끄르니깨' 등과 같이 활용한다. 중앙어 '그을다'의 피동형과 사동형은 둘다 '그을리다'인데 충청도 방언에서 '끌다'의 사동형과 피동형은 각각 '끄실르다'와 '끄실리다'가 쓰인다. '끄실르다'는 '끄실르구, 끄실르지, 끄실르니깨, 끄실러서, 끄실렀다'와 같이 활용하고 '끄실리다'는 '끄실리구, 끄실리지, 끄실리니깨, 끄실리서/끄실려서, 끄실맀다/끄실렸다'와 같이 활용한다.

76) '즈을기나'는 중앙어 '겨울이나'에 대응하는 이 지역 방언형이다. 중앙어의 '겨울'에 대응하는 이 지역 방언형은 '즈릙'이라고 할 수 있다. '즈릙'이 단독형으로 쓰일 때는 축약되어 '즉'으로 실현되기도 하는데 조사의 결합에 따라 '즈릙이([즈을기]), 즈릙에([즈을게]), 즈릙을([즈을글]), 즈릙만([즈을만]'과 같이 실현된다. 충청도 방언에서도 지역에 따라 '저울기, 저울게, 저울만과 같이 실현되어 '저읽'으로 나타나기도 하고 '겨울기, 겨울게, 겨울만과 같이 실현되어 '겨읽'으로 나타나기도 한다. '겨울'과 마찬가지로 '가을'도 지역에 따라 '갈기, 갈게, 갈글'이나 '갈이, 갈에, 갈을'과 '가을기, 가을게, 가을만과 같이 실현되어 기저형이 각각 '갉', '갈', '가읽'으로 나타나기도 한다.

77) '도고질'은 중앙어 '절구질'에 대응하는 이 지역 방언형이다. '도고질'은 '도고+질'로 분석할 수 있다. '도고'는 중앙어 '절구'에 대응하는데 이 지역에서는 '도고' 외에 '도구'가 더 흔히 쓰인다. '도고'나 '도구'는 '절구' 전체를 가리키는 말로 쓰인다. '절구'의 뜻으로 '도고'나 '도구' 외에 '도구통'도 쓰이지만 '도구통'은 흔히 절굿공이를 제외한 '절구통'만을 가리키는 의미로 쓰인다. '도고'

나 '도구'가 '절구'의 뜻으로 쓰일 때는 도굿대(절굿공이)와 도구통(절구통)을 아울러 가리키고 '절구통'의 뜻으로 쓰일 때는 곡식 따위를 넣고 절굿공이로 빻거나 찧을 수 있도록 통나무나 돌, 쇠 따위를 속이 우묵하게 파서 만든 '도구통'만을 가리킨다. '도구통'이 중앙어 '절구통'의 의미로 쓰일 때는 중앙어 '절굿공이'에 대응하는 충청도 방언형으로 '도굿대'나 '도구탱이'가 주로 쓰인다. 그런데 충청도 방언에서 '절구통'이나 '절구'가 각각 중앙어 '절구통'과 '절구'의 의미로 쓰이면 중앙어 '절굿공이'에 대응하는 충청도 방언형으로는 '절굿대'가 쓰인다. 충청도 방언에서 '절구'는 일반적으로 '절구통'과 '절굿공이'를 포괄하는 의미로 쓰인다.

78) '할랠래바'는 중앙어 '하려고 해 봐'에 대응하는 이 지역 방언형이다. '할랠래바'는 '하-+-ㄹ 랠래+바'로 분석할 수 있고 '-ㄹ 랠래'는 다시 '-ㄹ 래+-ㄹ 래'로 분석할 수 있을 것이다. 따라서 '할랠래'는 동사 '하다'의 어간 '하-'에 중앙어 '-려고해'에 대응하는 이 지역 방언형 '-ㄹ 래'가 중복된 형태라고 할 수 있다. 여기에 보조동사 '보다'의 어간 '보-'에 어미 '-아'가 결합된 '보+아'의 축약형 '봐'가 단모음화한 형태인 '바'가 결합된 것으로 볼 수 있다. 이렇게 분석할 수 있는 가능성은 다음의 두 예가 뒷받침해 준다. 하나는 '먹을래바'이고 다른 하나는 '갈랠래바'다. '먹을래바'는 중앙어 '먹으려고 해봐'에 해당하는 이 지역 방언형인데 '먹다'의 어간 '먹-'에 '-을래바'가 결합된 형태다. '-을래바'는 다시 '-을래+바'로 분석된다. '-을래바'는 중앙어 '-려고해'에 대응하는 이 지역 방언형 '-(으)ㄹ 라고 해' 또는 '-(으)ㄹ 라구 해'의 융합형 '-(으)ㄹ 래'와 보조동사 '보다'의 어간 '보-'에 어미 '-아'가 결합된 '보아'의 축약형 '봐'가 단모음화한 형태인 '바'가 결합된 것으로 볼 수 있다. '갈랠래바'도 '할랠래바'와 마찬가지로 '가-+-ㄹ 랠래+바'로 분석할 수 있고 '-ㄹ 랠래'는 다시 '-ㄹ 래+-ㄹ 래'로 분석할 수 있다. 받침이 없는 동사 어간 '가-'에 중앙어 '-려고 해 봐'에 대응하는 이 지역 방언형 '-ㄹ 래'가 중복된 형태 '갈랠래'에 보조동사 '보다'의 어간 '보-'에 어미 '-아'가 결합된 '보+아'의 축약형 '봐'가 단모음화한 형태인 '바'가 결합된 것으로 볼 수 있다. 이렇게 볼 때 '할랠래바'는 중앙어 '-하려고해봐'에 대응하는 이 지역 방언형임을 알 수 있다.

79) '새이'는 충청도와 강원도 등에서 쓰이는 방언으로 '농부나 일꾼들이 일을 하다가 끼니와 끼니 사이에 먹는 음식을 가리키는 말'이다. 충청도 방언형으로 '새이' 외에 '새'가 쓰이기도 한다. '새이'는 중앙어 '새참'이나 '곁두리'와는 의미상 차이가 있다. ≪표준국어대사전≫에 의하면 '새참'은 '일을 하다가 잠

깐 쉬면서 먹는 음식'이라고 풀이되어 있고, '곁두리'는 '농사꾼이나 일꾼들이
끼니 외에 참참이 먹는 음식'이라고 풀이되어 있어 '새참'이나 '곁두리'는 둘
다 불규칙하게 여러 번 먹는 음식이라고 할 수 있는데 비해 충청도 방언의
'새이'나 '새'는 농부나 일꾼들이 일을 하다가 끼니와 끼니 사이에 한 번 먹는
다는 점에서 차이가 있다.

80) '즘신'은 중앙어 '점심'의 이 지역 방언형이다. 충청도 방언으로 '즘신' 외에
'즘심'도 쓰인다. '즘신'과 '즘심'은 각각 '점신'과 '점심'의 어두음절 위치의 장
모음 '어'가 '으'로 고모음화한 것이다. 충청도 방언에서 어두음절의 모음이
'어'이고 장모음일 때는 '거:지→그:지, 어:른→으:른, 거:머리→그:머리, 설:→
슬:, 서:럽다→스:럽다' 등에서와 같이 '어'가 고모음화 하여 '으'로 실현되는
경향이 있는데 '즘신'과 '즘심'도 이와 맥을 같이 하는 것이다.

81) '저녁쌔'는 '저녁새'의 음성형이다. 충청도 방언에서 '저녁새' 외에 '저녁새이'
나 '지녁새이' 또는 '지역새이'가 더 자주 쓰인다. '저녁새'나 '저녁새이'는 농
부나 일꾼들이 일을 하다가 점심과 저녁 식사 사이에 먹는 음식을 가리키는
말로 '아침새이'와 짝을 이루는 말이다. '아침새이'는 농부나 일꾼들이 일을
하다가 아침과 점심 식사 사이에 먹는 음식을 가리키고 '저녁새이'는 농부나
일꾼들이 일을 하다가 점심과 저녁 사이에 먹는 음식을 가리키는 말이다. 그
냥 '새이'라고 하면 아침새이를 의미할 수도 있고 저녁새이를 의미할 수도
있고 둘 다를 의미할 수도 있다. 그런데 말하는 시점이 점심 식사 이후에 '새
이 먹는다'나 '새이 해다 줘야지' 또는 '새이 먹었다'와 같이 말하면 '저녁새이'
를 뜻하는 말이고 점심 식사 이전인 오전 시간에 '새이 먹는다'나 '새이 해다
준다' 또는 '새이 해 와'와 같이 말하면 '아침새이'를 뜻하는 말이 된다.

82) '무명짜치'는 중앙어 '무명천'에 해당한다. 이 지역의 '-짜치'는 중앙어 '천'에
대응되는 말인데 중앙어의 '천'과 같이 자립적으로는 쓰이지 않고 항상 천의
종류를 나타내는 앞의 말에 붙어 쓰인다는 점에서 차이가 있다. 이런 점에서
'-짜치'는 '천'의 의미를 나타내는 파생접미사라고 할 수 있다. '-짜치' 외에 '베
짜추'에서와 같이 '-짜추'도 쓰인다. 충청도 지역에서 '베짜치, 무명짜치, 미영
짜치/명주짜치, 광목짜치'라고 하면 각각 천을 의미하는 '베, 무명, 명주, 광
목'을 뜻한다. 전라도 방언에서는 '짜치'가 '자투리'의 의미로 쓰이기도 한다.

83) '모기뿔 노쿠'는 '모깃불 놓고'에 해당하는 이 지역 방언형이다. '모깃불'은
여름에 모기를 쫓기 위해 낮에 풀을 베어 놓으면 풀이 시들게 된다. 이렇게
시든 풀을 마당가에 가져다 놓고 밤에 불을 피우면 연기가 많이 나면서 타

는데 이 연기 때문에 모기가 모이지 않게 된다. 이렇게 모기를 쫓기 위해 피우는 불을 모깃불이라고 한다. 모깃불을 피우는 풀로는 쑥을 많이 이용한다. 쑥은 그 냄새가 강하기 때문에 하루살이나 모기가 잘 접근하지 않는다. 충청도 방언에서는 '불'에 호응하는 서술어로 '때다, 피우다, 놓다'가 쓰인다. '때다'는 아궁이와 같이 일정한 형태를 갖춘 구조물 안에서 불을 이용하는 경우에 쓰이는 말이고 '피우다'는 마당이나 논 가운데와 같이 넓은 장소에 땔감을 가져다 놓고 불을 붙여 불꽃이 한 곳에서 타올라가게 하거나 장작 따위에 처음으로 불을 붙이는 경우에 쓰이는 말이다. 이에 비해 '놓다'는 '피우다'와 비슷하게 쓰이는데 피우다보다 더 넓은 의미 영역을 가진다. '놓다'는 '모깃불을 놓다, 모닥불을 놓다'와 같이 '피우다'가 쓰일 수 있는 문맥에서도 쓰이고 그 외에 '논둑에 불을 놓다'나 '화전을 일구기 위해 산비탈에 불을 놓았다'와 같이 불이 한 곳에서만 타지 않고 옮겨가거나 불이 번져가는 경우에도 쓰인다는 점에서 차이가 있다. 예문의 '모기뿔 노쿠'에서는 '놓다'가 '피우다'의 의미로 쓰였다.

84) '혼니불때기'는 '홑이불'을 낮추어 이르는 충청도 방언형이다. '-때기'는 일부 명사 뒤에 붙어 '비하'의 뜻을 더하는 접미사라고 할 수 있다. '이불때기, 잠바때기, 홍겁때기, 가마이때기' 등과 같이 쓰인다. 각각 '이불, 점퍼, 헝겊, 가마니'를 낮추어 이르는 말이다.

85) '뜨럭'은 '뜰+억'으로 분석할 수 있다. '-억'은 '털+억→터럭, 줌+억→주먹'과 같이 명사 뒤에 붙어서 명사를 만드는 접미사라고 할 수 있다. 그런데 충청도 방언의 '뜨럭'은 중앙어의 '뜰'과는 의미가 다르다. ≪표준국어대사전≫에서는 '뜰'을 '집 안의 앞뒤나 좌우로 가까이 딸려 있는 빈 터로 화초나 나무를 가꾸기도 하고, 푸성귀 따위를 심기도 한다'고 풀이되어 있다. 그러나 충청도 방언의 '뜨럭'은 방에 들어가는 문 앞에 마당보다 좀 높이 편평하게 다진 흙바닥을 뜻하는 중앙어 '토방'에 해당한다. 여기에 쪽마루를 놓기도 한다. 또는 마루나 쪽마루를 놓은 앞쪽의 마당보다 좀 높이 편평하게 다진 흙바닥을 가리키기도 한다. 여기에 신을 벗어놓고 마루로 오르거나 마루가 없는 경우 바로 방으로 들어갈 수 있게 되어 있다. 충청도에서는 지역에 따라 '뜨럭'이라고도 하고 '봉당'이라고도 한다. 뜨럭이 마당보다 높은 경우 낙숫물이 뜨럭 바깥쪽 마당으로 떨어지게 되어 있다. 참고로 중앙어에는 '봉당'이 안방과 건넌방 사이의 마루를 놓을 자리에 마루를 놓지 아니하고 흙바닥 그대로 둔 곳을 의미하는데 충청도 방언의 '봉당'은 중앙어 '토방'과 가깝다.

86) ‘가마이때기’는 중앙어 ‘가마니’에 해당하는 충청도 방언 ‘가마이’를 낮추어 이르는 말이다. ‘-때기’는 일부 명사 뒤에 붙어 ‘비하’의 뜻을 더하는 접미사라고 할 수 있다. ‘가마이때기, 잠바때기, 홑겁때기, 이불때기’ 등과 같이 쓰인다. 각각 중앙어 ‘가마니, 점퍼, 헝겊, 이불’을 낮추어 이르는 충청도 방언형이다.

87) ‘널러서’는 중앙어 ‘너르다’의 활용형 ‘널러서’에 대응하는 충청도 방언형이다. 중앙어 ‘너르다’에 대응하는 충청도 방언은 ‘널르다’다. ‘널르다’는 ‘널르다, 널르구, 널러서, 널른대, 널르니깨’와 같이 규칙활용 한다.

88) ‘발른’은 중앙어 ‘바르다’의 활용형 ‘바른’에 해당하는 충청도 방언형으로 기본형은 ‘발르다’다. 중앙어의 ‘바르다’가 충청도에서는 ‘발른다, 발른, 발르지, 발르구, 발렀다’와 같이 규칙활용 한다.

89) ‘벧짜추’는 중앙어 ‘베천’에 해당하는 이 지역 방언 ‘베짜추’의 음성형이다. ‘베짜추’는 베붙이의 천을 가리키는 이 지역 방언형이다. 이 지역에서 ‘-짜추’는 중앙어 ‘천’ 또는 ‘천 조각’에 해당하는데 중앙어의 ‘천’이나 ‘천 조각’과 같이 자립적으로 쓰이지 않고 ‘베짜추, 무명짜추, 미영짜추, 광목짜추’ 등과 같이 항상 천의 종류를 나타내는 앞의 말에 붙어 쓰인다는 점에서 차이가 있다. ‘-짜추’는 ‘천’이나 ‘천 조각’의 의미를 나타내는 파생접미사라고 할 수 있다. ‘-짜추’ 외에 ‘베짜치, 무명짜치’에서와 같이 ‘-짜치’도 쓰인다. 충청도 지역에서 ‘베짜치, 무명짜치, 미영짜치/명주짜치, 광목짜치’라고 하면 각각 천을 의미하는 ‘베, 무명, 미영/명주, 광목’을 뜻하기도 하고 ‘베 조각, 무명 조각, 명주 조각, 광목 조각’을 뜻하기도 한다. 전라도 방언에서는 ‘짜치’가 ‘자투리’의 의미로도 쓰인다.

90) ‘며서’는 중앙어 ‘메다’의 활용형 ‘메어서’에 해당하는 이 지역 방언형이다. ‘며서’의 기본형은 ‘미다’다. 이 지역에서 ‘미다’가 ‘민다, 미구, 미지, 며서/미서, 몃어/밌어’ 등과 같이 활용한다.

91) ‘츠녀포대기’는 ‘처녀포대기’의 음성형이다. 충청도 방언에서 어두음절의 모음이 ‘어’이고 장음으로 실현되면 고모음화 하여 ‘으’로 실현되는 현상이 있는데 ‘츠녀’도 ‘처녀’의 어두음절이 고모음화한 것이다. ‘처녀포대기’는 아이를 업을 때 두르는 포대기로 원뿔의 윗부분을 잘라내고 펼쳐 놓은 것과 같이 윗부분은 좁고 아랫부분은 넓게 만든 포대기를 뜻한다. 펼쳐놓았을 때의 모양이 치마와 같아서 지역에 따라 ‘치마포대기’라고도 한다. ‘포대기’는 ‘포대기 끄린다’와 같이 보통 ‘끄리다’와 호응하여 쓰인다. 충청도에서는 ‘포대기’

보다 '퍼대기'가 더 많이 사용된다. 아이를 업을 때 쓰이는 것으로 '포대기' 외에 '띠'가 있다. 이 '띠'를 충청도 방언으로 '띠개미' 또는 '업을 띠'라고도 한다. '띠개미'는 '띠+감+-이'로 분석할 수 있다.

92) '뗘두'는 중앙어 '띠어도'에 해당하는 이 지역 방언형이다. '뗘두'의 기본형은 '띠다'이고 '띤다, 띠구, 띠지, 뗘서/띠서, 떴다/띴다'와 같이 활용한다. '뗘두' 나 '뗘서'는 각각 '띠어도'와 '띠어서'가 축약되면서 활음이 첨가된 형태라고 할 수 있다.

93) '날자리'는 '날+자리'로 분석할 수 있다. '날-'은 명사 앞에 붙어 '아무 것도 가미하지 않은' 또는 '다른 것이 아무 것도 없는'의 뜻으로 쓰이는 접두사다. '날자리'는 아무 것도 깔지 않은 맨 자리를 뜻하는 말이다.

94) '명짜치'는 무명실로 짠 천인 '무명천' 또는 '무명천 조각'에 해당하는 충청도 방언형이다. '-짜치'는 중앙어 '천'이나 '천 조각'에 대응되는데 중앙어의 '천'이 나 '천 조각'과 같이 자립적으로 쓰이지 않고 항상 천의 종류를 나타내는 앞 의 말에 붙어 쓰인다. 이런 점에서 '-짜치'는 '천' 또는 '천 조각'의 의미를 나 타내는 파생접미사라고 할 수 있다. '베짜치, 무명짜치, 미영짜치/명주짜치, 광목짜치'라고 하면 각각 천을 의미하는 '베, 무명, 명주, 광목'을 뜻하기도 하 고 '베 조각, 무명 조각, 명주 조각, 광목 조각'을 뜻하기도 한다. 충청도 방언 에서 '-짜치'와 같은 뜻으로 '베짜추'에서와 같이 '-짜추'도 쓰인다. 전라도 방 언에서는 '짜치'가 '자투리'의 의미로 쓰이기도 한다.

95) '어불띠'는 아이를 업는 띠를 가리키는 충청도 방언이다. 충청도 지역에서 '업을띠'를 '띠개미'라고도 한다. '업을띠'는 업는데 쓰는 띠라는 뜻에서 유래 되었고 '띠개미'는 띠로 감는다는 뜻에서 유래된 것으로 보인다. '업을띠'나 '띠개미'는 폭이 있는 천으로 만든 긴 '띠'인데 양쪽으로 묶을 수 있도록 두 개의 끈을 달거나 폭이 있는 하나의 긴 천으로 만들었다. '업을띠'나 '띠개미' 는 '띠다'와 호응하여 쓰인다.

96) '왕굴자리'는 중앙어 '왕골자리'에 해당하는 충청도 방언형이다. '왕굴자리'는 왕골을 넓게 쪼개어 자리틀에 고드랫돌을 달아 노끈으로 매어 만든 자리로 중앙어에서는 '기직자리'라고도 한다. 이와 달리 왕골을 잘게 쪼개서 자리틀 에 쳐서 짠 자리는 '돗자리'라고 한다. 충청도 방언에서 '돗자리'를 '지석자리' 라고도 한다. '지석자리'는 중앙어 '제석'에 해당한다. '지석자리'는 제사를 지 낼 때 까는 자리라는 뜻의 '지석(祭席)'에 다시 '자리'가 결합되어 만들어진 말 이라고 할 수 있다.

97) '지석자리'는 중앙어의 '돗자리'에 해당하는 충청도 방언인데 '돗자리'라고도
한다. '지석자리'는 '돗자리' 가운데 특별히 제사 지낼 때 까는 자리를 뜻한다.
'지석자리'는 제사지낼 때 까는 자리를 뜻하는 중앙어의 '제석(祭席)'에 다시
'자리'가 결합된 형태다. '지석자리'는 자리가 귀해서 제사를 지낼 때 꺼내서
깔고 제사를 지내고 나면 잘 두었다가 다음 제사 때 쓰는 곱고 좋은 돗자리
를 뜻한다.

98) '꺼적자리'는 중앙어 '거적자리'에 해당하는 충청도 방언으로 자리로 쓰는
'꺼적(거적)'을 뜻한다. 짚을 두툼하게 엮거나 새끼로 날을 하여 짚으로 쳐서
자리처럼 만들거나 풀을 베어 말려서 얽어 만든 것을 '꺼적'이라고 하는데
꺼적을 자리로 쓰는 것을 '꺼적자리'라고 한다.

99) '고드래똑'은 중앙어 '고드랫돌'에 대응하는 충청도 방언형 '고드랫독'의 음성
형이다. '독'은 '돌'의 방언형이다. '독'은 남한 전역에 분포한다. '고드랫독'은
'고드래+ㅅ+독'으로 분석할 수 있다. 이렇게 분석하면 '고드래'가 발이나 돗
자리 따위를 엮을 때에 노끈 날을 감아 매어 늘어뜨리는 조그마한 돌을 뜻
하고 '독'도 돌을 뜻하므로 의미상 중복된다. 'ㅅ'은 합성어에 쓰이는 사이시
옷이다. 즉 '고드랫독'은 '고드래+독'의 구성에 사이시옷이 개재된 것이라고
할 수 있다. 그런데 '고드래'의 어원을 '고들+애'로 볼 수도 있지 않을까 한다.
이렇게 보면 '고드래'의 '고들'과 '고드름'의 '고들'이 어원적으로 무관하지 않
아 보인다. '고들+-애'의 '-애'는 중세국어의 속격어미 이고 '고들+-음'의 '-음'은
명사파생 접미사로 볼 수 있기 때문이다.

100) '농야기'는 '농약이'의 음성형이다.

101) '솔카리'는 옷이나 이부자리 따위를 지을 때 두 폭을 맞대고 꿰맨 줄을 뜻하
는 중앙어 '솔기'에 해당하는 충청도 방언형이다.

102) '호도독키야'는 '호도독+히야로 분석된다. '히야는 중앙어 '해'에 해당하는
이 지역 방언형이다. '키야는 선행 음절의 말음 'ㄱ'과 후행 음절의 두음 'ㅎ'
이 결합하여 유기음화한 결과다.

103) '써'는 중앙어 '켜다'의 활용형 '켜'에 해당하는 이 지역 방언형이다. '써'의 기
본형은 '쓰다'인데 '쓴다, 쓰구, 쓰지, 써, 썼다'나 '씬다, 씨구, 씨지, 써, 썼다'
와 같이 활용한다. '켜다'의 고어형은 '혀다'였다. 'ㅎㅎ'은 훈민정음 제자해에
'전탁(全濁)'음으로 명기되어 있으며 'ㅎ'이 엉긴 소리라고 설명되어 있다. '엉
긴 소리'가 무엇을 뜻하는지 그 의미를 정확히 알 수 없지만 'ㅎ'을 세게 발
음하는 소리 정도로 이해할 수 있을 것이다. 15세기에는 각자 병서(ㄲ, ㄸ,

ㅆ, ㅃ, ㅉ, ㆅ)의 표기가 1465년에 간행된 『원각경언해(圓覺經諺解)』부터
전면적으로 폐지되었다. 이로 인해 '혀다'는 '혀다'로 표기되었고 이것이 16세
기 말까지 그대로 이어졌다. 'ㆅ'은 근대국어 시기에 'ㅆ'을 거쳐 'ㅆ'으로 변
화하기도 하고(예: 혈물〉썰물) 'ㅋ'으로 변화하기도 하였다(니르혀다〉니르켜
다〉일으키다). 그래서 '혀다'는 'ㆅ〉ㅆ〉ㅆ'의 음운변화를 겪은 것은 '쓰다'와
'ㆅ〉ㅋ'의 음운변화를 겪은 것은 '켜다'로 나타나게 된 것이다. 현대국어에서
는 '켜다' 형태를 표준어로 삼고 있지만 충청도 등 일부 방언에서는 '쓰다' 형
태가 쓰이고 있는데 이는 'ㆅ'의 음운변화와 관련이 있는 것이다.

104) '어리빗'은 중앙어 '얼레빗'에 해당하는 충청도 방언형인데 충청도 방언에서
는 '어리빗' 외에 '얼기빗'과 '얼게빗' 및 '얼기미빗'도 쓰인다.

105) '들벅들벅하다'는 '들벅들벅+하다'로 분석된다. '들벅들벅'은 어떤 범위나 한
도에 빈 데가 없을 만큼 사람이나 동물 따위가 꽉 차서 움직이는 모양을 뜻
하고 '-하다'는 의성 의태어 뒤에 붙어 동사나 형용사를 만드는 접미사다. '들
벅들벅하다'는 '어떤 한도나 범위 내에 동물이나 사람이 꽉 차서 움직이다'의
뜻으로 쓰이는 충청도 방언이다.

106) '겨'는 '기다'의 활용형 '기어'가 축약하면서 활음화한 것이다. 충청도 방언에
서 '기다'는 '긴다, 기구, 기지, 겨서, 겼다'나 '긴다, 기구, 기지, 기서, 깄다'와
같이 활용한다. 전자는 충청도 서부 지역이나 남부 지역에서 주로 관찰되는
활용형이고 후자는 경상도와 인접한 동부 지역과 북부 지역에서 주로 관찰
되는 방언형이다.

107) '댕겨'는 '댕기다'의 활용형이다. '댕기다'는 중앙어 '다니다'에 해당하는 충청
도 방언이다. '다니다'는 15세기에는 'ᄃᆞ니다'였다. 15세기에 'ᄃᆞ니다'와 같은
의미로 쓰이는 단어로 '돈니다'와 '둔니다'가 있었는데 '돈니다'와 '둔니다'가
많이 쓰이고 'ᄃᆞ니다'는 자주 스이지 않았다. 'ᄃᆞ니다'는 '돈니다'에서 'ㄴ'이
탈락한 형태이고 '돈니다'는 '둔니다'가 자음동화한 형태다. '둔니다〉돈니다〉
ᄃᆞ니다'의 변화 과정을 거쳤음을 알 수 있다. '둔니다'는 '둔다[走]'의 어간 '둔-'
과 '니다[行]'의 어간 '니-'가 합성된 동사다. 'ᄃᆞ니다'는 'ㆍ〉ㅏ' 변화에 따라 '다
니다'로 변하는데 이미 17세기 문헌에 나타난다. 17세기 문헌에 '다니다' 외
에 '둔기다'도 나타나는데 이것의 후대형이 충청도 방언에서 관찰되는 '댕기
다'에 소급하는 것으로 해석된다. 중앙어 '다니다'의 17세기형 '둔기다'가 자
음동화에 의해 '둥기다'가 되고 'ㆍ〉ㅏ'의 변화에 의해 '당기다'가 된 것으로
보인다. 표기상으로는 '둔기다'가 19세기까지 쓰인 것으로 나타나지만 국어

사에서 ‘、〉ㅏ’의 변화가 18세기에 완료되었다는 점과 움라우트가 중앙어에서 18세기와 19세기의 교체기에 일어난 현상이라는 점을 고려하면 충청도 방언의 ‘댕기다’는 늦어도 19세기 초에 쓰였을 것으로 추정할 수 있다.(한민족 언어정보화 2003, 국어 어휘의 역사 ‘다니다’ 항에서 인용)

108) ‘텨’는 중앙어 ‘튀다’의 활용형 ‘튀어’에 해당하는 충청도 방언형이다. ‘텨’의 기본형은 ‘티다’이고 ‘틴다, 티구, 티지, 텨, 텨서, 텼다’와 같이 활용하거나 ‘틴다, 티구, 티지, 티, 티서, 텄다’와 같이 활용한다. 전자는 충청도 서부 지역과 남부 지역에서 주로 관찰되는 활용형이고 후자는 경상도와 인접한 동부 지역과 북부 지역에서 주로 관찰되는 활용형이다.

109) ‘-매’는 중앙어 ‘-며’나 ‘-면서’에 대응하는 충청도 방언형이다.

110) ‘발르구’는 중앙어 ‘바르다’의 활용형 ‘바르고’에 해당하는 충청도 방언형이다. ‘발르구’의 기본형은 ‘발르다’이고 ‘발른다, 발르구, 발르지, 발르기, 발러, 발렀다’와 같이 규칙활용 한다.

111) ‘되배반자’는 ‘도배’와 ‘반자’를 아울러 이르는 충청도 방언형이다. ‘되배’는 종이로 벽이나 반자, 장지 따위를 바르는 일을 뜻하는 말이고 ‘반자’는 방안의 서까래 아래나 위층 바닥 밑을 편평하게 하여 치장한 각 방의 천장을 이르는 말이다. 따라서 ‘되배반자 한다’고 하면 도배를 하고 반자를 한다는 뜻인데 여기에서는 벽에 종이를 바르는 일과 반자에 종이를 바르는 일을 함께 이르는 말로 쓰였다.

112) ‘머거서’의 기본형은 ‘먹다’인데 예문에서는 물이나 기름 따위가 ‘스미다’의 뜻으로 쓰였다.

113) ‘굽뚜리’는 ‘굽도리’를 잘못 발음한 것이다.

114) ‘도리’는 ‘돌이’의 음성형으로 둥글거나 네모난 물건의 둘레를 가리키는 말이다.

115) ‘반자하다’는 본래 각 방의 서까래 아래나 위층 바닥 밑을 편평하게 치장하기 위해 막대기로 틀을 짜고 철사 따위로 드문드문 얽어 놓고 도배를 할 수 있도록 신문지 따위로 드문드문 붙여 놓거나 전체를 붙여 놓는 것을 뜻하지만 여기에서는 각 방의 천장을 편평하게 치장한 반자 위에 종이를 바르는 일을 뜻하는 말로 쓰였다.

116) ‘벼캐’는 ‘벽에’를 잘못 발음한 것이다.

117) ‘뚝꾸’는 중앙어 ‘뚫다’의 활용형 ‘뚫고’에 대응하는 이 지역 방언형이다. 중앙어 ‘뚫다’에 대응하는 이 지역 방언형은 ‘뚧다’와 ‘뚭다’인데 각각 ‘뚧다([뚭

때), 뜳구([뚝꾸]), 뜳지([뚭찌]), 뜳어([뚤버]), 뜳었다([뚤버때])’와 ‘뜳다([뜹때]),
뜳구([뜩꾸]), 뜳지([뜹찌]), 뜳어([뜰버]), 뜳었다([뜰버때])’로 활용한다.

118) ‘베름빡’은 중앙어 ‘바람벽’에 대응하는 말인데 충청도 방언에서는 ‘바람벽’과
‘벽’을 구별하지 못하고 거의 같은 의미로 쓴다.

119) ‘뜩꾸’는 중앙어 ‘뚫다’의 활용형 ‘뚫고’에 대응하는 이 지역 방언형이다. 중
앙어 ‘뚫다’에 대응하는 이 지역 방언형은 ‘뜳다’와 ‘뜳다’인데 각각 ‘뜳다([뜹
때]), 뜳구([뜩꾸]), 뜳지([뜹찌]), 뜳어([뜰버]), 뜳었다([뜰버때])’와 ‘뜳다([뚭때]),
뜳구([뚝꾸]), 뜳지([뚭찌]), 뜳어([뚤버]), 뜳었다([뚤버때])’와 같이 활용한다.

120) 이 지역에서 ‘다락’은 주로 부엌 위에 이층처럼 크고 넓게 만들어서 물건을
넣어 두는 곳을 가리키는데 출입구는 보통 방 쪽에 있다. 예전의 가옥은 주
로 안방 쪽에 부엌이 있어 안방의 부엌 쪽으로 면해 있는 벽을 뚫어 다락문
을 낸다. 문은 벽 중간쯤에 사람이 드나들 정도로 낸다. ‘다락’과 같이 만들
지만 규모가 작고 문도 사람이 겨우 드나들 정도로 작게 내어 그 안에 물건
을 넣어 두게 만든 것은 ‘벽장’이라고 하기도 한다. 그런데 ≪표준국어대사전≫
에 의하면 중앙어에서의 ‘벽장’은 벽을 뚫어 작은 문을 내고 그 안에 물건을
넣어 두게 만든 장이라고 풀이 되어 있어 예문의 ‘벽장’과는 규모나 위치, 만
드는 방법 등이 다르다는 것을 알 수 있다.

　　충청도에서 중앙어의 ‘벽장’에 해당하는 것을 ‘툇방’이라고 한다. ‘툇방’은
벽면의 거의 한 쪽 전체를 미닫이로 문을 내고 그 안에 곡식이나 살림 도구
를 넣어두기도 한다. ‘다락’이나 ‘벽장’이 이층처럼 되어 있는데 비해 ‘툇방’은
바닥이 방바닥과 높이가 같다.

　　충청도 지역의 ‘다락’이나 ‘벽장’과 비슷하게 만든 것으로 ‘유다락’이 있다.
‘유다락’은 중앙어의 ‘누다락’에 대응하는 충청도 방언형이다. ‘유다락’은 지붕
밑 방 위 전체를 다락으로 만든 것을 가리킨다. 사람이 드나들면서 그 안에
살림살이를 넣을 수 있을 만큼 크게 만든다.

121) ‘유다락’은 중앙어 ‘누다락’에 대응하는 이 지역 방언형이다. 지붕 밑 방 위
전체를 반자 대신 다락을 넣거나 부엌 위 전체를 벽장보다 크게 넣은 높은
다락을 ‘유다락’이라고 한다. 벽장은 방에서 문을 열고 물건을 넣거나 꺼낼
수 있을 정도로 작게 만들지만 ‘유다락’은 사람이 드나들면서 그 안에 살림
살이를 넣을 수 있을 만큼 크게 만든다. ‘유다락’의 바닥은 마루를 깔거나 방
바닥처럼 흙을 편편하게 발라 놓는다. 이와는 달리 집을 지을 때 부엌 위에
굵은 나무를 가로지르고 그 위에 산자를 엮어 진흙을 두껍게 발라서 만든

다락은 '고무다락' 또는 '고미다락'이라고 한다.

122) '고무'는 중앙어 '고미'에 대응하는 이 지역 방언형이다. 집을 지을 때 다락을 만들거나 외풍을 막기 위해 천장이나 부엌 위에 굵은 나무를 가로지르고 그 위에 산자를 엮어 진흙을 두껍게 바르는 것을 '고무 눌른다'고 한다. '고무'는 항상 '눌른다'와 호응하여 쓰인다. 이렇게 만든 다락을 '고무다락' 또는 '고미다락'이라고 한다.

123) '허틈설거지'는 '허틈+설거지'로 분석할 수 있다. '허틈'은 중앙어 '허튼'에 대응하는 말이고 '설거지'는 중앙어 '설거지'에 대응하지만 상당한 의미차이가 있다. ≪표준국어대사전≫에는 '허튼'이 "쓸데없이 헤프거나 막된"으로 풀이되어 있고, '설거지'가 '먹고 난 뒤의 그릇을 씻어 정리하는 일'로 풀이되어 있어 예문의 '허틈설거지'와는 상당한 거리가 있다. '허틈설거지'는 '필요하기는 하지만 조심스럽게 다루거나 중요하게 다루지 않아도 되는 막쓰는 도구나 물건 등의 온갖 살림살이'의 뜻으로 쓰이는 충청도 방언이다. '설거지'는 보통 어떤 도구나 물건 따위를 갈무리하는 일을 뜻하는 말인데 예문에서는 도구나 물건의 뜻으로 쓰였다. '설거지'가 '빗설거지'와 같이 쓰이기도 하는데 이때는 비가 오기 전에 비를 맞을 만한 농기구나 물건 등의 세간을 창고나 헛간 따위에 갈무리하는 일을 뜻하는 말로 쓰인다.

124) 예문에서 '소용 닫다'는 '쓸모가 있다'는 뜻으로 쓰였다. 따라서 예문의 '소용 닫는 것'은 '쓰고 있거나 쓸 만한 것'이라는 의미로 쓰인 것이다. 그런데 '소용 닫는 대로 다 준비해라'와 같은 예문에서는 '소용 닫다'가 '필요하다'의 뜻으로 쓰인다.

125) '옹삭하니깨'는 집이나 방 따위의 자리가 비좁고 불편하다는 뜻을 가진 중앙어 '옹색하다'의 활용형 '옹색하니까'에 대응하는 충청도 방언형이다.

126) '두태(豆太)'는 콩과 팥을 뜻하는 한자어다.

127) '밀짱문'은 중앙어 '미닫이'에 해당하는 충청도 방언형이다. 충청도 방언에서 '밀짱문' 외에 '밀짱' 또는 '밀창문', '밀창'이라고도 하고 '장지문'이라고도 한다. 이에 반해 앞뒤로 열고 닫는 문은 '여닫이'라고 한다.

128) '쌍바라지문'은 중앙어 '쌍바라지'에 대응하는 충청도 방언형이다. ≪표준국어대사전≫에는 '쌍바라지'에 대하여 '좌우로 열고 닫게 되어 있는 두 짝의 덧창'이라고 풀이되어 있는데 청원 지역에서는 '쌍바라지문'이 덧창이 아니고 방안을 드나드는 방문이 두 짝으로 되어 열고 닫을 수 있게 되어 있는 여닫이문을 뜻한다. 청원 지역에서는 드나드는 문이 두 짝으로 되어 있는 쌍바라

지문에 대하여 드나드는 문이 한 짝으로 되어 있는 문을 '외짝문'이라고 한다.

129) '외짝문'은 드나드는 문이 한 짝으로 되어 있는 문을 가리킨다. 드나드는 문이 한 짝으로 되어 있는 '외짝문'에 대하여 드나드는 문이 두 짝으로 되어 있는 문을 '쌍바라지문'이라고 한다. '외짝문'은 '쌍바라지문'에 대립하는 뜻으로만 쓰이고 단독으로는 잘 쓰이지 않는다. 단독으로 쓸 때는 그냥 '문'이라고만 한다. 쌍바라지문도 다른 문과 비교하여 쓰지 않을 때는 역시 '문'이라고만 쓴다.

130) '물꼬리'는 '문고리([문꼬리])'를 잘못 발음한 것이다.

131) '쌍창문'은 본래 창문의 문짝이 두 개인 것을 가리키는 말이지만 예문에서의 '쌍창문'은 문짝이 두 개인 방문을 가리키는 말로 쓰였다. 이 지역에서 문짝이 두 개인 문을 가리키는 말로 '쌍:문'과 '쌍:바라지문'이 쓰인다.

132) 예문에서의 '쌍문'은 방으로 드나드는 문짝이 두 개인 문을 가리키는 말이다. 그런데 방문만이 아니라 대문이나 창문도 문짝이 두 개면 다 '쌍문'이라고 한다. 예문에서는 '쌍문'과 '쌍창문', '쌍바라지문'이 다 같은 의미로 쓰였다.

133) '겹문'은 문짝이 이중으로 달려 있는 문을 가리킨다. 예문에서의 '겹문'은 안쪽에 미닫이가 있고 바깥에 여닫이를 덧단 문을 가리키는 말로 쓰였다. 그런데 일반적으로는 미닫이가 이중으로 된 문과 미닫이 바깥에 여닫이가 있는 문을 다 '겹문'이라고 한다.

134) '숭내기'는 '숭내내기'를 잘못 발음한 것으로 보인다. 충청도 방언에서 '숭내내다'는 다른 사람의 말이나 행동을 그대로 옮기는 것을 뜻하는 말인데 예문에서는 '설명하다'의 뜻으로 쓰였다.

135) '대청마루'는 방과 방 사이에 있는 큰 마루나 부엌과 방 사이에 있는 큰 마루를 뜻한다. ㄷ자 형의 집에서 방과 방 사이 또는 부엌과 방 사이의 가운데 공간에 놓인 큰 마루를 뜻하기도 한다. 이에 비해 마루는 방 앞이나 방 옆쪽에 놓인 것을 가리킨다.

136) '부땅꼴'은 '불당골'의 이 지역 방언 음성형이다. '불당골'은 불당이 있는 골짜기라는 뜻이다.

137) '워짜다'는 이따금 또는 가끔 가다가의 뜻으로 쓰이는 중앙어 '어쩌다'에 대응하는 이 지역 방언형이다. '워짜다' 외에 '워짜다가'도 쓰인다. 충북의 서부 지역과 충청남도 남부 지역, 전라도 지역에서는 '어디, 어떻게, 언제, 어디에, 어떨 때' 등이 '워디, 워떠캐/워트개/워티개, 원제, 워따, 워떨 때' 등으로 실현되기도 한다. 충북 청원군 가운데서도 서쪽 지역인 강외면과 부강면 등 충

남과 인접한 지역으로 갈수록 이런 현상이 두드러지게 나타나고 충남과 인접한 옥천군과 보은군 지역에서도 이러한 현상이 관찰된다. 필자가 초등학생이던 1960년대 말에는 청주와 청원 지역에서 토박이 어른들은 물론이고 또래 친구들에게서도 이런 발음을 자주 들었으나 지금은 노년층을 제외하고는 거의 듣기 어렵다.

138) '워트카느라구'는 중앙어 '어떻게 하느라고'에 대응하는 이 지역 방언형이다. 어두음절 위치에서 '어'가 '워'로 실현되는 예들은 '어디, 어떻게, 언제, 어디에, 어떨 때' 등의 의문 대명사들이다. '어디, 어떻게, 언제, 어디에, 어떨 때' 등이 각각 '워디, 워떠캐/워트개/워티개, 원제, 워따, 워떨 때' 등으로 실현되기도 한다. 충북 청원군 가운데서도 서쪽 지역인 강외면과 부강면 등 충남과 인접한 지역으로 갈수록 이런 현상이 두드러지게 나타나고 충남과 인접한 옥천군 지역에서도 이러한 현상이 관찰된다.

139) 예문에 쓰인 '지두리'는 문짝을 끼워 달기 위하여 문의 양쪽에 세운 기둥을 뜻하는 중앙어 '문설주'에 대응하는 말이다. 지두리는 본래 돌쩌귀에 해당하는 말인데 제보자가 '문설주'라는 용어를 잘 몰라서 '지두리'라고 한 것으로 보인다. 예문의 제보자 설명에 따르면 '지두리'는 '돌쩌귀'를 가리키는 말로 이해된다.

140) '절단나다'는 '결단나다'의 구개음화형으로 보인다. '절단나다'는 '망가지다' 또는 '못쓰게 되다'의 의미로 쓰인다.

141) '모코리'는 대오리, 싸릿가지, 고리버들 따위를 결어서 아름드리 정도나 그 이상의 크기로 둥그런 밑짝을 만들고 그것을 덮을 뚜껑을 둥그렇게 위짝으로 만든 그릇을 가리킨다. 농이 작거나 하여 옷가지 따위를 넣을 곳이 마땅하지 않을 때 '모코리'에 넣어 시렁 위에 올려놓기도 한다. ≪표준국어대사전≫에는 '대, 싸릿가지, 고리버들 따위의 재료로 엮어 만든 그릇'이라고 풀이되어 있어 보완이 필요해 보인다.

142) '도방구리'는 '모코리'와 마찬가지로 대오리, 싸릿가지, 고리버들 따위를 결어서 만드는데 모양은 비슷하지만 모코리보다 크기가 훨씬 작다. 지역에 따라 이 도방구리를 반짇고리 대용으로 쓰기도 한다. 도방구리가 대오리나 싸릿가지, 고리버들 따위로 만드는데 비해 반짇고리는 흔히 종이를 붙여서 만든 것을 사용한다.

143) '입썽'은 '입성'의 음성형으로 '옷'을 가리킨다. ≪표준국어대사전≫에는 '옷'을 속되게 이르는 말로 풀이되어 있는데 충청도 방언에서는 속되게 이르는

뜻은 없다.

144) '실경'은 중앙어 '시렁'에 대응하는 충청도 방언형이다. '실경'은 물건을 얹어 놓기 위하여 방이나 마루의 양쪽 벽에 구멍을 뚫고 서까래 굵기의 두 개의 긴 나무를 나란히 가로질러 구멍에 박아 걸쳐 놓은 것을 가리킨다. 중앙어 '시렁'의 옛말은 '시렁'이다. '시렁'을 '싣+-엉'으로 분석하고 '실-'은 불규칙 활용 하는 '싣다'의 어간 '싣'의 활용형으로 볼 수 있다. 이렇게 보면 '-엉'은 명사 파생 접미사가 된다. '-엉'을 파생접미사로 보면 방언형 '실경'은 '싥+엉'으로 분석할 수 있는데 'ㄱ'의 신분이 무엇인지는 알기 어렵다. 남한의 모든 지역은 물론 북한 지역에서도 방언형 '실경'이 사용되고 '실경' 외에 '실광'이나 '실겡', '실근' 등의 이형태가 사용되고 있다는 점에서 '시렁'의 어원에 대하여 재검토할 필요성이 있을 것 같다. 참고로 ≪표준국어대사전≫에는 '시렁'에 대해 "물건을 얹어 놓기 위하여 방이나 마루 벽에 두 개의 긴 나무를 가로질러 선반처럼 만든 것"으로 풀이하고 사진을 싣고 있다. 그런데 설명에서 '선반처럼 만든 것'이라기보다 '선반처럼 사용하는 것'이라고 해야 할 것이고 사진은 바꾸어야 할 것이다. 시렁 사진이 아니고 살강 사진이기 때문이다.

145) '채반'은 중앙어 '차반'에 대응하는 충청도 방언형이다. 충청도 방언에서의 '채반'은 결혼식 때 신부가 예물로 가져가는 음식이나 신랑이 혼인한 뒤에 처음으로 신부 집에 갈 때 예물로 가져가는 좋은 음식을 일컫는 말이다. '채반'은 본래 음식을 담는 그릇을 의미하는 것이었는데 의미가 변하여 예물로 가져가는 음식을 뜻하는 말로 쓰이고 있다. 이때 '채반'이라고 하면 예물로 가져가는 음식과 그 음식을 담은 그릇을 포함하는 의미로도 쓰인다. 충청도 지역에서는 채반 음식으로 떡이나 엿을 주로 준비했다고 한다.

146) '바느질끄럿'은 충청도 방언 '바느질그럿'의 음성형이다. '바느질그럿'은 바늘, 실, 골무, 헝겊 따위의 바느질 도구를 담는 그릇을 뜻하는 중앙어 '반짇고리'에 대응하는 충청도 방언이다. 중앙어 '반짇고리'에 대응하는 충청도 방언으로 '바느질그럿' 외에 '바느질그릇', '바느질그럭', '반짇그릇', '반짇그럭', '바느질도방구리' 등이 쓰인다.

147) '반짇그릇'은 바늘, 실, 골무, 헝겊 따위의 바느질 도구를 담는 그릇을 뜻하는 중앙어 '반짇고리'에 대응하는 충청도 방언이다. '반짇그릇'은 '바느질+ㅅ+그릇'으로 분석할 수 있는 합성어다. '바느질'이 '반짇'으로 축약된 것인데, 'ㄹ' 말음을 가진 단어가 다른 단어와 결합하여 합성어를 형성하면서 'ㄹ'이 탈락한 것이다. 이런 현상은 사흗날(사흘+ㅅ+날), 이튿날(이틀+ㅅ+날), 숟가

락(술+ㅅ+가락) 등의 예에서도 나타난다. 중앙어 '반짇고리'에 대응하는 충청도 방언형으로 '반짇그릇' 외에 '바느질그릇', '바느질그륵', '반짇그륵', '바느질도방구리' 등이 더 쓰인다.

148) '바느질도방구리'는 '바느질+도방구리'로 분석할 수 있는 합성어로 중앙어 '반짇고리'의 뜻으로 쓰인다. 중앙어 '반짇고리'에 대응하는 충청도 방언으로 '반짇그릇', '바느질그릇', '바느질그륵', '바느질그릇', '반짇그륵' 등도 쓰인다.

149) '반짇그륵'은 중앙어 '반짇고리'에 대응하는 충청도 방언이다. '반짇그륵'은 '바느질+ㅅ+그륵'으로 분석할 수 있는 합성어다. '그륵'은 중앙어 '그릇'에 대응하는 충청도 방언형이다. 중앙어 '반짇고리'에 대응하는 충청도 방언으로 '반짇그륵' 외에 '반짇그릇', '바느질그릇', '바느질그륵', '바느질그릇', '바느질도방구리' 등도 쓰인다.

150) '가새'는 중앙어 '가위'에 대응하는 방언형이다. 충청도 방언에서 '가새'가 많이 쓰였던 말인데 요즈음에는 표준어 교육 등의 영향으로 '가위'가 주로 쓰이고 '가새'는 노년층의 일부에서만 쓰인다. 국어사 자료에서 중앙어 '가위' 가 소급하는 최초의 형태는 15세기의 'ᄀᆞᅀᅢ'이다. 16세기에 나타나는 'ᄀᆞ새'는 15세기 말~16세기 초에 'ㄹ'과 'ㅿ' 사이의 유성 후두 마찰음 'ㅇ'이 탈락한 결 과이며, 17세기에 나타나는 'ᄀᆞ애'는 16세기에 'ㅿ'이 탈락한 결과이다. '가의' 는 'ᄀᆞ애'의 제1음절 모음과 제2음절의 음절주음이 서로 바뀌고 '가의'의 제2 음절 모음이 '외'로 바뀐 '가외'가 19세기에 나타났고 이것이 비어두음절에서 산발적으로 일어난 'ㅗ〉ㅜ' 변화에 따라 '가위'로 바뀌었다. 15세기의 'ᄀᆞᅀᅢ' 는 '자르다'를 의미하는 동사 'ᄀᆞᇫ-' 뒤에 파생접사 '개'가 결합한 후에 'ㅿ' 뒤에 서 'ㄱ'이 'ㅇ'으로 약화된 결과다. 방언형 '가새'는 전국적인 분포를 보이고 '가시개'도 폭넓은 지역에서 사용되는 것으로 알려져 있다.

151) '실꾸리'는 실을 꾸려 둥글게 감아놓은 뭉치를 가리키는 말이다.

152) '홍겁때기'는 중앙어 '헝겊'에 대응하는 충청도 방언형으로 '홍겁'을 낮추어 이르는 말이다. '-때기'는 일부 명사 뒤에 붙어 '비하'의 뜻을 더하는 접미사 라고 할 수 있다. '이불때기, 잠바때기, 가마이때기' 등과 같이 쓰인다. 각각 중앙어의 '이불, 점퍼, 가마니' 등을 낮추어 이르는 말이다.

153) '홍겁 보팅이'는 중앙어 '헝겊 보퉁이'에 해당한다. '홍겁'은 천 조각을 뜻하 고 '보팅이'는 물건을 보에 싸서 꾸려 놓은 것을 뜻한다. 따라서 '홍겁 보팅이' 는 여러 가지 천 조각을 보에 싸서 꾸려 놓은 것을 뜻한다. 예전에는 옷이 흔하지 않아 옷이 헤지면 기워 입어야 했기 때문에 기울 때 쓸 광목이나 베

의 조각을 보에 싸서 꾸려 놓았다가 옷을 기울 때 썼다.

154) '광목짜치'는 '광목+짜치'로 분석된다. '광목'은 무명실로 서양목처럼 너비가 넓게 짠 베를 가리키고 '-짜치'는 중앙어 '천' 또는 '천 조각'에 대응되는데 중앙어의 '천'이나 '천 조각'과 같이 자립적으로 쓰이지 않고 항상 천의 종류를 나타내는 앞의 말에 붙어 쓰인다. 따라서 '-짜치'는 '천'의 의미를 나타내는 파생접미사라고 할 수 있다. 청원 지역에서 '-짜치' 외에 '베짜추'에서와 같이 '-짜추'도 쓰인다. 충청도 지역에서 '베짜치, 무명짜치, 미영짜치/명주짜치'라고 하면 각각 천을 의미하는 '베, 무명, 명주'를 뜻하거나 '베 조각, 무명 조각, 명주 조각'을 뜻한다. 전라도 방언에서는 '짜치'가 '자투리'의 의미로도 쓰인다.

155) '버선볼을 걸다'는 버선을 짓기 위해 버선 모양의 본을 종이나 헝겊에 대고 본을 뜨고 버선을 짓는 것을 일컫는다. '버선볼 건다' 외에 '벌 건다'고도 한다. 참고로 '벌 대다'도 쓰이는데 버선볼이 헤지거나 닳으면 기워야 하는데 버선볼 부분에 헝겊을 대고 깁는 것을 가리키는 말이다.

156) '홍굽'은 중앙어 '헝겊'에 대응하는 이 지역 방언형 '홍겁'을 잘못 발음한 것이다.

157) '그라내벼'는 중앙어 '그러는가 봐'에 해당하는 이 지역 방언형이다. '그라내벼'는 '그라+내+벼'로 분석할 수 있어 보인다. '그라-'는 중앙어 '그러다'에 대응하는 이 지역 방언형 '그라다'의 어간이고, '-내'는 중앙어의 '-나 보다' 구성에서 자기 스스로에게 묻는 물음이나 추측을 나타내는 종결 어미 '-나'에 기원하는 어미가 움라우트된 것이고, '-벼'는 중앙어 '-나 보다' 구성에서 앞말이 뜻하는 행동이나 상태를 추측하거나 어렴풋이 인식하고 있음을 나타내는 보조용언 '보다'에 대응하는 충청도 방언형 '비다'의 어간 '비-'에 어미 '-어'가 결합된 '비어'의 축약형으로 이해된다. 즉 '-내벼'는 '-나 비어→ -나 벼→ -내 벼'의 과정을 거친 것으로 보인다. 따라서 용언 어간에 '-나 비다'가 결합하면 '먹내 비다, 오내 비다, 갔내 비다, 사내 비다' 등과 같이 '-내 비다'의 꼴로 실현된다. 그러나 중앙어 '보다'에 대응하는 보조용언으로 '부다'가 실현되면 선행 어간에 연결되는 어미가 '-나'로 나타나 '먹나 부다, 오나 부다, 갔나 부다, 사나 부다'와 같이 실현된다.

158) '고쿠락'은 중앙어 '아궁이'를 뜻하는 충청도 방언형이다. '고쿠락'은 '고쿨+악'으로 분석할 수 있을 것으로 보인다. '고쿨'은 예전에, 관솔불을 올려놓기 위하여 벽에 뚫어 놓은 구멍을 뜻하는 중앙어 '고콜'에 대응하고 여기에 파생 접미사 '-악'이 결합된 것으로 보인다. '뜨럭, 터럭, 주먹' 등이 각각 '뜰+

억', '털+억', '줌+억'으로 이루어진 것과 같다. '아궁이'를 뜻하는 충청도 방언으로 '고쿠락' 외에 '고코락', '보강지', '벅앙지', '고래구녁', '부엌아궁지', '부엌아구리', '아궁지' 등도 쓰인다. 경상도 지역에서는 '부삭', '부석' 등이 많이 쓰이기도 한다.

159) '물뚜멍'은 중앙어 '물독'에 해당하는 이 지역 방언형 '물두멍'의 음성형이다. 예문에서의 '물두멍'은 중앙어 '물독'을 의미하지만 도랑에서 논으로 물을 대기 위해 만든 입구, 즉 논으로 물이 들어가도록 논둑 밑에 뚫어놓은 구멍을 뜻하기도 한다. 도랑에서 논으로 물이 들어가는 곳을 뜻하는 충청도 방언으로는 '물두멍' 외에 '수멍'이라는 말도 쓰인다.

160) '죽담'은 막돌에 흙을 섞어서 부엌에 좀 높게 쌓은 돌담을 가리킨다. 부엌 바닥보다 조금 높게 담을 쌓고 여기에 살강을 만들어 그릇을 놓거나 찬장을 올려놓기도 한다.

161) '귀짝'은 중앙어 '궤짝'에 대응하는 충청도 방언형이다.

162) '파내기'는 둥글넓적하고 아가리가 넓은 오지그릇으로 물을 이어 나를 때 쓰거나 설거지하는 그릇으로 쓴다.

163) '가마솥'은 중앙어 '가마솥'에 대응하는 충청도 방언형 '가마솥'의 음성형이다. 연결되는 조사의 종류에 따라 음성형이 다르게 나타날 수 있기 때문에 기저형도 달리 설정해야 할 것이다. 단독형으로 쓰이면 '가마솥'으로 실현되지만 주격조사가 연결되면 '가마소시'로 실현되어 기저형을 '가마솟'으로 설정해야 하고, 처격조사가 연결되면 '가마소태'와 같이 실현되어 기저형을 '가마솥'으로 설정해야 할 것이기 때문이다.

164) '옹솥'은 작고 오목한 솥을 뜻하는 중앙어 '옹솥'에 대응하는 충청도 방언형 '옹솥'의 음성형이다. '옹솥'도 연결되는 조사에 따라 음성형이 다르게 나타날 수 있어 이런 경우에는 기저형을 달리 설정해야 할 것이다. 예컨대, 주격조사가 연결되어 '옹소시'와 같이 실현되면 '옹솣-이'와 같이 형태소를 분석할 수 있어 기저형을 '옹솣'으로 설정할 수 있지만 처격조사가 연결되어 '옹소태'와 같이 실현될 때는 '옹솥-애'와 같이 형태소를 분석할 수 있어 기저형을 '옹솥'으로 설정할 수 있을 것이다.

165) '일 빠라지'는 '일 바라지'의 음성형이다. '일 바라지'가 이 지역에서는 하나의 단어처럼 쓰인다. '바라지'는 일부 명사에 붙어 그 명사가 지시하는 대상을 돌보아 주거나 챙겨주는 일을 뜻하는 말이므로 '일바라지'는 온갖 일을 돌보아 주거나 챙겨주는 일을 뜻하는 말이 된다.

166) 중앙어에서는 '화덕'이 흙으로 구워 숯불을 피워 쓸 수 있게 만든 큰 질화로를 가리키기도 하고 흙으로 아궁이처럼 만들어 솥을 걸어 쓸 수 있게 만든 것을 가리키기도 한다. 그런데 예문에서는 '화덕'이 흙으로 구워 숯불을 피워 쓸 수 있게 만든 작은 질그릇으로 아랫부분에 바람이 잘 통하게 구멍을 내어 불이 잘 붙게 만든 것을 가리킨다. '화덕'은 '화로'와 '풍로'의 기능을 다 가진 것이지만 화로보다는 '풍로'에 더 가깝다고 할 수 있다. '화덕'은 여름에 아궁이에 불을 때면 방이 덥기 때문에 부엌 바닥이나 부엌 밖에 설치하여 아궁이의 기능을 하도록 만든 일종의 이동식 아궁이라고 할 수 있다.

167) '장투가리'는 '장+투가리'로 분석할 수 있다. '장'은 '된장'을 뜻하는 말이고 '투가리'는 찌개 따위를 끓이거나 설렁탕 따위를 담을 때 쓰는 오지그릇을 뜻하는 중앙어 '뚝배기'에 대응하는 충청도 방언형이다. 따라서 예문의 '장투가리'는 된장찌개를 끓이는 데 쓰는 오지그릇을 가리킨다. '장투가리'를 합성어로 보지 않고 '장 투가리'로 볼 수도 있지만 충청도 지역에서는 하나의 단어로 굳어져 쓰인다는 점에서 합성어로 처리하는 것이 타당해 보인다.

168) '흑풍노'는 '흙풍로'의 음성형이다. '흙풍로'는 흙을 구워 만든 풍로라는 뜻으로 '흙+풍로'로 분석된다. 풍로는 쇠로 만들기도 하지만 흔히 흙으로 구워 만든다. 작은 솥이나 뚝배기 등을 올려놓고 숯을 피워 밥을 짓거나 장이나 찌개를 끓이기도 하고 요리를 할 수 있도록 만든 일종의 원통형 화덕이다. 아래의 바닥 부분이나 숯불을 피우는 윗부분보다 가운데 부분이 약간 가늘게 되어 있고 아랫부분에 바람구멍을 내어 숯불이 잘 피도록 되어 있다. 아래위로 통하는 중간 부분에는 구멍이 숭숭 뚫린 원형의 넓적한 무쇠를 걸쳐 놓아 바람구멍에서 들어온 바람이 위로 잘 통하여 불이 잘 붙게 되어 있다.

169) '쇠규곤노'는 '석유곤로'의 음성형이다. '세규'는 '석유'의 움라우트형인 '섹유'의 음성형이고 '곤노'는 '곤로'의 음성형이다. '곤로'는 'konro'의 외래어로 '풍로' 또는 '화로'로 순화하였다. 석유곤로는 석유를 원료로 불을 피워 풍로처럼 쓰는 쇠로 만든 주방 도구로 '석유풍로'라고 할 수 있다.

170) '풍구'는 바람을 일으키는 풀무의 일종이다. 충청도 농촌에서 쓰이는 '풍구'는 두세 가지 유형이 있다. 하나는 농기구의 하나로 곡물에 섞인 쭉정이, 겨, 먼지 따위를 날려버리고 알곡만 남게 하는 것이다. 한쪽에 큰 바람구멍이 있고, 큰 북 모양의 통 내부에 있는 여러 개의 넓은 깃이 달린 바퀴를 돌려서 낟알과 잡물을 가려낸다. 또 하나의 풍구는 풍로에 바람을 불어넣어 숯불을 피우거나 부엌 아궁이에 불을 피울 때 쓰는 작은 것으로 달팽이 모양의 통

속에 팔랑개비 모양의 날개가 달려 있어 이것을 돌려 바람을 일으킨다. 또 하나의 풍구는 네 개의 다리가 달린 직육면체의 커다란 나무 궤짝 모양으로 된 것이다. 통의 한 쪽에는 내부에서 바람을 일으킬 수 있도록 여러 개의 날 개가 달린 바퀴가 돌아가게 되어 있고 바람이 지나가는 중간 부분 위에 곡 식을 담아 놓고 곡식이 아래로 조금씩 떨어져 내리게 하여 먼지나 티끌 등 은 바람에 날려 뒤로 날아가고 알곡만 아래로 떨어져 모이게 만든 농기구다.

171) '고코락'은 중앙어 '아궁이'에 대응하는 충청도 방언형이다. '고콜'이 예전에, 관솔불을 올려놓기 위하여 벽에 뚫어 놓은 구멍을 뜻한다는 점에서 '고코락' 은 '고콜+악'으로 분석할 수 있을 것이다.

172) '돌땀'은 '돌담'의 음성형으로 청원군 남일면에 있는 지명 가운데 하나다.

173) '소고바리'는 중앙어 '발채'에 대응하는 충청도 방언형이다. 충청도 방언으로 '소고바리' 외에 '바소고리, 조고발, 바지개, 바작 소고리, 소코리, 소쿠바리' 등의 방언형이 쓰이기도 하는데 이들 가운데는 충청도 이외의 지역에서 사 용되는 것들도 있다.

174) '부주땡이'는 중앙어 '부지깽이'에 대응하는 이 지역 방언형이다. 충청도 방 언에서는 '부주땡이' 외에 '부주때이', '부지깽이', '부지깨이' 등도 쓰인다.

175) '빠빠낭 거'는 '빠빠한 거'의 음성형이다. '빠빠한 거'는 중앙어 '반반한 것'에 해당하는 말로 여기에서는 막대기가 곧고 굵기가 적당한 것이라는 뜻으로 쓰였다.

176) '그라서'는 '그래서'를 잘못 발음한 것으로 보인다. 청원 지역에서는 중앙어 '그리고, 그러면, 그러니까'에 대하여 '그라구, 그라면, 그라니깨'가 쓰이고 '그 래서'에 대해서는 똑같이 '그래서'가 쓰인다.

177) '-매'는 중앙어 '-며'나 '-면서'에 대응하는 이 지역 방언형이다. '-매'는 두 가 지 이상의 동작이 함께 일어나는 것을 나타내는 연결어미다. 충청도 방언에 서는 '-매' 외에 '-머', '-민', '-민서', '-면서' 등도 쓰인다.

178) 예전에 보릿짚이나 볏짚 등을 때면 보릿짚이나 볏짚이 탄 재가 짚 모양 그 대로 수북하게 쌓이는데 이것을 부지깽이로 두드리면 공기구멍이 없어지면 서 재가 가루로 되어 가라앉게 되는 것을 표현한 말이다.

179) '쫄가리'는 중앙어 '줄거리', '줄기' 등에 대응되는 이 지역 방언형이다. 지역 에 따라 '쫄거리', '줄거리' 등도 쓰인다. '쫄가리'는 땔감으로 쓰려고 장만한 손가락 굵기나 그보다 더 굵은 나뭇가지나 나무줄기를 가리킨다. 반면에 장 작을 장만하기 위해 굵은 통나무를 베어 길게 자른 둥치를 '둥걸' 또는 '둥거

리'라고 한다.

180) 여기에서의 '먹어두'는 '먹으려 해도'의 의미로 쓰였다.

181) '먹뚜'는 '먹두'의 음성형으로 중앙어 '먹어도'에 대응하는 충청도 방언형이다. '-두'는 중앙어 '-지도'에 대응한다. 충청도 방언에서는 '오두 가두 못 한다'와 같이 '-두'로만 쓰이거나 '나치두 마리야(낳지도 마래)'에서와 같이 '-지두'로도 쓰인다.

182) 여기에서의 '장'은 '된장찌개'를 뜻한다. 예전에는 여름에 땔감이 부족하여 따로 불을 때거나 하여 장을 끓일 수 없었기 때문에 뚝배기나 냄비에 된장찌개를 끓일 재료를 준비하여 가마솥에 보리쌀을 안칠 때 가마솥 안의 보리쌀 위에 뚝배기나 냄비를 올려놓고 불을 때서 밥을 하면 솥 안에서 장이 끓게 된다. 예전에는 이렇게 된장찌개를 끓였다는 것을 설명한 말이다.

183) '파내기'는 둥글넓적하고 아가리가 벌어진 오지그릇으로 위아래의 너비가 같고 바닥이 평평하고 거칠며 춤이 낮다. 춤의 높이는 30Cm 내외 정도가 된다. 바닥이 거칠어 보리쌀이나 쌀의 표면에 있는 먼지나 가루 따위를 문지르는 데 쓰인다. 이렇게 '파내기'에 쌀이나 보리쌀을 넣고 문지르는 것을 '쌀 딲는다, 버리쌀 딲는다'고 한다. 쌀이나 보리쌀의 관점에서 '쌀 딲인다(때긴다)(닦인다), 버리쌀 딲인다(때긴다)(닦인다)'고 말하기도 한다. 중앙어의 '자배기'에 대응하는 말이다.

184) '부둥가리'는 아궁이의 불을 담아내어 옮길 때 부삽 대신에 쓰는 도구로 흔히 오지그릇이나 질그릇의 깨진 조각을 이용한다. 기능상으로는 '부삽'과 같다. '부삽'이 불을 담기 위해 삽 모양으로 만든 도구를 가리키는 말인데 비해 '부둥가리'는 현대식 삽 모양으로 된 '부삽'이 나오기 전에 부삽 대신에 전통적으로 사용해 오던 도구를 이르는 말이다. 새로 쓰이기 시작한 '부삽'이 전통적으로 써 오던 '부둥가리'를 대신하고 있다고 할 수 있다. '부둥가리' 외에 '부등가리'와 '부삽'도 쓰인다.

185) '고물개'는 중앙어의 '고무래'에 대응하는 이 지역 방언형이다. 크고 넓적한 것은 멍석에 곡식을 널 때 고루 펴기 위해 사용하고 작은 것은 아궁이의 재를 칠 때 쓰는데 예문의 '고물개'는 후자를 가리킨다.

186) '이썬내벼'는 중앙어 '있었나봐'에 대응하는 이 지역 방언형이다. '내벼'의 '-내'는 중앙어의 '-나 보다' 구성에서 자기 스스로에게 묻는 물음이나 추측을 나타내는 종결어미 '-나'에 기원하는 어미가 움라우트된 것이고, '-벼'는 중앙어 '-나 보다' 구성에서 앞 말이 뜻하는 행동이나 상태를 추측하거나 어렴풋이

인식하고 있음을 나타내는 보조용언 '보다'에 대응하는 충청도 방언형 '비다'의 어간 '비-'에 어미 '-어'가 결합된 '비어'의 축약형으로 이해된다. 즉 '-내벼'는 '-나 비어→-나벼→-내벼'의 과정을 거친 것으로 보인다. 따라서 용언 어간에 '-나 비다'가 결합되면 '먹내 비다, 오내 비다, 갔내 비다, 사내 비다' 등과 같이 '-내 비다'의 꼴로 실현된다. 그러나 중앙어 '보다'에 대응하는 또 다른 방언형 '부다'가 오면 선행어간에 연결되는 어미가 '-나'로 나타나 '먹나 부다, 오나 부다, 갔나 부다, 사나 부다'와 같이 실현된다.

187) '장꽝'은 중앙어 '장독대'에 대응하는 충청도 방언형이다. '장꽝'은 크고 작은 단지나 옹기그릇 따위를 한 곳에 놓아두는 곳을 가리킨다. 보통은 돌이나 흙으로 주변보다 높이 쌓아 단을 만들지만 평지에 넓적넓적한 돌을 깔아 받침으로 쓰기도 한다. '장꽝'의 '장'은 '醬'을 뜻하지만 '꽝'이 무엇을 의미하는지는 확실하지 않으나 '장꽝'의 용도로 보아 일정한 면적을 가진 넓고 평평한 곳을 가리키는 것으로 볼 수 있다. 이와 유사한 구성을 이루는 단어가 '미나리꽝'이다. 미나리꽝의 '꽝'도 '장꽝'의 그것과 어원이 같은 것으로 보인다.

188) '너리기'는 아가리가 둥글고 넓적하게 생긴 오지그릇으로 파내기보다 더 큰 것이다. 큰 파내기라고 할 수 있다. 중앙어의 '자배기'와 비슷한 것으로 자배기보다 더 큰 것을 가리키는 청원 지역 방언형이다.

189) '통개'는 아가리가 좁고 위쪽이 약간 통통하게 배가 좀 나오고 아래는 조붓한 것으로 높이가 어른 허리 정도 되는 크기의 좀 길쭉한 오지그릇을 가리킨다. 보통 '김치 통개, 동치미 통개'와 같이 쓰이거나 '김치 단지, 동치미 단지'와 같이 쓰인다. 각각 김치를 담그거나 동치미를 담가 두는 오지단지라는 뜻으로 쓰인다. 참고로 '옹카지'나 '옹가지'는 크기가 작고 아래 위가 오목한 오지그릇으로 항아리보다는 좀 더 큰 것을 가리키는 충청도 방언형이다. '동이' 또는 '동우'는 중앙어 '물동이'에 대응하는 충청도 방언형으로 물을 길어 나르기 위해 머리에 이고 다니는 오지그릇으로 아가리가 아래보다 약간 넓은 역 원뿔대 모양이다.

190) '부단지'는 '통개'보다 더 작은 오지단지를 가리킨다. 고추장이나 된장을 담아 두는 높이 30Cm 정도 되는 항아리보다 조금 더 큰 오지그릇을 가리킨다.

191) '파내기'는 둥글넓적하고 아가리가 벌어진 오지그릇으로 위아래의 너비가 같고 바닥이 평평하고 거칠며 춤이 낮다. 춤의 높이는 30Cm 내외 정도 된다. 바닥이 거칠어 보리쌀이나 쌀의 표면에 있는 먼지나 가루 따위를 문지르는 데 쓰인다. 이렇게 '파내기'에 쌀이나 보리쌀을 넣고 문지르는 동작을 '딲인

대때낀대(닦인다)'고 한다. 이것은 쌀이나 보리쌀의 처지에서 쓰이는 말이다. 쌀이나 보리쌀을 닦는 사람의 처지에서는 '쌀 땨는다, 보리쌀 땨는다'와 같이 쓴다.

192) '에펴'는 중앙어 '엎다'의 피동사 '엎히다'의 활용형인 '엎혀'의 음성형이다. '에펴'는 '엎혀'의 움라우트형이다. '엎히다'는 바로 놓여 있지 않고 엎어져 있다는 뜻을 가진 '엎다'의 피동사다.

193) '접때'에 대하여 ≪표준국어대사전≫에서는 막연하게 '오래지 아니한 과거의 어느 때를 이르는 말로 뜻풀이하였으나 이 지역에서는 '접때'가 오래지 않은 과거의 어느 때를 가리키기는 하지만 흔히 4~5일 전부터 열흘 전 정도까지를 가리키는 말로 쓰인다. 참고로 '아래'는 '그저께'나 '그끄저께'를 가리키는 말로 쓰인다.

194) '옹가지'는 가운데는 배가 나오고 아래 위는 좁아 오목하게 생긴 오지그릇을 가리킨다. 예전에 여자들이 물을 이어 나를 때 많이 이용하였다. 중앙어 '물동이'에 대응하는 '동우'와 '물동우'도 물을 이어 나르는 데 쓰이던 오지그릇이다.

195) '동이'는 물을 이어 나를 때 쓰이는 오지그릇으로 '동우' 또는 '물동우'라고도 한다. 아가리가 아래보다 약간 넓은 역 원뿔대 모양으로 생겼다. '옹가지'는 아래 위가 좁고 배가 나온 오지그릇이어서 머리에 이고 다닐 때 물이 잘 흘러넘치지 않는다. 충청도 방언에서 '옹가지' 외에 '옹카지'라고도 한다.

196) '가차운'은 중앙아 '가깝다'에 대응하는 충청도 방언형 '가찹다'의 활용형이다. '가찹다'는 '가찹구, 가찹지, 가찹게, 가차우니깨, 가차워서' 등과 같이 활용한다.

197) '황칭이'는 남일면 황청리에 있는 지명 가운데 하나다. '황칭이'는 '황청'에 '-이'가 덧붙은 형태로 '황청'을 가리킨다.

198) '도람말'은 남일면 황청리 남쪽에 있는 마을 이름이다.

199) '물찔'은 '물길'의 구개음화형이다. 예문에서의 '물길'은 물을 긷기 위해 지나다니는 길을 뜻한다. 예전에는 집집마다 샘이 있거나 수도가 있는 것이 아니어서 동네에 있는 공동 샘이나 마을 어귀에 있는 샘에 가서 동이에 물을 길어다 놓고 마셨다. '물길'은 이렇게 물을 긷기 위해 집에서부터 샘까지 다니는 길을 가리킨다.

200) '부땅꼴'은 황청리 남쪽 골짜기에 있는 지명이다. '불당골'의 음성형이 굳어진 것으로 보인다.

201) ‘바가치샴’은 ‘바가치+샴’으로 분석할 수 있다. ‘바가치’는 중앙어 ‘바가지’에
    대응하는 충청도 방언형이다. 본래의 ‘바가지’는 잘 여문 박을 반으로 쪼개어
    씨를 바르고 삶아 속을 긁어 낸 다음 말린 것을 뜻한다. 물을 푸거나 곡식
    따위를 담는 데 썼다. 근래에는 플라스틱으로 바가지처럼 만든 것으로 예전
    의 바가지를 대신하여 사용한다. ‘샴’은 중앙어 ‘샘’에 대응하는 이 지역 방언
    형이다. ‘샴’ 외에 ‘샘’과 ‘새미’도 쓰인다. ‘샴’이나 ‘샘’은 충청남도에서 많이 쓰
    이는 방언형인데 충청남도와 인접한 충북의 중서부 지역에서도 많이 쓰인
    다. 참고로 충청도에서는 ‘샘’과 ‘우물’을 구별하지 않고 쓴다. 중앙어의 ‘우물’
    과 ‘샘’이 다 같이 ‘샴’, ‘샘’, ‘새미’ 등의 방언형으로 쓰인다. ‘바가치샴’은 ‘뚜룸박
    샴’과 대립하여 쓰인다. ‘바가치샴’은 중앙어의 ‘샘’에 대응하고 ‘뚜룸박샴’은
    중앙어 ‘우물’에 대응한다.

202) ‘한창’은 중앙어 ‘한참’에 대응하는 이 지역 방언형이다. ‘한창’ 외에 ‘한참’도
    쓰인다. 대부분의 충청도 방언 화자들은 중앙어의 ‘한창’과 ‘한참’의 의미를
    구별하지 않고 사용한다.

203) ‘물두멍’은 물을 길어다 붓는 ‘물독’을 뜻하는 충청도 방언형이다. 흔히 부엌
    의 한 쪽 바닥을 파고 반쯤 묻어 놓고 쓴다.

204) ‘시수’는 중앙어 ‘세수’에 대응하는 이 지역 방언형이다. ‘시수’ 외에 ‘세수’도
    쓰인다. ‘세수하다’의 뜻으로는 ‘낯씻다’와 ‘시수하다’나 ‘세수하다’가 쓰인다.

205) 중앙어에서의 ‘구정물’은 ‘무엇을 씻거나 빨거나 하여 더러워진 물’을 가리
    키지만 충청도에서의 구정물은 두 가지 의미로 쓰인다. 하나는 중앙어와 마
    찬가지로 ‘무엇을 씻거나 빨거나 하여 더러워진 물’을 뜻하고 다른 하나는
    ‘쌀이나 보리쌀을 씻은 물이나 음식 그릇을 씻은 물’을 뜻한다. 예문에서는
    ‘구정물’이 ‘쌀이나 보리쌀을 씻은 물이나 음식 그릇을 씻은 물’의 의미로 쓰
    였다. 예전에 사료가 없던 시절에는 소나 돼지를 기르기 위해 소죽을 쑤거나
    돼지죽을 끓일 때 주로 이 물을 이용하였다.

206) ‘자간’은 중앙어 ‘좌우간’에 대응하는 이 지역 방언형이다.

207) ‘해전’은 ‘하루 종일’을 뜻하는 충청도 방언형이다. ‘해가 지기 전’이라는 의
    미의 ‘해전’에서 기원한 것으로 이해된다.

208) ‘도고질’은 중앙어 ‘절구질’에 대응하는 이 지역 방언형이다. ‘도고+질’로 분
    석된다. ‘도고’는 중앙어 ‘절구’에 대응하는 이 지역 방언형이고 ‘-질’은 도구
    (道具)를 나타내는 일부 명사 뒤에 붙어 그 도구(道具)를 가지고 하는 일의
    뜻을 더하는 접미사다. 중앙어 ‘절구’를 뜻하는 방언형으로 ‘도고’ 외에 ‘도구’

또는 '도구통'이 쓰이기도 한다. '도고'나 '도구'는 절구통과 절굿공이를 함께 일컫는 말이고 '도구통'은 절구통만을 가리키는 말이지만 충청도 방언에서는 문맥에 따라 '도구통'이 절구통의 의미로만 쓰이기도 하고 절구의 의미로 쓰이기도 한다.

209) '달래'는 주로 구어체에서 '다른 이유로' 또는 '다른 까닭이 있어서'의 뜻으로 쓰이는 충청도 방언형이다. 중앙어에서 사정이나 조건 따위가 서로 같지 않게의 뜻으로 쓰이는 '달리'와 대응하는 말이다.

210) '갈치다'는 중앙어 '가르치다'에 대응하는 충청도 방언이다. '갈치다, 갈치구, 갈치지, 갈칠, 갈처'와 같이 활용한다. '갈치다' 외에 '갈키다'도 '가르치다'의 뜻으로 쓰인다. 충청도 방언에서 '갈치다'와 '갈키다'가 중앙어의 '가리키다'의 뜻으로도 쓰인다. 많은 화자들이 '가르치다'와 '가리키다'를 구별하지 못하고 쓰고 있다.

211) '걱쩡하구'는 '걱정하구'의 음성형이다. 여기에서의 '걱정'은 어른들이 아랫사람을 꾸짖는 것을 아랫사람의 처지에서 일컫는 말이다. '걱정한다'는 '윗사람이 아랫사람을 꾸짖는다'는 뜻으로 아랫사람이 윗사람의 행동에 대하여 하는 말이다. 윗사람이 아랫사람을 꾸짖는 것을 윗사람의 처지에서 하는 말로는 '야단친다'가 쓰인다.

212) '재번'은 '대번'을 잘못 말한 것이다.

213) '기아짱'은 중앙어 '기왓장'의 이 지역 방언형 '기앗장'의 음성형이다. 이 지역에서는 중앙어 '기와'를 '기아'라고 한다. 충청도 방언에서 지역에 따라 '기아' 외에 '기애, 기와, 지아, 지와' 등의 방언형이 쓰인다. '지야'나 '지와'는 '기아'아 '기와'가 구개음화한 것이다.

214) '집'은 중앙어 '짚'이 재구조화한 형태다. '집'은 '지비(짚-이), 지부루(짚-으로), 지벌(짚-을), 집뚜(짚-도), 지파구(짚-하고)'와 같이 실현된다.

215) '돌기와'는 지붕을 일 때 기와 대신 쓰는 얇고 넓적한 돌을 가리킨다.

216) '지벙'은 중앙어 '지붕'에 대응하는 충청도 방언형이다. '지벙' 외에 '지붕'도 쓰인다. 충북의 단양 등 일부 지역에서는 '지붉'으로 나타나기도 하는데 보수적인 어형이다.

217) '시채루'는 '요즈음의 풍습이나 유행으로' 정도의 뜻으로 쓰이는 부사로 이해된다. '그 시대의 풍습 유행을 따르거나 지식 따위를 받음. 또는 그런 풍습이나 유행'을 뜻하는 중앙어 '시체'와 관련이 있는 것으로 보인다. 문맥 의미로 보면 '근래에' 정도가 된다.

218) '다매'는 '다음에'의 준말이다.

219) '가생이'는 중앙어 '가' 또는 '가장자리'에 대응하는 충청도 방언형이다. '가생이' 외에 지역에 따라 '가새이, 가상, 가양, 갓' 등도 쓰인다. '가생이'는 '가상'에 명사파생 접미사 '-이'가 결합되어 파생된 것으로 보인다.

220) '서비나'는 중앙어 '섶이나'에 대응하는 이 지역 방언형 '섭이나'의 음성형이다. '섭'은 잎나무, 풋나무, 물거리 따위를 통틀어 이르는 중앙어 '섶'에 대응하는 충청도 방언형이다. 이 지역에서는 '섶'이 '섭'으로 재구조화하였다.

221) '꼬바'는 중앙어 '꽂다'에 대응하는 충청도 방언형 '꼽다'의 활용형 '꼽아'의 음성형이다. 이 지역에서는 중앙어 '꽂다'의 의미로 쓰이는 '꼽다'가 '꼽다([꼽때]), 꼽구([꼬꾸]), 꼽지([꼽찌]), 꼽아([꼬배])'와 같이 활용한다.

222) '호초래기'는 가늘고 긴 나뭇가지를 가리킨다. 때릴 때에 쓰는 가는 나뭇가지를 뜻하는 중앙어 '회초리'에 대응하는 뜻으로도 쓰인다.

223) '띠방'은 널빤지로 만든 울타리의 중간에 가로로 대는 띠 모양의 나무를 가리키거나, 또는 나뭇가지로 만든 울타리의 중간 중간에 가로로 대는 띠 모양의 나뭇가지를 뜻한다. 여기에서의 띠방은 나뭇가지를 꽂아 세운 울타리가 넘어지지 않도록 울타리 중간 중간에 띠 모양으로 돌아가면서 가로로 엮은 나뭇가지를 가리킨다.

224) '삽짱문'은 '삽짝+문'으로 분석된다. '삽짝'은 '사립짝'이 줄어든 중앙어 '삽짝'에 대응된다. '삽짝'은 띠방을 대고 양쪽으로 싸릿가지나 댓가지 또는 나뭇가지를 엮어서 만든 문짝을 가리킨다. 삽짝 폭 만큼의 간격으로 굵은 기둥 두 개를 박고 한쪽 기둥에 삽짝의 아래와 위에 고리를 달아 걸면 삽짝문이 된다. 삽짝은 외짝으로 달기도 하고 양쪽 기둥에 각각 하나씩 두 개를 달기도 한다.

225) '쫌먀는 끈이나 새끼, 실 따위로 풀어지거나 흩어지지 않게 묶는다는 뜻으로 쓰이는 '쫌매다'의 종결 활용형이다. 청원 지역을 비롯한 충청북도 일부 지역과 충청남도 지역에서는 종결형 어미의 말 모음이 '애'로 끝날 경우 '야'로 실현되는 경향이 있는데 '쫌매다'의 종결 활용형도 마찬가지다. 충청도 방언 '쫌매다'는 '쫌매다, 쫌매지, 쫌매구, 쫌매서, 쫌먀'와 같이 활용한다. '쫌매다' 외에 '잡매다', '짬매다' 또는 '쩜매다' 등도 같은 뜻으로 쓰인다. '쫌매다'나 '잡매다' 또는 '잡아매다'가 풀어지거나 흩어지지 않게 꼭 붙들어 맨다는 뜻으로 쓰이는데 비해 '동여매다'는 실이나 끈으로 감거나 돌려 묶는다는 뜻으로 쓰인다.

226) ‘뜨럭’은 ‘뜰+억’으로 분석할 수 있다. 충청도 방언의 ‘뜨럭’은 중앙어의 ‘뜰’과
는 의미가 다르다. ≪표준국어대사전≫에서는 ‘뜰’을 ‘집 안의 앞뒤나 좌우로
가까이 딸려 있는 빈터로 화초나 나무를 가꾸기도 하고, 푸성귀 따위를 심기
도 한다’고 풀이되어 있다. 그러나 충청도 방언의 ‘뜨럭’은 방에 들어가는 문
앞에 마당보다 좀 높이 편평하게 다진 흙바닥을 뜻하는 중앙어 ‘토방’에 대
응한다. 여기에 쪽마루를 놓기도 한다. 또는 마루나 쪽마루를 놓은 앞쪽의
마당보다 좀 높이 편평하게 다진 흙바닥을 가리키기도 한다. 여기에 신을 벗
어놓고 마루로 오르거나 마루가 없는 경우 바로 방으로 들어갈 수 있게 지
은 집도 있다. 충청도에서는 지역에 따라 ‘뜨럭’이라고도 하고 ‘봉당’이라고도
한다. 뜨럭이 마당보다 높은 경우 낙숫물은 뜨럭 바깥쪽 마당으로 떨어지게
되어 있다. ≪표준국어대사전≫에는 ‘봉당’이 안방과 건넌방 사이의 마루를
놓을 자리에 마루를 놓지 않고 흙바닥 그대로 둔 곳을 의미한다.

227) ‘요지똘’은 집채의 앞뒤 마당이나 뒤꼍에서 뜰이나 방으로 오르내릴 수 있
게 놓은 돌층계를 뜻하는 중앙어 ‘섬돌’에 대응되는 이 지역 방언형 ‘요짓돌’
의 음성형이다. ‘요짓돌’은 말에 오르거나 내릴 때에 발돋움하기 위하여 대문
앞에 놓은 큰 돌을 뜻하는 ‘노둣돌’에서 기원한 것으로 보인다. ‘노둣돌’과 ‘섬
돌’ 또는 ‘댓돌’의 기능이 비슷하기 때문이다.

228) ‘붝’은 중앙어 ‘부엌’에 대응하는 충청도 방언형이다. ‘붝([붝]), 붝애([붜캐),
붝얼([붜컬]), 붝만([붱만])’과 같이 실현된다. ‘부엌’이 ‘붝’으로 축약되어 재구
조화한 것으로 이해된다.

229) ‘봉당’이 충북 북부지역이나 경상도와 인접한 충북 동부지역에서는 청원 지
역의 ‘뜨럭’과 같은 의미로 쓰인다. 예문에서 제보자가 다른 지역에서는 ‘봉
당’이 ‘부엌’을 뜻한다고 한 것은 잘못 알고 한 말로 보인다.

230) ‘문쭈방’은 중앙어 ‘문지방’에 대응하는 이 지역 방언형이다. 예문에서 제보
자가 ‘문쭈방’과 ‘중방’을 같은 것으로 말한 것은 제보자가 잘못 알고 있는 것
이다.

231) ‘장꽝’은 장을 두는 곳을 의미하는 충청도 방언으로 중앙어의 ‘장독대’와 거
의 같은 의미로 쓰인다. ‘장독대’는 장독을 올려놓기 위해 바닥보다 조금 높
이 쌓아 놓은 곳을 가리킨다. ‘장독대’의 ‘대(臺)’는 물건을 떠받치거나 올려놓
기 위한 받침이 되는 기구의 의미로도 쓰인다. 받침이 되는 도구의 의미로
쓰이는 장독대는 바닥과 높이가 거의 같거나 약간 높고 받침으로 얇은 돌
따위를 놓기도 한다. 그런데 충청도 방언의 ‘장꽝’은 바닥보다 약간 높이 쌓

아 장독이나 단지나 항아리 따위를 한 데 모아두는 일정한 넓이의 장소를 뜻한다. 참고로 '미나리꽝'이 미나리를 심은 일정한 넓이의 장소를 뜻한다는 점에서 '장꽝'의 '꽝'과 '미나리꽝'의 '꽝'이 같은 의미 기능을 가진 것으로 보인다.

232) '바짐'은 중앙어 '마리'를 뜻하는 충청도 방언 '바리'를 잘못 발음한 것으로 보인다. 충청도 방언에서 말이나 소, 돼지와 같이 굽이 있는 발을 가진 짐승들을 셀 때 흔히 단위성 의존명사로 '바리'를 쓴다.

233) '허틈설거지'는 귀중하지 않은 도구나 연장 따위를 통틀어 일컫는 충청도 방언이다. 중앙어에서는 '설거지'가 그릇을 씻는 일을 뜻하지만 예문에서는 어떤 도구나 기구, 기물 따위를 일컫는 말로 쓰였다. 본래는 '설거지'가 중요하지 않아 마구 쓰는 도구나 기구, 기물 따위를 정리하는 일을 뜻했으나 동작의 의미는 사라지고 사물을 가리키는 의미만 남은 것으로 보인다.

234) '소구바리'는 중앙어 '발채'의 이 지역 방언형이다. '발채'의 충청도 방언형으로는 '소구바리' 외에 '바소고리', '소쿠리', '소코리', '조고발' 등이 있고 남부 방언형인 '바작', '바지개' 형도 쓰인다.

235) '가래'는 지역에 따라 모양이 약간씩 다른데 충청도에서 쓰는 가래는 밧줄을 맬 수 있도록 양쪽에 쇠로 만든 고리를 하나씩 단 보습 모양의 삽에 긴 자루를 해 박는다. 한 사람이 가래의 긴 자루를 잡고 서면 양쪽 대각선 쪽의 앞에서 가래의 삽날 양쪽 고리에 맨 가랫줄을 각각 한 사람씩 서서 가랫줄을 잡거나 가랫줄을 한 고리에 두 가닥씩 매어 각각 두 사람씩 가랫줄을 잡고 선다. 가운데 선 사람이 가래 날을 땅에 대고 누르면 양쪽에 선 사람들이 똑같이 가랫줄을 잡아당기면서 땅을 파거나 흙을 떠낸다. 이렇게 하는 일을 '가래질'이라고 하고 그렇게 하는 것을 '가래질한다'고 한다.

236) '넉가래'는 가운데 긴 자루 끝에 넓적하고 두꺼운 송판을 해 박거나 통나무를 깎아 끝을 넓적하게 만들고 가운데는 길게 손잡이를 깎아 만든다. 나무로 만들어 곡식을 널거나 눈이 왔을 때 길을 내거나 눈을 밀어 치울 때 사용하는 도구다.

237) '코크링'은 '포클레인'을 이렇게 잘못 발음한 것이다. 제보자에 따라 '코크링', '코크레잉' 등의 어형을 사용하기도 한다.

238) '모이'는 '묘'의 충청도 방언형이다. '모이' 외에 '미', '메', '모이똥', '산소' 등이 스인다. '모이똥'은 다소 속된 의미가 있다.

239) '끄냉이'는 중앙어 '끈'에 대응하는 이 지역 방언형이다. 여기에서는 엄지손

가락 정도 굵기의 길고 질긴 밧줄을 가리킨다. 가래에 매단 이것을 '가랫줄'
이라고 한다.

240) '장치'는 긴 손잡이를 뜻하는 충청도 방언이다. 충청도 방언에서 도리깨의
굵고 긴 작대기는 '도리깨장치' 또는 '도리깨장부'라고 하고 가래의 긴 손잡
이는 '가래장치' 또는 '가래장부'라고 한다.

241) '뻬집'은 나무로 지은 집을 뜻한다. 나무를 세워 기둥을 하고 중방이나 상방
을 들인 골격을 뼈에 빗대어 '뻬집'이라고 한 것이다. '뻬집' 외에 '뻑때기집'
이라는 말도 쓰는데 '뻑때기집'은 '뻬집'을 낮잡아 이르는 말이다. 참고로 '뻬'
는 중앙어 '뼈'에 대응하는 이 지역 방언형이고 '뻑때기'는 '뻬'를 낮잡아 이르
는 말이다. 충청도에서 '뻑때기' 외에 '뻑따구'도 같은 뜻으로 쓰인다.

242) '돌담집'은 흙으로 돌을 쌓아 지은 집을 가리키는 말이다. 돌을 쌓을 때 담
을 쌓듯이 흙을 이겨 돌이 헐어지지 않게 돌 사이에 흙을 넣어 쌓는다. 돌과
돌 사이에 넣는 흙을 '매지'라고 한다. 흙으로 틈새를 메울 때 '매지 늫는다
(넣는다)'고 한다.

243) '회'는 '외'를 잘못 발음한 것이다.

244) '싸구서'는 '쌓구서'를 잘못 발음한 것이다.

245) '뻑때기'는 중앙어 '뼈'에 대응하는 충청도 방언형이다. '뻑때기' 외에 '뻑따구'
와 '뼈다구'도 쓰이는데 모두 '뼈'를 낮추어 이르는 말이다.

246) '대파'는 '대패'를 잘못 발음한 것으로 보인다.

247) '도래송곳'은 중앙어 '타래송곳'에 대응하는 충청도 방언형이다. 나무에 구멍
을 뚫는 데 쓰는 도구로 줏대 끝이 용수철처럼 꼬여 돌아가게 되어 있고 끝
에는 날카로운 칼날이 붙어 있어 줏대를 돌리면 날에 나무가 패이면서 구멍
이 뚫린다.

248) '뚬넝 건'은 중앙어 '뚫는 것은'에 대응하는 충청도 방언형이다. 이 지역에서
는 중앙어의 '뚫다'에 대응하는 방언형으로 '뚧다'가 쓰인다. '뚧다(뚬따), 뚧
구(뚬꾸), 뚧지(뚬지), 뚧어(뚤버)'와 같이 활용한다.

249) '구녁'은 중앙어 '구멍'에 대응하는 충청도 방언형이다. 충청도 방언에서 '구
녁' 외에 '구녕'과 '구먹', '구멍' 등도 쓰인다.

250) '베레다'는 중앙어 '벼려다(가)' 정도에 대응하는 이 지역 방언형이다. '베레
다'의 기본형은 '베리다'로 '베리구, 베리지, 베려, 베레다가'와 같이 활용한다.

251) '가비'는 중앙어 '값-이'에 대응하는 이 지역 방언형 '갑-이'의 음성형이다. 이
지역 방언형 '갑'은 중앙어 '값'이 재구조화한 것이다.

252) '지붕 추녀'는 중앙어 '처마 끝'에 대응하는 이 지역 방언형이다. 중앙어에서
는 '추녀'가 네모지고 끝이 번쩍 들린, 처마의 네 귀에 있는 큰 서까래 또는
그 부분의 처마를 가리키지만 여기에서는 '지붕 추녀'가 지붕의 끝 즉 '처마
끝'의 의미로 쓰였다. '처마 끝'의 뜻으로 '지붕 추녀' 외에 '추녀 끝'도 쓰인다.

253) '추녀 끝'은 중앙어의 '처마 끝'에 대응하는 충청도 방언이다. '처마 끝'의 의
미로 '추녀 끝' 외에 '지붕 추녀'와 '처마 끝'이 쓰인다. 이렇게 혼용해서 쓰이
는 것은 충청도 방언에서 '추녀'와 '처마'가 구별되지 않기 때문이라고 할 수
있다.

254) '고두래미'는 중앙어 '고드름'에 대응하는 충청도 방언형이다.

255) '날망'은 꼭대기를 뜻하는 말인데 '지붕 날망'이라고 하면 지붕의 맨 위 꼭대
기에 길게 이어진 등성이 부분을 가리킨다.

256) '용구새'는 지붕의 등성이 부분(날망)을 덮는 ∧ 모양의 이엉을 가리킨다.

257) '달망이'는 '달망+이'로 분석된다. '달망'에 파생접미사 '-이'가 붙어서 된 말로
등성이를 뜻하는 '날망'에 대응되는 방언형이다. '달망'과 '날망'은 같은 뜻으
로 쓰이는 충청도 방언형이다.

258) '딸망이'는 '딸망+이'로 분석된다. '딸망이'는 '달망이'의 어두 음절이 선행어
'지붕' 때문에 된소리화 한 것이다.

259) '실경'은 중앙어 '시렁'에 대응하는 충청도 방언인데 지역에 따라 '실겅'이라
고도 하고 '실광'이라고도 한다.

260) '선반'은 '맨다'고 하고 '실경'은 '얹는다'고 한다.

261) '도방구리'는 중앙어 '반짇고리'에 대응하는 충청도 방언형이다. 충청도에서
는 '도방구리' 외에 '반짓그럭', '반짓그릇' 등도 쓰인다.

262) '고리짝'은 중앙어 '버들고리'에 대응하는 이 지역 방언형이다. '고리짝'은 본
래 고리버들을 결어서 만든 것만을 가리키던 말이었으나 충청도 지역에서는
싸릿가지나 대오리 또는 댓가지 따위를 결어 만든 것을 모두 포함하는 뜻으
로 쓰인다. '고리짝'은 옷가지 따위를 넣어두는 일종의 옷장 보조 도구다. 청
원 지역에서 '고리짝' 외에 '모코리'도 같은 의미로 쓰인다. '고리짝'은 본래
고리버들을 결어 만든 것만을 가리키고 '모코리'는 버들고리 외에 싸릿가지
나 댓가지 또는 대오리 따위를 결어 만든 것을 가리키는 말이었으나 용도가
서로 비슷하여 구별하지 않고 거의 같은 의미로 쓰이는 것으로 이해된다.

263) 중앙어에서의 '모코리'는 싸릿가지나 대오리 또는 댓가지 따위를 결어 만든
것으로 옷가지 따위를 넣어두는 도구다. 이 지역에서는 이것을 '고리짝'이라

고도 한다. ‘고리짝’은 본래 고리버들로 만든 것만을 의미하는 것인데 용도가 ‘모코리’와 거의 유사하기 때문에 두 용어가 혼용되어 쓰이는 것으로 보인다.

264) ‘빼다지’는 두 가지 의미로 쓰이는 충청도 방언형이다. 하나는 중앙어 ‘서랍’에 대응하는 하는 것으로 책상, 장롱, 화장대, 문갑 따위에 끼웠다 빼었다 하게 만든 뚜껑이 없는 상자를 뜻하고, 다른 하나는 서랍처럼 빼고 닫을 수 있게 만든 가구를 뜻한다. 예문에서는 후자의 의미로 쓰였다. ‘빼다지’는 ‘빼닫+-이’로 분석되고 ‘빼닫-’은 다시 ‘빼다’와 ‘닫다’의 어간 ‘빼-’와 ‘닫-’이 합성된 것으로 이해된다. 따라서 ‘빼닫이’로 표기해야 할 것이다.

265) ‘서랍+장’으로 분석되는 ‘서랍장’은 ‘서랍으로 이루어진 장롱’ 또는 ‘서랍 형태로 만든 장롱’을 가리킨다. ‘서랍’이 끼웠다 빼었다 할 수 있게 만든 상자를 뜻하고 ‘농’이 물건을 넣어두는 가구를 뜻하므로 ‘서랍장’은 서랍처럼 끼웠다 빼었다 할 수 있고 물건을 넣어두는 가구가 된다. ‘서랍장’은 서랍처럼 빼고 닫을 수 있게 만든 가구를 뜻하는 ‘빼닫지’와 같은 뜻으로 쓰이는 말이다. 따라서 이 지역에서는 ‘서랍장’과 ‘빼다지’가 같은 대상을 가리키는 말로도 쓰인다.

266) ‘빼닫이+장’으로 분석되는 ‘빼다지장’은 서랍처럼 빼고 닫을 수 있게 만들어 물건을 넣어두는 가구라고 할 수 있다. ‘빼다지’와 ‘빼다지장’은 같은 의미로 쓰이기도 하지만 ‘빼다지장’은 물건을 넣어두는 가구에 초점이 놓인 말이고 ‘빼다지’는 사용 방법에 초점이 놓인 말이라고 할 수 있다.

267) ‘머리짱’은 ‘머릿장’의 음성형으로 머리맡에 놓고 물건을 넣기도 하고 그 위에 쌓기도 하는 단층으로 된 조그만 장을 뜻한다.

268) ‘고코락’은 중앙어 ‘아궁이’에 대응하는 충청도 방언형이다. ‘고코락’은 ‘고콜+악’으로 분석할 수 있을 것으로 보인다. ‘고코락’은 명사 ‘고콜’에 일부 명사에 붙어 명사를 만드는 접미사 ‘-악’이 결합된 것으로 볼 수 있다. ≪표준국어대사전≫에는 ‘고콜’이 ‘예전에, 관솔불을 올려놓기 위하여 벽에 뚫어 놓은 구멍’이라고 뜻풀이 되어 있으나 충청북도 산간 지역이나 강원도 산간 지역에서는 예전에, 벽 안쪽에 구멍을 뚫어 놓고 관솔불 따위를 피워 놓을 수 있도록 만든 일종의 벽난로를 뜻하는 말로 쓰였다.

269) ‘터주딴지’는 ‘터주’와 ‘단지’의 합성어 ‘터줏단지’의 음성형으로 볼 수도 있고 ‘터주 단지’의 음성형으로 볼 수도 있으나 여기에서는 음성형을 고려하여 합성어로 처리하였다. ‘터줏단지’는 집터를 지키는 지신인 ‘터주’를 모시기 위하여 해마다 햇곡이 나면 햇곡을 넣어두는 단지를 가리킨다.

270) '성주'는 민간 신앙에서, 가정에서 모시는 신의 하나로 집의 건물을 수호하는 가신(家神) 가운데 맨 윗자리를 차지하는 것인데 제보자가 부엌을 수호하는 신인 '조왕'과 착각하여 잘못 말한 것으로 보인다. '성주'는 '받는다'고 한다. '성주 받는다'는 말은 무당이나 박수가 경을 읽어 성주를 맞이하는 것을 이르는 말이다. 이 지역에서는 성주를 맞이하기 위해 가지가 잘 뻗은 소나무의 순을 잘라 신대로 삼고 경을 읽으면서 신대가 인도하는 곳으로 가서 대추나무 가지를 꺾어다가 문종이에 싸서 대들보에 매달아 놓는 것을 '성주 받는다'고 한다.

271) '안택'은 집안에 탈이 없도록 무당이나 박수를 불러 가신(家神)들을 위로하는 일을 뜻하며 주로 10월 상달에 한다. 이 지역에서는 안택할 때 부엌 신인 조왕을 위하는 조왕경부터 읽고 이어서 집터를 지킨다고 하는 터주를 위하는 터줏경을 읽은 다음 집의 건물을 지킨다는 성주를 위해 성줏경을 읽는 순서로 진행된다고 한다.

272) '성주꼉'은 '성주'와 '경'이 합성된 '성줏경'으로 볼 수도 있고 '성주 경'으로 볼 수도 있는데 여기에서는 음성형을 고려하여 합성어로 처리하였다. '성줏경'은 집의 건물을 수호하는 가신(家神) 가운데 맨 윗자리를 차지하는 가정 신인 성주에게 사람의 액을 쫓거나 병을 낫게 해 달라고 기도문과 주문을 하는 것을 말한다. '성줏경 읽는다'고 하면 성주에게 사람의 액을 쫓거나 병을 낫게 해 달라는 기도문과 주문을 외는 것을 말한다.

273) '쫌매'는 중앙어 '잡아매다'에 대응하는 충청도 방언형 '쫌매다'의 활용형이다. '쫌매다'는 '쫌매구, 쫌매지, 쫌매면, 쫌매서, 쫌맸다, 쫌먀'와 같이 활용한다. '쫌매다'외 비슷한 말로 쓰이는 말로 '잡아매다'가 있다. 충청도 방언에서 '잡아매다'와 '쫌매다'가 거의 같은 뜻으로 쓰인다. '잡아매다'와 '쫌매다' 외에 '잡매다'와 '짬매다'도 쓰인다. 이와 비슷한 말로 '동여매다'가 있는데 '동여매다'는 실이나 끈으로 감거나 돌려 묶는다는 뜻으로 쓰이고 '쫌매다'나 '잡매다' 또는 '짬매다'와 '잡아매다'는 풀어지거나 흩어지지 않게 꼭 붙들어 맨다는 뜻으로 쓰인다.

274) '조왕'은 늘 부엌에 있으면서 모든 길흉을 판단한다고 하는 부엌을 맡는다는 신을 뜻한다. '조왕경'은 부엌 신인 조왕을 위해 읽는 경을 말한다.

275) '정각쟁이'는 경을 읽는 것을 업으로 하는 사람을 뜻하는 말로 '경각쟁이'가 구개음화한 어형으로 보인다. 경을 읽는 무당을 '정각쟁이'라고 한다.

276) '업'은 한 집안의 살림을 보호하거나 보살펴 준다고 하는 동물이나 사람을

뜻하는데 이 지역에서는 주로 두꺼비나 구렁이와 같은 동물을 가리킨다. 사람에게 쓸 때는 어떤 사람을 낳은 후부터 또는 어떤 사람이 집안에 들어온 후부터 집안이 잘 될 때 '업이 들어왔다'고 한다. 집 안에 있던 사람이 소리 없이 조용히 밖으로 나가면 '부잣집 업 나가듯 한다'고 한다. 속설에 이것이 나가면 집안이 망한다고 한다.

277) '요왕'은 샘에 있으면서 샘을 지킨다는 신을 뜻한다. '요왕'을 '요왕신'이라고도 한다. '요왕경'은 샘의 신인 요왕을 위해 읽는 경을 말한다. 요왕신을 위해 요왕경을 읽을 때는 떡을 해서 샘가에 놓기도 하고 쌀을 한 사발 퍼다 놓기도 한다. 예전에는 물이 귀해서 동네 사람들이 함께 사용하는 샘의 물이 마르지 않고 물에 잡귀가 들어가지 말라는 뜻에서 요왕경을 읽었다고 한다. 예전에는 물을 통해 수인성 전염병이 자주 발생하였기 때문에 샘은 동네 사람들의 공동 관심사이기도 했다. 해마다 샘물이 잘 나고 샘에 긴 이끼나 샘에 들어간 오물들을 제거하기 위해 공동으로 샘을 치기도 하였다. 제보자의 마을에서는 동네 사람들이 공동으로 샘을 위하지는 않고 개인적으로만 위했다고 한다.

278) '왼산내끼'는 중앙어 '왼새끼'에 대응하는 충청도 방언형이다. 새끼는 보통 오른쪽으로 비벼서 꼬는데 '왼새끼'는 반대로 왼쪽으로 비벼서 꼬는 새끼를 말한다. '산내끼'는 충청도 방언으로 '산나끈', '산내끈', '사내끼' 등의 이형태가 쓰인다.

279) '깽매기'는 중앙어 '꽹과리'에 대응하는 충청도 방언형이다.

280) '능금'은 중앙어 '사과'에 대응하는 충청도 방언형이다. 그런데 본래 능금은 지금의 '사과'보다 조금 작고 빨간 것(주로 홍옥)을 의미했지만 사과 품종이 개량되면서 예전의 '능금'이 없어진 자리를 '사과'가 대신하여 쓰인다.

281) '-던지'는 실제로 일어날 수 있는 여러 가지 중에서 어느 것이 일어나도 뒤 절의 내용이 성립하는 데 아무런 상관이 없음을 나타내는 중앙어의 연결 어미 '-든지'에 대응하는 충청도 방언형이다. 충청도 방언에서 '-던지' 외에 '-던'도 쓰인다. 참고로 충청도 방언 '-던지'가 체언 뒤에 붙으면 어느 것이 선택되어도 상관없는 둘 이상의 대상을 가리킬 때 쓰이는 중앙어 조사 '-든'이나 '-든지'의 뜻으로 쓰인다. 예문에서는 어미로 쓰였다.

282) '-마냥'은 중앙어 '-처럼'에 대응하는 충청도 방언형이다. 체언 뒤에 붙어 그 체언과 비교하여 모양이나 행동 따위가 서로 비슷하거나 같음을 나타내는 격 조사다.

283) '백설기떡'은 '백설기'에 '떡'이 더 첨가된 형태다. '백설기'가 이미 떡을 나타
내는 말인데 여기에 다시 '떡'이 첨가된 말이다.

284) 여기에서의 '-던지'는 어느 것이 선택되어도 상관없는 둘 이상의 대상을 나
열할 때 쓰이는 중앙어 조사 '-든'이나 '-든지'에 대응하는 충청도 방언형이다.
예문에서는 '누구'가 여럿을 나타내는 말이어서 나열하는 말이 아닌데도 쓰
인 것이다. '-던지'가 용언 어간에 붙어 쓰이면 ①나열된 동작이나 상태, 대
상들 중에서 어느 것이든 선택될 수 있음을 나타내는 연결 어미 또는 ②실
제로 일어날 수 있는 여러 가지 중에서 어느 것이 일어나도 뒤 절의 내용이
성립하는 데 아무런 상관이 없음을 나타내는 연결 어미로 쓰인다.

285) '-던지'는 충청도 방언에서 용언 어간에 붙어 ①나열된 동작이나 상태, 대상
들 중에서 어느 것이든 선택될 수 있음을 나타내는 연결 어미 또는 ②실제
로 일어날 수 있는 여러 가지 중에서 어느 것이 일어나도 뒤 절의 내용이 성
립하는 데 아무런 상관이 없음을 나타내는 연결 어미로 쓰인다. 예문의 '-던
지'는 ①의 의미로 쓰인 것이다. '-던지'가 어미로 쓰일 때는 예문에서와 같이
'-던'으로 나타나기도 한다. 충청도 방언에서 '던지'가 조사로도 쓰인다. 이때
는 체언에 붙어 어느 것이 선택되어도 상관없는 둘 이상의 대상을 나열하는
의미를 갖는다. 충청도 방언에서 '-던지' 외에 '-던'도 조사로 쓰인다. '-던지'나
'-던'은 중앙어 조사 '-든'이나 '-든지'에 대응하는 충청도 방언형이다.

286) '성황'은 토지와 마을을 지켜준다는 신으로 흔히 '서낭'이라고 한다. '성황'은
'서낭'의 원말로 성황신이 붙어 있다는 나무를 가리키기도 한다. 흔히 '서낭
에 가서 빌었다'고 하는데 이것은 '서낭신이 붙어 있는 나무에 가서 빌었다'
는 뜻이다.

287) '서낭재'는 서낭에 지내는 제사를 뜻하는 말로 '서낭+재'로 분석할 수 있다.
토지와 마을의 안녕을 빌기 위해 동네 사람들이 모여 서낭에 제사를 지내기
도 하고 개인의 안녕을 빌기 위해 개인적으로 서낭에 제사를 지내기도 한다.
마을의 안녕을 비는 제사로는 동제 또는 동고사(동네 고사)가 있었으나 지금
은 거의 사라지고 없다.

288) '갈떡'은 가을에 추수하고 나서 햇곡식으로 해 먹는 떡을 말한다.

289) '닥찝'은 중앙어 '닭장'에 대응하는 이지역 방언 '닥집'의 음성형이다. 이 지
역에서 '닭'은 '닥'으로 재구조화하였다. 중앙어 '닭장'에 대응하는 충청도 방
언으로 '닥집' 외에 '닥장'과 '달기장', '달구장', '달구집', '달기우리' 등이 쓰인다.

290) '햇농사'는 그해에 새로 지은 농사를 뜻하는 말로 쓰였다. '햇-'은 명사 앞에

붙어 '그해에 난'의 뜻을 더하는 접미사인데 무생물인 농사에 쓰였다.

291) 여기에서의 '햇것'은 해마다 나는 곡식 가운데 그해에 처음 난 곡식이라는 뜻으로 쓰였다. '햇-'은 명사 앞에 붙어 '그해에 난'의 뜻을 더하는 접미사다.

292) '시사'는 음력 10월에 5대 이상의 조상에게 지내는 제사로 '시양' 또는 '묘사'라고도 한다. '시양'은 중앙어 '시향(時享)'에 대응하는 충청도 방언형이다. 청원 지역에서 '시사'는 주로 '지낸다'와 어울려 쓰이고 '시양'은 주로 '올린다'와 어울려 쓰이지만 '지낸다'와도 쓰인다.

293) '시사답'은 문중에서 시사에 쓸 비용을 충당하기 위하여 마련한 농토를 가리킨다. 주로 논으로 마련했기 때문에 '시사답(時祀沓)'이라고 했는데 지금은 의미가 확대되어 시사에 쓸 비용을 충당하기 위해 마련한 밭에도 쓴다. 보통은 이렇게 마련한 농토를 다른 사람에게 빌려주고 받은 비용으로 문중의 묘지를 관리하거나 시사(時祀) 비용을 충당한다.

294) '봉성'은 중앙어 '봉송(封送)'에 대응하는 충청도 방언형으로 제사를 지내거나 잔치를 치르고 나서 참석한 사람들에게 싸 주는 음식을 뜻하는 말이다. 중앙어에서의 '봉송(封送)'은 물건을 싸서 선물로 보내는 것을 뜻한다는 점에서 중앙어와 의미상 약간의 차이가 있다.

295) '시삼목'은 '시샛목'의 음성형이다. '시샛목'은 '시사(時祀)'와 '목'의 합성어로 '시사+ㅅ+목'으로 분석할 수 있다. '목'은 중앙어 '몫'에 대응하는 충청도 방언형으로 '몫'이 재구조화되어 '목이(모기]), 목을([모글]), 목에([모개]), 목두([목뚜]), 목만([몽만]' 등과 같이 실현된다. '시샛목'은 시사에 참석한 사람의 몫으로 나주어 주는 떡이나 과일 등을 가리킨다. 이것을 싸 주는 것을 '봉성'이라고 한다.

296) '철질'은 번철이나 무쇠솥 뚜껑에 기름칠을 하고 기름에 부쳐낸 빈대떡 따위를 가리키기도 하고 빈대떡 따위를 부치는 일을 가리키기도 한다. '철질'은 번철에 기름칠을 하고 빈대떡이나 누름적 따위를 부쳐내는 데서 유래한 말로 보인다. 충청도 지역에서는 밀가루나 녹두가루를 묽게 반죽하여 기름칠을 한 철판이나 무쇠솥 뚜껑에 얇게 펴서 부치거나 밀가루나 녹두가루 반죽을 얇게 펴고 그 위에 쪽파와 김치 등을 놓고 부치기도 하고 밀가루 반죽과 녹두 반죽에 잘게 썬 쪽파와 김치를 섞어서 부치기도 한다. 보통은 무쇠솥의 뚜껑을 뒤집어 받쳐 놓고 밑에서 불을 때 가면서 부친다. 충청도에서는 이렇게 부친 것을 '철질'이라고도 하고 '부치기, 부치개' 또는 '적'이라고도 한다.

297) '벌터'는 청원군 가덕면 상야2리에 있는 마을 이름이다. 본 조사지역인 청원

군 남일면 황청리와 인접해 있는 마을이다. 황청리 앞으로 넓게 펼쳐진 들판에 있는 마을이다.

298) 중앙어에서는 생선이나 고기 따위를 양념하여 대꼬챙이에 꿰어 불에 굽거나 지진 음식을 '적'이라고 하는데 비해 충청도에서는 밀가루나 녹두가루를 묽게 반죽하여 기름칠을 한 철판이나 무쇠솥 뚜껑에 얇게 펴서 부친 것이나, 잘게 썬 쪽파와 김치 등을 밀가루나 녹두가루 반죽과 잘 섞어서 기름칠을 한 철판이나 무쇠솥 뚜껑에 얇게 펴서 부친 것, 또는 밀가루나 녹두가루 반죽을 얇게 편 위에 긴 쪽파나 김치를 올려 놓고 부친 것을 '적'이라고 한다. 충청도에서는 이렇게 부친 것을 '적'이라고도 하고 '부치기, 부치개' 또는 '철질'이라고도 한다.

299) '메져따구'는 '메지었다구'의 준말 '메졌다고'의 음성형이다. '메지다'는 중앙어 '메를 짓다'에서 온 말인데 이 지역에서는 하나의 단어처럼 굳어져 쓰인다. 따라서 '메짓는다, 메저 올린다'와 같이 쓰인다. '메'는 본래 제사 지낼 때 신위(神位) 앞에 올리는 밥을 높여 이르는 말이다. 따라서 '메졌다'는 제사 지낼 때 신위 앞에 올릴 밥을 지었다는 뜻이다. 보통 때 먹는 밥을 가리킬 때는 '메'라고 하지 않고 '밥' 또는 '진지', '식사'라고 한다.

300) '약주술'은 '약주+술'로 분석된다. '약주'가 술이라는 점에서 '술'이 중복된 형태다. '약주술'은 찹쌀을 쪄서 꼬두밥(지에밥)과 누룩을 버무려 빚어서 단지에 담그면 발효되면서 술이 말갛게 위로 올라오는데 이 때 용수를 박아서 떠낸 맑은 술을 가리킨다. 충청도에서 '약주술'을 '약주'라고도 하고 '동동주'라고도 하고 '맑은술'이라고도 한다. 근래에는 집에서 술을 담그지 않기 때문에 가게에서 약주로 파는 술을 사다가 쓴다고 한다.

301) 여기에서의 '철질'은 번철이나 무쇠솥 뚜껑에 기름칠을 하고 빈대떡 따위를 부치는 일의 뜻으로 쓰였다. 그런데 '철질'은 문맥에 따라 행위를 뜻하는 말로도 쓰이고 번철이나 무쇠솥 뚜껑에 기름칠을 하고 기름에 부쳐낸 빈대떡 따위를 뜻하는 말로도 쓰인다.

302) '메짓다'는 '메저 올린다'에서와 같이 하나의 단어로 굳어져 쓰인다. '올린다'에 호응하는 대상은 체언이나 체언상당어라는 점에서 타동사 '올린다' 앞에 '메'가 와야 하는데 '메짓다'의 활용형 '메저'가 온 것은 '메짓다'가 단어로 굳어져 쓰이기 때문이라고 할 수 있다. 제보자가 '메짓는다'와 '메하구(메하고)'를 함께 쓴다는 점을 감안하면 '메 짓다'와 '메 지어 올린다'를 '메짓다'와 '메저 올린다'로 관용구화 하는 과정이라고 볼 수 있다.

303) '틀리개'는 '다르게'의 잘못이다. 충청도 방언에서는 '다르다'와 '틀리다'를 구별하여 쓰지 않고 '다르다'를 쓸 자리에서 '틀리다'를 많이 쓴다. 이러한 양상은 충청도 방언만의 특징이 아니고 전국적인 현상이다.

304) '탕애'는 '탕이'를 잘못 말한 것이다.

305) '상뿔'은 '향불'의 구개음화형 '상불'의 음성형이다. 그런데 바로 앞에 오는 '향노'는 '상노'로 실현되지 않는다는 점에서 이 구개음화가 통시적인 현상임을 알 수 있다. 통시적인 구개음화가 단어에 따라 차이를 보이는 것은 단어마다 진화 과정이 다를 수 있다는 것을 의미한다.

306) '우해러'는 중앙어 '위하다'에 대응하는 충청도 방언 '우해다'의 활용형이다. '우해다'는 '사물이나 사람을 소중히 여기고 받들다'의 뜻으로 쓰이는 충청도 방언으로 '우해다, 우해구, 우해지, 우해러, 우해면, 우해니깨, 우햐/우히야 등과 같이 활용한다.

307) '새삼'은 메꽃과의 한해살이 기생 식물로 줄기는 누런 갈색의 철사 모양이며 잎은 없다. 여름에 흰색 꽃이 가지 끝에서 자잘하게 피고 열매는 '토사자'라고 하여 약용한다.

308) '새사무라구'는 '새삼이라구'의 음성형 '새사미라구'를 잘못 발음한 것으로 보인다.

309) '댕댕이넝쿨'은 중앙어 '댕댕이덩굴'에 대응하는 충청도 방언형이다.

310) '사사'는 '보통보다 두드러지게 다른 언행'을 뜻하는 말로 주로 '떨다'와 호응하여 쓰인다. 부정적인 의미가 내포되어 있다.

311) 여기에서는 '나무새'가 '나물'의 뜻으로 쓰였다. 중앙어에서는 '남새'가 집에서 가꾸어 먹는 '채소'를 뜻하는 말인데 여기에서의 '나무새'는 집에서 가꾼 채소와 산나물을 통틀어 일컫는 말이다. 충청도에서는 정월 보름 풍습으로 정월 열 나흗날에는 나무 아홉 짐을 하고 밥을 아홉 그릇을 먹어야 한다고 하는데 이날 저녁은 아주 일찍 해서 먹는다. 이날은 고춧가루가 들어간 매운 음식이나 소금기가 많은 짠 음식은 먹지 말아야 한다고 해서 겨우내 먹던 김장 대신 고사리, 다래 순, 취 등 봄에 뜯어 말려 두었던 나물 무친 것을 먹는데 이 나물들을 '나무새'라고 한 것이다.

312) '짝'은 볏가마니 하나하나를 뜻하기도 하고 볏가마니를 세는 단위를 뜻하기도 한다. 예문의 '베 짝'은 '벼 짝'에 대응되는 충청도 방언으로 '볏가마니'의 뜻으로 쓰였다.

313) '가노랑개'는 중앙어 '가느다란 것이'에 대응하는 이 지역 방언형 '가노란 개'

의 음성형이다. '가노란'은 '가노랗다, 가노랗구, 가노랗지, 가노란, 가노래'
등과 같이 활용한다.

314) '가무'는 '감어'의 음성형 '가머'를 잘못 발음한 것이다.

315) '절딴나다'는 '어떤 일이나 물건 따위가 아주 망가져서 도무지 손을 쓸 수 없
게 되다'의 뜻으로 쓰이는 중앙어 '결딴나다'에 대응하는 충청도 방언형이다.

316) '여오다'는 중앙어 '여의다'에 대응하는 이 지역 방언형이다. 중앙어에서는
'여의다'가 '딸을 시집보내다'의 뜻으로 쓰이지만 충청도 방언의 '여오다'나
'여우다'는 '딸을 시집보내거나 아들을 장가보내다'의 뜻으로 쓰인다. 이와 관
련하여 '여우살이 시킨다'는 말도 쓰인다. '여우살이 시킨다'는 '시집 보낸다'
는 뜻으로 쓰인다.

317) '오일장'과 '칠일장'은 각각 죽은 지 닷새만에 지내는 장사와 죽은 지 이레만
에 지내는 장사를 가리킨다. 예전에는 교통이 불편하여 가족이나 친척들이
모이는 시간이 필요하여 오일장과 칠일장을 많이 치렀다고 한다.

318) '사꾸'는 '자꾸'를 잘못 발음한 것으로 보인다.

319) 예문의 '바깥상주'는 '바깥상제'의 뜻으로 쓰인 것이다. 충청도에서는 '상주'
와 '상제'를 구별하지 않고 쓰는 경우가 대부분이다. 상제(喪制)는 부모나 조
부모가 세상을 떠나서 거상 중에 있는 사람을 뜻하고 '상주(喪主)'는 상제(喪
制) 중에서 주가 되는 사람을 뜻하는 것인데 이것을 구별하지 못하고 혼용해
서 쓰는 경우가 대부분이다. 예문의 '바깥상주'는 '바깥상제' 즉 '거상 중에 있
는 남자'의 뜻으로 쓰였다.

320) 예문의 '안상주'는 '안상제'의 뜻으로 쓰인 것이다. '안상주'는 '안상제' 즉 '거
상 중에 있는 여자'의 뜻으로 쓰였다.

국립국어연구원(1999),『표준 국어대사전』. 서울 : (주)두산동아.

국립국어원(2007),「21세기 세종계획 한민족 언어 정보화 CD」, 국립국어원.

김충회(1979),「청주지역어에 대한 일고찰」.『충북대논문집』17.

김충회(1980),「충북 단양 남부방언 연구 서설」.『충북대논문집』19.

김충회(1981),「충북 단양 북부방언 연구 서설」.『개신어문연구』1, 개신어문연구회.

김충회(1992),『충청북도의 언어지리학』. 한국학연구총서 제9집, 인하대학교 출판부.

김형규(1974),『한국방언연구』. 서울대학교 출판부.

문화관광부·국립국어연구원(2003),「한국 방언 검색 프로그램」.『21세기 세종 계획 2003 한민족 언어 정보화』, 문화관광부·국립국어연구원.

박경래(1992),「충청북도 방언의 특징과 방언구획」.『남북한의 방언 연구』, 김영배 편저, 경운출판사.

박경래(1998),「중부방언」.『문법연구와 자료』. 서울 : 태학사.

박경래(2000),「단양 방언의 음운에 대한 세대별 비교 고찰」.『개신어문연구』17집, 개신어문학회.

박경래(2003),「충청북도 방언의 연구와 특징」.『한국어학』21, 한국어학회.

박경래(2007),『충북 제천 지역의 언어와 생활』. 서울 : 태학사.

박명순(1997),「제천 지역어의 네 언어권에 대한 고찰」.『인문과학연구』6, 서원 대학교 인문과학연구소.

박명순(2001),「제천지역어의 형태음소적 고찰」.『반교어문연구』13, 반교어문학회.

이기갑(2007),『전남 곡성 지역의 언어와 생활』, 서울:태학사.

이승재(1980),「남부 방언의 형식명사 '갑'의 문법」,『방언』4, 성남:한국정신문 화연구원.

전철웅(1996),「충북 방언의 역사적 연구-어형 및 음운 변화를 중심으로-」. 서울 시립대학교 박사학위논문.

전철웅(1998),『충북방언의 역사적 연구』. 서울 : 도서출판 보고사.

전철웅(1999),『충북방언의 단어 변천사』. 서울 : 도서출판 보고사.

조항근·김재윤·전철웅(1990),「충북 북부 방언 연구」.『개신어문연구』7, 개신어문연구회.

최학근(1978), 『한국방언사전』. 서울 : 현문사.

한국정신문화연구원(1987), 『한국방언자료집』Ⅲ(충청북도편). 성남 : 한국정신문
　　화연구원.

<자>